Sara Wheeler lebt in London. Sie begann als Reisejournalistin zu schreiben, wählte dann die größere Form und hat inzwischen sehr beachtliche Erfolge mit ihren Büchern, u.a. über das Leben auf einer griechischen Insel und ihre ausgedehnte Reise durch Chile. Und immer gewinnt sie ihr Lesepublikum, denn sie besitzt Menschenkenntnis und Kenntnisreichtum und paart alle Tugenden einer Reiseschriftstellerin mit ihrem feinen Humor.

Von derselben Autorin bei Frederking & Thaler: »Unterwegs in einem schmalen Land«.

Sara Wheeler

Terra Incognita

Reisen in der Antarktis

1994/95

Aus dem Englischen
von Ruth Sander

SIERRA

Die Deutsche Bibliothek - CIP-Einheitsaufnahme
Ein Titeldatensatz für diese Publikation ist bei
Der Deutschen Bibliothek erhältlich.

REISEN · MENSCHEN · ABENTEUER

SIERRA bei Frederking & Thaler Verlag, München,
in der Verlagsgruppe Random House GmbH

Jonathan Cape Random House, London
Titel der Orginalausgabe: Terra Incognita

Titelfoto: Agentur Gettyone Stone, München
Umschlaggestaltung: Atelier Seidel, Altötting
Produktion: Sebastian Strohmaier, München
Druck und Bindung: Clausen & Bosse, Leck
Das Papier wurde aus chlorfrei gebleichtem Zellstoff hergestellt.
ISBN 3-89405-157-4
Printed in Germany

www.frederking-und-thaler.de

Für Mark Collins, endlich

Inhalt

TEIL DREI

Dank

Zwei Menschen verdanke ich alles: Guy Guthridge von der National Science Foundation* in Virginia und Frank Curry von der British Antarctic Survey** in Cambridge. Ohne sie hätte es keine Reise gegeben – nur einen Traum.

Mario Zuccelli, der das italienische Antarktisprogramm leitet, leistete ebenfalls einen großen Beitrag, indem er mich trotz unüberwindlich scheinender Hindernisse zur Terra Nova-Bucht brachte. Malcolm Macfarlane (im Sommer) und Warren Herrick (im Winter) hießen mich bei den Neuseeländern in der Scott-Basis und im Umland herzlich willkommen. Eigentlich angefangen hat aber alles mit den chilenischen Antarktikern, denn sie flogen mich nach Marsh, ihrer Station auf der King George-Insel.

Viele Menschen halfen mir auf dem Eis, und ich möchte allen danken. Ich kann hier nur einige wenige erwähnen; die anderen werden schon wissen, wer gemeint ist. Die Wissenschaftler, die mich mitnahmen, ohne dazu in irgendeiner Weise verpflichtet zu sein, waren Hermann Englehardt aus dem Drachenlager auf Eisstrom B, Imre Friedman in der Convoy-Bergkette, Ross Powell vom Mackay-Gletscher, Brian Howes und Dale Goehringer vom Fryxell-See und John Priscu vom Bonney-See.

---

* Amerikanische Arktis- und Antarktisbehörde, im folgenden NSF abgekürzt. – A. d. Ü.

** Britische Antarktisvermessung, im folgenden BAS abgekürzt. – A. d. Ü.

Tony Stark half mir, die Astrophysik am Pol zu verstehen. Mein Dank gilt der Südpol-Sommermannschaft 1994/95, mit der ich Weihnachten feierte, sowie Gaetano Rizzi und den Italienern, mit denen ich Victoria-Land bereiste. In McMurdo halfen mir unzählige Menschen, besonders Kristin Larson und Lisa Mastro im Crary Labor; Robin Abbott, die Hubschrauberkönigin; Kirk Salveson und das Personal des Berg-Feldzentrums. Besonders danken möchte ich Lucia deLeiris. Wir beide lebten wochenlang allein auf dem Eis. In Rothera und anderen Stützpunkten der Halbinsel reichten mir Ben Hodges, Al Wearden und Steve Rumble zu einer schwierigen Zeit großzügig die Freundschaftshand.

In wärmeren Gefilden lernte ich sehr viel von meinem Verleger beim Verlag Jonathan Cape in London, Tony Colwell. »Danke« ist unzureichend für das, was er für mich getan hat – aber ich sage es trotzdem. Joe Fox vom Verlag Random House in New York nahm das Buch an und ermutigte mich sehr; tragischerweise starb er, kurz bevor ich es beendete. Lawrence Larose trat tapfer an seine Stelle und half mir, mich als Teil des Teams zu fühlen. Dank schulde ich meinem Agenten, Gillon Aitken; Oliver Garnett, der fast im Alleingang meine Polarliteratur zusammenstellte; Robin Gauldie, der mir sein enzyklopädisches Wissen zur Verfügung stellte; der stets freundlichen Shirley Sawtell und ihren Kollegen im Scott Polar Research Institute*; und Mike Richardson im Außenministerium, der *Terra Incognita* von Anfang an unterstützte und mir Anekdoten erzählte. John Hall, Richard Hanson, Mary Sutton und Bruce Tate im Hauptquartier der BAS in Cambridge zeigten sich stets hilfsbereit, und es war eine Freude, mit ihnen zu arbeiten. Viele

---

* Scott-Polarforschungsinstitut, im folgenden SPRI abgekürzt. – A. d. Ü.

Menschen ließen sich befragen: sie tauchen mit oder ohne Namen im Text auf, und ich danke ihnen allen.

Einige lasen die frühen Versionen von *Terra Incognita.* Auf dem Eis sahen Lisa Williams und Bob deZafra eine Erstfassung durch und machten viele hilfreiche Anmerkungen. Bruno Nardi kommentierte fast jede Zeile des ersten Kapitels, während er Ballons in die Stratosphäre schickte. Auf sicherem Grund war es Bob Headland, Archivar am SPRI, der das Manuskript sorgfältig las und mich teilhaben ließ an seiner Phantasie, seiner Erfahrung und seinem reichen Wissen über die Polarregionen. Der Bibliothekar des SPRI, William Mills, half mir großzügig bei bibliographischen Fragen. Professor Robin Humphreys durchforstete den Text nach Fehlern, und das tat, wie immer, auch Phil Kolvin. Cindy Riches erwies sich wieder einmal als unvergleichliche Leserin. Sie korrigierte viele Fassungen, und ihr Beitrag ist unschätzbar – jeder Seite hat sie ihren Stempel aufgedrückt. Mehr als alle anderen war sie meine Begleiterin auf dieser Reise, sie ist eine echte Freundin.

*

Die Auszüge aus T. S. Eliots *Das Wüste Land* und »Little Gidding«, beide aus *Collected Poems* 1902–1962, wurden mit freundlicher Erlaubnis der Herausgeber Faber & Faber zitiert. Ich danke Faber auch für die Erlaubnis zum Nachdruck der Zeilen aus W. H. Audens *Atlantis,* das in *Collected Poems* erscheint. Vielen Dank Edwin Mickleburgh und dem Verlagshaus Bodley Head für die Erlaubnis, aus *Beyond the Frozen Sea* zitieren zu dürfen; dem A. P. Watt Ltd.-Verlag als Vertreter von Michael Yeats für den Auszug aus *The Cold Heaven* von W. B. Yeats, erschienen in *The Collected Poems of W. B. Yeats,* und Frau Angela Mathias für ihre großzügige Erlaubnis, viele Passagen aus *The Worst Journey in the World* von Apsley Cherry-Garrard benutzen zu dürfen.

Ich danke dem STA-Reisebüro in London, das wie immer alle meine kommerziellen Flüge organisierte; den Firmen Damart für Kaltwetter-Ausrüstung; G. B. Britton für Goretex und Thinsulate Stiefel; Moomba Marketing für Überlebenshilfen; Taunton Leisure und Pentax Ltd. für Sonderangebote; Sunshine Ellis in Neuseeland für Notreparaturausrüstung; meinem heimischen Marriott in Swiss Cottage für Trainingsmöglichkeiten, und Johnson & Johnson für Kondome, mit denen ich Mikrophone vor Feuchtigkeit schützte.

Das neuseeländische Expeditionshilfsteam – bestehend aus Roger Sutton und Jo Malcolm in Christchurch und natürlich Camilla Sutton (Abteilung Wellington) – sah mich im Laufe eines Jahres viermal kommen und gehen, stets wurde ich lächelnd und gastfreundlich empfangen. Sie boten mir in Neuseeland ein Zuhause.

Der Schirmherr meiner Expedition schließlich, Jeremy Lewis, tat nichts von dem, was Schirmherren gemeinhin so tun (obwohl wir beide nicht so richtig wußten, was eigentlich alles dazugehört), und ich hängte mir dafür kein gerahmtes Photo von ihm ins Zelt. Tatsächlich aber tat er so viel; so viel, daß ich meinen Dank nicht auf einer Seite ausdrücken kann. Er hatte eine klarere Vorstellung davon, was ich schreiben wollte, als jeder andere, und fast täglich diskutierte er mündlich oder schriftlich mit mir, von der ungestümen Anfangszeit bis zu den quälenden letzten Monaten. Ich hatte das unglaubliche Glück, von seiner Weisheit profitieren zu können. Niemals werde ich imstande sein, das zu vergelten.

S.W.

März 1996

Warten Sie nur. Jeder hat seine Antarktis.

THOMAS PYNCHON*

* Übers. v. Dietrich Stössel u. Wulf Teichmann, aus: Pynchon, Thomas, *V.* Düsseldorf, 1968 u. Reinbek, 1976, 1988. – A. d. Ü.

Einleitung

Es ist die letzte große Reise, die dem Menschen noch bleibt«, sagte Shackleton. Er meinte damit nicht, daß wir alle unsere Steigeisen packen und uns mit Eispickeln in der Hand auf den Weg machen sollten. Für Shackleton war die Antarktis ebenso Metapher wie Forschertraum, und er fügte hinzu: »Jeder von uns hat seinen eigenen Weißen Fleck.« Für mich war die Antarktis immer ein Reich der Phantasie – vor, während und nach meiner Reise. Keine Städte, keine Bankangestellten, keine Kinderwagen im Flur. Manche glauben, daß die Antarktis vor ihrer Eiszeit Atlantis beherbergte, die uralte Zivilisation, die bei einer kosmischen Katastrophe unterging, aber als ich dorthin fuhr, wurde mir klar, daß wir Atlantis in uns tragen.

Wenn ich beim ständigen Kampf gegen die Eiseskälte aus dem klammen Schlafsack kletterte – über Wasserflaschen, Funkgeräte, Batterien und anderes wissenschaftliches Zubehör hinweg –, dachte ich nicht an Atlantis oder an Shackleton oder an metaphorische Anspielungen. Ich dachte nur daran, wie kalt mir war.

Bis zu meinem dreißigsten Geburtstag beschränkte sich meine Bekanntschaft mit der Antarktis darauf, daß ich sie zweimal jährlich auf der Karte betrachtete; dann nämlich, wenn ich den Globus aufpumpte, der über meinem Schreibtisch hängt, weil sich das Luftventil mitten in dem unförmigen weißen Pfannkuchen am unteren Ende befindet. Soviel ich wußte, war der Kontinent ein Tummelplatz für Männer mit gefrorenen Bärten, die herausfinden wollten, wie nahe sie dem Tode kommen konnten. 1991 dann reiste ich für ein Buchprojekt mehrere Tausend Kilometer durch Chile. Beim Stöbern im chilenischen Nationalbewußtsein entdeckte ich, daß das Land nicht in Tierra del Fuego endete. Ein kleines Dreieck war unten auf jeder Karte angehängt. Sie nannten es *Antártida chilena* und taten, als sei es ihr 51. Staat. Dort hinunter mußte ich, wenn ich ein vollständiges Bild des heutigen Chile zeichnen wollte, deshalb besorgte ich mir einen Flug in einer vorsintflutlichen Herkules der chilenischen Luftwaffe. Sie brachte mich an einem stürmischen Februartag von Punta Arenas zur King George-Insel, die vor der Spitze der schmalen Antarktischen Halbinsel liegt.

Mit Chile im Sinn und einem Rucksack auf dem Rücken kletterte ich die Gangway hinunter in die schneidende Kälte und schüttelte die ausgestreckte Bärenpranke des bedauernswerten Gruppenkommandanten, der zu meinem Aufpasser bestellt worden war. Ich schaute über die Eisfelder, die mit dem aspirinweißen Horizont verschmolzen. Über ihnen kreiste ein einzelner Schneesturmvogel im malerischen Blau. Tage später kletterte ich mit einem uruguayischen Vulkanologen auf einen Schneehügel, da wußte ich bereits, daß ich ein unbeschriebenes Blatt entdeckt hatte. Auf der Hügelkuppe war kein Laut zu hören, nur das gelegentliche Schaben des Vulkanologen, der Schnee in einen Probenbehälter kratzte. Während die Schatten auf dem plätschernden Südlichen Eismeer länger wurden, blickte ich auf den kleinen Stützpunkt im Vordergrund und dachte: »Diese Eiswüste ist größer als Australien.« Die Antarktis ist der höchstgelegene Kontinent, außerdem der trockenste, der kälteste und der windigste, und sie gehört niemandem. Sieben Länder haben ein Stück für sich »beansprucht«, und es existieren fast 200 kleine Forschungsstationen, aber der Kontinent selbst gehört niemandem.

Als ich dort am Rande des Eisfeldes stand, ausgesetzt einem Wind, der stark genug war, um sich dagegenzulehnen, und in das butterweiße Licht blinzelte, kam es mir vor, als sähe ich die Welt zum allerersten Mal. Hier fühlte ich mich Zuhause, und in jenem Augenblick wurde mir klar, daß ich wiederkommen mußte. Ich spürte, daß die Eisfelder mich etwas lehren konnten.

Auf der King George-Insel hatte ich Russen, Chinesen, Uruguayer und Polen kennengelernt und dabei bemerkt, daß der Kontinent nationale Unterschiede verwischt. Mir wurde bewußt, daß ich die perfekte *tabula rasa* gefunden hatte. Als ich abflog, eingepfercht in der schon bekannten klapprigen Herkules, schrieb ich *Terra Incognita* auf den Umschlag eines jungfräulichen Notizbuches.

Die alten Griechen ahnten die Existenz dieses Landes, weil ja irgend etwas das weiße Stück oben am Globus in der Balance halten mußte. Kartographen des Mittelalters versuchten, den Kontinent zu zeichnen und nannten ihn *Terra Australis Incognita,* Unbekanntes Südland. Es scheint, als wären die Menschen jahrhundertelang überzeugt gewesen, es handele sich um ein reiches, fruchtbares und dichtbevölkertes Land, dessen Entdeckung dem Hauptgewinn in der nationalen Lotterie gleichkäme. Es war Kapitän Cook, der größte Forscher aller Zeiten, der den Seekartenzeichnern, die unter der langen Herrschaft George III. ausharrten, meldete, hier unten gebe es keine goldenen Felder, keine knospenden Bäume und keine großen, blonden Menschen. Hier unten gebe es nur eine kalte Hölle.

In der folgenden Zeit geriet der Kontinent fast in Vergessenheit, aber nachdem alle anderen weißen Flecken auf der Karte getilgt worden waren, erinnerte man sich wieder an ihn. Die Briten zeigten besonderes Interesse an der Antarktis, weil sie mit Afrika fertig waren und sich einen Großteil des 19. Jahrhunderts mit der Arktis herumgeärgert hatten. Um die Jahrhundertwende verschrieben sie sich deshalb vollkommen der Eroberung des Südens, und bald erreichte die Jagd ihren Höhepunkt mit der wohl größten antarktischen Heldenfigur, Kapitän Scott – einem Mann, der untrennbar mit unserer Nationalgeschichte verbunden ist.

Nachdem ich einen Blick auf die Antarktis geworfen hatte, ging sie mir nicht mehr aus dem Sinn; unwillkürlich dachte ich bei nahezu jeder Gelegenheit daran. Ich schleppte meine Freunde in leere Kinos, wann immer Charles Frends Film *Scotts letzte Fahrt* aus dem Jahre 1948 gezeigt wurde, und wir sahen John Mills in einer Landschaft herumlaufen, die an psychedelische Plattencover aus den 70er Jahren erinnerte. Shaw benutzte die Antarktis als Metapher, T. S. Eliot ließ sich für »Das wüste Land« von Erlebnisberichten aus der Antarktis inspirieren, und auch Saul Bellow, Thomas Pynchon, Vaclav Havel, Doris Lessing und Thomas Keneally gebrauchten das Motiv. Als ich ins Theater ging, um einmal auf andere Gedanken zu kommen, entdeckte ich, daß Tony Kushner eine komplette Szene seines Schauspiels *Engel in Amerika* in der Antarktis angesiedelt hatte. Ein Ort ist eben mehr als die Summe seiner physikalischen Komponenten, und die Antarktis scheint die Phantasie besonders zu beflügeln. Sie war stets auch eine metaphorische Landschaft, und angesichts einer zunehmend verdorbenen Welt bot sie eine romantisch verklärte Zuflucht. Über Jahrhunderte hinweg war sie ein Mythos, und sie ist es bis heute.

Es dauerte zwei Jahre, die Reise zu organisieren. In dieser Zeit wurde ich als erste Ausländerin in das Antarktische Künstler- und Schriftstellerprogramm der amerikanischen National Science Foundation aufgenommen. Die zwei Jahre waren angefüllt mit regen Briefwechseln, Interviews, Treffen, Konferenzen auf zwei Kontinenten, endlosen unbezahlten Vorarbeiten und erschöpfenden medizinischen Untersuchungen. Ich machte lange Wanderungen durch die Eingeweide des Außenministeriums in London, bis ich zu den »Polarregionen« vorstieß, die sich in einem abgelegenen Teil des Gebäudes befanden, und die Temperatur sank, je näher ich dieser Abteilung kam. Niemand kann sich vorstellen, was mein Zahnarzt und ich durchmachten, um den strengen Vorschriften der amerikanischen Marine zu genügen. Meine Tätowierung wurde unter »Behinderungen und Narben« in den medizinischen Unterlagen der BAS erfaßt. Drei Wochen vor meiner Abreise mußte ich mich verschiedenen unangenehmen Tests unterziehen, um zu belegen, daß meine Herztöne keine irgendwie gearteten Auffälligkeiten zeigten, die zu einem Anfall auf dem Eis führen könnten. Der Kardiologe aus der Harley Street, der diese Aufgabe übernommen hatte, war Brasilianer, und einen Tag bevor ich von ihm die Untersuchungsergebnisse erfahren sollte, gewann Brasilien die Fußballweltmeisterschaft. Ich saß um acht Uhr morgens steif vor Anspannung auf den Stufen, die zu seiner eleganten Praxis führten, und dachte so fest wie möglich an meinen Traum, als er mir mit offener Krawatte aus der hinteren Tür eines Taxis vor die Füße stolperte und rief: »Sie haben das beste Herz, das mir je vorgekommen ist.«

Während des Vorbereitungsseminars der BAS in Cambridge wurde ich jeden Morgen von den lauten Schritten eines Hundeführers geweckt, der durch die kühlen Korridore des Girton College stürmte, also ging ich mit ihm zusammen zum Joggen am Fluß Cam. Am letzten

Abend saß ich in der kerzenschimmernden Großen Halle – von den Ölporträts an den Wänden blickten tweedgewandete viktorianische Gelehrte streng auf mich herab – und lauschte Barry Heywood, dem Leiter der BAS, der uns mit leiser Stimme erklärte, vor uns läge die schönste Zeit unseres Lebens.

Bereits einen Tag später befand ich mich in Leesburg, Virginia, wo das Vorbereitungsseminar des amerikanischen Antarktisprogramms stattfand, und wurde im Zimmer eines Instituts der riesigen Xerox Document-Universität von einer Computerstimme geweckt, die aus dem Telefonhörer schnarrte: »Guten Morgen, dies ist Ihr Weckruf.« Durch all das half mir mein Traum von der Antarktis.

In Dundee saß ich in Scotts Kabine an Bord der *Discovery,* und auf den Docks von Grimsby stand ich in strömendem Regen zwischen aufgeregten Verwandten, die darauf warteten, daß die *James Clark Ross* von ihrer langen Reise zur Antarktis zurückkehrte. Woche für Woche öffnete Shirley, die hilfreiche Informationsassistentin des SPRI in Cambridge, den staubbedeckten Keller, so daß ich an das Bücherarchiv konnte, das hinter zerbeulten Filmspulendosen und Pappkartons mit überflüssigem Hundefutter versteckt war. Dort arbeitete ich mich unter anderem durch lederne Notizbücher voller Fettflecken, die von den Männern geführt worden waren, die die Geschichte der Antarktis geschrieben hatten: sie zu lesen war, als betrachte man einen Gegenstand aus unterschiedlichen Winkeln durch ein Glasprisma.

Bei einer Vortragsreise durch Indien setzte ich mich ab und besuchte das Hauptquartier des indischen Antarktisprogramms im erstickend heißen Betonherzen von Neu-Delhi; als ich die baufälligen Büros im achten Stock erreichte, hatte die Klimaanlage gerade ihren letzten

Seufzer getan, und eine großgewachsene Sekretärin in einem orangefarbenen Sari fächelte sich vor der Abbildung einer unberührten Schneelandschaft Kühlung zu. Vor Bahnhöfen in Südengland wartete ich mit einem warmen Bier in der Hand darauf, von Forscherveteranen abgeholt zu werden, die sich schon lange zur Ruhe gesetzt hatten. In ihren gepflegten Heimen angelangt, blätterten altersfleckige Hände die steifen schwarzen Seiten rissiger Fotoalben um. In Hampshire war ich zu Gast bei Zaz Bergel, der Enkelin von Sir Ernest Shakleton und Erforscherin des Antarktis-Forschers, und als ich mir beim Abschied den Mantel anzog, sagte sie: »Großvater war nirgendwo glücklicher als dort.«

Wie sehr das Eis die Phantasie beschäftigt, zeigt auch der kühle Anfangssatz von García Márquez' Roman *Hundert Jahre Einsamkeit:* »Viele Jahre später sollte der Oberst Aureliano Buendía sich vor dem Erschießungskommando an jenen fernen Nachmittag erinnern, an dem sein Vater ihn mitnahm, um das Eis kennenzulernen.«*

Es gab auch psychologische Vorbereitungen, obwohl diese sich schwieriger gestalteten. Im Vorwort eines grundlegenden Werkes über die Erschließung des Kontinents las ich: »Das Polarleben ist eher eine Herausforderung an den Geist als an die Muskelkraft.« Ein Mann mit jahrelanger Erfahrung auf dem Eis schrieb im selben Buch: »Die Antarktis hat im allgemeinen große Auswirkungen auf Persönlichkeit und Charakter, und wenige sind nach einem Aufenthalt dort noch dieselben.« Vor Einsamkeit war mir nicht bang; ich wußte bereits, daß sie nicht unbedingt mit räumlicher Isolation einhergeht.

---

* Übers. v. Curt Meyer-Clason, aus: Márquez, Gabriel García. *Hundert Jahre Einsamkeit.* Köln, 1970, 1982. – A. d. Ü.

Trotzdem war ich gespannt darauf, wohin die Antarktis mich führen würde, und auch darauf, mein Leben *sub specie* zu sehen. Robert Swan, der auf beiden Polen gestanden hat, erklärte mir, daß man bei einer Polwanderung den Eindruck hat, als würde das Leben, so wie man es kennt, wie von Zauberhand weggewischt.

In einem Lehrbuch über antarktische Psychologie las ich: »Das Leben auf beschränktem Raum ist für den Menschen schwer zu ertragen und kann zu Fehlfunktionen führen.« Ein Wissenschaftler, der mit Scott und mit Shackleton im Süden war, prägte den Begriff »Polares Irresein«, und Admiral Byrd nahm zwei Särge und zwölf Zwangsjacken mit, als er eine der ersten amerikanischen Antarktisexpeditionen leitete. Bald kannte ich sämtliche Geschichten: vom Stationsleiter, der alle Gebäude des Lagers in Brand setzte; von dem Mann, der plötzlich zu lispeln anfing; dem Koch, der mit dem Fleischerbeil herumfuchtelte, und dem Russen, der beim Schachspiel einen Kameraden mit dem Eispickel erschlug (um sicherzustellen, daß so etwas nicht noch einmal vorkam, wurde Schach spielen verboten). Zu den frühesten Erkenntnissen der Verhaltensforschung in der Antarktis zählt Mullins Entdeckung spontaner Trancezustände, und es gab eine Reihe von Abhandlungen über Bewußtseinsveränderungen, die durch das einsame Polarleben hervorgerufen wurden. Gleichzeitig hatte die Antarktis kalte Herzen zum Schmelzen gebracht. »Am Fuße dieses Planeten«, schrieb Admiral Byrd, der als erster Mensch den Südpol überflog, »ruht bleich ein verwunschener Kontinent in einem Dornröschenschlaf. Geheimnisvoll und schön liegt er in eisigem Schlummer.« – »Wenn das Leben überhaupt irgendwo lebenswert ist«, sagte ein anderer Forscher, »dann dort.«

Die Menschen, die mir halfen, hatten eines gemeinsam. Sie waren allesamt Männer. Ich betrat angestammtes männliches Territorium – es kam mir vor wie ein Männerclub, wie eine Fortsetzung der Internatsschule und der Armee. Nur bei den Amerikanern entspricht der Männer- und Frauenanteil in etwa dem Normalzustand. Alastair Fothergill, der die Fernsehserie *Leben im Ewigen Eis* produzierte und das Buch zum Film schrieb, erklärte mir, daß eine Reise in den Süden für britische Männer immer noch wie ein Gang ins Pub sei. Beim Tee mit Sir Edmund Hillary in Neuseeland erfuhr ich Ähnliches. »Meiner Erfahrung nach«, sagte er, während er Schokoladenkekse knabberte, »betrachtet die dortige Forschergemeinde die Antarktis als ihr Eigentum und mag es gar nicht, wenn Außenseiter sich dorthin wagen.«

Seit die Antarktis aus den südlichen Nebeln aufgetaucht ist, haben Männer sich um sie gestritten; sie sahen in ihr eine Trophäe, der sie hinterherjagten wie die Steinzeitjäger einem besonders saftigen Braten. Mike Stroud, der mit Ranulph Fiennes die Kontinentdurchquerung in Angriff nahm, war mir gegenüber ehrlicher als die meisten »Eisbärte«. »Manchmal denke ich, ich hatte keine Zeit innezuhalten und alles zu würdigen«, sagte er. »Ich überquerte zwar den Kontinent, aber meistens ging es mir dabei schlecht.«

Die Form des antarktischen Kontinents ähnelt einem Querschnitt des menschlichen Gehirns, mit einem völlig deplacierten Finger, der sich Richtung Südamerika erstreckt (üblicherweise ragt er links oben heraus, aber es kommt darauf an, wie herum die Karte gezeichnet ist). Mehr als 99 Prozent* dieser Landmasse sind von ewigem Eis bedeckt, das sich aus den fest zusammengepreßten

* 99,6 Prozent lautet die neueste Zahl auf der BAS/SPRI-Satellitenkarte.

Schneefällen Tausender Jahre geformt hat. Die restlichen 0,4 Prozent bestehen aus freiliegendem Gestein. Wie klebriger weißer Zuckerguß, der von einer Hochzeitstorte fließt, schiebt sich die Eisschicht an der Oberfläche der Antarktis langsam, aber unaufhaltsam auf die Küste zu, sie erzwingt sich ihren Weg durchs Gebirge, verwandelt sich in spaltendurchzogene Gletscher und ergießt sich auf ein treibendes Eisschelf oder kalbt als Berg in den Südlichen Ozean. Deshalb umgeben Eisschelfs die zerklüftete Antarktisküste. Eins von ihnen, das Ross-Eisschelf, ist größer als Frankreich.

Der Kontinent besteht, grob gesagt, aus zwei geologischen Zonen, die durch die Transantarktische Gebirgskette getrennt werden. Von der Ostantarktis (dem größeren Teil) wird allgemein angenommen, daß sie auf einer festen Platte liegt. Die Westantarktis (der kleinere Teil) dagegen besteht aus vielen kleineren, treibenden Platten – daher liegen dort auch alle Vulkane. Neben dem Transantarktischen Gebirge, das die Mitte durchzieht, gibt es einen Ring von Bergen, der fast den gesamten Kontinent umschließt. Hinter diesen Steilküsten, im Inneren, erstreckt sich schier endlos über Tausende von Kilometern eine scheinbar flache Eiskappe – die riesige Polarebene. Gebirgsketten so hoch wie die Appalachen verbergen sich unter diesen Eisflächen. Der Südpol, einer der Achsenendpunkte der Erdrotation, befindet sich in der Ostantarktis, auf dem polaren Plateau.

In der Antarktis herrscht entweder totale Dunkelheit oder immerwährendes Licht. Die Übergänge zwischen beidem sind kurz und aufregend: es dauert ungefähr acht Wochen von dem Moment, an dem die Sonne zum erstenmal über dem Horizont erscheint, bis zu dem Tag, an dem sie nicht mehr untergeht. Die Sommerzeit beginnt etwa Mitte Oktober und endet mit dem Februar.

Die Antarktis wartet mit beeindruckenden Zahlen auf. Der Kontinent, der ein Zehntel der Erdoberfläche ausmacht, ist erheblich größer als Europa und hat eineinhalb mal mehr Fläche als die Vereinigten Staaten. Hier lagern 90 Prozent des Welteises, und an der mächtigsten Stelle ist die Eisdecke mehr als 4500 Meter dick, so daß sie das Land, auf dem sie liegt, weit unter den Meeresspiegel drückt. Tausende Kubikmeter Eis brechen jährlich von der Küste der Antarktis ab. Sie liegt im Durchschnitt dreimal höher als die Grundfläche jedes anderen Kontinents. In weiten Teilen fällt niemals Regen und nur selten Schnee, daher ist die Antarktis die trockenste Wüste der Welt.

In dieses Land der Superlative tauchte ich ein. Ich wollte im November, zu Beginn des antarktischen Sommers, von Neuseeland aus mit den Amerikanern hinfliegen. Ihr Hauptstützpunkt befindet sich auf einer der vielen hundert Inseln, die der Antarktisküste vorgelagert sind. Von dort aus konnte ich zu verschiedenen Inlandstationen gelangen, eventuell an Weihnachten den Pol erreichen und dann die in der Nähe stationierten Neuseeländer besuchen und auch die Italiener in Viktoria-Land, nur einige hundert Kilometer entfernt. Ende Januar wollte ich zu den britischen Polarforschern stoßen, die alle auf der Halbinsel arbeiteten, dem Finger, der gen Südamerika zeigt. Da er aber auf der anderen Seite des Kontinents liegt, mußte ich mit einer amerikanischen Militärmaschine zurück nach Neuseeland und einen zeitraubenden Umweg über die Falkland-Inseln in Kauf nehmen (alles war so verzwickt, daß ich zwischendurch sogar wieder in meiner Wohnung in London landete), um für den Flug zur antarktischen Halbinsel einen Platz in der Dash-7 der BAS zu ergattern. Bei meinen Landsleuten wollte ich zwei Monate bleiben, bis dahin würde die Nacht schon wieder herandämmern, und dann mit einem Eisbrecher an der Halbinsel entlang zu den Falkland-Inseln fahren, wo ich Anfang April einzutreffen hoffte.

Zu Großmutters Zeiten hätte Abenteuergeist mich möglicherweise bis nach Spanien gebracht, damals immerhin so exotisch wie Xanadu. Heute ist die Welt geschrumpft, und ich war in der Lage, bis an ihre entlegenste Stelle zu gelangen.

Gegen Ende der Vorbereitungen hatte ich schließlich einiges begriffen. Ich verstand, warum Scott den Stoßseufzer Nansens aufgegriffen hatte: »Der schlimmste Teil einer Polarexpedition ist vorüber, wenn die Vorbereitungen beendet sind und die Reise begonnen ist.«

Als Jonathan Raban gefragt wurde, warum er den Mississippi hinunterfahren wolle, antwortete er, das habe etwas mit Liebe zu tun. Die Antarktis war meine Liebe; dort im Süden lernte ich, die Welt mit anderen Augen zu sehen. Jetzt möchte ich *Sie* dorthin mitnehmen. Um mit Shackleton zu sprechen: »Jeder von uns hat seinen eigenen Weißen Fleck«, und ich glaube, daß die Macht der Phantasie weit über die Schneefelder hinausreicht.

TEIL EINS

Die Antarktis hinterließ in meinem Herzen eine ruhelose Sehnsucht nach unvorstellbarer Perfektion, die dem sterblichen Menschen auf ewig verwehrt ist. Ihre überwältigende Schönheit rührt dich so tief, daß du es wie eine Wunde empfindest.

EDWIN MICKLEBURGH, *Beyond the Frozen Sea*

DER ANTARKTISCHE KONTINENT

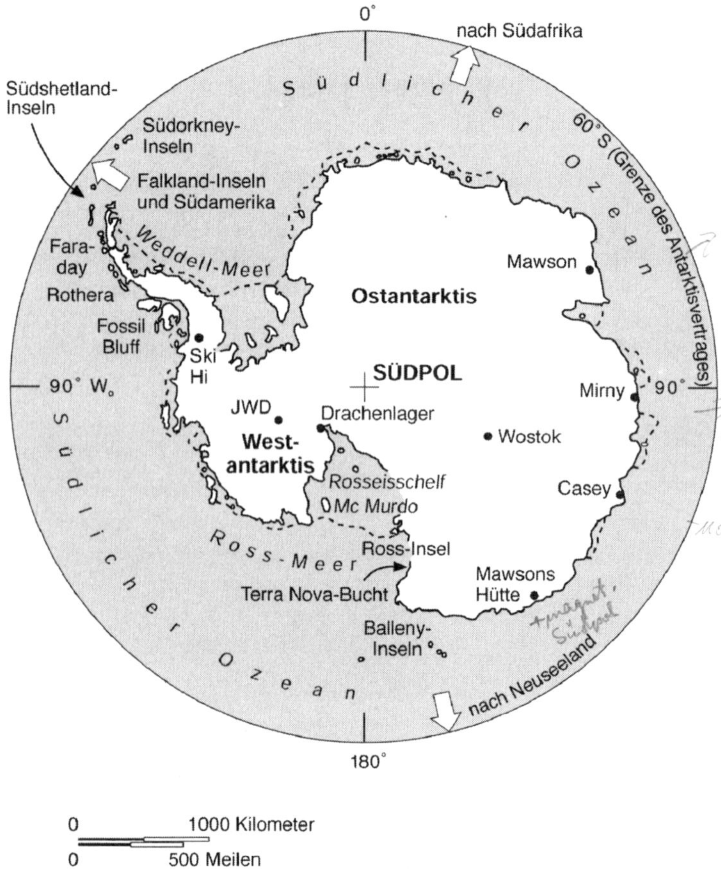

1. KAPITEL

Die Große Eiswüste

Auf, Freunde, kommt,
Noch ist es Zeit, die neue Welt zu suchen.
Stoßt ab, und, euch in Ordnung setzend, schlagt
Die tönenden Furchen; denn ich bin gewillt,
Der Sonne Bad und aller Westgestirne
Zu übersegeln, bis der Tod mich ruft.

ALFRED LORD TENNYSON, aus: *Ulysses**

Ein Tag war heißer als der andere, und ich sog den Novembersonnenschein auf wie eine Eidechse. Zwei Wochen nach meiner Ankunft in Neuseeland mußte ich mich um neun Uhr morgens im Hauptquartier des amerikanischen Antarktisprogramms in Christchurch einfinden, um meine Polarkleidung abzuholen. Ich lieh mir ein Mountainbike und radelte über menschenleere Straßen an stillen Einkaufszentren vorbei in die schläfrigen Vororte der Stadt, wo die Sonne das Blau schon aus dem Himmel gebrannt hatte. Zu dem Rad gehörte ein Helm mit einem kleinen Rückspiegel, der an der Seite herausragte. Schwungvoll fuhr ich vor dem schneeweißen Institutsgebäude vor, wo sich vereinzelt schon einige Reisegenossen auf den niedrigen Mauern

* Übers. v. A. Strodtmann, aus: Tennyson, Lord Alfred. *Ausgewählte Dichtungen.* Leipzig, o. J. – A. d. Ü.

und im warmen Gras niedergelassen hatten. Aber dann mußte ich mir von einem technisch versierten russischen Glaziologen aus dem Helm helfen lassen.

Um Punkt neun wurden wir eingelassen und in einen fensterlosen Raum geführt, der mit Postern von Eislandschaften geschmückt war; dort warteten wir in befremdetem Schweigen auf Nachzügler, während ein Mann mit finsterer Beethoven-Miene unsere Namen auf einer Liste abhakte. In jenem Augenblick fühlte ich mich sehr einsam, allein in einem fremden Land und unterwegs zu einem noch fremderen Kontinent. Nach so langer Zeit stand die Erfüllung meines Traumes jetzt unmittelbar bevor.

Das Video über die Gefahren, die in der Antarktis lauerten, begann bezeichnenderweise mit Scotts Ausruf: »Großer Gott, was für ein entsetzlicher Ort!« vorgetragen mit klangvoller Stimme und begleitet von dramatischen Szenen, in denen Menschen telegen in Gletscherspalten stürzten. Als wir das hinter uns hatten, trotteten wir zu den Umkleidekabinen. Es gab noch drei andere Frauen, und unser Raum war leer bis auf acht orangefarbene Stofftaschen. Obwohl sie ziemlich groß waren, platzen sie fast aus den Nähten. Den Anhängern war zu entnehmen, daß jede von uns zwei bekommen sollte.

Die Taschen enthielten eine verwirrende Menge an Unterwäsche, Kleidung und Zubehör – für die Füße, für den Kopf, für die Hände, für die Augen – und undefinierbare Objekte, die an keinen Körperteil richtig zu passen schienen. Unter einem riesigen zinnoberroten Parka ganz unten in einer meiner Taschen fand ich eine zusammengerollte Kette und ein Paar metallene Hundemarken, in die mein Name und eine lange Nummer eingraviert waren. Ich stapelte meine Sachen fein säuberlich auf dem Teppich und schielte nach den anderen.

Sie begannen gerade mit der Anprobe, also griff ich mir eine lange Thermounterhose mit Schlitz. Ein Vorhang an einer Seite des Raums trennte uns von einer langen Theke, an der wir nicht passende Sachen an einen Zeugwart zurückgaben, der sich dann in seinem blauen Overall aufmachte, eine andere Größe winddichter Hosen oder Polypropylen-Innenhandschuhe aus unsichtbaren Bergen von Ausrüstungsgegenständen herauszusuchen, die in den Tiefen des Raumes versteckt waren.

Beim Anziehen, Ausziehen, Zuziehen, Aufziehen begannen meine Begleiterinnen zu erzählen. Eine war Köchin, die andere eine erfahrene Eiskernbohrerin und die dritte Technikerin bei der NASA. Die Eisexpertin hatte schon sechs »Eiszeiten« hinter sich, und sie zeigte mir auch, wie man mit den weißen Gletscherstiefeln umgeht. Sie sind luftisoliert und haben ein Ventil an der Seite, auf das man drücken muß.

Nachdem wir uns davon überzeugt hatten, daß kein Teil unserer umfangreichen neuen Garderobe scheuerte, zwickte oder unser zartes Fleisch der Gefahr von Erfrierungen aussetzte, packten wir unsere Taschen wieder ein, und der Finsterling entließ uns in den Sonnenschein, wobei er seine Liste abhakte und uns einschärfte, nur ja nicht zum Abflug zu spät zu kommen.

Die Sonne blendete mich, als ich auf der schnurgeraden Straße zurück in die Stadt radelte. Die Einkaufszentren hatten geöffnet, und ich ergriff die Gelegenheit, einen Film entwickeln zu lassen; in der Stunde, in der ich auf die Photos warten mußte, schlenderte ich durch die Geschäfte und hätte am liebsten alles gekauft, was ich sah, denn das war meine letzte Chance für lange Zeit – aber was hätte es schon genützt. Im Durcheinander meiner Gedanken suchte ich nach dem Traum, der mich hierher auf die andere Seite des Planeten geführt hatte, doch er schien sich in der Hitze Neuseelands verflüchtigt zu haben.

In Christchurch war ich Gast von Roger Sutton und Jo Malcolm, die in einem verfallenen Haus am Stadtrand wohnten. Rogers Schwester Camilla war eine alte Freundin aus wilden Londoner Zeiten. Die ganze Familie hatte mich ins Herz geschlossen, und ich fühlte mich in ihrer Gesellschaft außerordentlich wohl. Jo war Nachrichtenreporter beim neuseeländischen Fernsehen, und Roger kaufte Energie für SouthPower. Er war ein begeisterter Sportler und riß sich bei der erstbesten Gelegenheit den Anzug vom Leib, um zum Laufen oder Radfahren oder Klettern zu gehen. An jenem Abend fuhren sie mit mir nach Lyttelton. Das ist ein wichtiger Ort in der Geschichte der Antarktiserforschung, denn er war für die meisten Expeditionen Anfang des Jahrhunderts der letzte Haltepunkt. Unterwegs besuchten wir die Kinsey-Terrasse und das Haus von Scotts neuseeländischem Agenten oben auf der Klippe. Der Kapitän hatte dort gewohnt und sich auf dem Kamin verewigt. Wir kamen an den Bergpässen über der Insel Quail wieder heraus, auf der Scott seine zweitklassigen Maultiere hatte grasen lassen. In Lyttelton sah ich hohläugige russische Seeleute und heruntergekommene Bordelle, bei denen das Gras durch die Ritzen in den Vorderstufen wucherte. Alles wirkte friedlich und altmodisch, selbst nach neuseeländischen Maßstäben. Die Zeit schien stehengeblieben zu sein. In einer Bar bestanden die kleinen hölzernen Mannschaften des Tischfußballspiels aus Juden und Nazis.

Die Matrosen der ersten Schiffe, die vor dem unbekannten südlichen Kontinent Anker warfen, berichteten von erstaunlichen Erfolgen bei den Frauen von Lyttelton und notierten in ihren Tagebüchern, daß die Erwähnung der bevorstehenden Abreise zur Antarktiserforschung die beste Anmache war, die sie je angewandt hatten. »Ein normaler Schiffsoffizier hatte überhaupt keine Chance gegen einen Polarforscher, selbst wenn der erst noch einer werden mußte«, schrieb einer von ihnen. Roger wollte unbedingt, daß ich diese Aussagen auf die Probe stellte, deshalb hielt er vor mehreren Bars, scheuchte mich hinein und sagte, er würde mich später wieder abholen. Offensichtlich funktionierte es immer noch, wenigstens bei Männern. In einem Lehrbuch über antarktische Psychologie, das kürzlich von der Victoria-Universität in Wellington herausgebracht wurde, las ich, daß zwei Männer, die in einer Zeitschrift eine Bekanntschaftsanzeige schalteten, mit der sie »aktive weibliche Gefährtinnen für eine Woche mit fitten Männern, die bald in die Antarktis gehen« suchten, mit Angeboten geradezu überschwemmt wurden.

Nach Hause zurückgekehrt, rief ich meine Freundin Cindy in London an; ich mußte einfach mit ihr sprechen, bevor ich mich auf die Reise machte. Sie sagte, sie sei froh, daß ich anriefe, denn sie brauche das Rezept für Pisco sour, weil sie den als Aperitif geplant hätten. Ich war sauer, daß sie Pisco sour ohne mich trinken wollten, da ich das Getränk in Chile kennengelernt und meine Freunde damit bekanntgemacht hatte. Trotzdem erklärte ich ihr, wie der Drink zu mixen wäre, und gegen Ende des Gesprächs, als wir uns verabschiedeten, sagte sie, es käme ihr vor, als würde ich in einem schwarzen Loch verschwinden.

Das Taxi kam um vier, und Robert kämpfte sich aus dem Bett, um »Auf Wiedersehen« zu sagen. In der Nacht hatte es geregnet, und der Teer der öden Straßen glitzerte feucht; die einzige Regung kam von einer Katze, die sich im Lichtkegel einer Natriumdampflampe die Ohren rieb. Nachdem ich meine orangefarbenen Taschen im Umkleideraum des Flughafens gefunden hatte, hüllte ich mich in meine neue Polarkleidung und legte mir die Hundemarken um den Hals, so daß im Falle eines Unglücks meine verkohlten Überreste an meine Eltern geschickt werden konnten. Dann gesellte ich mich zu den dreißig anderen verschlafenen Menschen in der Halle, und wir lauschten ungeduldig dem Piloten unserer LC-130 Turbo-Prop, einer Herkules mit Schlittenkufen, der uns Anweisungen für den Acht-Stunden-Flug erteilte.

»Die sanitären Anlagen an Bord«, erklärte er knapp, »sind bestenfalls primitiv zu nennen. Es gibt ein Urinal und einen Kloeimer. Ich rate ihnen allen, das große Geschäft vor dem Abflug zu erledigen, um dem Kloeimer zu entgehen.«

So erfuhr ich von einer weiteren amerikanischen Errungenschaft. Sie konnten ihre Gedärme an- und abstellen.

Als der erste schüchterne Strahl der Morgensonne sich über den östlichen Horizont tastete, schleppten wir unter den gelangweilten Blicken einiger amerikanischer Marinesoldaten unsere Ausrüstung durch das Zollgebäude. Dann drängelten wir uns um einen Automaten, an dem man einen Schluck Nescafé bekommen konnte, bis wir von kurzgeschorenen Männern in Kampfanzügen vor unserem Gepäck aufgereiht und von einem Suchhund beschnüffelt wurden.

Dann schickte man uns durch den Morgendunst über den Rasen zum Frühstück in die Kantine. Ich sehnte mich nach richtigem Kaffee, aber der Schatten eines Kloeimers drängte sich zwischen mich und die Tasse.

Schwitzend saßen wir im grell erleuchteten Speiseraum – aus dem Fernseher dröhnte ein Rugby-Spiel – und aßen Eier mit Kartoffeln, während ein Biochemiker aus Norddakota, der gerade die Cricketregeln gelernt hatte, sich lang und breit darüber ausließ. Der Rest der Runde brauchte eine Weile, bis die Grundregeln verstanden waren. Ich als Eingeweihte beantwortete treuherzig alle Fragen; es brauchte ja niemand zu wissen, daß ich das Spiel selber nie verstanden hatte. Die längst verflossenen Sommertage am sonnigen Spielfeldrand hatten mit Cricket eigentlich nur recht wenig zu tun gehabt.

Zwei Stunden später bestiegen wir das Flugzeug – eine Menschenschlange, zusammengesetzt aus unförmigen zinnoberroten Parkas, die sich nur durch die Namen auf den Klettstreifen an der Brusttasche unterschieden. Als ich in den Bauch der Maschine kletterte, reichte mir jemand eine braune Essenstüte und wies auf das Ende einer Sitzreihe. Ich schnallte mich in einem roten Netzsitz fest, der dicht neben einem Stapel Frachtkisten angebracht war, und schaute mich um – wie Jonas im Bauch des Walfisches.

Der Mann neben mir war Astrophysiker und widmete sich dem Studium von Supernovaexplosionen. Er wollte über der Antarktis einen Ballon steigen lassen, der die spektralen Eigenschaften von Gammastrahlen untersuchen sollte. Wir steckten uns die Stöpsel in die Ohren, das Flugzeug raste über die Startbahn in den Morgenhimmel, und dann war es zu laut, um noch mehr über seinen Ballon erfahren zu können. Ein Fenster konnte ich auch nicht entdecken, also schwebte ich der Antarktis wie in einem Kokon entgegen. Eingeklemmt zwischen dem Astrophysiker und der Ladung fiel ich in unruhigen Schlaf. Keiner von uns wußte, wo er seine Füße unterbringen sollte, deshalb kreuzten sich unsere Beine in Knöchelhöhe auf dem Gang als wären wir durcheinandergeratene Ehrengarden.

Nach einer Stunde kletterte die Temperatur schnell von Eiseskälte auf Tropenhitze, doch wir hatten uns kaum von unseren Jacken und Mützen und Wärmekragen befreit, als sie bereits wieder sank. Während des Fluges hielt der russische Glaziologe den Kopf meist in die Hände gestützt und starrte zu Boden, während der Astrophysiker still vor sich hinträumte, friedlich und völlig losgelöst wie einer seiner Ballons. Er war so versiert, daß er in jedem Augenblick genau wußte, wo wir uns befanden. Einmal lächelte er glückselig und brüllte mir ins Ohr, daß wir am PSR vorbei seien. Monate später fand ich heraus, daß das »Punkt für Sichere Rückkehr« bedeutete, was heißt, daß über die Hälfte des Treibstoffs verbraucht ist. Früher nannte man es »Punkt ohne Wiederkehr«, aber das ängstigte die Menschen, also dachte man sich etwas Besseres aus.

Wir widmeten uns unseren Butterbroten und Muffins und den haltbaren Schokoladenpuddings in Plastikbechern. Im Laufe der nächsten Monate sollte ich mit dem Inhalt dieser braunen Essenstüten sehr vertraut werden.

Als nach der Landung die Tür aufging, war es, als würde eine Tiefkühltruhe geöffnet. Blutleere Eisfelder erstreckten sich bis zu den Bergen, über denen sanft geschwungene Kumuluswolken schwebten, und Eiskristalle schlitterten mit dem schneidenden Wind über die Fläche auf uns zu. Die Herkules war auf dem eisbedeckten Meer zwischen der Ross-Insel und dem antarktischen Kontinent gelandet; an der gesamten verschlungenen Inselküste trafen sich Land und Eismeer in einem Gewirr von blauschattigen Druckfalten und Gletscherfurchen. Ich begann, meine Vorstellungen von »Land« und »Meer« zu revidieren. Nicht weit entfernt war ein tafelförmiger Eisberg im Eis gefangen, seine steilen und zerklüfteten Wände reflektierten das weiche, safrangelbe Sonnenlicht. Der Himmel strahlte in tiefem Königsblau, weiter vorn marmoriert vom Vulkanrauch des Mount Erebus, und ein hellerer Blauschimmer lag wie eine hauchdünne Glitzerdecke über der plätschernden See. Eine Landspitze ragte Richtung Kontinent aus der Insel heraus, und auf einem kleinen Hügel ganz hinten entdeckte ich ein Holzkreuz, ein winziges Mahnmal der Menschen. Das war Vinces Kreuz, 1904 von Scotts Männern errichtet zum Gedenken an einen Seemann, der in einem Schneesturm von einer Eisklippe fiel. Bei diesem Anblick ergriff mich eine fast Proustsche Erregung: in meinen Träumen war ich schon so oft hier gewesen.

In einer Niederung zwischen der Landspitze und einer Hügelkette, von der sie zunächst verdeckt wurden, drängten sich etwa hundert Gebäude auf dem eisdurchsetzten Vulkangestein der Ross-Insel.

Ich wußte, was mich in McMurdo, der größten der drei amerikanischen Stationen in der Antarktis erwartete und war deshalb nicht überrascht, etwas vorzufinden, das einer kleinen Bergarbeitersiedlung in Alaska ähnelte, mit Straßen, dreistöckigen Gebäuden, der zusammengewürfelten Architektur von Zweckbauten und einer Sommerbesatzung von mehr als tausend Menschen. Die niederen Ränge anderer antarktischer Gemeinschaften, die McMurdo oft nicht einmal aus der Nähe kennen, ziehen wegen der Größe und der Annehmlichkeiten, die der Ort zu bieten hat, gern darüber her. Damit wollen sie eigentlich nur sagen, daß man so »die wirkliche Antarktis« nicht kennenlernen kann. Mir gefiel »Mactown« von Anfang an, so wie man sich bei Filmen zu bestimmten seltsamen Charakteren hingezogen fühlt, und meine Zuneigung geriet nie ins Wanken.

Nach endlosen Begrüßungen wurde mir ein Schlafzimmer in einem schokoladenbraunen Schlaftrakt zugewiesen. Es war ein freundlicher Raum mit zwei Betten, zwei Schränken, zwei Schreibtischen und diversen Aktenschränken. Dusche und Toilette mußten mit dem Nebenzimmer geteilt werden. Offenbar hatte ich eine Zimmergenossin, aber sie machte sich rar.

Brav legte ich diverse Schichten Kaltwetter-Kleidung an, aber wenn der Wind sich legte, war es auf der Ross-Insel nicht kälter als in London an einem bitterkalten Wintertag. Obwohl die durchschnittliche Jahrestemperatur in McMurdo bei minus 17,7 Grad Celsius liegt, kann sie im Sommer bis auf plus acht hochschnellen (sie sinkt bis auf minus 50 im Winter). An den milden Sommertagen nach meiner Ankunft bewegte sich die Temperatur um minus fünf. Wenn die Quecksilbersäule in London minus fünf anzeigt, kommt das Wetter auf die Titelseite, und die Züge bleiben stehen, das ist wahr, aber zu Hause kommt einem das nur deshalb schlimm vor, weil man nicht in drei Schichten Polypropylen, zwei Schichten Fleece und einen Spezial-Parka eingemummelt ist. Für viele Amerikaner in der Station waren die Winter daheim deutlich kälter als die Sommer am Rande der Antarktis.

Woran sich allerdings niemand so ganz gewöhnen kann, ist der brutale Wind. Die durchschnittliche Windgeschwindigkeit in McMurdo beträgt 16 Kilometer pro Stunde. Extreme Fallwinde, die überall in der Antarktis vorkommen und überraschend schnell heranziehen, können ungeschütztes Fleisch binnen Sekunden gefrieren lassen. Das führt dann zu Frostbeulen, die an sich noch nicht gefährlich sind, unbehandelt aber durchaus zum Tod führen können. Ein Sturm, der zum Beispiel mit 55 Kilometer pro Stunde dahinrast, was sehr selten ist, läßt eine Durchschnittstemperatur von minus sechs Grad Celsius auf einen Windkühlfaktor von minus 28 sinken.

Das Crary-Labor war ein langgestrecktes, dunkelgraues Gebäude auf Stelzen, das Paradestück der amerikanischen Wissenschaft in der Antarktis. Dort befanden sich geheimnisvolle Räume voller Petrischalen und Mikrozentrifugenröhrchen, wohltemperierte Büros, antiseptische Konferenzräume und ein Gesellschaftsraum, der von einem skrofulösen Pinguin in einem Glaskasten beherrscht wurde. Jede Labortür trug eine Zahl, die der Projektnummer des Inhabers entsprach. Die wissenschaftlichen S-Nummern waren der Schlüssel zu vielen Dingen in McMurdo. Das ärmliche kleine Künstler- und Schriftstellerprogramm, an dem ich teilnahm, gab W-Nummern aus, und meine Nummer war W-002; ein Lehrbuchautor aus dem Mittelwesten hatte die W-001 bekommen. Einige Türen wurden außerdem noch von Blechschildern geziert. Die meisten dieser Schilder erklärten sich selbst, zum Beispiel »Pinguin-Cowboys« oder »Robbenköpfe«, aber andere waren schon kniffliger: Die »Pieker«, so fand ich später heraus, untersuchten den Meeresboden.

Das beste am Crary war der Blick aus dem Panoramafenster, das die ganze Längsseite des Aufenthaltsraumes einnahm. Von dort aus schaute man über den McMurdo-Sund direkt auf die Transantarktischen Berge. Sie stachen hervor wie die Knochen des Planeten.

Mir war ein Büro zugeteilt worden, an dessen Tür *W-002:Wheeler* stand. Es handelte sich um einen fensterlosen Raum von ungefähr sechs Quadratmetern mit zwei Schreibtischen, ein paar Bücherborden und einer Tafel. Draußen auf dem breiten Flur schielte eine Kollektion erstaunlich häßlicher Polarfische aus Glaskästen unter Glasglocken hervor, die mit lateinischen Namen versehen waren; unter anderem auch ein strahlend plastikblauer Fisch mit gelben Pickeln und Glotzaugen, der aus seinem eigenen Glas mit Formaldehyd starrte.

Später wurde ich mit den Feinheiten der Müllentsorgung vertraut gemacht. Ich lernte, daß es 18 verschiedene Arten Abfall gab, von Leichtmetall bis Bratöl, obwohl zerbrochenes Glas aus diversen Gründen nicht zu »Glas« gehörte und eine leere Müslischachtel nicht zu »Pappe« geworfen werden durfte. Das erklärte das Verhalten jener Leute, die ich vor einer Reihe von Behältern dabei beobachtet hatte, wie sie in der einen Hand etwas hielten und sich mit der anderen am Kopf kratzten. Gefährlicher Abfall gehörte in eine ganz andere Kategorie, in der alles noch komplizierter wurde. Herumliegender Müll, wie ihn früher Greenpeace photographiert hatte, gehörte einer fernen Vergangenheit an. Nur Veteranen konnten sich noch an das Faß erinnern, das zwischen McMurdo und der Scott-Basis eingezäunt worden war, weil es angeblich den Geigerzähler zu weit hatte ausschlagen lassen. Den 413-Tonnen-Nuklearreaktor, der 1961 zur Station gebracht worden war, gab es nicht mehr, ebensowenig wie die braunen Schadstoffwolken, die jeden Samstag aus der Müllverbrennungsanlage zu steigen pflegten. Vor zwei Jahrzehnten wurde Abfall einfach auf dem vereisten Meer liegengelassen, bis das Eis schmolz. Diese Praxis wurde jedoch 1980 vom amerikanischen Antarktisprogramm verboten, noch bevor Greenpeace ins Spiel kam. Später stellte man auch das Verbrennen ein, und Abfall wurde in die Vereinigten Staaten zurückgeflogen, um dort verbrannt, zur Aufschüttung benutzt oder recycelt zu werden. Der Reaktor wurde 1972 abgebaut.

Die amerikanische Präsenz in der Antarktis, finanziert

und verwaltet von der National Science Foundation, einer Regierungsvertretung und unterstützt von einem privaten Geldgeber aus Colorado, ist ihren marinen Ursprüngen entwachsen, Mit einem Budget von fast 200 Millionen Dollar macht das Antarktis-Programm sechs Prozent des NSF-Haushaltes aus. Je mehr sich das amerikanische Verteidigungsministerium engagiert, um so weiter zieht sich die Marine (eigentlich ein militärischer Partner) aus den antarktischen Unternehmungen zurück, ein Prozeß, der sich fortzusetzen scheint.

Eines Tages saß ich beim Frühstück neben einem Mann mit abgebrochenem Zahn und Pferdeschwanz, der sich mit gekochten Eiern stärkte, bevor er zur Polarebene aufbrach, um Meteoriten zu sammeln. Mondgestein hatte er schon gefunden, und er glaubte, ein paar Steine vom Mars seien auch dabei. Während er seelenruhig in seinem fettigen Toast stocherte, erklärte er, wie er die Herkunft der Steine bestimmen könne, so als sei das alles die natürlichste Sache der Welt.

»Sagen Sie mal«, fragte er, als ich mich anschickte zu gehen, »wo wohnen Sie eigentlich in der *wirklichen* Welt?«

Der Zufall wollte es, daß Oscar Pinochet de la Barra, die graue Eminenz des chilenischen Antarktis-Institutes, McMurdo gerade einen kurzen Höflichkeitsbesuch abstattete. Er hatte viel über die Antarktis geschrieben und, wie jeder Chilene von Format, Gedichte über seine Erfahrungen verfaßt. Ich suchte ihn auf, und wir saßen in einer Hütte mit Blick über den eisbedeckten Sund und sprachen über Chile. Er war ein lebhafter Mann, der ausgesprochen dankbar dafür zu sein schien, spanisch sprechen zu können. Der berühmtere Pinochet war sein Vetter, und er murmelte betreten: »Wir sind nicht befreundet.« Trotz meiner Begeisterung für die Antarktis warf ich gelegentlich einen schuldbewußten Blick auf Chile, wie auf einen verratenen Liebhaber. Oscar machte mir die Aussöhnung leichter; als ich aufstand, um zu gehen, berührte er meinen Arm, und während seine Finger in meiner Ellbogenbeuge lagen, sagte er sanft: »Chile ist Chile, meine Liebe. Aber bei der Antarktis geht es um viel mehr als nur um Eis.«

Viele Bilder aus dem heroischen Zeitalter der Antarktiserforschung sind unvergeßlich, doch das bekannteste Symbol sind wohl die windumtosten Hütten, gefrorene alte Sockenpaare und Kakaodosen von Fry. Ich konnte es kaum erwarten, die Hütten zu sehen. Ich wollte ihnen die Ehre erweisen, und ich hoffte, das würde mir helfen, das bewegteste Kapitel der Geschichte des Kontinents zu verstehen.

Das heroische Zeitalter begann mit dem 6. Internationalen Geographischen Kongreß im Reichsinstitut in London im Jahre 1895. Am 3. August verabschiedeten die Teilnehmer eine Resolution, »daß nach Meinung dieses Kongresses die Erkundung der antarktischen Gebiete das größte geographische Forschungsvorhaben ist, das noch in Angriff genommen werden kann«, und empfahlen im weiteren wissenschaftlichen Vereinigungen auf der ganzen Welt, mit den Planungen zu beginnen. Sechs Jahre später, an einem milden Sommertag im Jahre 1901 – die Spitzen der englischen Gesellschaft trafen sich in jener Woche vor der Südküste zur Königlichen Regatta –, kletterte ein lächelnder König Edward VII. an Bord der *Discovery* und heftete den Victoriaorden an die Brust eines unbekannten jungen Kapitäns, Robert Falcon Scott, wobei er ihm für seine Reise in das Eis Gottes Segen wünschte. Das Zeitalter endete nach etwas mehr als zwei Jahrzehnten, am 5. Januar 1922, als Sir Ernest Shackleton sich ans Herz griff und in der überfüllten Kabine seines letzten Schiffes *Quest* vor der einsamen Insel Südgeorgien starb.

Robert Falcon Scott, Ernest Shackleton, Roald Amundsen und Douglas Mawson: die »Großen Vier«. Sie waren die Helden einer ganzen Generation von Kindern, die sich in Bildern von riesigen Eisbergen verloren, vor denen Holzschiffe, Männer und Schlittenhunde winzig wirkten. Königin Victoria war erst sechs Monate tot, als die *Discovery* von der Insel Wight fortdampfte, und das 20. Jahrhundert war noch nicht richtig in Schwung gekommen; als es dann soweit war, mußten die meisten Träume begraben werden.

Scott, ein typischer Engländer, leitete zwei Expeditionen. Zunächst machte er sich 1901 mit der speziell dafür gebauten Discovery auf den Weg, und zehn Jahre später in dem notdürftig umgerüsteten Walfänger *Terra Nova.* Bei der zweiten Expedition erreichte er den Südpol einen Monat nach Amundsen. Als er die norwegische Fahne in der Ferne wehen sah, schrieb Scott in sein Tagebuch: »Das Furchtbare ist eingetreten.« Zwei Männer starben schon beim Rückmarsch, Scott und seine beiden verbliebenen Gefährten gingen in ihrem Zelt zugrunde, gefangen in einem Schneesturm, nur 18 Kilometer vom nächsten Depot entfernt.

Shackleton war Anglo-Ire und zum erstenmal mit der *Discovery* nach Süden gekommen, unter Scotts Kommando. Bei dieser Expedition kam er mit dem Schlitten bis zum 81. Breitengrad, wurde dann aber wegen Skorbut zur Erholung nach Hause geschickt. 1907 stach Shackleton mit der *Nimrod* in See, endlich war er selbst Expeditionsleiter, und diesmal gelangte er bis auf 97 nautische Meilen an den Pol heran. 1914 machte er sich erneut auf den Weg, er wollte einen ehrgeizigen Plan verwirklichen, der vorsah, daß zwei Schiffe, die *Endurance* und die *Aurora,* Mannschaften an gegenüberliegenden Seiten des Kontinents absetzen sollten. Eine Gruppe, mit Shackleton an der Spitze, hatte vor, per Schlitten quer durch die Antarktis zu fahren, während die andere auf der gegenüberliegenden Seite Depots anlegen würde. Es kam nicht wie geplant. Die *Endurance* wurde im Weddell-Meer vom Packeis zerdrückt, und Shackleton mußte einen heldenhaften Kampf auf sich nehmen, um sich und seine Männer zu retten. Das Eis war in jenem Jahr unberechenbar, und die Ross-Meer-Abteilung auf der anderen Seite geriet ebenfalls in ernste Schwierigkeiten. Nach dem Ersten Weltkrieg verließ Shackleton England erneut, diesmal an Bord der *Quest,* mit dem Ziel, ein unbekanntes Gebiet der antarktischen Küste zu kartographieren. Auf dieser Reise starb er.

Zusammen mit Ibsen und Grieg schaffte es Roald Amundsen, daß sein junges Land aus dem schattigen Reich der Nordnebel hervortrat. Er hatte große Erfahrung im Norden, fuhr als erster per Schiff durch die Nordwestpassage und war Reisegefährte von Fridtjof Nansen, dem größten Polarforscher von allen. Amundsen wollte eigentlich den Nordpol erreichen, aber als er hörte, daß Frederick Cook behauptete, dort gewesen zu sein, entschloß er sich, nach Süden zu fahren und machte sich 1910 mit der *Fram* auf den Weg – obwohl er der Besatzung und dem Rest der Welt sein wahres Ziel erst kurz vor der nordafrikanischen Küste verriet, als er Madeira erreicht hatte. Bis dahin war nur sein Bruder eingeweiht. Amundsen und vier Kameraden erreichten am 14. Dezember 1911 90 Grad Süd und hißten eine norwegische Flagge auf dem steinharten Eis des Südpols.

Mawson war Wissenschaftler. Der in England geborene Australier machte seine erste Fahrt nach Süden mit Shackleton, an Bord der *Nimrod.* Mawson war einer der drei Männer, die den Südlichen Magnetpol erreichten, den Südpol des Erdmagnetfeldes (im Gegensatz zum geographischen Südpol, der den südlichsten Punkt der Erdrotationsachse darstellt). 1911 leitete er die australisch-asiatische Antarktisexpedition mit der *Aurora* und machte einen legendären Ein-Mann-Fußmarsch, bei dem er sich Hunderte von Kilometern zurück zum Basislager schleppte, nachdem seine beiden Begleiter gestorben waren; einer stürzte mit fast allem Proviant in eine Gletscherspalte, und der andere verlor wegen einer Nahrungsmittelvergiftung den Verstand. Sechzehn Jahre später leitete Mawson eine Gemeinschaftsexpedition der Briten, Australier und Neuseeländer. Er beendete seine Karriere als Professor für Geologie und Mineralogie an der Universität von Adelaide.

Bei der *Discovery*-Expedition bauten Scotts Männer eine Hütte auf der Halbinsel, die in den McMurdo-Sund ragt. Diese Landzunge wurde als »Hüttenspitze« bekannt und die Hütte hauptsächlich als Lagerraum verwendet, obwohl dort auch Theateraufführungen stattfanden – etwas Spaß muß sein. Später wurde sie von anderen Schlittenmannschaften als Außenposten genutzt.

McMurdo war kaum mehr als einen Kilometer von der Hütte entfernt entstanden. Der Wind blies stetig mit ungefähr 40 Kilometern pro Stunde, als ich mich zum erstenmal auf den Weg zur Hütte machte. Die ungeschützte Haut zwischen meiner Brille und der Kapuze fühlte sich sofort so an, als würde sie brennen. Schnell bedeckte ich jeden Quadratzentimeter. Ich war an Minustemperaturen schon ziemlich gewöhnt, aber ich brauchte meine Handschuhe und Innenhandschuhe nur fünf bis zehn Sekunden auszuziehen, um eine Ahnung davon zu bekommen, was mir bei falscher Ausrüstung in einem Sturm blühen würde. Wenn ich bei starkem Wind ohne meine Fingerhandschuhe ein Photo zu machen versuchte, wurden fast immer, so sehr ich mich auch mit der Aufnahme beeilte, ein oder zwei Finger taub. Ich konnte mir noch nicht einmal im Ansatz vorstellen, was die frühen Entdecker auf ihrem qualvollen Weg nach Süden monatelang erduldet hatten und begann erst recht, sie mit anderen Augen zu sehen.

Als ich die Hütte betrat, umgab mich weihevolle Stille. Ich entdeckte eine mumifizierte Robbe, einen gefrorenen Hammelkadaver und gestapelte Keksdosen von Huntley und Palmer. Es war kälter als in einer Gruft. Normalerweise brannte ein Speckofen, trotzdem war es, Tagebuchaufzeichnungen nach zu urteilen, immer zu kalt. Shackleton schrieb später, daß »die Trostlosigkeit der Hütte die der ganzen Expedition widerspiegelte«, und bei einem weiteren Aufenthalt dort, im Jahre 1908, zogen einige seiner Männer es sogar vor, draußen in ihren Zelten zu übernachten, weil sie es darin wärmer hatten. In den 60er Jahren trat ein Neuseeländer in eine Mausefalle, die Scotts Männer mitgebracht hatten, um die Essensvorräte zu schützen. Ich hätte angesichts solcher Temperaturen an Mäuse keinen Gedanken verschwendet.

Das heroische Zeitalter kam selbstverständlich nicht einfach aus dem Nichts wie ein Meteor. Es entwickelte sich vielmehr organisch aus dem Vorhergegangenen. Die Entdeckerberichte des 19. Jahrhunderts gehörten zur Lieblingslektüre der Viktorianer, die nach Vorbildern lechzten, nach Männern, die ihre Träume verwirklichten. Peter Fleming schrieb in *Bayonets to Lhasa,* seinem Buch über die britische Invasion in Tibet im Jahre 1904: »Ende des 19. Jahrhunderts gab der afrikanische Kontinent keine größeren Rätsel mehr auf. Außer der Antarktis, deren Geheimnisse bereits den Ehrgeiz der Forscher geweckt hatten, war Tibet das einzige Gebiet der Erde, zu dem Weiße absolut keinen Zugang hatten ...« Aber Tibet war nur ein kleiner Fisch. Die Aufmerksamkeit der Presse schwenkte vom Schwarzen Kontinent zur Arktis und von da zur Antarktis, und die Eroberung der letzten weißen Flecken wurde zur Metapher für den Triumph des Imperialismus. Das kulturelle Vakuum der Antarktis bot die perfekte *tabula rasa* zur Verwirklichung einer Vision. Beim Abschiedsessen zu Scotts Ehren sagte Leonard Darwin, Präsident der Königlich Geographischen Gesellschaft, in seiner Tischrede: »Scott beweist aufs neue, daß der Mannesmut unserer Nation nicht tot ist und daß die Tugenden unserer Vorfahren, die dieses Reich schufen, in uns weiterleben.«

24 Stunden Tageslicht erwiesen sich als hoffnungslos irritierend, und dem Mount Discovery dabei zuzusehen, wie er in den frühen Morgenstunden geschäftig vor sich hinglänzte, war, als liefe einem die Zeit weg.

Obwohl McMurdo zwei Bars hatte und dazu noch eine Cafeteria, in der anständige Menschen Cappuccino tranken, war die beste Adresse für einen Schlummertrunk eine inoffizielle Bar auf der obersten Etage eines düsteren Schlaftraktes. Sie war unter dem Namen »Corner Bar« bekannt, und jeder Strolch, der auf dem Eis erschien, wurde davon so magisch angezogen wie ein Eisenspan von einem Magneten. Es gab keine Werbung, kaum Mundpropaganda, und manche Leute verbrachten eine ganze Saison in der Station, ohne überhaupt von der Existenz dieser Institution zu erfahren. Doch diejenigen mit niedrigeren Instinkten tauchten innerhalb von 48 Stunden in der »Corner Bar« auf.

Die Bar war dem Ideenreichtum von vier Hilfskräften zu verdanken, die ihre zwei Schlafzimmer mit Bad einfach anders aufgeteilt und in einen öffentlichen Club mit angrenzendem Vierbettzimmer verwandelt hatten. Niemals wechselte dort Geld die Hände. Die Theke, die von einem hyperaktiven Zimmermann namens Mike bedient wurde, lebte nur von Spenden, die Gäste steuerten Flaschen oder Bares bei oder schickten am Ende ihrer Reise Care-Pakete aus Neuseeland. Da die Vorhänge niemals aufgezogen wurden, war es im Raum so finster und verräuchert wie in einem Bunker. Die »Corner Bar« hatte keine festen Öffnungszeiten, funktionierte aber nach einem einfachen Prinzip: wenn die Tür zu war, war auch die Bar geschlossen. Zum Inventar gehörten ein großer Couchtisch aus getöntem Plexiglas und allerlei Barzubehör, angefangen bei einer riesigen Budweiser-Uhr bis hin zu einem lebensgroßen künstlichen Pinguin mit einer Zielscheibe auf der Brust. Da es viele Durchreisende gab, tauchten in dem verqualmten Raum außer dem »harten Kern« immer wieder neue Gesichter auf. Es war ein toller Laden.

In der »Corner Bar« lernte ich einen Seismologen aus Texas kennen. Er hatte blonde Haare, zerknitterte Kleider und einen Schlafzimmerblick. Eines Abends sagte er zu mir: »Jetzt, wo ich in McMurdo bin, kommt es mir vor, als wäre ich um die halbe Welt gereist, nur um mich in einem Vorort von Austin wiederzufinden.« Tatsächlich hörte ich oft genug, wie Menschen ihre Enttäuschung darüber ausdrückten, in einer Antarktisstation moderne Annehmlichkeiten vorzufinden. Persönlich fühlte ich mich nie traurig oder schuldig oder verwirrt deswegen; ich betrachtete die Stationen als winzige Facetten menschlichen Lebens auf einem riesigen, unverdorbenen weißen Kontinent. Es ist, als würde man sich über ein paar Staubflecken auf dem Teppich von Bayeux oder eine falsch angeschlagene Note in einer Mozartsonate beklagen.

Bevor ich von McMurdo aus zu einem Außenlager reisen konnte, mußte ich die »Überlebensschule« besuchen, einen Trainingskurs, der mich in die Lage versetzen sollte, mit Zelten, Öfen und Funkgeräten umzugehen, mich locker aus einer Gletscherspalte zu schwingen oder Halt zu finden, falls ich einmal unkontrolliert einen Eishügel hinunterschlittern würde. »Überlebensschule« hörte sich mehr nach einer Gruppentherapie-Klasse in New York oder Islington an. Die Stationsbesatzung nannte das Ganze »Schule für lustige Camper«, und da Ironie nicht unbedingt die starke Seite der Amerikaner ist, hielt ich den Spitznamen für ermutigend.

Zunächst einmal mußte ich an einer Schneemobil-Stunde teilnehmen. Sie wurde in der Halle des Crary abgehalten, und der Lehrer, ein Scout namens Bill mit kornblumenblauen Augen, zog eine Handvoll tiefgefrorener Würstchen aus einem Handschuh, um uns die Gefahr von erfrorenen Fingern deutlich vor Augen zu führen.

Das Berg-Feldzentrum kümmerte sich um die praktischen Aspekte des Lebens außerhalb der Basis. In dem Raum standen mehr oder weniger zusammengesunkene Zelte herum, auseinandergenommene Öfen und Schlafsäcke, die in ordentlichen Reihen je nach Temperaturtauglichkeit gestapelt waren. Die ganz unten gehörten zur Kategorie *»Schnee-Eule. Minus Fünfzig«.* Eispickel standen dicht an dicht in drohenden Bataillonen zwischen kleinen Armeen von Gurten, Seilen, Isoliermatten, Wasserflaschen aus Neopren und Erste-Hilfe-Taschen. Ein Riesenposter, das man den Kollegen in der Arktis geklaut hatte, warnte vor der Gefährlichkeit von Eisbären. Vor diesem Berg-Feldzentrum trafen sich an einem milden, sonnigen Morgen bei einer Temperatur von minus 12 Grad Celsius vierzehn von uns, um zur Vorbereitung auf die Überlebensschule ein Schlittenfahrzeug zu beladen. Dabei waren zwei Instruktoren, einer davon Tiefkühlwürstchen-Bill, und elf andere Schüler – drei Marineangehörige und acht Wissenschaftler –, allesamt in bester Stimmung.

Wir fuhren ein paar Kilometer hinaus aufs Eisschelf. Bis wir am Fuße eines Schneehügels mit unserer ersten Stunde begonnen hatten, war ein Wolkenband herabgesunken, und die Sichtweite betrug nur noch neun Meter. Den Höhepunkt des Morgens bildeten die Selbstabfangtechniken beim Abrutschen von einem Schneehügel, auf dem Rücken liegend und mit dem Kopf voran. Dazu rammst du deinen Eispickel mit dem abgeflachten Ende himmelwärts neben dir in den Schnee, wickelst deine Beine darum, rollst und drehst dich um den Pickel, bis du mit dem Kopf nach oben, dem Körpergewicht über dem Pickel, angezogenen Knien und hochgestrecktem Hintern liegenbleibst.

Danach trotteten wir zum Mittagessen. Für die lustigen Camper war auf dem Eis eine kleine Hütte aufgestellt worden, in der Bill sich über die Vor- und Nachteile von Öfen ausließ, während der Rest von uns sich auf die Marschverpflegung konzentrierte – Expeditionskäse, Zwieback, Schokolade und Preiselbeersaft als Getränk. Zwischen den einzelnen Bissen gelang es uns, zu verschnaufen, aufzutanken und ernst nickend dem Vortrag über die Gefahren einer Kohlenmonoxydvergiftung zu lauschen. Nachdem wir fertig waren, trotteten wir über das Eisschelf zum Mount Erebus, um das Iglubauen zu lernen.

Erebus ist ein aktiver Vulkan, und für Liebhaber des

Südens scheint er perfekter als der Fudschijama zu sein, selbst Hockneys Fudschijama. Die letzte Höhenmessung, die allgemein als die genaueste anerkannt wird, ergab 3793 Meter. Er ist der Eiffelturm des Kontinents. Benannt nach dem Schiff, in dem sich James Clark Ross bis auf fast 79 Grad Süd durch das Packeis jenes Meeres kämpfte, das heute seinen Namen trägt, überblickt der Erebus das Ross-Eisschelf. Von den ersten Entdeckern »Große Barriere« getauft und entstanden aus Eis, das sich vom Kontinent herunterschiebt, besteht dieses Schelf aus einer ungefähr dreieckigen treibenden Eisplatte von der Größe Frankreichs, die am Kontinent verankert ist. Die dritte Seite grenzt ans offene Meer. Während der Sommermonate, wenn das dünnere Meereis sich spaltet, bricht die Kante des Eisschelfs an den Bergrändern ab. Folgendes schrieb Edwin Mickleburgh über das Eisschelf in seinem Buch *Beyond the Frozen Sea:* »Das Eisschelf ist ein Gebiet unirdischer Trostlosigkeit, ein Platz für seltsame Ahnungen, hervorgerufen durch den Verlust des Horizontes über einer unendlichen Eisfläche, die den Geist des Forschers bedrückt.« Die Hubschrauberpiloten nannten es »Die große Eiswüste«.

Im Laufe des Nachmittags machten wir uns begeistert daran, einen Schneewall aufzuschütten, Eisblöcke zu sägen, eine Mauer zu bauen und einen Graben auszuheben. Tiefkühlwürstchen zeigte uns, wie man die Blöcke zu einem Iglu aufschichtet, was recht schwierig war. Nachdem wir diese Aufgaben erledigt hatten, stellten wir die Zelte auf, dann gaben die Instruktoren uns ein Funkgerät und begaben sich zu einer Hütte, die etwa einen Kilometer entfernt lag. Ich teilte ein Scott-Zelt mit einem Wissenschaftler, der sich einen Trotzki-Bart zugelegt hatte (schien gefährlich bei so vielen Eispickeln in Griffweite), und wir setzten uns mit unserer Trekking-

Mahlzeit auf die Schneemauer. Es war Erntedank, deshalb stießen wir, wenig später alle glücklich um unsere beiden Öfen vereint, mit noch mehr Preiselbeersaft an, obwohl ich mich als Nicht-Amerikanerin wie ein Eindringling bei einer Freimaurer-Zeremonie fühlte. Einer der Marinesoldaten, ein Obermaat, wollte bald zu seiner Mission aufbrechen. Er sollte eine Isotopenbatterie zurückholen, die eine automatische Wetterstation an einer abgelegenen Stelle der Polarebene mit Energie versorgte. Einige dieser Kraftquellen hatten in der Antarktis gute Dienste geleistet, bis jemand auf die Idee kam, sich über die Auswirkungen von Radioaktivität auf die Umwelt Gedanken zu machen. Alle anderen waren schon entfernt worden, aber diese letzte war so unzugänglich, daß sich bislang niemand dazu hatte entschließen können, sich auf die Suche nach ihr zu machen. Die Anlage war seit zehn Jahren nicht mehr gewartet worden, und ob dieser Mann und seine Leute sie jemals finden würden, war äußerst fraglich. Er schien sich darüber jedoch keine Gedanken zu machen.

Wir spielten »Wer hat den besten englischen Akzent?«; ein Wettbewerb, der mühelos von einem liebenswerten norwegisch-amerikanischen Studenten namens Lars gewonnen wurde. Allerdings disqualifizierte man ihn, als er zugab, fünf Jahre in England gelebt zu haben. Lars hatte beschlossen, in dem von uns ausgehobenen überdachten Schneegraben zu übernachten – das sollte ihm noch leid tun, denn es hagelte die ganze Nacht. Er hißte draußen eine norwegische Flagge und nannte den Graben »Framheim« nach Amundsens Basislager. Spätnachts schnallten Lars und ich Langlaufski unter und fuhren über das Eisschelf. Er erinnerte mich an einen großen zotteligen Hund.

Als wir am nächsten Morgen erwachten, hatten sich

um die Zelte herum große Schneeverwehungen gebildet. Ich hatte vergessen, meine Wasserflasche mit in den Schlafsack zu nehmen, und das Wasser war gefroren. Alles war gefroren. Aber das spielte keine Rolle. Trotzki machte fade Witzchen, während er unsere Haferpulverrationen mit Wasser verrührte. Dann tauchten Tiefkühlwürstchen und Mike wieder auf. Sie redeten von »Szenarium-Training«, also bauten wir, nachdem wir den Haferschleim verputzt hatten, das Lager ab und machten uns auf den Weg.

Ein paar Neuzugänge warteten in der Hütte. »Gut«, sagte Mike, während wir Kisten im Kreis aufstellten und uns draufsetzten, »geht in die Mitte, stellt euch vor und sagt etwas Persönliches, zum Beispiel, ob ihr Blonde mögt.«

Das war eine schwierige Frage. Ich fing damit an, in Gedanken eine Liste meiner Verflossenen aufzustellen, um herauszufinden, ob sich dabei eine Vorliebe für eine bestimmte Haarfarbe zeigen würde. Als ich bis zum Jahr 1990 gekommen war, geriet ich mit der Reihenfolge durcheinander, also suchte ich nach einem Stift, strich eine leere Müsliriegelhülle glatt, schrieb darauf Namen und Zahlen sorgfältig untereinander und machte eine dritte Spalte für Haarfarbe. Bei einigen hatte ich nur noch sehr vage Erinnerungen an ihre Haare, und dann gab's da ja auch noch den Boxer 1989, der total kahl gewesen war; notgedrungen mußte ich ihn ganz von der Liste streichen. Ich war tief in meine Aufgabe versunken, als Mike mich aufrief.

»Tja«, stammelte ich, »eine Vorliebe für Blonde läßt sich irgendwie nicht belegen ...« Ich riß mich zusammen. »Aber Bärte kommen nicht in Frage.« Alle starrten mich entgeistert an.

»Szenarium-Training« bedeutete, daß ein Flugzeugabsturz vor der Hütte simuliert wurde. Wir sollten unsere Fähigkeiten auflisten, damit die Aufgaben verteilt werden konnten. Zusammengenommen verfügten die Marinesoldaten über fast alle überlebenswichtigen Kenntnisse, sie machten aber netterweise den Vorschlag, ich könnte doch nach der Rettung den Bestseller über das Unglück schreiben. Schließlich wurde ich der Abteilung Kommunikation zugeteilt. Nachdem ich die Hochfrequenzantenne an zwei Bambuspfosten im Schnee montiert hatte und dem ohrenbetäubendsten Krach aus dem Kopfhörer entgangen war, fand ich die Frequenz der Expeditionsleitstelle und machte Meldung; dabei unterdrückte ich meinen englischen Akzent, damit man mir etwaige Fehler nicht sofort ankreidete. »Wir hören Sie klar und deutlich, Sara«, kam knackend die Antwort. Trotzki und die anderen waren gerade damit beschäftigt, Bill auf einer Trage in die Hütte zu schleppen, also machte ich mich davon – zweifellos in grober Vernachlässigung meiner Pflicht – und genoß die Szenerie. Es war ein klarer Morgen, und ich konnte nicht nur Mount Discovery und Mount Morning erkennen, sondern auch die Weiße Insel, die Schwarze Insel und Minna Bluff. Langsam kam mir alles bekannt vor.

Bei der Rückkehr zur Basis wartete eine Reihe dringender Nachrichten auf mich. Eine davon war eine Einladung zum italienischen Stützpunkt, der einige hundert Kilometer entfernt in der Terra Nova-Bucht lag. Am nächsten Tag sollte ein Hubschrauber dorthin fliegen. Obwohl ich von London aus mit dem Leiter des italienischen Antarktisprogramms, Mario Zucelli, Kontakt aufgenommen und er mich zur Terra Nova-Bucht eingeladen hatte, war mir nicht klar gewesen, daß der Besuch so schnell zustande käme, wenn überhaupt. Jetzt war es mir etwas peinlich, meinen amerikanischen Gastgebern davonzulaufen, sobald ich dazu imstande war und noch bevor ich mit ihnen irgend etwas unternommen hatte.

Den Rest des Tages verbrachte ich damit, den Observation-Hügel zu erklettern, der McMurdo überragt. Das Team, das Scott in der Hütte zurückließ, hatte auf seinem Gipfel ein Kreuz aus Dscharrah-Holz errichtet, zur Erinnerung an die fünf Männer, die auf dem Rückmarsch vom Pol starben. Kurz bevor die *Terra Nova* die Antarktis verließ, beschrifteten sie es mit der letzten Zeile aus Tennysons *Odysseus:* »Streben, Suchen, Finden, Nimmerweichen.« Die Idee für das Zitat stammte von Nansen, der es gebraucht hatte, um Amundsens Fahrt durch die Nordwestpassage zu rühmen. Tennyson war ihr Lieblingsdichter, obwohl Browning ihm den Platz streitig machte, und einmal veranstalteten sie sogar einen Wettbewerb zwischen beiden. Es war schwer, sich Mitglieder einer heutigen Expedition in einer Runde vorzustellen, die über Auden und Yeats diskutiert.

Die verschiedenartigen Gebäude der Station lagen in der Senke unterhalb des Observation-Hügels verstreut und bildeten in der Eislandschaft ein dunkles Muster. Mein Blick folgte der Küstenlinie der Ross-Insel; an manchen Stellen, insbesondere dort, wo ein Gletscher sie bedeckte, war es schwierig zu unterscheiden, wo die Insel endete und wo das zugefrorene Meer begann. Die Konturen der Insel wirkten mächtig und kraftvoll, schienen zu brodeln vor vulkanischer Unruhe, und es war eine Erleichterung, sich der endlosen flachen Eisdecke über dem Meer zuzuwenden. Die am Horizont des Kontinents aufragenden Berge waren zu weit entfernt und zu perfekt gegliedert, um beängstigend zu wirken. Sie kamen mir vor wie erstarrte Wächter, unangreifbar und – wie jede Herausforderung – unendlich anziehend.

Obwohl ich von der »wirklichen Antarktis« noch gar nichts gesehen hatte, war ich bereits vollkommen sicher, am richtigen Ort zu sein. Schon die Erleichterung, nach den nicht enden wollenden Vorbereitungen tatsächlich angekommen zu sein, war ungeheuer. Es war seltsam, aber ich hatte das atavistische Gefühl, zu Hause angelangt zu sein. Noch konnte ich mir nicht vorstellen, was das bedeuten sollte, aber ich versuchte damals gar nicht, es zu verstehen. Ich war ja gerade erst eingetroffen.

Am nächsten Morgen schleppte ich eine Reisetasche und eine Garnitur Polarkleidung in mein Büro und versuchte, per Telefon meinen Hubschrauber ausfindig zu machen. Es stellte sich heraus, daß die Maschine schon zur Scott-Basis unterwegs war, dem neuseeländischen Stützpunkt drei Kilometer von McMurdo entfernt. Da es zu dieser Station eine Telefonverbindung gab, gelang es mir, einen italienischen Klimatologen namens Claudio an den Apparat zu bekommen, der behauptete, sie seien entzückt, daß ich sie auf der Reise zur Terra Nova-Bucht begleiten wolle. Er werde mich zurückrufen, versprach er fröhlich, sobald es losgehen würde. Dann legten wir beide auf.

Gefangen in meinem Büro, während ich vier Stunden lang auf einen Anruf wartete, erhielt ich meine erste Lektion in Sachen »Polarreisen«. Ruhe zu bewahren war eins der Dinge, die ich auf dieser Reise lernte.

Als das Telefon endlich klingelte, war ein neuseeländischer Pilot am Apparat. Es täte ihm sehr leid, aber er könne mich beim besten Willen nicht mitnehmen, weil der Hubschrauber schon überladen sei. Er habe keine Ahnung, wann es eine andere Gelegenheit gebe, wenn überhaupt.

Zehn Minuten später, als ich immer noch traurig in

meinem Drehstuhl hing, schrillte das Telefon schon wieder. Ein anderer Italiener schwatzte auf mich ein. Mario, so hieß er anscheinend, hatte Claudio von der Passagierliste gestrichen, damit ich seinen Platz einnehmen konnte. »Sie kommen sofort zur Scott-Basis!« befahl diese unbekannte Stimme, und ich stürzte mich in meinen Polaranzug.

Die Scott-Basis wird oft als Vorstadt von McMurdo bezeichnet, weil die beiden Stationen so nah beieinander liegen, daß es einen regelmäßigen Busverkehr gibt und die Amerikaner täglich über den kleinen Laden der Neuseeländer herfallen. Normalerweise gab es Platz im Bus, und ich hatte Glück. Die Scott-Basis war im Vergleich zu ihrer Nachbarin winzig; zunächst sah man eine Ansammlung sauberer hellgrüner Gebäude mit Blick auf die vereiste Küste und eine von Wedell-Robben bevölkerte Preßeisbank. Nachdem ich den Eingang gefunden hatte, stand ich verlegen in der Halle herum und harrte der Dinge, die da kommen sollten.

Ein großer, sportlicher Mann stürmte aus einer Tür.

»Sind Sie unser Passagier?« fragte er freundlich, und als ich nickte, streckte er mir die Hand entgegen. »Ich bin Ben, der Co-Pilot. Freut mich, Sie kennenzulernen. Sie scheinen eine wichtige Persönlichkeit zu sein.«

Während ich seine behandschuhte Hand schüttelte, fragte ich mich, wie solch eine Falschinformation in Umlauf geraten konnte und was wohl passieren würde, wenn sie mir auf die Schliche kämen, aber jetzt war nicht der Augenblick für kleinliche Sorgen. Innerhalb von zehn Minuten erntete ich die Früchte dieses Irrglaubens, denn ich fand mich im Innern eines schicken orange-weißen Squirrel-Hubschraubers mit strahlendem »ItaliAntartide«-Schriftzug wieder, direkt neben überquellenden Kartons und drei Eispickeln. Ein Mechaniker auf der anderen Seite machte gerade einen Kopfhörer für mich zurecht.

Ich hatte nur sehr vage Vorstellungen davon, wo es hingehen sollte und mit wem ich reiste, und absolut keine Ahnung, wann ich wohl zurückkehren würde, wenn überhaupt, aber immerhin flog ich jetzt über die zugefrorene Bucht Richtung Transantarktisches Gebirge, der Himmel erstrahlte in leuchtendem Blau, und ferne Gletscher reflektierten das Sonnenlicht. In jenen ersten Momenten erhaschte ich einen Blick auf das, was mir in der Antarktis begegnen würde. Die Welt wirkte wie eben erschaffen, und die Zukunft warf all ihre Schrecken fort auf die zeitlosen Schneefelder. Doch zunächst einmal hatte ich etwas über antarktische Wetterverhältnisse zu lernen.

Das italienische Antarktisprogramm hatte von einer neuseeländischen Gesellschaft drei Squirrels, vier Piloten und einen Bordmechaniker gemietet, und die fünf nicht Italienisch sprechenden Neuseeländer verbrachten den südlichen Sommer in der Terra Nova-Bucht, um bei wissenschaftlichen Arbeiten zu helfen. Zwei befanden sich schon dort. Meine drei Mitreisenden wirkten besorgt. Nachdem wir etwa 80 Kilometer zurückgelegt hatten, erschien vor uns am Horizont eine kleine Wolkenbank. Über Kopfhörer verfolgte ich, wie sie unsere Chancen abwägten. Die Wettervorhersage verhieß nichts Gutes, und wir hatten noch nicht einmal das Auftanklager erreicht. Der Pilot beschloß, zur Scott-Basis zurückzukehren.

Wieder dort angekommen trotteten wir also zurück zu den hellgrünen Gebäuden, legten im Vorraum ab und ließen uns in der Kantine nieder, um Tee zu trinken, bis sich das Wetter besserte. Ich wußte nicht einmal, ob das Minuten oder Monate dauern konnte. Der Squirrel-

Besatzung diente Scott als Basis auf diesem Teil des Kontinents, und die Männer hatten in doppeltem Sinn »die Füße hochgelegt«. Es kam mir komisch vor, einfach in einer Station aufzutauchen und Tee zu trinken, ohne die geringste Vorstellung davon zu haben, wer dort lebte, deshalb stellte ich mich einem sehr netten Mann in einem Batman-T-Shirt vor, der mich augenblicklich zum Essen einlud. Während der Mahlzeit traf ich zu meinem Schrecken den ausgebooteten Claudio, aber er strahlte wie ein Honigkuchenpferd. Womöglich hatte ich ihm einen Gefallen getan.

Um sieben Uhr abends erklärte der Pilot, daß es nun zum Fliegen zu spät sei. Der Hubschrauber mußte zurück nach McMurdo, da die Scott-Basis keine Verankerungsmöglichkeiten für das Nachtparken hatte, also ließ ich mich mitnehmen. Alle drei Crewmitglieder leisteten mir auf dem Fünf-Minuten-Flug Gesellschaft, deswegen lud ich sie ein, sich für den Rückweg ein wenig zu stärken. Meine Tasche ließ ich ganz unten im Seitennetz der Maschine hängen, denn ich hatte einfach nicht das Herz, danach zu fragen. An und für sich wollten sie nach dem Schlummmertrunk zur Scott-Basis zurückkehren und mir am Morgen, wenn sie Informationen über das Wetter hatten, telefonisch die neue Abflugszeit durchgeben.

Die »Southern Exposure« war eine typisch amerikanische Bar mit Shuffleboard, Popcorn und Video, aber ohne Fenster, weshalb es dort, ganz im Gegensatz zu draußen, immer dunkel war. Wissenschaftler lungerten grüppchenweise herum und schlugen frustriert die Zeit tot, in der sie darauf warteten, die Arbeit draußen aufzunehmen, wovon sie bisher das Wetter oder eine kaputte Maschine oder beides abgehalten hatte. Als einige anfingen zu tanzen, bemerkte ich, daß auch Trotzki die Tanzfläche unsicher machte. Alle behaupteten, er sei einer der brillantesten Wissenschaftler seiner Generation und könne mit dem Nobelpreis rechnen. Als ich an der Popcornmaschine mit ihm zusammenstieß, gähnte er.

»Ich werde jeden Morgen um fünf Uhr geweckt«, klagte er. »Leider habe ich einen neuen Wecker und kann einfach nicht herausfinden, wie man ihn abstellt.«

Um Mitternacht befanden wir uns noch immer in der »Southern Exposure«. Ich hatte noch nicht einmal meine Polarkluft ausgezogen, obwohl die eine oder andere Schicht schon abgepellt war, und stakste in meinen riesigen Stiefeln herum wie Gulliver. Eine Runde hatte sich nahtlos an die andere gereiht, und um alles noch schlimmer zu machen, oder besser, war der blonde texanische Seismologe im Laufe des Abends aufgetaucht. Die meisten Neuseeländer lassen sich keine Party entgehen, und diese drei bildeten keine Ausnahme, nicht zuletzt deswegen, weil es in der Terra Nova-Bucht keine Bar gab und diese hier somit die letzte sein konnte, die sie in den nächsten paar Monaten zu Gesicht bekommen würden. Offenbar glaubten sie an das Prinzip der sich bietenden Gelegenheit. Und was den Seismologen anbetraf, so war er der geborene Partylöwe.

Wir gingen um halb eins, aber nur, weil die Bar zumachte, und stolperten zur Kantine, wo wir einige Kannen Kaffee und reichlich Toastbrot vertilgten. Danach konnten die Neuseeländer endlich dazu bewegt werden, zur Scott-Basis zurückzukehren, so daß nur der Seismologe und ich übrigblieben, um den Rest der Nacht kleinzukriegen.

Das Telefon riß mich viel zu früh aus dem Schlaf. Abflug in zehn Minuten. Ich knallte den Hörer auf, benutzte die Zahnbürste meiner abwesenden Zimmergenossin (meine hing im Hubschraubernetz) und mummelte mich wieder ein. Als ich zum Hubschrauberlandeplatz rannte, kam der Seismologe den Hügel herunter auf mich zugelaufen.

»Ich habe den Hubschrauber gehört«, sagte er, »und bin gekommen, um auf Wiedersehen zu sagen.«

Als ich in den Bauch der Squirrel kletterte, fiel mir plötzlich ein, daß ich eventuell jemanden von meiner Abreise unterrichten sollte. Ich schlängelte mich wieder hinaus und rannte die Treppe zum NSF-Chalet hoch, dem Verwaltungszentrum der Basis. An der Tür hing ein Schild, auf dem mitgeteilt wurde, daß wegen Erntedank geschlossen sei, also zog ich einen Bleistift aus der Tasche und kritzelte eine Nachricht auf das Schild. Sie lautete: »Bin mit einer Squirrel zur Terra Nova-Bucht unterwegs. W-002.«

2. KAPITEL

Terra Nova-Bucht

Plötzlich sah ich den kalten Himmel,
  Witterung der Krähen,
Wie wenn Eis erbrennen würde zu immer
  eisigerem Eis,
Und die Vorstellung und das Herz wurden
  hingerissen
So wild, daß jeder beiläufige Gedanke
An dies und das schwand …

W. B. YEATS, aus *Der kalte Himmel*

Während wir am McMurdo-Sund entlangflogen, zog ich meine Karte aus der Tasche und breitete sie aus. Der Pol war oben eingezeichnet, also flogen wir auf dem Papier nach unten, um nach Norden zu kommen. Scott und Shackleton hatten ihre Forschungsteams offenbar über das gesamte Gebiet geschickt, denn die Namen, die sie vergeben hatten, klebten an der Landschaft wie Fliegen an Fliegenpapier. Dadurch wirkte alles sehr englisch.

Wir landeten auf einem Kap, das zum erstenmal von Shackletons *Nimrod*-Expedition erkundet worden war. Die Schlittenmannschaft nannte es Kap Roberts, nach

---

* Übers. v. Erich Kahler, aus: Yeats, W. B. *Werke I. Ausgewählte Gedichte.* Hg. W. Vordtriede. Neuwied. 1970. – A. d. Ü.

William C. Roberts, ihrem Koch. Der grobkörnige Oberflächenschnee glitzerte wie Millionen winziger Spiegel, und aus einem Scott-Zelt inmitten schwarzer Vulkangesteinshaufen traten zwei bärtige graue Gesellen. Dieses bescheidene Lager war das Herzstück eines der ehrgeizigsten internationalen Projekte, das je für die Antarktis entwickelt wurde. Um die Geschichte der Ross-Meer-Region von der späten Kreidezeit bis zum mittleren Känozoikum zu erforschen, wollten Geologen aus fünf Nationen vor der Küste Gesteinsproben nehmen, die Rückschlüsse auf die tektonischen und klimatischen Veränderungen mehrerer Millionen Jahre erlauben sollten. Wir gingen in die Hütte, um eine Tasse Tee zu trinken.

Die anderen unterhielten sich; der Redefluß der beiden Bärte war kaum zu bremsen. William Roberts kam mir immer wieder in den Sinn. Ich fragte mich, was ihn wohl bis ans Ende der Welt geführt hatte, denn als Koch konnte man hier ja kaum Karriere machen. Um die Jahrhundertwende hatten sich jedoch viele Männer verpflichtet, in den äußersten Süden zu gehen. Die meisten taten es für Geld. Carsten Borchgrevink, der das heroische Zeitalter einläutete und dessen Expedition als erste auf dem Kontinent überwinterte, schrieb 1900: »Die Antarktis könnte ein neues Klondike werden ... es gibt Fisch – Fischfang wäre möglich ... es gibt Quarz, in dem Metalle eingelagert sind.«

Einige britische Entdecker behaupteten, ihr Motiv sei nationaler Ehrgeiz und der unerschütterliche Glaube an das Recht der britischen Nation, die erste zu sein. Andere wollten ihren Dämonen entfliehen; aber die warteten im Eis bereits auf sie. Scotts Geologe auf der *Terra Nova*, Frank Debenham, schrieb: »Der Mensch wird immer danach streben, die Kenntnis über seine Welt zu vervollständigen … Will nicht jeder Junge auf den Apfelbaum klettern, gleich, ob im Gipfel ein Apfel hängt oder nicht?«*

Eigentlich hätte man nach all diesen langen, schweren Jahrhunderten annehmen können, daß der Mensch das verlockendste geographische Ziel der Erde bereits erreicht hatte. Der Nordpol war erobert. Aber so wie die Menschen nach 1969 des Mondes müde wurden, richteten sie auch 1909 die am Norden sattgesehenen Augen woanders hin. Sie schauten gen Süden.

Wie Scott in seinem Tagebuch vermerkte, stand die Literaturflut zur Arktis in krassem Gegensatz zum eher spärlichen Material über ihr südliches Gegenüber. Zu Beginn des heroischen Zeitalters kommentierte ein Leitartikel im *Daily Express:* »Der Südpol hat die menschliche Phantasie nie so gefesselt wie sein nördliches Gegenstück … er ist einfach zu weit weg von Europa, deshalb bleibt er umgeben von Stille und Nebeln und unbekannten Schrecknissen.« Die Entdeckung der Arktis reichte bis weit in die Zeit der Wikinger zurück, die sagenhafte Eroberungszüge nach Grönland und darüber hinaus unternahmen, und als das 19. Jahrhundert heranrückte, wurde auch der hohe Norden dem Reich des britischen Imperialismus einverleibt. Der Verlust von Sir John Franklins Flotte bei der Suche nach der geheimnisvollen Nordwestpassage im Jahre 1847 hatte die Phantasie der Nation beflügelt und schürte den Traum vom fernen Heldentod im Dienste des Vaterlandes. Es entstand sogar eine eigene Kunstrichtung, besonders Edwin Landseers berühmtes Gemälde »Der Mensch denkt, Gott lenkt«, das zwei Eisbären darstellt, die an

* Übers. v. Oskar Müller, aus: Debenham, Frank. *Antarktis. Geschichte eines Kontinents.* München. 1959. – A. d. Ü.

den Überresten eines Segelschiffes nagen, und Frederick Churchs »Eisberge«.

Bis 1772, als Kapitän James Cook sich zu seiner zweiten Reise aufmachte, war die Antarktis nicht viel mehr als ein weißer Schatten am Horizont der europäischen Phantasie. Seefahrer hatten subantarktische Inseln kartographiert, die sie für das große Südland hielten, aber eigentlich hatte keiner eine Ahnung davon, was sich dort unten befand, wenn es überhaupt etwas gab. Vor Cook war die Antarktis ein Mythos, wie sie es schon immer gewesen war. Die alten Griechen studierten die Winde und die Meere und *erspürten* ihre Existenz. Da sie von einem Gleichgewicht der natürlichen Kräfte ausgingen, kamen sie zu dem Schluß, daß der *arktos,* der Bär im Norden, ein Gegengewicht in einem *anti arktos* im Süden haben müsse. War doch ganz einfach!

150 n. Chr. zeichnete Ptolemäus auf seine Karte einen Kontinent namens *Terra Australis Incognita,* das Unbekannte Südland, und die Existenz der Antarktis wurde zu einem festen Bestandteil des geographischen Denkens. Die Feuer, die Magellan 1520 auf Tierra del Fuego brennen sah, gaben der Vorstellung von einer großen Landmasse noch weiter südlich neue Nahrung. Wenn es so weit unten Menschen gab, warum dann nicht auch im äußersten Süden? Als Drake 1578 die Umrundung des Kap Hoorn gelang, erklärte er es zum Ende der Welt, weil er sehen konnte, wie Pazifik und Atlantik sich vereinigten. Trotzdem zeigt Plancius Planisphäre aus dem Jahre 1592 sowohl den Kontinent als auch einen *circulus antarcticus.* Plancius, Mercator und die anderen Kartographen des Mittelalters, die aus all dem schlau werden mußten, verglichen die mittelalterliche Theorie mit den Reiseberichten der Spanier und Portugiesen. Obwohl sie keine stichhaltigen Beweise hatten, kamen

sie zu dem Schluß, daß dieses Land sehr groß sein mußte, kaum zugänglich – und bevölkert.

Vom 16. Jahrhundert bis zu Cooks zweiter Reise waren die Kartenzeichner eifrig damit beschäftigt, nicht existierende Teile der Antarktis wieder wegzustreichen, so wie man einen störrischen Baum zurechtstutzt. Ein Kartograph, Oronce Finé, gab dem Kontinent die forsche Bezeichnung *Terra australis nuper inventa sed non plene examinata* (das kürzlich entdeckte aber noch nicht gänzlich erkundete Südland). Dieser Name konnte sich nicht durchsetzen. Das Traumbild vom fruchtbaren, reichen Shangrila wurde Ende des 18. Jahrhunderts schließlich von Cook zerstört. Seine zweite Reise stellte alle früheren Antarktisfahrten in den Schatten. Er konstatierte endgültig, daß es dort keine Menschen geben konnte; es war einfach zu kalt. Der Mythos war zerstört. Die Menschen hatten nach dem Land ihrer Träume, einem fruchtbaren Land voller Reichtümer gesucht, doch alles, was sie fanden, war eine unendliche Eiswüste.

Kurz nachdem wir die beiden Bärte verlassen hatten, setzten wir schon wieder zur Landung an. Während die Neuseeländer die Squirrel an einem Benzinfaß auftankten, wurden sie mißtrauisch beäugt von ein paar Skuas, den häßlichen braunen Wandermöwen, die im Sommer die antarktischen Küsten bevölkern. Das Treibstofflager befand sich auf dem Kontinent selbst, etwa 150 Kilometer von McMurdo entfernt, am Rande der Bucht. Die zackigen Silhouetten des Transantarktischen Gebirges im Hintergrund schimmerten in den verschiedensten Blautönen. Durch die Schleierwolken am Himmel, die wie Fischschuppen wirkten, fielen Sonnenstrahlen auf die wellige Oberfläche einer Eiszunge, eines massiven

Vorsprungs, der von zwei Gletschern gespeist wurde. Weiter hinten räkelten sich tintenschwarze Robben vor ihren Löchern. Auf der einen Seite versanken Berge im Gletschereis, und auf der anderen war das Meereis zu einem eisberggespickten Ozean geschmolzen, dessen Oberfläche sich so sacht kräuselte wie ein Weizenfeld im Wind.

»Schau nur«, sagte Ben, während er den Benzinstutzen herauszog und auf ein spaltendurchsetztes Gletscherfeld an einem Berghang deutete. Jeder Riß war kilometerlang und zweifellos Kilometer tief. Die gefährlichsten Landschaften sind meist auch die attraktivsten. In dieser Hinsicht sind sie genau wie Liebhaber. Das ist einfach ungerecht.

Bevor die *Resolution* unter Kapitän Cook Sheerness am 21. Juni 1772 verließ, desertierte über die Hälfte der Besatzung. Cook sollte auf Befehl der Admiralität das große Südland finden. Seiner Ansicht nach gab es so etwas überhaupt nicht, auch wenn die führenden Wissenschaftler daheim vom Gegenteil überzeugt waren. Joseph Banks, der brillante Naturwissenschaftler, der 1772 mit Cook segelte, beschreibt in seinem Logbuch, daß die Männer auf der *Endeavour,* Cooks zweitem Schiff, in zwei Lager gespalten waren, je nach ihrer Meinung zur Existenz der Antarktis. Sie nannten sich »Kontinentale« und »Nicht-Kontinentale«. 1770 hatten die »Nicht-Kontinentalen« angenommen, daß sie um den definitiven Beweis für ihre Theorie herumgesegelt seien – dabei kreuzten sie immer noch vor Neuseeland.

Cook war ein einfacher Mann aus Yorkshire, der auf den Kohlefrachtern von Whitby gearbeitet hatte, bevor er in die Marine eintrat und zur Speerspitze der damaligen Wissenschaft wurde. Er handelte bedächtig und wußte, wie Shackleton, welche Stimmung bei seinen oft betrunkenen Männern herrschte. Cook bemühte sich, von seinen Vorgängern zu lernen; so bekamen seine Leute – anders als die Männer, die sich über ein Jahrhundert später zur Antarktis vorkämpften – nie Skorbut.

Am Ende stoppte ihn das Packeis. Er schrieb, das Meer sei so »verseucht« von Eis, daß das Land unerreichbar bliebe. In der Resolution überquerte er als erster Mensch den südlichen Polarkreis und entdeckte die Zirkumpolarität des Südlichen Ozeans. Im Januar 1775 nahm er Südgeorgien in Besitz, obwohl die Insel ihm nicht gefiel; in seinem Tagebuch schrieb er vom »unaussprechbar furchtbaren Anblick jenes Landes, eines Landes allzumal, von der Natur verdammt, niemals die wärmenden Sonnenstrahlen zu fühlen, sondern stattdessen für immer begraben zu liegen unter ewigem Eis und Schnee.« Als er fortsegelte, notierte er abschließend: »... daß da nicht der geringste Platz für die Möglichkeit der Existenz eines Kontinents außer nahe dem Pol geblieben war und außerhalb der Reichweite jeder Navigation.«* Vier Jahre später wurde dieser große Mann, erst fünfzig Jahre alt, im kristallklaren Wasser der Kealakekua-Bucht in Hawaii von Eingeborenen mit einem eisernen Dolch erstochen.

Die nächste Entdeckungsphase wurde von Robben- und Walfängern eingeleitet, die ab 1820 die südlichen Gewässer durchstreiften. Der Kontinent wurde wahrscheinlich nicht vor 1820 gesichtet, und es war mit ziemlicher Sicherheit der Este Fabien Bellingshausen, der den ersten Blick darauf warf. Geboren in dem Jahr, in dem

* Übers. v. R. Wagner u. B. Willms, aus: Cook, Captain James. *Entdeckungsfahrten im Pazifik. Die Logbücher der Reisen von 1768 bis 1779.* Tübingen, 1971. – A. d. Ü.

Cook starb, und von Zar Alexander I. nach Süden gesandt, entwickelte sich Bellingshausen zu einem großen Entdecker und trat Cooks Erbe an. Der Brite Edward Bransfield und der amerikanische Robbenfänger Nathaniel Palmer hatten ebenfalls früh Sichtkontakt. Palmer war 21 Jahre alt, als er 1820 in dichtem Nebel vor der Küste der Südshetland-Inseln die Glocke der *Hero* läuten ließ. Er dachte, er sei Hunderte von Kilometern von jedem Schiff entfernt, da hörte er plötzlich eine andere Glocke, die antwortete. Sie gehörte zu Bellingshausens Schiff, und der Admiral legte schnell seine Rangabzeichen an und lud Palmer offiziell auf die *Vostok* ein.

James Clark Ross überquerte den Südpolarkreis bei einer Forschungsfahrt der Königlichen Marine, die er von 1839 bis 1843 leitete, dabei drang er bis in das Meer vor, das heute seinen Namen trägt, und entdeckte große Teile der Eiskante. Ross lernte das Geschäft von der Pike auf, schon mit elf Jahren fuhr er mit seinem Onkel in die Arktis, um die Nordwestpassage zu suchen, den geographischen Gral jener Tage. Später wurde er Wissenschaftler und lokalisierte den magnetischen Nordpol. Angeblich war er der hübscheste Mann der Marine. Als er nach mehr als vier Jahren, die er in südlichen Regionen verbrachte, wurde er geadelt. Er heiratete sogar, aber erst nachdem sein Schwiegervater ihm einen Vertrag abgerungen hatte, der weitere Polarreisen verbot. Schließlich ließ er sich in einem kleinen Dorf in der Nähe von Aylesbury in Buckinghamshire nieder, wo er heute auf dem Friedhof begraben liegt.

Die *Belgica*-Expedition war 1898 die erste, die im Packeis überwinterte. Amundsen war dabei und auch Frederick Cook, der Mann, der später behauptete, der erste am Nordpol gewesen zu sein. Insgesamt waren sieben Nationalitäten vertreten; T. H. Baugham drückte das in seinem Buch *Before the Heroes Came* folgendermaßer aus: »Die Belgica-Expedition war ein Alptraum in sieben Sprachen.« Das Schiff war für einen antarktischen Winter nicht richtig ausgerüstet. Viele der Männer hatten Anzeichen von Skorbut, und jeder einzelne machte in den langen, dunklen Monaten der Polarnacht seine ureigene Reise in die Verzweiflung. Als einer von ihnen starb, hätten sich fast alle aufgegeben.

Carsten Borchgrevink fuhr um die Jahrhundertwende an Bord der *Southern Cross* gen Süden. Obwohl es sich dabei um eine britische Expedition handelte, nahm Borchgrevink als Australier norwegischer Abstammung daran teil. Für die etablierten britischen Geographen jener Tage war das so, als würden sie einem Amateur Zugang gewähren. Borchgrevinks Verhältnis zu dem Naturwissenschaftler Louis Bernacchi war derart schlecht, daß letzterer ihn in seinem Tagebuch als *l'enfant* bezeichnete. Immerhin erwiesen sich die Hunde, die sie mitgenommen hatten, als erstaunlich tüchtige Schlittenhunde, was der Expedition bahnbrechende Ergebnisse brachte. Ein anderer unbekannter Held, William Spiers Bruce, leitete die Nationale Antarktisexpedition der Schotten von 1902–04. Der Künstler in dieser Mannschaft, W. G. Burn Murdoch, schrieb ein Buch mit dem Titel *From Edinburgh to the Antarctic,* das wegen des unentdeckt zurückgebliebenen Landes mit bedauernden Worten endet: »Und so kehrten wir den Rätseln der Antarktis den Rücken, ohne ihre uralten Geheimnisse zu erforschen, als hätten wir vor antiken Buchbänden gestanden, die von der Vergangenheit und dem Anfang aller Dinge berichteten und sie nicht einmal aufgeschlagen. Jetzt kehren wir heim in eine Welt, die abgenutzt ist von den Füßen zu vieler Menschen, um uns in Unzufriedenheit zu verzehren bei dem Gedanken daran, was wir hätten tun können, aber nicht getan haben.«

Als wir die im Eis gefangene »Unexpressible Island« überflogen, zeigten die Cockpit-Geräte, daß katabatische* Winde mit einer Geschwindigkeit von 50 Knoten das Reeves-Névé** herunterrasten.

Es handelte sich um die Insel, auf der Victor Campbell im antarktischen Winter des Jahres 1912 acht Monate lang festsaß, zusammen mit fünf Männern in Sommerkleidung und Lebensmittelvorräten für zwei Monate. Sie alle litten unter einer schmerzhaften Rückgratverkrümmung, die sie »Iglu-Rücken« nannten, ihr Leben war das von Höhlenmenschen, und ihre Gesichter waren so fettverschmiert, daß sie sich nur noch an den Stimmen erkennen konnten. Trotzdem gönnten sie sich Samstag abends Konzerte, und sie gaben sogar eine Zeitung heraus, die sie *The Adélie Mail* tauften.

Victor Campbell, ein ehemaliger Eton-Schüler, war Wissenschaftler und Erster Offizier der *Terra Nova* bei Scotts zweiter Expedition. Er ging unter anderem deswegen in die Antarktis, weil seine Ehe nicht richtig funktionierte. Nachdem die Ost-Abteilung, bestehend aus Campbell, drei Matrosen und zwei Offizieren, im Januar 1911 von der *Terra Nova* zum Rande des Ross-Eisschelfs gebracht worden war, sollten sie eigentlich umfassende Vermessungsarbeiten vornehmen, aber im Osten fanden sie keine Landemöglichkeit. Da Initiative damals

---

* Winde, die sich abkühlen, dichter werden und deshalb abwärts »fallen«.

** Ein Névé ist ein Firnfeld am Gletscherkopf, das noch zu Gletschereis zusammengepreßt werden muß. Eine typische Eiskonfiguration aus dem Inlandplateau entwickelt sich von Firn- zu Gletschereis, von da zu Eisdecke, Eisschelf und Meer-Eis und verflüssigt sich schließlich im Meer. Firn quietscht, wenn man einen Eispickel einschlägt.

wie heute der Schlüssel zur Antarktiserforschung ist, wandten sie sich statt dessen nordwärts zum Kap Adare.

Unterwegs trafen sie, sehr zum Erstaunen beider Gruppen, Amundsen und die anderen Norweger in der Walfischbucht. Als die Wache der *Fram* – offenbar ein Mann, der gern auf »Nummer Sicher« ging – die *Terra Nova* vorbeisegeln sah, holte er sein Jarman-Gewehr und ein Englischbuch; das Gewehr lud er mit sechs Patronen, und aus dem Buch lernte er schnell den Satz: »Hallo, wie geht es dir heute morgen?« Das Treffen verlief herzlich, und man inspizierte gegenseitig die Quartiere. Die Briten waren erstaunt, mit welcher Geschicklichkeit die Norweger ihre Hunde führten, und Amundsen hielt in seinem Tagebuch fest, daß alle Norweger nach dem Besuch Schnupfen bekamen.

Am Kap Adare angelangt, winkten Campbell und seine fünf Männer dem Schiff zum Abschied zu und tauften sich in Nord-Abteilung um. Nach einer erfolgreichen Saison nahm die *Terra Nova* sie wieder auf und setzte sie auf der Insel ab, die man später »Unexpressible Island«, »Unaussprechliche Insel«, nannte. Das Schiff sollte die Männer sechs Wochen später abholen, aber es kam nicht mehr durch das Packeis und segelte nach Neuseeland zurück, während Campbell und seine Leute acht Monate in einer Eishöhle festsaßen.

Die Männer hatten schließlich nichts anderes als Fleisch und Fett zu essen, und der hohe Säuregehalt dieser Nahrung führte dazu, daß einige häufig einnäßten. Nach acht Monaten am Rande des Zusammenbruchs mußten sie fast 400 Kilometer zurück zur Hütte auf der Ross-Insel marschieren, und als sie dort ankamen, erfuhren sie, daß Scott und die anderen verschollen waren.

Ein Farbtupfer am Horizont erregte meine Aufmerksamkeit. Ich erkannte, daß es sich um die italienische Station handeln mußte, die sich an den Rand der Terra Nova-Bucht duckte. Fünf Minuten später kamen die Rotorblätter auf dem Hubschrauberlandeplatz vor dem Stützpunkt zum Stillstand.

Das Hauptgebäude stand auf Stelzen, hatte preußischblaue Wellblechwände, ein sienabraunes Dach und phantasievolle Schornsteine. Mario kam uns entgegen. Er war ein dunkelhäutiger, schwarzhaariger Mann in den späten Vierzigern, trug Brille und einen gehetzten Gesichtsausdruck. Während er mich begrüßte, blickte er nervös auf die Hubschrauberfracht, die recht spärlich war. Wir gingen hinein, aber er war nicht ganz bei der Sache, deshalb versuchte ich, möglichst wenig aufzufallen, was nicht eben leicht ist, wenn man zwischen 40 Italiener gerät, die nach frischem Blut lechzen. Ich wurde fast jedem auf der Stelle vorgestellt und in die Kommandozentrale geleitet – *la sala comando*. Das war ein langer, schmaler Raum mit einem durchgehenden Fenster, von dem aus man nicht nur den Hubschrauberlandeplatz überblicken konnte, sondern auch ein großartiges breites Panorama der gesamten Bucht vor sich hatte, die bis zur Campbell-Eiszunge zugefroren war, weiter hinten aber lockte das Türkis des offenen Meeres. Über all dem thronte der Mount Melbourne, der 2900 Meter hohe Vulkankegel, der von Ross nach dem britischen Premierminister benannt worden war. Er beherrschte die italienische Ansiedlung so unangefochten wie der Mount Erebus die der Amerikaner und Neuseeländer. Im Kommandoraum ging es zu wie in einem Kriegsbunker; Gaetano, ein drahtiger Oberstleutnant um die Dreißig, rannte hin und her, redete wie ein Maschinengewehr und machte den Eindruck, als sei er dauernd überarbeitet und stünde kurz vor dem Zusammenbruch. Er drückte mir ein Funkgerät in die Hand und schoß ein paar unverständliche italienische Anweisungen voller Abkürzungen auf mich ab.

Kurz vor dem Abendessen fragte Mario kleinlaut, ob es mir etwas ausmachen würde, im *laboratorio* auf dem Boden zu schlafen. Die Schlafzimmer wären alle belegt, und als Alternative käme nur ein abgelegenes Außengebäude in Frage. Ich war vollkommen zufrieden damit. In dem Labor, einem schmalen Zimmer, das nach Formaldehyd roch, gab es ein Waschbecken, Regale voller Flaschen geheimnisvollen Inhalts und ein Klappbett. Als ich eine Schranktür öffnete, regnete eine Flut von Spritzen auf mich herab. Ich versuchte den langen Plastikschlauch vom Wasserhahn zu lösen, um meine Zähne *in situ* putzen zu können, aber nachdem mir das eiskalte Wasser mehrmals ins Gesicht gespritzt war, gab ich es auf. An der Stirnseite des Labors befand sich glücklicherweise ein Fenster, denn nachts wurde es in dem Raum unerklärlich warm.

Die Aufenthaltsräume, die Küche, die *sala comando* und die meisten Labors und Büros befanden sich im Hauptgebäude, so daß man sich zum Frühstück nicht durch Schnee wühlen mußte. *Cena* wurde, wie es sich gehört, nicht vor 20 Uhr 30 abends serviert, und in diesem Bereich übertraf die italienische Nation sich selbst. Zunächst einmal gab es Wein, sowohl zum Mittag- als auch zum Abendessen, und dazu kreierte der Küchenchef, ein stets fröhlicher Neapolitaner namens Ciro, der wie ein kleiner Gummiball wirkte, unglaublich köstliche Mahlzeiten. Seine Küche wurde nur unregelmäßig mit frischen Nahrungsmitteln beliefert, und ich habe nie verstanden, wie es ihm gelang, seine kulinarischen Köstlichkeiten zuzubereiten. Als ich ihn danach fragte, antwortete er, daß wichtigste sei *con amore* zu kochen.

Obendrein war in einem der Aufenthaltsräume eine riesige Espressomaschine ständig an die Wasserversorgung angeschlossen. Für mich grenzte das fast ans Nirwana. Die Aufenthaltsräume waren ausgestattet mit braunen Dralonsofas, Kühlschränken mit Erfrischungsgetränken und Mineralwasser (die Italiener trinken Flaschenwasser mit Eis, eine Angewohnheit, die Veteranen der BAS gern als Beispiel für die zügellose Lasterhaftigkeit und die moralische Verworfenheit von Ausländern anführen); außerdem gab es eine Videoleinwand. In einem kleinen Zimmer gleich nebenan stand ein Tischfußballspiel, über dem die Leute regelmäßig in wilde Aufregung gerieten. Nach dem Abendessen lungerten die Italiener gern im Flur vor dem Speisesaal herum, um bei einer kleinen Tasse Espresso zu diskutieren. Mario nutzte diese Zeit häufig, um der Besatzung sein neuestes Projekt vorzustellen.

»Ich habe beschlossen, sagte er eines Abends, während er genüßlich seinen Espresso schlürfte, »den Papst aufs Eis zu holen.« Er hielt inne, damit wir diese Information verdauen konnten. »Was haltet ihr davon?«

»Nun«, stotterte Gaetano, »eigentlich kann ich mir Seine Heiligkeit nicht auf einem Schneemobil vorstellen.«

Es gab drei Frauen in der Station, und sie trafen sich normalerweise auf eine Zigarette vor den metallenen Duschkabinen im Badezimmer.

»Wie gefällt's dir hier?« fragte die älteste mich bei einer dieser Zigarettenpausen. Sie war eine lebhafte Frau mit einem frechen Mundwerk, deren eigentliche

Rolle in der Terra Nova-Bucht mir immer schleierhaft blieb.

»Gut««, antwortete ich.

»Bloß keine Panik, wenn die Männer verrückt spielen – du weißt schon, bei Frauen. Sie geben nur an ...«, dabei ahmte sie mit Daumen und Zeigefinger die Bewegung plappernder Lippen nach. »In dieser Eiseskälte«, fuhr sie fort, während die beiden anderen anfingen zu kichern, als wüßten sie, was jetzt folgte, »werden ihre kleinen *cazzi* so winzig«, dabei hielt sie Daumen und Zeigefinger zwei Zentimeter auseinander. Dann klopfte sie mir mit einer Hand auf den Rücken, drückte mit der anderen ihre Zigarette im Waschbecken aus, warf sich gegen die Klapptür und rauschte durch den Flur davon.

Tagsüber herrschte in der Station fieberhafte Geschäftigkeit. Sie war nur im Sommer besetzt*, deshalb standen alle unter Zeitdruck, und außerdem waren die Italiener vom nächsten Nachbarn weit entfernt. Da kam so etwas wie Pioniergeist auf, der auch dadurch gefördert wurde, daß die Italiener noch keine zehn Jahre in der Antarktis präsent waren und ihr Unternehmen nach wie vor als *una spedizione* bezeichneten – eine Expedition. Vielleicht spiegelte die Terra Nova-Bucht jene Aufbruchstimmung wider, die dreißig Jahre zuvor auch die amerikanischen und britischen Stationen ausgezeichnet hatte.

Ich war nach einem erfrischenden Spaziergang um die Bucht gerade aus meinem Polaranzug gestiegen, als Gaetano über Lautsprecher verkündete, daß ein *elicottero* auf mich warte; dabei klang seine Stimme, als würde jeden Moment eine Bombe einschlagen. Ich stürzte mich

* Etwa dreißig der 200 Forschungsstationen in der Antarktis sind das ganze Jahr über besetzt.

also wieder in meine Sachen und machte dabei den Reißverschluß meiner roten Daunenjacke kaputt.

Ben wollte zwei Biologinnen Nachschub bringen, die an der Edmondson-Spitze auf der anderen Seite des Mount Melbourne Pinguine erforschten. Das war kein besonders schöner Aufenthaltsort. Es gab dort zwar nur wenig Schnee, dafür aber viel zu viele Skuas auf der Jagd nach Pinguineiern. Die riesige Adélie-Kolonie beherrschte die Landschaft, und als die Squirrel zur Landung ansetzte, konnten wir einzelne Vögel mit Steinen im Schnabel herumwatscheln sehen. Beim Öffnen der Türen fegte ein schwefliger Windstoß uns einen Eis- und Steinchenregen entgegen. Die Edmondson-Spitze erinnerte mich an ein zerknittertes altes Photo, das ich einmal gesehen hatte; es zeigte eine der ersten britischen Stationen auf der Antarktischen Halbinsel, über deren Hüttentür *semper in excreta* stand. Ununterbrochenes Gekreische erfüllte die Luft. Edward Wilson, Scotts Vertrauter, sagte einmal, daß man sich beim Besuch eines Pinguinbrutplatzes so fühle, als käme man während des Spiels auf einen Fußballplatz.

Die zwei Frauen kamen uns entgegen. Sie lebten seit drei Monaten mit Tausenden von Pinguinen an diesem traurigen Ort. Später beobachtete ich sie dabei, wie sie mit etwas, was einem großen schwarzen Schmetterlingsnetz ähnelte, Brutvögel einfingen, das Ei, das jeder behütete, in einer skuasicheren Kiste verstauten, den Vogel an den Füßen zusammenbanden, ihn wogen, seine Kloake öffneten, um sein Geschlecht zu bestimmen, seinen Schnabel vermaßen, ihn mit einem Infrarotstab untersuchten und ihm eine Zahl auf den Rücken malten. Die Pinguine ließen diese Prüfung geduldig über sich ergehen und hockten sich hinterher mit einem Flügelzucken wieder auf ihre Steinnester, als wäre nichts Besonderes geschehen.

Eine der Frauen, Francesca, war ungefähr 25 Jahre alt und hatte noch nie in einem Feldlager gelebt; wenn sie nicht arbeitete, blieb sie meist in der Nähe des Zeltes. Raffaella, die andere, schien nicht älter als dreißig, aber sie hatte jahrelange Erfahrung mit Feldforschung und schien in dieser Umgebung viel besser zurechtzukommen. Die Pinguine fühlten sich bei ihr sicher ganz gut aufgehoben.

»Langweilst du dich nicht?« fragte ich sie in meinem gebrochenen Italienisch.

»Nein«, antwortete sie, wobei sie sich die Haare aus dem Gesicht strich, »ich nehme immer mein Sprungseil mit. Außerdem leisten die Pinguine uns ja Gesellschaft – allerdings gefallen mir einige besser als andere. Nimm zum Beispiel den da drüben – den, der seine Nase gerade in ein fremdes Nest steckt. Das ist ein elender *diavolo!*«

»Woran erkennst du sie?«

»Wie hältst du Männer auseinander?«

»Nun ja, sie sehen irgendwie unterschiedlich aus.«

»Siehst du, so geht es mir mit Pinguinen.«

Und das war offensichtlich das ganze Geheimnis.

Dann flogen wir an der Küste entlang Richtung Süden, um zwei Wissenschaftler von der Dunlop-Insel abzuholen. Unter uns, im blaßgelben Sonnenschein, schlitterten Pinguinjunge über die Eisdecke, und in der Ferne lagen die letzten Reste von Meereis wie eine Haut über dem leuchtend blauen Wasser.

Ein Geomorphologe und sein *alpinista* – die italienische Version des Feldführers – hatten bei unserer Ankunft das Lager bereits abgebrochen, sie saßen wartend neben einem Berg aus Rucksäcken und Kisten. Wir vertraten uns noch etwas die Beine, dann luden wir ein. Der Geomorphologe wollte auf der Depot-Insel etwas weiter südlich Proben nehmen, deshalb wurden wir beide dort abgesetzt, während Ben und der *alpinista* zum Auftanken flogen. Die kleine, verschneite Insel war von Mawson und der Südlichen Magnetpol-Abteilung Ende Oktober 1908 entdeckt und nach einem Lager für Gesteinsproben benannt worden. Der Geomorphologe gebärdete sich beim Graben im Boden immer aufgeregter und plapperte glücklich auf italienisch vor sich hin.

Später landeten wir zum Picknick auf der Zunge des Mawson-Gletschers. Der *alpinista* war ein kräftiger kleiner Marineoffizier namens Nino. Nachdem er mehrere Scheiben Brot und Salami vertilgt hatte, machte sich der Geomorphologe auf den Weg, um seine Glückssträhne nicht abreißen zu lassen, während Nino, Ben und ich uns in der Sonne räkelten. Ich versuchte zwischen den beiden zu dolmetschen. Morgens hatten wir im Radio gehört, daß eine Koalition von Oppositionsparteien in Rom kurz davor war, die Regierung zu stürzen. Mit dem letzten Stückchen Schokolade im Mund fragte Ben, was Nino davon halte.

»Mich interessiert das nicht«, antwortete Nino.

»Du mußt doch eine Meinung dazu haben! Es geht schließlich um dein Vaterland!«

»Glaub mir, die Politik in Italien hält keine Überraschungen mehr bereit, seit Caligula ein Pferd zum Senator machen wollte«, entgegnete Nino, der aus einem Dorf in den Hochalpen stammte. »Außerdem wirken diese Probleme hier so schrecklich trivial.« Da mußte ich ihm recht geben. Die Antarktis reicht weit über die kleine Welt des Menschen hinaus. Sie hat – wie Zeit und Raum – ihr eigenes Maß.

Manchmal gingen einige von uns abends zum *pinguinatolo,* einer Holzhütte bei den Außengebäuden. Die Wände waren voller Graffiti, die frühere Generationen italienischer Antarktiker hinterlassen hatten, und halbleere Grappaflaschen aus vergangenen Zeiten verstaubten in den Regalen. Die Italiener betranken sich niemals. Sie genossen zwar ihren Wein zum Essen, nahmen aber nie mehr als zwei Gläser. Es blieb den Neuseeländern und mir vorbehalten, ein Weinfest zu veranstalten, wenn uns danach war. Die kulturellen Unterschiede zwischen der neuseeländischen Lufteinheit und ihren italienischen Arbeitgebern waren zahlreich. Mit den italienischen Gefühlsausbrüchen konnten die Neuseeländer nichts anfangen, aber sie schätzten die technischen Fähigkeiten ihrer Gastgeber; wenn ein Hubschrauberteil überholt werden mußte und wenn sie es einem Elektronikingenieur übergaben, kam es nicht nur repariert, sondern verbessert zurück. Alles, was die Italiener taten, taten sie mit Stil. Sie waren am besten angezogen und stellten mit ihren *tute* roten Einteilern und rotweißen Rucksäcken jede andere Nation auf dem Eis weit in den Schatten. Die Briten wirkten dagegen, als seien sie seit 1912 nicht mehr vom Kontinent heruntergekommen.

»Heute hat Giuseppe Geburtstag«, hieß es eines Abends im *pinguinatolo.*

»Wer ist denn Giuseppe?« fragte ich.

»Das ist doch der aus Umbrien.«

Sie sprachen oft von der Gegend, aus der sie stammten – das war ein wichtiger Teil ihrer Persönlichkeit. »Weißt du, Sara, ich bin aus Spezzio …«, fing es meistens an, und im Speisesaal ließen sie keine Gelegenheit aus, ein spezielles Gericht aus ihrer Heimat anzupreisen. Wenn dann einmal eins dieser Gerichte auf den Tisch kam, wurde mir eine Riesenportion vorgesetzt, während wilde Diskussionen über das Rezept ausbrachen. Ich fand das ausgesprochen liebenswert, besonders da offensichtlich keiner von ihnen zu Hause je einen Fuß in die Küche gesetzt hatte.

An einem Sonntagabend erbot ich mich, ein traditionelles englisches Gericht zu kochen. Ich entschied mich für Brotpudding und verbrachte den halben Morgen in der Küche. Ciro scharwenzelte um mich herum, setzte mir eine gestärkte weiße Kochmütze auf und wechselte die Kassetten mit neapolitanischer Musik, die durch die stickige Küche dröhnten. Ich machte zwei große Schüsseln, und gerade als ich sie aus dem Ofen gezogen hatte, fünf Minuten vor dem Essen, wurde ich über Lautsprecher in die Zentrale beordert – McMurdo wollte über Funk mit mir sprechen. Als ich wieder herunterkam, sah ich, daß die Italiener ihre Teller mit *antipasti* und Brotpudding beladen hatten und gerade dabei waren, alles kräftig mit Salz, Pfeffer und Olivenöl zu würzen.

Eines Tages nahmen sie mich mit auf die Polarebene, wo sie Meßstationen inspizieren wollten, die sie mit Hilfe eines Satelliten-Navigationssystems wiederfanden. Indem sie ihre Positionsdaten an eine Reihe von Satelliten übermittelten, konnten sie genaue Längen- und Breitengradbestimmungen erhalten – eine unschätzbare Navigationsinformation, wenn ein Wissenschaftler punktgenau an den Standort seines Experiments zurückkehren muß. Bevor wir die Basis verließen, machte Nino mir eine Thermoskanne Tee, und Franco, der Arzt, klebte ein Schildchen darauf, auf dem *tè di Sara* stand. Sie behandelten mich wie eine Prinzessin und trällerten gern ein italienisches Lied, in dem Sara und *primavera* vorkamen. Meist nannten sie mich *la principessa* und heckten Pläne aus, die mich dazu bewegen sollten, die ganze Saison bei ihnen zu bleiben. Manchmal kam ich mir gemein vor, wenn ich sie unverbindlich anlächelte und mich nicht einwickeln ließ. Aber Schuldgefühle sollten mich nicht von meinen Plänen abbringen.

Ich machte mich mit Ben, einem Geophysiker, und Nino im Hubschrauber auf den Weg. Die Luft schien an diesem Tag voll glitzernden Diamantenstaubs zu sein. Wir unterhielten uns über Kopfhörer, wurden aber ständig von Gaetano aus der Basis unterbrochen. »Finger weg von Sara«, drohte er. Schließlich legte Ben eine Strauß-Kassette ein. Der Schnee am Fuße des Priestly-Gletschers war zu hohen Dünen aufgeweht worden, und täuschte eine gebleichte Sahara vor; als wir uns hochschraubten, rauschte der narbige blaßblaue Gletscher unter uns vorbei und reflektierte den violett marmorierten klaren Himmel. Wir überflogen den Kamm, wurden dabei kurz von einem Windstoß geschüttelt und sahen dann vor uns die Polarebene.

In diesem Augenblick fand ich das Leben herrlich.

Wir landeten an einer beflaggten Stelle, um unsere Beobachtungen zu machen. Es herrschten minus 25 Grad Celsius und starker Wind. Anlaß dafür, mir vom 30-Knoten-Club zu erzählen, der nur diejenigen aufnahm, die es schafften, in einen 30 Knoten starken Wind zu pinkeln, ohne sich naßzumachen. Es handelte sich um einen durchaus seriösen Club mit einem Präsidenten und einem Sekretär. Ich trabte hinter Nino her, und wir fanden einen kleinen Meteoriten. Nino schien die Kälte nichts auszumachen. Als ich ihm bei der Arbeit zusah, mußte ich an Birdie Bowers denken, der mit Scott im Zelt gestorben war. Er war so kälteunempfindlich, daß sich wissenschaftliche Abhandlungen in Fachzeitschriften mit ihm beschäftigt hatten. Als er mit Bill Wilson und Apsley Cherry-Garrard die Winterreise zum Kap Crozier unternahm, lag die Temperatur bei minus 60,5 Grad Celsius, aber er brauchte die äußere Hülle seines Schlafsacks immer noch nicht.

Eine letzte Herkules sollte kommen, bevor die Piste auf dem Meereis schmolz. Danach blieb nur noch das Warten auf das Schiff. Ich hatte keine andere Wahl, als mit dieser Maschine nach McMurdo zurückzufliegen, und am Abreisetag wachte ich schon traurig auf. Das Leben in der Terra Nova-Bucht war sehr schön gewesen. Der Rest der Reise würde sich wohl nicht so einfach gestalten.

Über Lautsprecher hielt ich eine kleine Dankesrede in Italienisch, und sie schenkten mir eine von allen unterschriebene Satellitenkarte, auf der die Orte, die ich besucht hatte, mit gelben Sternchen markiert waren; Victoria-Land hatten sie in Sara-Land umgetauft.

Fast alle kamen zur Startbahn auf dem Eis, um mich zu verabschieden. Als die LC-130 schließlich über dem entferntesten Gipfel auftauchte, erhob sich unter den Italienern ein Gemurmel, als ob sie an ihr Erscheinen nicht so recht geglaubt hätten. Die Maschine wurde von der Crew eines in Pisa stationierten Geschwaders der Luftwaffe geflogen. Diese Besatzung machte eine Rundreise von Italien über Christchurch und unterbrach den Flug von der Terra Nova-Bucht zurück nach Neuseeland für eine Nacht in McMurdo. Nachdem die ankommenden Wissenschaftler herausgeklettert waren, stieg ich unter vielem Winken, Rufen und Küssen über die Rampe in den Bauch der Maschine.

Beim Start rasten zwei italienische Feuerwehrautos neben uns her – wie in einem Klamaukfilm. Aber selbst danach kümmerten sie sich noch um mich, denn Gaetano hatte den Kapitän angefunkt, der ein Freund von ihm war, und ihm aufgetragen, mich neben sich sitzen zu lassen, deshalb wurde ich direkt in die Kanzel geführt.

3. KAPITEL

Innere Landschaften

> … die Menschen versuchen sich in diesem antarktischen Kontext auszuloten, ihre Position zu bestimmen und sich in Zeit und Raum zu orientieren.
>
> BARRY LOPEZ, Rede zur Einweihung des Crary-Labors, McMurdo, 1991

Kurz nach meiner Rückkehr tauchte in meinem Büro in McMurdo ein Franzose auf – jemand hatte ihm erzählt, daß ich Französisch spreche. Er war Eiskernbohrer und unterwegs nach Wostok, der russischen Station im leeren Herzen der Ostantarktis. Wostok war ein wichtiger Name in der Geschichte des Kontinents. Dort wurde die niedrigste Temperatur der Erde gemessen, minus 89,2 Grad Celsius. Die durchschnittliche Jahrestemperatur in Wostok lag bei minus 55 Grad Celsius – fünf Grad kälter als am Südpol. Außerdem hatte man dort tiefer gebohrt als anderswo, also besaß Wostok das älteste Eis der Welt. Wegen der harten Bedingungen galt die Basis als Gulag des Südens. Dem französischen Wissenschaftler war das wohlbekannt.

»Es ist nichts Besonderes, von einer Schlägerei vor der Schlafzimmertür geweckt zu werden«, erzählte er leichthin. Kaum zu glauben, daß die Sowjets Wostok in den 60er Jahren, auf dem Höhepunkt des Kalten Krieges, zur Verhaltensforschung für das Soljut-Raumfahrtprogramm genutzt hatten.

Ich hatte ein Buch des Geophysikers gelesen, der 1959 in Wostok Stationsleiter gewesen war. Trotz typisch russischer Akzente, die von Kohlroulade bis Oktoberrevolution reichten, war der Text ausgesprochen vorsichtig formuliert. Neben der Temperatur war die Höhe von 4000 Metern das größte Problem, und Viktor Ignatov, der Autor des Buches, berichtete verdrießlich, daß Kartoffeln schon bei 88 Grad Celsius kochten und drei Stunden brauchten, bis sie gar waren. Da es so hoch und so abgeschieden liegt, kann Wostok aus der Luft nicht angemessen versorgt werden, deswegen kommt jeden Sommer ein Konvoi Kerkovschenka-Traktoren, schwer beladen mit Nahrung, Treibstoff und anderen wichtigen Gütern, von Mirny, der russischen Station an der Ostküste. Ich habe einmal einen Film von dieser Kontinentdurchquerung gesehen, der in den späten Sechzigern gedreht wurde. Das Amsterdamer Filmmuseum hatte die verstaubten Filmkonserven im Keller gefunden, den Film restauriert, auf Video gebracht und mir eine Kopie geschickt. Die Geschichte handelte von blitzblanken Iljuschins, weißen Huskies, einem einsamen Grab (gut gepflegt), schmutzigen Kalendern, auf denen die verflossenen Tage durchgestrichen waren, und Männern, die sich in luftisolierten Badeanzügen auf dem Deck eines riesigen Eisbrechers sonnten und ihre steifen Schnürschuhe putzten, sobald Land in Sicht kam. Die letzte Einstellung zeigte das Gesicht eines kleinen Mädchens, das mit fest geschlossenen Augen seine dünnen Ärmchen um den Hals des weinenden Vaters schlang. Die düstere Militärmusik, die den gesamten Film untermalte, vermittelte einen Eindruck von dieser

Überlandfahrt, als zögen sie über die Steppe in den ewigen Frost Sibiriens, um ihr Vaterland gegen marodierende Barbarenhorden zu verteidigen. Als die Traktorenmannschaft in Wostok ankam, wurde sie mit ungestümen Umarmungen und einem Tablett voller Wodkagläser empfangen. Die Tatsache, daß ich kein einziges Wort vom Kommentar verstand, machte den Film nur noch exotischer.

Der Franzose machte sich schließlich auf den Weg nach Wostok, und am selben Tag brachen der Seismologe und seine Gruppe endlich zu ihrem entlegenen Ziel auf. Sie waren durch das Wetter und die ungünstige Fluglage zwei Wochen aufgehalten worden, und einige von ihnen hatten fünfzehnmal für den Abflug eingecheckt. Die meisten von ihnen hatten sich nicht gekannt, bevor sie in den Süden kamen, aber während der angespannten Wartezeit waren sie als Team zusammengewachsen. Darum beneidete ich sie gewaltig, auch weil ich mich mit ihnen angefreundet hatte, während sie die Sofas im obersten Stockwerk des Crary belagerten und wie Nomaden durch die Korridore wanderten. Ich war traurig, daß sie gingen, obwohl sie mich in ihr Camp eingeladen hatten und der Einladung theoretisch nicht allzu schwer nachzukommen war, da ihr Projekt eine Vielzahl bereits festgelegter Versorgungsflüge erforderte. Sie nannten mich Woo, nach meinem W-002-Schild, und als wir uns zum Abschied winkten, riefen sie mir zu, wenn ich käme, würden sie auf der westantarktischen Eisdecke eine »Willkommen Woo«-Party veranstalten.

Es war sieben Uhr an einem Samstag abend, und ich war deprimiert, hockte in meinem Büro und hörte, wie die Leute nebenan über Fischköder debattierten. Wenn diese Gruppe nicht im Büro war, so wie meistens, hängte sie ein Schild an die Tür, auf dem stand »Sind zum Fischen«. Fischen gehen bedeutete, ins Meereis Löcher zu bohren und urzeitliche Kreaturen herauszuziehen, die in den Tiefen des Südlichen Ozeans überlebten, weil sie ihr eigenes Frostschutzmittel produzierten. Der Projektleiter war ein Veteran, der in meinem Geburtsjahr zum erstenmal in die Antarktis gekommen war. Er hieß Art DeVries. Plötzlich stand er mit einem kleinen toten Fisch in der Hand auf meiner Türschwelle.

»Du kommst heute nacht mit zum Fischen!« sagte er in einem Ton, der keinen Widerspruch duldete. Eine Garnitur Polarkleidung lag immer unter meinem Schreibtisch, also zog ich alles über und ging nach draußen. Ein Raupenfahrzeug, auf dessen Stoßfänger jemand DR. COOL gemalt hatte, lief bereits warm, und verschiedene Mitglieder des Teams machten sich hinten an der Ausrüstung zu schaffen. Art arbeitete am liebsten mit einer bunt zusammengewürfelten Gruppe aus Wissenschaftlern und Studenten, die Palette reichte von einem Ex-Pförtner bis hin zu einem Antifrost-Spezialisten, den er zufällig auf einem Flughafen getroffen hatte. Sie waren ein lustiges Team, und sie rochen alle nach Fisch.

Wir fuhren zu einer kleinen hölzernen Fischhütte auf dem Meereis, in der eine batteriegetriebene Winde durch ein Loch im Eis Angelhaken 460 Meter tief in die geisterhaften Abgründe der Bucht sinken ließ. Als Köder wurde aus Neuseeland eingeflogener Fisch benutzt. Viele Umdrehungen später kam ein Fisch an die Oberfläche, der 113 Pfund wog und so urzeitlich aussah wie der Schlamm, aus dem wir alle uns entwickelt haben.

»*Dissostichus Mawsoni* – Antarktiskabeljau für dich«, konstatierte Art, als er ihn von der Waage hievte. »Unglaublich kleines Hirn.«

»Kann man ihn essen?« fragte ich.

»Sicher, Sashimi aus den Seitenteilen schmeckt recht gut. Aber eigentlich geht es um das Frostschutzmittel. Die Flugzeughersteller wollen es, um ein Produkt entwickeln zu können, das das Vereisen von Tragflächen verhindert.«

Als eine Reihe von Exemplaren auf dem Boden lag, fingen die Biologen wieder an zu zanken, diesmal darum, welches sie behalten wollten, dabei redeten sie von »schön geformten Kehlen«, als wären sie Richter bei einem Schönheitswettbewerb. Die meisten ihrer Fische waren nach Forschern benannt: *mawsoni, bernacchii, borchgrevinki.* Art hatte seinen eigenen – einen Tiefseefisch namens *Paraliparis devriesi.* Die Channichthyidae, »Eisfische«, die in etwas wärmeren antarktischen Gewässern leben, besitzen kein Hämoglobin, und ihr Blut ist weiß.

Die »Kapelle im Schnee« war ein pinkblaues Zuckerbäcker-Alpenchalet mit einem Buntglaspinguin an der Seite; der Blick von dort auf die Transantarktischen Berge war wunderbar. Ein katholischer Priester und ein protestantischer Pfarrer taten dort Dienst, und am Sonntag morgen ging ich zur Messe. Der Priester nannte uns die »Eisheiligen«. Nach dem Gottesdienst lernte ich Ann Hawthorne kennen, eine Photographin mit graumelierten, taillenlangen Haaren, über vierzig Jahre alt und über 1,80 Meter groß. Sie kam aus Nordcarolina und hatte einen unwiderstehlichen Südstaatenakzent. Ann gehörte ebenfalls zum Künstler- und Schriftstellerprogramm, und wir trafen uns während unseres Aufenthaltes in McMurdo recht häufig. Vor zehn Jahren war sie zum erstenmal zum Photographieren in den Süden gekommen, damals hatte sie sich in einen Piloten verliebt und ihn schließlich geheiratet. Irgend etwas war aber schiefgelaufen, und ich hatte den Eindruck, sie war nur deshalb wieder da, um Gespenster auszutreiben. Ann wußte immer, wo es etwas zu feiern gab, und wenn wir noch mehr Zeit miteinander verbracht hätten, wären wir sicher in Schwierigkeiten geraten.

»Du, ich habe mir ein Raupenfahrzeug ausgeliehen«, erzählte sie mir eines Morgens triumphierend. »Ich dachte, wir könnten heute zum Kap Evans fahren und uns Scotts Hütte ansehen. Man fährt ungefähr 20 Kilometer an der Küste entlang. Was hältst du davon, meine Liebe?«

»Können wir denn über das Meereis fahren?«

»Natürlich.«

»Was passiert, wenn es irgendwo zu dünn ist?«

»Dann fallen wir ins Wasser. Aber das kann gar nicht passieren, weil wir unterwegs immer wieder anhalten werden, um im Eis zu bohren und die Dicke zu testen. Wenn es dünner wird als 80 Zentimeter, drehen wir um. Vertrau mir.«

Am Kap Evans war von Scott die Haupthütte der *Terra Nova*-Expedition errichtet worden. Sie hatte die kleinere, die ich auf Hut Point, der »Hüttenspitze«, besucht hatte, fast aus den Geschichtsbüchern verdrängt. Hut Point war nie als längerfristiges »Heim« gedacht und wurde auch nie als solches benutzt. Die Hütte am Kap Evans dagegen, erbaut im Januar 1911, war zwei Jahre ständig bewohnt. 1915 erreichte eine von Shackletons Schlittenabteilungen, aufgebrochen von der glücklosen Aurora, den Unterschlupf und lebte mit Unterbrechungen ebenfalls mehrere Jahre dort. Konserviert von der Kälte, und neuerdings erhalten durch die Bemühungen neuseeländischer Denkmalschützer, steht sie vollkommen intakt auf ihrer einsamen Landzunge, gleich einem eisigen Walhalla des Südens.

Scott benannte das Kap nach Leutnant Teddy Evans, dem späteren Admiral Sir Edward, der bei vier Antarktis-Expeditionen dabei war. Er kam 1911 krank nach Hause, nachdem er beim 1200 Kilometer langen Marsch vom Gipfel des Beardmore-Gletschers zurück zur Hütte fast an Skorbut und Erschöpfung gestorben wäre. Zwei Jahre später kehrte er als Kapitän der *Terra Nova* in die Antarktis zurück, um Scott und die anderen Männer abzuholen, die auf dem Eis zurückgeblieben waren. Während das Schiff sich der Hütte näherte, wurde der Offizierstisch für ein Bankett eingedeckt. Evans, der auf Deck auf und ab lief, machte sich Sorgen um die Nordmannschaft. Dann entdeckte er Campbell an der Küste. Sie hatten es geschafft!

»Alles in Ordnung?« schrie er über das Packeis.

Campbell zögerte. »Die Polmannschaft ist verschollen!« brüllte er zurück.

In jenem Augenblick ging wohl auch etwas in Teddy Evans verloren.

Jahrelang überschattete die Legende, die ihn umrankte, die Tatsache, daß Scott ein menschliches Wesen war. So wie das Bild vom Orchester der *Titanic,* wie es »Näher, mein Gott, zu Dir« spielt, während befrackte Herren aufmerksam lauschen, obwohl das Wasser ihnen schon um die Hosenaufschläge schwappt, einfach zum britischen Gedankengut gehört, ist Scott zum Nationalheiligen aufgestiegen, und ihn zu kritisieren galt viele Jahre lang als Sakrileg. Doch war er in der Antarktis nicht durchweg beliebt gewesen. Einer der vier Männer, die er zum letzten Angriff auf den Pol mitnahm, Titus Oates, schrieb seiner Mutter: »Ich mag Scott überhaupt nicht.« Manchmal waren Scotts Entscheidungen fragwürdig. Als alles – Proviant, Zelte, Brennstoff und Depots – für eine vierköpfige Mannschaft bereitgestellt war, beschloß er in letzter Minute, mit fünf Mann zum Pol zu marschieren. Der unantastbare Held des großen englischen Mythos hat nie existiert, ebensowenig wie unsere Wappentiere, der Löwe und das Einhorn, je Südengland durchstreiften.

Trotz allem gibt es vieles, was an Scott heldenhaft ist. Seine Expeditionen zählen immer noch zu den bedeutendsten Polarreisen. Als Mann, wenn nicht als Flottenkapitän, war Scott weit mehr als nur das übliche Produkt seiner Erziehung. Wie alle, die zu den besten zählen, wurde er ständig von Zweifeln geplagt. »Ich werde nie in diese Welt passen«, schrieb er an seine Frau Kathleen, und bei anderer Gelegenheit: »Ich bin besessen von dem Gedanken, daß das Leben ein Kampf ums Dasein ist.« Er war ein guter Schriftsteller, besonders gegen Ende seiner Reise. »Wirst du eines Tages nur noch in einem Winkel deines Herzens Platz für mich haben?« fragte er Kathleen. Die Antarktis besaß seiner Meinung nach eine Jungfräulichkeit, die im Gegensatz zu der verdorbenen und schmutzigen restlichen Welt stand, und er beklagte sich in seinen Briefen über die »furchtbare Gemeinheit, die Shackleton in die Arbeit in diesem südlichen Bereich hineingetragen hat; bisher ist es dabei so sauber und anständig zugegangen«.

Durch seine Schilderungen hob Scott den Kampf auf eine höhere Ebene. Der Mensch rang nicht mehr mit der Natur, sondern mit sich selbst. Die Tagebücher dienen der Verherrlichung: der zermürbende Rückmarsch vom Pol als moralisches Drama der Selbsterkenntnis. Tief in der bleichen Ödnis erreichte Scott den Gipfel. Von der letzten Reise kam er nicht zurück, aber gerade diese Niederlage brachte ihm den gewünschten Erfolg. Das Versagen auf der irdischen Ebene wurde verklärt, die

Reise stilisiert zu einer Suche nach Selbstverwirklichung, und Scotts letzter Triumph inszeniert als Sieg über sich selbst.

Etwas Ähnliches passierte, als George Mallory und Sandy Irvine zwölf Jahre nach Scotts Tod in den Nebeln des Everest verschwanden. Man vergaß auf der Stelle, was tatsächlich geschehen war, und rühmte die psychische Größe der Bergsteiger. Bei ihrer Begräbnisfeier in der St.-Pauls-Kathedrale benutzte der Bischof von Chester ein Zitat aus den Psalmen, um Mallorys und Irvines Gipfelsturm mit der spirituellen Reise himmelwärts zu vergleichen, er sprach vom »Aufstieg, bei dem der erhabene Geist sich dem Haus Unseres Herrn nähert«. So wurde auch das Zelt auf dem Polplateau zur Keimzelle eines Heldenepos.

Im Handumdrehen kehrten die Legendenmacher in ihren Scott-Porträts das David- und Goliath-Verhältnis zwischen Norwegen und Großbritannien um. Scott bekam die Rolle des amateurhaften Gentlemen zugeteilt, der sich an die Spielregeln hielt und nicht auf Hunde vertraute; Amundsen dagegen wurde zum gut vorbereiteten Profi, der sich einen Vorteil verschaffte, indem er Hunde benutzte. Frank Debenham, Geologe der Terra Nova-Expedition, schrieb in seinem 1959 erschienen Buch *Antarktis: Geschichte eines Kontinents,* daß sowohl Scott als auch Shackleton Methoden anwandten, die nicht so effizient und arbeitsaufwendiger waren als die Amundsens, und letztlich damit scheiterten; doch sie dafür zu kritisieren, daß sie es auf ihre Weise taten »wäre so, als wollte man einen Mann, der ein Boot über einen See rudert, mit einem vergleichen, der zu seiner Hilfe ein Segel setzt«. Scotts Anhänger machen bis zum heutigen Tag eine Tugend aus der Tatsache, daß er die Schlitten ohne Hunde oder Ponies zum Pol schaffte, doch das ist scheinheilig. Er hatte sehr wohl die Absicht, Motorschlitten einzusetzen, schließlich nahm die *Terra Nova* drei mit in den Süden (sie erwiesen sich als Fehlschlag). Dazu kommt, wie Debenham selbst schreibt, »daß weder Scott noch Shackleton, die beiden großen Verfechter der Idee, daß der Schlitten von Menschen gezogen werden solle, verstanden, mit Hundeteams umzugehen«.

Als der Tod nahte, fand Scott irgendwie die richtigen Worte, um dem ganzen grausamen Geschehen einen noblen Anstrich zu verleihen. Das ist seine größte Errungenschaft, und damit ebnete er den Weg für das Entstehen der Legende. »Blieben wir am Leben«, so seine berühmten Zeilen, »ich hätte viel zu erzählen von Unerschrockenheit, Ausdauer und Heldenmut meiner Kameraden, was das Herz jedes Engländers tief bewegen würde.« Er besaß sogar noch die Geistesgegenwart zu erkennen, welch emotionale Steigerung er erreichte, indem er »An meine Frau« auf Kathleens Umschlag änderte in »An meine Witwe«. Mit wenigen Seiten machte er sich unsterblich. Als Briefe und Tagebuch schließlich die Heimat erreichten, verschmolzen spirituelle und nationale Interessen aufs innigste. Die Times sagte von Scotts letztem Unterfangen: »Diese Antarktisexpedition hat ihren Sinn in sich selbst … Sie erbringt den Beweis dafür, daß … wir in der Lage sein werden, das Weltreich, das unsere Väter schufen, zu erhalten.« König Georg gab seiner Hoffnung Ausdruck, daß jeder britische Junge Photos der Expedition sehen könne, »denn das wird helfen, jenen Abenteuergeist zu fördern, der das Reich schuf«. In den Niederungen des Journalismus wurden Scott und die Nation tatsächlich gleichgesetzt: »Wie Kapitän Scott«, verkündete *World's Work,* »reisen wir in einer kalten Welt ins Ungewisse.« Wie wahr!

Scott brachte das ganze Land zum Träumen. Sein Name stand nicht nur für England, sondern für das zeitgenössische Bild vom Mann. Apsley Cherry-Garrard, der alles miterlebte, schrieb später über Scott und seine toten Männer: »Was sie taten, ging in die Geschichte Englands ein, vielleicht sogar in die der gesamten Menschheit. Sie stehen in einer Reihe mit den Entdeckern aus elisabethanischer Zeit und mit Kolumbus, mit Helden wie David, Hektor und Odysseus.« Im Weltkrieg wurde Scott zum handlichen Placebo für die Soldaten, die in matschigen Schützengräben ausharren mußten. Allein in Frankreich sahen über 100 000 Offiziere und Soldaten den Film des Expeditionsphotographen Herbert Ponting, und in seinem Buch *The Great White South* zitiert Ponting aus dem Brief eines Armeeseelsorgers, der die Truppen an der Front betreute:

> Ich kann Ihnen gar nicht sagen, was für eine riesige Freude Sie mit Ihren Filmen Tausenden von Soldaten bereiten. Die aufregende Geschichte von Kapitän Scott ist genau das Richtige, um sie hier draußen aufzumuntern und zu ermutigen … Der ergreifende Bericht von Oates Opfertod, mit dem er versucht, seinen Gefährten das ›Durchkommen‹ zu ermöglichen, spricht gerade heute viele Menschen an. Wie tief betroffen die Soldaten sind, zeigt sich am gedämpften Ton und an der Stille, die während des Films bei der Zuschauermasse herrschen. Oates und seine Kameraden haben uns ein Vermächtnis und Erbe hinterlassen, das für unsere augenblickliche Aufgabe von unschätzbarem Wert ist. Wir alle danken Ihnen von ganzem Herzen.

Als Kathleen Scott starb, wurden in ihrem Nachlaß Dutzende zerfledderter Briefe von der Front gefunden, deren Absender ihr einhellig versicherten, daß sie den Gefahren und Härten des Krieges niemals gewachsen gewesen wären, wenn sie sich nicht ein Beispiel an ihrem toten Gatten genommen hätten. Scott gab ihnen die Kraft, zu überleben.

Wäre Scott der Mythos geworden, der er heute ist, wenn er weitergelebt hätte? Ich bezweifle das. Nur ein toter Held ist ein guter Held. Er verliert nie seine Zähne und wird niemals alt, so wie Peter Pan. Mallory und Irvine wären wohl kaum zur Legende geworden, wenn sie nicht am Everest umgekommen wären. Lytton Strachey, der von Mallory und seinem unglaublich guten Aussehen begeistert war, sah 1924 schon voraus, daß der Mallory-Mythos nur überleben würde, wenn der Bergsteiger jung starb. »Wenn er alt wird«, schrieb er, noch bevor die Expedition Birkenhead verlassen hatte, »wird er sich in nichts mehr von anderen Durchschnittsmenschen seines Alters unterscheiden, außer vielleicht durch eine Brille und einen Holzzeh.« Statt dessen wurde Mallory zu Sir Galahad, genau wie Scott vor ihm.

Obwohl es verführerisch ist, das Klischee zu bemühen, daß die nationale Vorliebe für tote Helden etwas typisch Britisches ist, stößt man zum Beispiel beim Studium russischer Polarliteratur ebenfalls auf eine ganze Reihe toter Helden. Wie bei den meisten Klischees steckt aber auch in diesem ein Körnchen Wahrheit. Bei Nordamerikanern wäre das Eis sicher erst gebrochen, wenn Scott sich bis zu seiner Hütte zurückgeschleppt hätte.

Als Trygvve Gran, einer von Scotts Männern, aus dem Zelt auf der Hochebene trat, nachdem er die drei gefrorenen Leichname gesehen hatte, die dort während der langen Polarnacht gelegen hatten, sagte er, daß er sie beneide. »Sie starben, nachdem sie etwas Großes vollbracht hatten«, schrieb er. »Wie furchtbar der Tod doch sein muß, wenn man nichts geleistet hat.«*

Das Eis war überall, wo wir bohrten, mehr als einen Meter dick, und eine Stunde nachdem wir uns auf den Weg zum Kap Evans gemacht hatten, legten wir in der Nähe der Big Razorback-Insel zwischen lauter Wedell-Robben eine kleine Pause ein.

»Horch mal.« Ann machte mich auf ein leise kratzendes Geräusch aufmerksam, es klang, als würde Hartkäse gerieben.

»Die Jungen werden entwöhnt«, erklärte sie. »Sie kratzen mit ihren Zähnen an den Kanten der Eislöcher.«

Erwachsene Weddell-Robben wiegen bis zu 370 Kilo und können weiter südlich leben als alle anderen Robben, weil es ihnen gelingt, mit ihren Zähnen ein Loch im Eis offenzuhalten. Ann machte sich auf, sie dabei zu photographieren, und ich preßte mein Ohr auf die Eisdecke und hörte die Erwachsenen darunter ihr uraltes Lied singen, wehklagend und unglaublich traurig.

Später entdeckte ich das giebelige Satteldach und die Wetterschutzverkleidung der Hütte in der Ferne. Es handelte sich um eine vorgefertigte Hütte, die in England hergestellt und zerlegt nach Süden transportiert worden war. Ich kannte sie von einem Photo, das sie zeigte, als sie zum erstenmal aufgebaut worden war, nicht am Fuße des rauchenden Mount Erebus, sondern

* In einer Szene der siebenteiligen Fernsehserie, die auf Roland Huntfords Buch basiert, kommt die Bedeutung von Scotts Tod wunderbar zum Ausdruck. Amundsen, nach seinem großen Triumph wieder daheim in Norwegen, seift sich gerade in der Badewanne ein. Sein Bruder und Vertrauter erscheint in der Tür, um ihm mitzuteilen, daß Scott auf dem Rückmarsch vom Pol gestorben ist. »Damit hat er gewonnen«, sagt der Amundsen-Darsteller daraufhin nachdenklich.

auf den schmutzigen Straßen von Poplar, im Londoner East End. Die Männer hatten mit Seegras gefüllte Steppdecken genäht, die zwischen den Doppelwänden als Isolierung dienen sollten.

Drinnen roch es wie im Haus meiner Großmutter zu meiner Kinderzeit – nach Kohlenstaub und verbrannter Kohle –, und es war kühl, so wie früher um sechs Uhr morgens, wenn ich mit meinem Großvater die Treppe hinunterging, um den Kaminrost zu säubern. Die Belmont-Stearinkerzen, die Scotts Männer mitgebracht hatten, lagen säuberlich neben der Tür gestapelt, und auf den Kisten stand »extra für heißes Klima«, was manche wohl als typisch für die Vorbereitungen bezeichnen würden. Auf der Verpackung prangte das Bild eines Negers, der über einem Feuer am Palmenstrand etwas Köstliches zubereitet. Die Vertrautheit der Umgebung weckte Heimatgefühle in mir – orange-blaue Huntley & Palmer-Keksdosen, grün-goldene Sirupdosen von Lyles, blaue Cerberos-Salzbriefchen und die Form des Etiketts auf den Ketchupflaschen von Heinz. Atora, Lea und Perrins, Fry's, Rising Sun Hefe (»geht immer auf«), Gillards *echte* Schildkrötensuppe – Markennamen, die fester Bestandteil unserer Sozialgeschichte sind. Viele dieser Produkte gab es immer noch, ich benutzte sie fast täglich, und das machte die Erfahrung in der Hütte um so interessanter. Ich erinnerte mich an einen sehr langen Roman von einer Amerikanerin namens Elizabeth Arthur, die einige Zeit auf dem Eis verbracht hatte. Als sie das tief bewegende Ereignis des Hüttenbesuches schilderte, erwähnte sie »Hunter«-und-Palmer-Keksdosen. Für Engländer hört sich das so an wie gebackene Bohnen von »Heinzer«.

Ein einzelner Sonnenstrahl fiel auf die Koje in Scotts Quartier, ein winziger Raum, der von Ponting unsterblich gemacht und von Teddy Evans als das »Allerheiligste« beschrieben wurde. Auf dem Tisch lag ein kleines Notizbuch, auf einer der steifgefrorenen elfenbeinfarbenen Seiten hatte jemand – ein begabter Künstler – mit violetter Tinte einen kleinen Vogel gemalt. Anders als Shackleton trennte Scott Offiziere und Mannschaft, und dieser Unterschied wird oft bemüht, um ihren gegensätzlichen Führungsstil zu verdeutlichen. Wayland Young, Kathleen Scotts Sohn aus ihrer zweiten Ehe mit Baron Kennet of the Dene, lieferte eine einleuchtende Erklärung für Scotts Entscheidung. Über die Klassenunterschiede in der Marine schrieb Young, daß sie »seit 1000 Jahren existierten; sich heute darüber zu beklagen ist etwa so interessant und originell wie eine Beschwerde über die Zustände in den Armeen Wellingtons, Marlboroughs, Heinrich V. oder Alfred des Großen«.

Sie waren ungeheuer einfallsreich. Clissold, der Koch, bastelte folgende Vorrichtung: eine kleine Metallscheibe wurde oben auf die Hefe gelegt, und wenn die bis zur richtigen Höhe aufgegangen war, kam sie in Kontakt mit einem anderen Stück Metall, dann schloß sich ein elektrischer Kreis und ließ eine Glocke neben seiner Koje ertönen. Unter den abgegriffenen Büchern befanden sich die Werke von Kipling (natürlich) und eine Miniaturausgabe der *Lustigen Weiber von Windsor,* von einem Bändchen zusammengehalten, auf das mit feiner Schrift ein Milton-Zitat geschrieben war. Und doch hatte die Hütte etwas Befremdliches, genau wie der Mythos. Der mumifizierte Pinguin, der mit offenem Schnabel und eingeknickten Flügeln neben einer Ausgabe der *Illustrated London News* lag, war von neuseeländischen Denkmalschützern dort plaziert worden, und Pontings Photos beweisen, daß Scotts Tisch nicht das Original ist (der Ersatz stammte aus der Hütte am Kap Royds). Früher wurden die historischen Hütten oft geplündert. Richard Pape kam 1959 mit dem amerikanischen Unternehmen »Deep Freeze« unter Admiral Dufek zum Kap Evans. In seinem sehr schlechten Buch *Poles Apart* erzählt er ganz ungeniert, daß er »ein Tintenfaß, auf dem R. F. Scott stand, und eine Flasche indischer Tinte Marke ›Wilson‹ einsteckte.

Trotzdem scheinen die Bewohner gegenwärtig. Hier eine fehlende Tasse, dort die zerschlissene Sohle eines abgestreiften Gummistiefels, eine sorgfältig aufgerollte Bandage, der Geruch von Pontings Entwicklerflüssigkeit in seiner winzigen Dunkelkammer, eine halb herabgebrannte Kerze in einem angeschlagenen Kerzenständer – vielleicht war es das Geheul des Windes, aber es kam mir so vor, als müsse ich mich nur umdrehen, um sie mit den erschöpften Hunden auf den Fersen zurückkommen zu sehen.

Später wurde die Legende einfach den jeweiligen Wünschen und Zielen angepaßt. Ein seltsamer Verein mit dem Namen »Allianz der Ehre«, der 1903 gegründet wurde und nach 30 Jahren bereits florierende Zweigstellen in 67 Ländern unterhielt, hatte sich zum Beispiel der Reinheit verschrieben. Die Allianz kämpfte vehement gegen die Masturbation, und das folgende Zitat ist ihren umfangreichen Schriften entnommen: »Wir können mit Sicherheit behaupten, daß unter den Helden jener verhängnisvollen Südpolreise keine Anhänger jenes Lasters waren, das die Allianz auszumerzen sucht.«

In Buchantiquariaten drängen sich verstaubte Erstausgaben der Tagebücher, die den Kindern – samt wunderschöner Widmung vom Lehrer – für den fleißigen Besuch der Sonntagsschule geschenkt wurden. In einem Exemplar steckte noch ein Busfahrschein von 1941. Es war damals nicht leicht, in London zu leben, und vielleicht halfen die Tagebücher dabei. Während des Zweiten Weltkrieges rankten sich unzählige Geschichten um die Legende, und oft waren es reine Phantastereien. 1941 erhielt Kathleen einen Brief von einer Frau aus New York, die behauptete, sie habe mit fünfzehn ein uneheliches Kind von Scott bekommen. Eine handgeschriebene Notiz auf dem Umschlag ließ wissen: »Die Dame ist mittlerweile verstorben.«

Ein paar Jahre nach dem Krieg standen die Schulkinder in den Provinzstädten vor den Kinosälen Schlange, um *Scott of the Antarctic* zu sehen. John Mills hatte bereits zahllose Kriegshelden verkörpert, also war er die ideale Besetzung. Mitte der fünfziger Jahre jedoch hatten zumindest die Liberalen den Glauben an den Mythos und das damit verbundene Englandbild verloren. In Peter Vansittarts kürzlich erschienenem Buch über die sozialen und kulturellen Hintergründe jener Zeit, *In the Fifties,* beschreibt er einen Test, den er sich damals ausdachte, um die Objektivität seiner Studienkollegen zu prüfen. Er las einen Auszug aus Scotts Tagebüchern vor, in dem folgender Satz vorkam: »Wir zeigen, daß Engländer noch kühnen Muts zu sterben wissen, den Kampf bis ans Ende ausfechtend.« In der Annahme, daß Vansittart das ironisch meinte, fing das Publikum zu kichern an. Später änderte er die Passage so ab, daß sie sich anhörte, als käme sie aus dem Warschauer Ghetto oder von Mao Tse-tung, und dann applaudierten seine Freunde respektvoll.

Nichts war mehr heilig, und auch Scott verkam zu einem Klischee. In Monty Pythons Fernsehsketch »Scott in der Sahara« kämpft der Kapitän mit einem siebeneinhalb Meter großen künstlichen Pinguin. Ähnliches geschieht in Tom Stoppards *Jumpers;* in dem 1972 geschriebenen Stück ist Scott ein Astronaut. Sein Triumph, als erster Engländer den Mond erreicht zu haben, wird von der Krankheit seines einzigen Kollegen, Astronaut Oates, überschattet. Scott schlägt Oates am Fuße der Raumschiffleiter zu Boden und zieht sie hoch mit den Worten: »Ich starte jetzt und bleibe einige Zeit fort.«

Historischer Revisionismus ist so unvermeidlich wie das Grab: er holt Leitfiguren aller Zeiten ein, lang nachdem ihre Arbeit auf Erden getan ist. In den 70er Jahren, als der Imperialismus viel geschmäht wurde, veröffentlichte Roland Huntford seine Doppelbiographie *Scott and Amundsen,* ein kämpferisches Buch, das den Mythos Scott zu zerstören versuchte, indem es Scott nicht nur als sterblich darstellte, sondern auch als unangenehmen Menschen und schlechten Anführer. Nach Huntford benutzte er die Wissenschaft lediglich als Vorwand für seine Beteiligung am Wettlauf, anders als Amundsen, »der es nicht für nötig hielt, seinen Ehrgeiz unter dem Deckmantel der Wissenschaft zu verstecken«. Niemals zuvor war Scott je kritisiert worden, aber das holte Huntford gründlich nach. Viele neigten dazu, ihm recht zu geben; die Hüter der Legende hätten ihn allerdings am liebsten in den Tower geworfen. Das Buch löste einen Sturm wütender Proteste und giftiger Rezensionen aus, ein wildes Hin und Her von Kommentaren und »Erklärungen«, in nationalen Zeitungen, einschließlich einer langen Debatte um Huntfords Behauptung, Kathleen Scott wäre ein Verhältnis mit Nansen eingegangen, während ihr Gatte am Südpol ums Überleben kämpfte, und habe befürchtet, schwanger zu sein. Der Streit kreiste darum, wie sie den Beginn ihrer Monatsperioden in ihrem Tagebuch vermerkt hatte. Traurig, daß es soweit kommen mußte.

Wayland Young schrieb im Mai 1980 für das Magazin *Encounter* einen Artikel, in dem er Huntfords Kritik an

Scott zurückwies und Schwachstellen seines Buches aufzeigte. Wegen derselben Stellen, die Young bemängelte, war Huntford bereits von anderen angegriffen worden, und im Oktober 1979 sah sich der Biograph genötigt, vor laufenden Fernsehkameras zuzugeben, daß die Aussage, Scott habe gegen Ende versucht, Oates durch Anstarren in den Selbstmord zu treiben, auf *Intuition* beruhe. Kurz, er war über sein Ziel hinausgeschossen. Vorurteile sind jedoch für eine Biographie nicht notwendigerweise vernichtend, und Huntfords Buch ist intelligent, spannend, einfühlsam und flüssig geschrieben. Es las sich ebenso gut wie andere Bücher zum gleichen Thema, wenn nicht besser. Schade, daß Huntford so versessen darauf war, die Legende zu zerstören; denn wenn er seine Vorurteile in den Griff bekommen hätte, wäre ihm vielleicht ein Meisterwerk gelungen.

Eine ähnliche Kontroverse entbrannte in der norwegischen Presse nach Erscheinen eines Buches, das Amundsen als einen Flegel und Scott als Heiligen hinstellt. Kåre Holts *Scott/Amundsen. Wettlauf zum Pol*, 1974 in Englisch erschienen, war zugegebenermaßen ein Roman, aber als Gegengewicht zu Huntfords Buch trotzdem sehr nützlich. Bob Headland, Archivar am SPRI, erzählte mir, daß er die beiden Bücher gern nebeneinander stellt, »vorzugsweise mit einer Schicht Asbest dazwischen«.

»Die Skandinavier«, erklärte Huntford mir, als ich ihn zum Mittagessen in der nach gekochtem Blumenkohl riechenden Speisehalle des Wolfson College in Cambridge traf, »kommen aus einem Land, das mit sich selbst im reinen ist. Sie ruhen in sich selbst und brauchen sich nichts vorzumachen. Der Norweger drängt sich nur nach der Sonne, weil er glücklich sein möchte.« Selbsttäuschung, sagte er, sei die schlimmste Sünde der Briten. »Scott und Amundsen bewohnten vollkommen unterschiedliche mentale Welten«, fügte er hinzu und beugte sich vertraulich zu mir herüber. »Lassen Sie sich nicht davon täuschen, daß sie Zeitgenossen waren. Die Skandinavier leben in einer riesigen Naturlandschaft, so daß eine Reise in die Polargebiete für sie eigentlich nur eine Erweiterung der gewohnten Umgebung ist.«

Huntford lebt seit vielen Jahren in Skandinavien (»hauptsächlich weil ich gern Ski fahre«). Er schreibt außergewöhnlich gut über Polarlandschaften; so gut, daß man sich kaum vorstellen kann, daß es ihn nicht drängt, den Süden mit eigenen Augen zu sehen. Als ich ihn danach fragte, wich er mir aus.

»Nein, ich muß da nicht hin«, antwortete er schließlich, »mir geht es eher um innere Landschaften.«

In seinem Buch macht er eine Andeutung über eine Notiz, die Bowers angeblich hinten auf einen letzten Brief Wilsons geschrieben hat; damit wäre offenbar bewiesen, daß Bowers als letzter starb, Huntford aber behauptete, der Umschlag sei von Mitarbeitern des SPRI unterschlagen worden, um Scotts Vorrangstellung zu wahren. Als ich im SPRI nachfragte, bestritt man das. Wen kümmert es auch? Ich wollte etwas erfahren über die Fähigkeit des menschlichen Geistes, den Tod zu transzendieren, und darüber, was menschliche Herzen voneinander lernen können – nicht, welches zuerst versagte.

In McMurdo hielten die Projektleiter wöchentlich eine Reihe wissenschaftlicher Vorlesungen. Einer von ihnen war ein bekannter Geologe, der einige Theorien zu dem prähistorischen Superkontinent entwickelt hatte, zu dem die Antarktis einst gehörte. Sein Name war Ian Dalziel, und ich traf ihn in der »Corner Bar«, wo er sich an einem Glas Whisky festhielt.

»Früher war ich ein angesehener Geologe«, klagte er, »aber jetzt schiebe ich Kontinente herum wie Stühle.« Seine Frau nannte es »Gott spielen«. Er kam aus Schottland, lebte zwar nicht mehr dort, besaß aber immer noch den charakteristischen trockenen Humor der Schotten. Er hatte eine unbekümmerte Art, war selbstbewußt, ohne anmaßend zu sein, und wußte immer eine Geschichte zu erzählen. Zum Beispiel die von dem Geologen, der lebende Pinguinbabies als Klopapier benutzte; dabei müsse man nur aufpassen, daß kein Schnabel im Weg sei.

Als mache sich die Natur über die Menschheit lustig, dient die Pinguingeschichte heute dazu, die Kolonistenhorden zu unterhalten. Es gab zahllose Geschichten aus den Zeiten, als Umweltbewußtsein noch ein Fremdwort war; von Offizieren, die den Pinguinen Schlipse auf den Bauch malten und sie durch die Messe jagten, oder von Bauarbeitern der Marine, die sie in die Atemlöcher der Robben warfen, »um sie hochschießen zu sehen«. Das Mitarbeiterhandbuch des Williams-Flughafens aus dem Jahre 1956 erklärt, wie ein Pinguin ausgestopft werden kann. Heute wird man für den Mißbrauch von Pinguinen härter bestraft als für die Belästigung eines Menschen.

Während meines Aufenthalts im Süden las ich sehr viel über Wüsten, und damals war ich gerade in Thesigers *Die Brunnen der Wüste* vertieft. So wie die Antarktis ist das Herz der Wüste zeitlos, ohne menschliche Geschichte. Beide Landschaften könnte man, wenn man wollte, als gigantische Verkörperungen der Leere empfinden. Mir ging es genau andersherum. Auch wenn die Station eigentlich einer schäbigen kleinen Bergarbeitersiedlung ähnelte, ich reagierte auf die kalte südliche

Wüste ähnlich wie Thesiger auf den heißen Sand von Arabien. »In der Wüste«, schrieb er, »hatte ich gefunden, wonach ich mich gesehnt hatte, und ich wußte, daß ich dies alles nie mehr wiederfinden würde.«*

Ich las die letzten Seiten des Buchs spätnachts in meinem Büro, und das Licht der Schreibtischlampe reichte bis auf den dunklen Flur. Hans, ein dänischer Fischbiologe aus Arts Mannschaft, kam herein und machte es sich auf dem zweiten Stuhl bequem. Wir waren wahrscheinlich die einzigen Menschen im Gebäude, und es war so still wie in einem Grab. Er plauderte ein wenig, zupfte dabei aber unentwegt an seiner Kleidung herum. Als er schließlich mit der Geschichte herausrückte, die ihm schon die ganze Zeit auf der Zunge brannte, sprudelten die Worte aus ihm hervor wie Münzen aus einem Glücksspielautomaten.

Er hatte sich fünf Wochen vor seiner Abreise in den Süden in ein Mädchen zu Hause verliebt.

»Britta ist fünfzehn Jahre jünger als ich, aber schon am Tag nach unserer ersten Begegnung war ich in sie verliebt«, erzählte er in seinem melodischen dänischen Akzent. »In den nächsten fünf Wochen war mir, als würde ich immer schneller auf einen Wasserfall zutreiben. Manchmal fand ich einen Zweig, an den ich mich klammern konnte, und alles war für eine Weile in Ordnung, aber dann wurde ich wieder mitgerissen. Schließlich kommt der Tag, an dem es keine Zweige mehr gibt.«

Er schrieb seinem Mädchen täglich, außerdem schickte er ihr einmal pro Woche ein Geschenk, was seine Phantasie wahrscheinlich auf eine harte Probe

---

* Übers. v. P. Stadelmayer, aus: *Die Brunnen der Wüste. Mit den Beduinen durch das unbekannte Arabien.* München. 1959. – A. d. Ü.

stellte, denn außer dem Laden der Marine gab es keine Geschäfte, und dieser Laden hatte, abgesehen von alten Filmen, Tampax und Herrenunterhosen, nicht viel im Angebot.

»Ich will alles oder gar nichts«, sagte er ernst, während er in seinen zinnoberroten Parka schlüpfte, um sich an seinen nächsten Brief zu setzen.

4. KAPITEL

Die andere Seite des Schweigens

Und tausend Fratzen sah ich bläulich sich
Vor Frost verziehn, so daß ich Schauder fühle
Vor den vereisten Pfützen ewiglich.

Und während es zur Mitte ging, dem Ziele,
Auf welchem lastet jegliches Gewicht,
Und ich erbebte in der ewigen Kühle, …

DANTE, *Die göttliche Komödie**

Gegenüber der Ross-Insel wird der antarktische Kontinent von einer Reihe vegetationsloser Täler durchzogen, die vom Fluß der Gletscher durch das Transantarktische Gebirge geschaffen wurden. Diese Trockentäler, seit vier Millionen Jahren frei von Eis und durchsetzt mit teilweise gefrorenen Salzwasserseen, bilden einige der extremsten Wüsten der Welt. Die NASA wollte dort ihre Roboter testen, bevor sie auf interplanetare Reisen geschickt wurden.

»Wir haben nichts, was dem Mars ähnlicher wäre«, lautete die Begründung der Ingenieure.

Bei den Vorbereitungsveranstaltungen in Virginia hatte ich Brian Howes und Dale Goehringer kennenge-

---

* Übers. v. Wilhelm G. Hertz, aus: Dante Aleghieri. *Die göttliche Komödie.* Frankfurt, 1955. – A. d. Ü.

lernt, zwei Küstenökologen, die am Fryxell-See arbeiteten, einem der drei gefrorenen Seen im Taylor-Tal. Sie hatten mich eingeladen, sie im Lager zu besuchen, also stellte ich drei Wochen nach meiner Ankunft in der Antarktis im Berg-Feldzentrum meine Ausrüstung zusammen. Ich begutachtete Zelte, Isoliermatten und Steigeisen und schrieb meine Initialen auf einen funkelnagelneuen blauen Eispickel. Eines Morgens nahm mich dann ein Hubschrauber mit, der ein Lager weiter oben im Tal belieferte.

Kaum eine Stunde nach unserem Abflug von McMurdo landete der Pilot auf einem steinigen Landstreifen zwischen einem verwitterten Berg und einem großen gefrorenen See. Er bedeutete mir, auszusteigen. Hier hatte es seit zwei Millionen Jahren nicht mehr geregnet.

Etwa hundert Meter vom Seeufer entfernt trat eine Gestalt aus einem stabilen Tunnelzelt, das unter dem Namen Jamesway bekannt ist. Ich hatte schon eine Menge über Jamesways gehört; sie waren aus den ständig etablierten amerikanischen Außenposten nicht wegzudenken und bildeten oft das Herz des Lagers, so wie die Küche in einem Bauernhof. Die vom Militär erfundenen Jamesways sind tragbare wetterfeste Zelte mit genormter Höhe und Breite, aber ihre Länge ist variabel – um sie größer zu machen, braucht man nur ein paar Gestängebögen hinzuzufügen. Sie haben Bretterböden und eine richtige Tür und werden in der Antarktis mit Tropfölöfen beheizt.

Die Gestalt, die aus dem Jamesway am Fryxell auf mich zustapfte, hatte langes zimtfarbenes Haar, und sie winkte. Es war Dale. Zu Hause in Massachussetts leitete sie ein Labor des Ozeanographischen Instituts in Woods Hole.

»Willkommen am Fryxell!« rief sie. »Wir haben uns schon so auf dich gefreut. Ich habe mir extra die Haare gewaschen.« Sie nahm meinen Arm und zog mich zum Jamesway.

Darin stand eine aufgeblasene Plastikpalme, unter der ein Mann hockte, der sich auf einen langen Tisch stützte, um nicht in seine Kaffeetasse zu fallen. Er war klein, hatte wirres schwarzes Haar und trug einen Hut, der wie ein Krapfen aussah.

»Das ist LD«, stellte Dale vor. »Kurzform für Little Dave. Er studiert Meeresbiologie ist seit dreißig Stunden wach.« LD hob den Kopf, um mir ein mephistophelisches Lächeln zu schenken, dann sank er wieder in sich zusammen. An der Tür hing ein Stimmungsbarometer, das von »Leicht irritiert« bis »Mordlüstern« reichte.

»Was ist denn das für ein Baby?« fragte ich, indem ich auf ein pausbäckiges lächelndes Gesichtchen deutete, das in Großaufnahme an der Zeltleinwand hing.

»Das ist Mary«, erklärte Dale. »Sie ist ein Jahr alt. Ich habe die Geburt so geplant, daß ich nur eine Saison aussetzen mußte – es ist meine achte. Saison, meine ich.« Sie stellte zwei Isolierbecher mit Kaffee auf den Tisch. »Bevor ich es vergesse – der gesamte Müll aus den Trockentälern wird nach McMurdo zurückgebracht, einschließlich Grauwasser und menschlicher Exkremente.«

»Was ist denn Grauwasser?« fragte ich.

»Abwaschwasser«, antwortete sie. »Wir schütten es draußen in eine Tonne. Und was den Gang zur Toilette anbetrifft, dort hinten gibt es ein Klohäuschen« – sie deutete auf die Rückseite des Jamesway – »und von dem führt ein Trichter zu einer Tonne. Für Festes gibt es einen Topf. Und wenn du spazierengehst, mußt du eine Urinflasche mitnehmen.«

»Man darf also nicht einfach auf den Boden pinkeln?« fragte ich. »Selbst wenn man kilometerweit vom Lager entfernt ist?«

»Nein. Wir versuchen, die Unberührtheit der Natur zu bewahren.« Sie hielt inne. »Hör gut zu«, fuhr sie dann mit leiser Stimme fort, als wäre sie gerade dabei, mir ein Staatsgeheimnis zu verraten, »ich gebe dir einen Rat. Wenn du im Lager zur Toilette gehst, versuch nicht, in den Trichter zu pinkeln, benutz die Urinflasche und schütte sie dann aus. Der Mann, der den Trichter angebracht hat, war groß und hat nur an sich selbst gedacht.« Sie lehnte sich auf ihrem Stuhl zurück. »Ach«, seufzte sie, »es tut richtig gut, eine andere Frau hier zu haben.«

Zur Toilette gehen: Ich fragte mich, ob Amerikaner diesbezüglich jemals in Situationen gerieten, die ihnen zu primitiv schienen, um diese vornehme Umschreibung zu verdienen. In einer Bibelübersetzung hatte ich sogar einmal gelesen, daß König Saul eine Höhle betrat, »um zur Toilette zu gehen«.

Später stellte ich mein Zelt zwischen ein paar anderen auf, die hinter vier kleinen Laborhütten standen (es war typisch für ihre Einstellung zur Arbeit, daß die Laboratorien luxuriöser waren als die Unterkünfte). Der staubverschmierte Kanada-Gletscher auf der anderen Seite des Sees verdeckte den nördlichen Horizont. Große Teile der Antarktis werden offiziell als Wüsten klassifiziert, und nirgendwo zeigte sich das deutlicher als an der Salzausscheidung am Ufer des Fryxell-Sees, die dünnen weißen Krusten sahen aus wie die Salzpfannen in Nordchile. Einige kleinere Seen in den Trockentälern sind so salzhaltig, daß sie nicht einmal bei minus 60 Grad Celsius zufrieren; ihr Wasser gleicht einer Lake. Auf anderen wirken die Eiskrusten wie Linsen und konzentrieren soviel Sonnenergie, daß das Wasser am Grund bis zu 25 Grad Celsius warm werden kann.

Am Nachmittag legte ich meine Steigeisen an und spazierte mit LD und einem Hydrologen namens Roland (LD sagte, »Ich beschäftige mich mit Matsch, er mit Wasser«) über das Eis. Der See war von einem dünnen »Eisgraben« umgeben, der jetzt Anfang Dezember noch fest gefroren war. Bis Ende Januar würde der Eisgraben verschwunden sein. Der 4,5 Meter dicke Eisdeckel, der den Rest des Sees bedeckte, schmolz nie. Er war voller kleiner weißer Blasen und bizarrer Eisskulpturen – fast glaubte man, jeden Augenblick über das Schwert Excalibur stolpern zu können. Wir stolperten auch tatsächlich, allerdings ohne etwas zu finden. Bei einem Fehltritt landete man nicht etwa im eiskalten Wasser, sondern sackte durch neonblaue Lufttaschen bis zur nächsten Eisschicht.

In der kleinen Hütte mitten auf dem See hantierten LD und Roland mit ihren Instrumenten.

»Der See bildete sich vor etwa 1200 Jahren aus Schmelzwassern des Kanada-Gletschers, erklärte LD. Uns interessieren die fünfzehn Meter Wasser unter dem Eis. Der Deckel aus ewigem Eis bewirkt das Entstehen einer einzigartigen stabilen Wassersäule.« Als sie die Hüttentür schlossen, schien natürlich fluoreszierendes Licht durch das Loch im Bretterboden. Während meines Besuches hatten sie 18 Instrumente im See, und wenn sie Grundwasser heraufholten, roch es nach verfaulten Eiern, so schwefelhaltig war es. Beim Pumpen trugen sie die Probenröhrchen am Körper. Wie die meisten Wissenschaftler in der Antarktis kämpften sie unentwegt gegen die Kälte. LD zeigte mir seinen Matsch; er nannte ihn »sehr jungen Stein«.

»Was mich interessiert«, trug er vor, »ist Phytoplankton und wie es sich langsam zu Öl und Gestein entwickelt.«

Da das Licht sich niemals änderte, waren sie nur durch den täglichen Funkkontakt mit McMurdo an die Uhr gebunden. Obwohl sie immer gemeinsam zu Abend aßen, mußten sie sich lange vorher per Funk über den Zeitpunkt einigen, und das konnte durchaus vier Uhr morgens sein.* Nach anderthalb Tagen ohne Schlaf wurden ihre Augen stumpf wie alte Spiegel. Brian, der Stationsleiter, behauptete, seine innere Uhr sei schon seit Jahren kaputt.

Das Leben verlief in ruhigen Bahnen. Wenn ich nicht mit einem von ihnen auf dem See war, saß ich vor dem Jamesway, lauschte dem knisternden Eisgraben und beobachtete die gelben Rauchfahnen des Mount Erebus, die in der Ferne den kobaltblauen Himmel verschandelten. Hatte ich Schneeschmelzdienst, zog ich einen Karren zu dem gefrorenen Graben und bröckelte Eis in Pfannen. Das Salz war herauskristallisiert, und das Wasser schmeckte köstlich.

Mit Steve, einem Gutachter für Ozeanographie, und George, einem Meeresbodenforscher Mitte Fünfzig, verbrachte ich einen ganzen Tag auf dem See.

»Ich beschäftige mich am liebsten mit den ersten fünfundzwanzig Metern Sediment«, sagte George. Die beiden tauchten oft gemeinsam vor Nantucket, und sie genossen es, in die Antarktis zu entfliehen.

»Es ist, als würde man sein Leben für ein paar Monate hinter sich lassen«, meinte Steve. Der Siebte im Bunde war Craig, ein Bakteriologe, der Photosynthesezyklen erforschte.

»Diese Seen sind mikrobiologische Wunder«, schwärm-

---

* Free cycled, »Freilaufen« heißt das in der Fachsprache.

te er. »Sie zu erforschen ist wie eine Reise in die Vergangenheit.«

Brian hatte sich auf Sumpf- und Küstenökologie spezialisiert und war außerdem Bio-Geochemiker. Seine Mannschaft hatte großen Respekt vor ihm, aber er machte von seiner Autorität nur selten Gebrauch. Einmal stellte er sich draußen vor die Hintertür des Jamesway und schlug mit einer großen Bratpfanne auf einen noch größeren Kochtopf, um LD und Roland zu wecken. Brian wußte immer, was im Lager vor sich ging, und wenn seine Aufmerksamkeit einmal nachließ, ging es mit allem bergab. Daß dieser Außenposten eine harmonische, gut eingespielte Mannschaft und eine ganz eigene Kultur hatte, war hauptsächlich sein Verdienst.

Eines Nachmittags hockte ich neben Brian in der Hütte auf dem See.

»Küstenerosion und -verschmutzung sind in erster Linie auf Nitrate zurückzuführen«, erklärte er. »Wir sind hier, um mehr darüber zu erfahren. Die Meere können eine gewisse Menge an Nitraten verkraften, aber es gibt eine Grenze. In vielen Gebieten ist diese Grenze längst überschritten, deshalb stecken sie in ernsten Schwierigkeiten.«

Brian war der Auffassung, daß die Wissenschaftler in der Antarktis sich der Umwelt anpassen und nicht in sie eingreifen sollten. Er hatte sich ausgerechnet, daß es ökologisch sinnvoller war, Plastikteller zu benutzen, als Brennstoff zu verbrauchen, um Spülwasser für Plastikteller zu schmelzen, also hatte er im Jamesway eine Müllpresse aufgestellt. Er und Dale waren auch verantwortlich dafür, daß es im Lager keine Schneemobile gab. Wie alle überzeugten Umweltschützer hatten sie sich unbeliebt gemacht. Aber sie waren sicher, das Recht auf ihrer Seite zu haben.

»So eine einmalige Umgebung«, sagte er, während er eklige Innereien aus der Wassersuppe fischte, »kannst du mit keinem Geld der Welt kaufen.«

Fast täglich kamen VXE-6-Hubschrauber vorbei – die Flugstaffel der US-Marine. Die VXE-6 war das Hauptbeförderungsmittel der Amerikaner in der Antarktis. Die Crews nannten sich »Eispiraten«. Ich taufte sie »Testosteron-Brummer«. Manchmal transportierten sie frische Nahrungsmittel ins Lager, und immer brachten sie Neuigkeiten aus McMurdo, das bei ihnen »Legoland« hieß. Wenn sie nicht landen konnten, grüßten sie uns im Tiefflug, und ständig wetteiferten sie darum, wer die Zeitungen näher an unsere Tür werfen konnte. Diese Geste war um so rührender, als die Zeitungen schon Wochen alt waren und nie gelesen wurden.

Eines Tages erstieg ich den niedrigsten Gipfel der Asgaard-Kette in der Nähe des Lagers; von oben konnte ich die Kuppen der Gletscher zu beiden Seiten des Sees sehen. Außerdem entdeckte ich Roland, er hockte draußen auf dem See und spulte ein Kabel ab. Das nannten wir »den Kabelaffen machen«. Das Kabel führte zur Hütte, wo LD es ins Wasser ließ. Ich stellte mein Funkgerät an, damit ich ihrer Unterhaltung lauschen konnte. Roland war der einzige in der Mannschaft, der noch keine Polarerfahrung hatte, und wurde von LD als »Mädchen für alles« eingesetzt. Er trug sein Schicksal mit Fassung, selbst als Brian ihn bei einer Wette für zwei Tage an den Projektleiter vom Nachbarlager verleihen wollte. LD war bekannt für seine Faxen und seine Witze über sich selbst. Eine für ihn typische Geschichte handelte von einem alten Mann, der mit seinem kleinen Enkel in Woods Hole spazierenging. Sie kamen an LD vorbei, der mit der Zigarette in der Hand auf den Eingangsstufen des Labors hockte, in dem er arbeitete. Mit moraltriefender Stimme sagte der alte Mann zu dem Kind: »Siehst du den da? Das ist ein Schnorrer.«

»Ich habe jetzt genug Kabel«, informierte LD gerade Roland. »Stop! Hör auf, um Himmels willen! Was ist denn los?«

»Ich habe doch aufgehört«, wehrte sich Roland.

»Warum hast du nicht sofort gestopt? Ist bei dir ein Rad ab?«

»Was für ein Rad?« unterbrach ich, immer erpicht darauf, etwas Neues zu lernen.

»Ich frage mich, ob er noch ganz normal ist«, antwortete LD.

Später ließ ich mich zum Kanada-Gletscher mitnehmen. Als ich ihm gegenüber auf dem Boden saß und die Erde durch die Finger rinnen ließ, erwartete ich fast, eine Pfeilspitze aus Feuerstein zu finden – irgendeinen winzigen Hinweis darauf, daß hier einmal Menschen gelebt hatten. Was ich dort hörte, ging über Stille hinaus. Es war George Eliots »Getöse, das auf der anderen Seite des Schweigens liegt«. In einer berühmten Passage aus *Middlemarch* beschreibt die Autorin das so, als würden wir das Gras wachsen und das Herz des Eichhörnchens schlagen hören, wenn unsere Ohren nicht taub dafür wären, weil wir »dick eingepackt in unseren Stumpfsinn«* umherwandeln. Sie ist natürlich nie im Süden gewesen. Das hatte sie gar nicht nötig.

Die versengte Atacama-Wüste im Norden Chiles kam mir immer wieder in den Sinn. Vor zwei Jahren hatte ich sie wochenlang mit dem Jeep bereist, meist in Begleitung eines australischen Weltenbummlers, den ich auf

* Übers. v. Rainer Zerbst, aus: Eliot, George. *Middlemarch. Eine Studie über das Leben in der Provinz.* Stuttgart, 1985. – A. d. Ü.

einem Hotelflur kennengelernt hatte. Sie wirkte genauso feindlich wie die Antarktis. Es gab dort kein Leben, und genau wie hier war immer ein Vulkankegel im Blickfeld. Trotz der sengenden Hitze, der flimmernden Luft und der dicken Staubschicht, die sich auf uns und unsere Habe legte, war es eine erstaunlich angenehme Reise, als wären unsere Hirne ebenso ausgedörrt wie die verbrannte Ebene. Manchmal stießen wir nach endloser Fahrt durch die karamelfarbene Pampa auf staubige Hügel mit Geoglyphen, Scharrbildern eines unbekannten und längst ausgestorbenen Volkes. Obwohl es unter den Pferdehufen der *conquistadores* verschwunden war, hatte das Volk seine Spuren hinterlassen, und es war, als würde die Wüste immer noch ihm gehören. Die Antarktis hatte nie einen Besitzer. Hier gingen die Uhren ganz anders. Wenn die Antarktis mich etwas Wichtigeres als Nitratwerte zu lehren hatte, dann jedenfalls nichts über den Menschen. Diese Landschaft lenkte meine Gedanken vom Weltlichen ab, weg von den tausend unwichtigen Kleinigkeiten meines täglichen Lebens. Ich hatte den Platz gefunden, an dem ich, losgelöst von kulturellen Bindungen, in der endlosen Weite der Schneefelder nach einer höheren Macht suchen konnte, wie immer sie auch aussehen mochte.

Insgeheim plante ich, nicht direkt nach McMurdo zurückzukehren, sondern im Taylor-Tal von Lager zu Lager zu ziehen. Mit Hilfe von Dale gelang es mir nach ein paar Anfragen über Funk, eine Mitfahrgelegenheit zum Hoare-See aufzutun. LD und Roland hatten mich gebeten, etwas Englisches zu kochen, deshalb machte ich am Abend vor meiner Abreise Brotpudding. Leider führte diese Schlemmerei nur dazu, daß drei von uns am Tisch einschliefen.

»Aufstehen!« brüllte Brian um zwei Uhr morgens. »Zeit für die Spätvorstellung!«

Sie mußten einen Probensammler aus dem Wasser holen, der den ganzen Winter unter dem Eis gelegen und mit seinem hydraulisch betriebenen Röhrensystem eifrig Wasserproben gesammelt hatte. Es war das größte Ereignis der Saison und das einzige Mal, daß ich alle sieben gleichzeitig auf dem Eis sah. Um vier Uhr kam nach aufgeregtem Gefummele das Instrument ans Licht – wie ein Neugeborenes. Es handelte sich um einen Prototyp, der etwa 18 000 Dollar wert war.

»Was passiert, wenn ich ihn fallenlasse?« fragte LD, während er eine Seite packte und eine scharfe Eiskante abbrach.

»Nun«, antwortete Brian, »das wäre etwa so, als würdest du deinen BMW von einer Brücke stürzen. Oh – und du wärst deinen Job los.«

Das Lager am Hoare-See befand sich direkt am Seeufer, im Windschatten des Kanada-Gletschers. Bei meiner Ankunft hatten sich alle Bewohner vor dem Klohäuschen versammelt, das soeben explodiert war. Es handelte sich um die gasgeheizte Ausführung, die in den Tälern als »Raketenklo« bekannt war. Diesmal war die Explosion so gewaltig gewesen, daß man fürchtete, sie habe die seismischen Messungen beeinträchtigt.

Ein Vorläufermodell hatte einmal die Maschinenhalle von McMurdo in Brand gesetzt. Tote waren nicht zu beklagen, aber der Verlust des neuen Feuerwehrwagens, der sich zu dem Zeitpunkt gerade in der Halle befand. Doch diese explosive Einrichtung war nicht einmal halb so berüchtigt wie die vollautomatische Ökotoilette, die in den 80ern eingeführt und schnell wieder entfernt wurde. Sie war als »Tarnkappembomber« bekannt.

Kein Lager im Taylor-Tal war besser ausgestattet als das am Hoare-See; es verfügte über eine schicke neue Hütte inklusive Küche, aber, wie vorauszusehen war, fehlte es ihm an Atmosphäre. Dafür gab es jedoch Solarzellen für die Laptops, was bedeutete, daß nur selten ein Generator die Stille störte. Die acht Bewohner des »Hoare House« (etwas Besseres war ihnen offensichtlich nicht eingefallen) waren Studenten, die an einem langfristig angelegten ökologischen Forschungsprogramm mitarbeiteten, einem weltweiten Projekt der NSF.

Ich stellte mein Zelt nahe bei den anderen auf und ging auf dem See spazieren. Er war nach Ray Hoare benannt worden, der mit einem Team der Victoria-Universität aus Wellington gekommen war und in den 60er Jahren in den Trockentälern gearbeitet hatte. Es gab ein paar Photos von allen zusammen in einer Hütte, und selbst in voller Montur wirkten sie eher wie eine Popgruppe. Einige Bilder zeigen sie splitterfasernackt bei einer Schlittenpartie auf dem See. Damals war die Gegend noch Grenzland, für das es weder Karten noch Ortsnamen gab.

Die Hütte war zweigeteilt; die eine Hälfte enthielt die Küche und einen langen Tisch, die andere einige Betten und weitere Tische. Vom Küchenfenster schaute man direkt auf die Gletscherwand, die verwittert war wie eine mittelalterliche Schloßmauer. Obwohl regelmäßig Eisklumpen (»Gletscherbeeren« genannt) aus der Wand fielen, die dann zum Schmelzen verwendet wurden, war doch jedem ständig bewußt, daß Wasser ein kostbares Gut war. Einmal, als ich nach dem Essen den Abwasch machte, witzelte jemand: »He, wieso darfst du dir die Hände waschen?«

Am Abend zogen sich die Bewohner in ihre Zelte oder in die Betten zurück. Die Besatzung war kein richtiges Team, eher eine Ansammlung von Individuen, das merkte man sofort. Ich ging früh zu Bett, und als ich meine Tasche öffnete, entdeckte ich einen Proviantbeutel, auf dem mein Name stand, und außerdem noch: »Von all Deinen Freunden am Fryxell-See.« Der Beutel enthielt ein Sweatshirt mit dem Logo ihres Auftraggebers, ein Abzeichen, ein paar Schokoladenriegel und andere kleine Überraschungen.

Am nächsten Morgen schienen alle besserer Laune zu sein, jedenfalls sprachen sie in ganzen Sätzen miteinander. Ein Hubschrauber brachte die Post und nahm das verkohlte »Raketenklo« mit. Einer der Studenten hatte einen Adventskalender geschickt bekommen. Wir schrieben bereits den 9. Dezember; und die meisten Fensterchen waren auf dem langen Weg aufgesprungen, so daß die darin versteckten Schokoladentierchen herausgefallen und in kleine Stückchen zerbrochen waren, die durch den häufigen Temperaturwechsel auch noch eine magnolienweiße Farbe angenommen hatten.

Mit dem Hubschrauber waren auch zwei Wissenschaftler angelangt, von denen einer, ein Physiker und Bergsteiger namens Ed, vorhatte, am Nachmittag zu seinem Lager weiter oben am Bonney-See zu gehen. Als er mich fragte, ob ich ihn begleiten wollte, faßte ich die Gelegenheit beim Schopf, denn ich sehnte mich danach, über Land zu ziehen. Wie sich herausstellte, wurde es eine der schönsten Reisen meines Lebens – und des seinen.

Ich ließ mein Zelt und meine Schlafausrüstung zurück, und jemand versprach mir, die Sachen mit dem nächsten Hubschrauber nach McMurdo zu schicken. Unser Weg aufwärts führte uns am Ufer des Hoare-Sees entlang, der wolkenverhangene Himmel wirkte wie ein hastig geputztes Fenster, und Ed hielt Vorträge über die

Entstehung von Eis. Weiter hinten ging der Hoare-See unmerklich in den Chad-See über. Einer der frühen Entdecker hatte dort Durchfall bekommen, und man munkelte, daß seine Mannschaftskameraden den See nach ihrer Toilettenpapiermarke benannte hätten. Der Chad seinerseits versickert in einer Moräne. Ein schwarzer Trümmergürtel, den der Suess-Gletscher vor sich herschob, blockierte unseren Weg nach oben. Ed, der den McKinley in Alaska bestiegen hatte und im Himalaya geklettert war – offenbar hatte er sein halbes Leben in der Wildnis zugebracht – erzählte von Unfällen am Gletscher. Seine Stimme wurde von den Wänden des Suess zurückgeworfen, so daß sie irgendwie unwirklich klang. Auf der Moräne lag eine mumifizierte Robbe, ihr Körper war von einem dichten grünen Pelz überzogen.

»Sie befinden sich hier«, sprach Ed übertrieben dramatisch, »an einem Ort, an dem nichts verdirbt.«

Ich erkenne eine gute Metapher, wenn ich darüber stolpere, und dies hier war tatsächlich das perfekte Symbol für die Zeitlosigkeit, die so oft mit der Antarktis in Verbindung gebracht wird. Ein amerikanischer Journalist, der in den 50er Jahren in südliche Regionen kam, schrieb zum Beispiel: »In der Antarktis gibt es keinen Tod.«

In der vorherigen Nacht hatte ich, in meinen Schlafsack gekuschelt, an Jeremy Lewis geschrieben, den Schirmherr meiner Expedition. Wir hatten oft über die Symbolkraft der Antarktis diskutiert. »Es kommt mir vor wie ein Märchenland«, berichtete ich. Daß es keinen Verfall gab, was mir an der Umgebung immer wieder auffiel, bestärkte mich noch darin, diesen Kontinent als eine Art Shangrila zu sehen (dessen Bewohner die ewige Jugend besaßen – die ja auch in den Legenden um die toten Antarktispioniere eine Schlüsselrolle spielt) oder als ein Paradies frei vom Elend des Menschseins, da es ursprünglich gar keine Bewohner gab. Jeremy hatte sich rundweg geweigert, die Antarktis als Arkadien zu sehen und hielt meine seltsame Vorstellung für den Beweis (als ob es weiterer Beweise bedurft hätte), daß ich »ein schräger Vogel« wäre.

»Ein Paradies muß üppig sein«, protestierte er meistens, während wir uns auf Künstlerparties, zu denen wir manchmal nicht einmal eingeladen waren, im Gedränge an unseren Weingläsern festhielten. »Behaglichkeit und Wärme und eine üppige Vegetation sind unverzichtbare Bestandteile. Denk nur an die bildlichen Darstellungen der letzten Jahrhunderte – alles ist grün und idyllisch. Hast du jemals ein Arkadien gesehen, das mit Eisblöcken übersät ist und von vermummten Gestalten mit Eisbärten und Daunenjacken bevölkert wird?« Gleichzeitig pflegte er sein Weinglas einem vorbeieilenden Kellner hinzuhalten.

Als ich in die Antarktis kam, wußte ich, daß ich recht gehabt hatte. Im Zusammenhang mit dem Paradies wurde alles zum Symbol, und es machte keinen Unterschied, ob die Umgebung aus wogenden grünen Feldern oder einer unendlichen Eisfläche bestand. Das Unbehagen, das von einer feindlichen Umwelt wie der Antarktis unweigerlich hervorgerufen wurde, schien unwichtig. Für mich *war* sie ein Paradies. In der Antwort auf meinen Brief machte Jeremy widerstrebend ein Zugeständnis: »Ich nehme an, um in James Hiltons echtes Shangrila zu gelangen, mußte man Gebiete durchqueren, die ähnlich kalt waren wie die Antarktis.« Ich wertete das als einen kleinen Sieg.

Ed führte mich einen Eishang hinauf zu einem Engpaß an einer Seite des Gletschers, und wir folgten einem schmalen Pfad zwischen schroffen Eiswänden, der zu einer steinigen Böschung und weiter zum Mummy-Teich führte. Ed wollte »ein Gefühl für das Eis« bekommen, deshalb kniete er sich auf dem Teich nieder, als wolle er sich gen Mekka verneigen. Er hatte mir bereits erzählt, daß für jemanden, der sich mit Eis beschäftigt, eine Reise in die Antarktis wie eine Pilgerfahrt ist. »Das Eis bewahrt die Geschichte unseres Planeten«, sagte er. Bevor er sich der Wissenschaft zuwandte, hatte er Englisch studiert, außerdem versuchte er mich davon zu überzeugen, daß die Mathematik eine Sprache wie alle anderen sei. Wenn seine Ausführungen komplizierter wurden, hielt er sogar an, um mit seinem Eispickel Gleichungen in den Puderschnee zu zeichnen.

Das Transantarktische Gebirge zeichnete sich jetzt direkt vor uns am Horizont ab. Wir gingen weiter über hügelige Ebenen aus rauhem Schwemmsand, auf denen riesenhafte dreieckige Steinskulpturen standen, die der Wind geformt hatte. »Es gibt nur wenige Menschen, die das gesehen haben«, sagte Ed. Dann drehte er sich mit breitem Grinsen zu mir um und ergriff meine Hand: »Herzlichen Glückwunsch!«

Schließlich näherten wir uns dem Bonney-See; die Zwillingsgipfel vor uns waren das einzige, was uns noch von der Polarebene trennte. Diese herrlichen Eingangssäulen zum Gelobten Land ragten scharf umrissen in den klaren blauen Himmel, und der narbige Taylor-Gletscher am Ende des Sees hob sich von der dunkelbrütenden Düsternis der Moräne ab. Im Vordergrund dieser Szene schimmerte die gesprungene, faltige blaue Eisdecke des Sees, und aneinandergereihte Kristalle, die im Eis gefangen waren, leuchteten wie Glühwürmchen. Alles war in ein Licht getaucht, das an die Farbe unreifer Zitronen erinnerte. Das Bild sprach zu mir: »Fürchte dich nicht.« Es war wie der Augenblick nach der Heiligen Kommunion, in dem man den Kelch zurückgibt.

Wir hatten nur fünf Stunden und fünfzehn Minuten gebraucht, obwohl wir regelmäßig angehalten hatten, um das Eis zu testen, und gegen 9 Uhr 30 bewegten wir uns durch den weichen Uferschlamm auf das Lager zu, das in der Ferne schon in Sicht kam.

Bei unserer Ankunft hielt eine hochgewachsene Gestalt, die gerade einen Kasten Bier trug, inne und lehnte sich an den Türrahmen des Jamesway. »Die Forscher kommen!« rief der Mann, und Ed rief zurück: »Ich habe eine Schriftstellerin mitgebracht!« Der Mann war der Projektleiter am Bonney-See und hieß John Priscu. Ich hatte ihn beim Seminar in Virginia kennengelernt, und er hatte mich sofort in sein Lager eingeladen. Er verbrachte schon seine elfte Saison am Bonney-See und behauptete, beim Aussteigen aus dem Hubschrauber fühle er sich, als käme er nach Hause. Einige herausragende Landmarken hatte er offiziell nach Kollegen benannt, mit denen er am See zusammengearbeitet hatte, »auf diese Weise sind sie immer noch hier«.

Wir reichten uns die Hände, und er scheuchte uns hinein. Vier Menschen saßen an dem großen Tisch im Jamesway, das von Jazzmusik und Gelächter erfüllt war. Für einen Reklamespot hätte nur noch ein prasselndes Holzfeuer im Kamin gefehlt und der schlafende Hirtenhund auf dem Teppich davor.

John war ein polarerfahrener Mikrobiologe; er studierte das Plankton in den Seen.

»Diese Seen sind einzigartig, angefangen vom Eisdeckel bis hin zum Plankton am Grund«, erklärte er, während er mir ein Bier reichte. »Ich verstehe einfach nicht, was da unten vor sich geht. Verflixt noch mal, einige dieser Seen sind bis zum Grund gefroren, und wir wissen nicht warum. Ich werde solange wiederkommen, bis ich es herausfinde.« Er hielt inne und schlürfte sein Bier. »Vielleicht werden wir es nie verstehen – aber wir bemühen uns.«

Er war 42, hatte die Schule »Our Lady of Las Vegas« besucht und spielte Gitarre in einer Rockband. Später fand ich heraus, daß er sich auch als antarktischer Tätowierungskünstler und Ohrdurchstecher einen Namen gemacht hatte. Mit einer Nadel, die zum Reparieren von Scott-Zelten gebraucht wurde, hatte er in Bonney schon drei Leute tätowiert und vieren Löcher in die Ohren gemacht.

»Na, wie fühlt man sich als Aufrim?«

»Was ist ein Aufrim?« fragte ich vorsichtig.

»Ein ausgeruhter frischer Mann!« antwortete John. »So wie Ed!«

»Ich bin kein Mann!« protestierte ich.

»Hier gibt's nur Männer!«

Er hatte den Standort für das Lager 1989 selbst ausgesucht. Sein Jamesway stammte noch aus dem Koreakrieg, und er behauptete, daß die Löcher in einer Seite der Zeltleinwand von Kugeln herrührten. Auf einem Schild über der Tür war zu lesen: »Guten Morgen, Forscher! Es ist ein guter Tag für die Forschung!«, und neben die Dartscheibe, die darunter hing, hatte jemand das Etikett einer Pfirsichdose geklebt, auf dem kalifornische Mädchen abgebildet waren. Überall in der Antarktis brachten die Menschen Bilder von tropischen Landschaften voller Sonnenschein und Wärme an. Das erinnerte mich an den Ruf der Wale nach einer verlorenen Welt. Bruchstücke menschlicher Zivilisation hatten sich im Jamesway ausgebreitet wie Unkraut – Postkarten mit verbogenen Ecken, Seilstücke an alten Haken, kaputte Mobiles, Cartoons von Larson (die gehörten bei amerikanischen Akademikern einfach dazu), Baseballkappen, Fußpuderbehälter voller Plastikblumen, ein aufblasbares Schaf namens »Schmuseschaf« und Weihnachtskarten mit längst vergessenen Grüßen, die an der gewölbten Decke hingen. Der Gasgefrierschrank war voller Wasserproben, und die Essensvorräte wurden auf dem Boden gelagert.

Am selben Tag waren zwei neuseeländische Wissenschaftler vom Vanda-See im benachbarten Wright-Tal gekommen. Clive leitete ein eigentlich der Regierung unterstelltes hydrologisches Umweltinstitut in Christchurch. Er war klug und redegewandt und hatte sehr klare Augen, sein Kollege Mark erwies sich als liebenswert und ruhig. Die beiden kannten John schon seit mehr als zehn Jahren, und die Wiedersehensfreude war groß.

»Ich wünschte, es gäbe meine alte Hütte noch«, sagte Clive, während er sich im Jamesway umsah. Die erste Hütte am Vanda-See war abgerissen worden, und statt dessen hatte Clive eine moderne Tiefkühltruhen-Version bekommen, aus der mit Beginn jeder neuen Saison alle persönlichen Erinnerungsstücke gnadenlos entfernt wurden.

Wir aßen einen Teller Bohneneintopf, tranken eine Dose Bier, und dann tauchte eine Flasche Bourbon auf. Damals arbeiteten zwei Studentinnen in Bonney. Eine von ihnen, eine großgewachsene, katzenhafte junge Frau namens Cristina, wurde gern von allen geneckt, war aber um eine Antwort nie verlegen. Johns Lieblingsgeschichte handelte davon, daß Cristina bei ihren regelmäßigen Besuchen in der Basis angefangen hatte, die vom medizinischen Zentrum in McMurdo ausgegebenen kostenlosen Kondome zu sammeln. Nicht, daß sie die in der Antarktis gebraucht hätte, ergänzte sie, aber man könne ja nie wissen, wann sie zu Hause einmal gelegen kämen, und da sie nichts kosteten … Sie sei schließlich eine arme Studentin. Bei ihrer Rückkehr nach Bonney war sie eines Tages aus dem Hubschrauber geklettert, hatte die Hand in die Tasche gesteckt, um einen Handschuh herauszuholen, und versehentlich eine Handvoll Kondome mit herausgezogen, die dann mit der von den Rotorblättern aufgewirbelten Luft über den ganzen Landeplatz segelten und schließlich sanft wie Konfetti auf die Schultern der Umstehenden niedersanken.

Clive blieb zehn Minuten draußen verschwunden. »Schaut mal her«, sagte er, als er wieder hereinkam. »Wir sollten den Bourbon mit Gletschereis trinken«, mit diesen Worten plazierte er einen ungeheuer großen und erstaunlich blauen Eisbrocken mitten auf dem Tisch. John machte sich mit einem Eispickel darüber her.

»Na, was haltet ihr davon?« fragte Clive, nachdem wir die Gletschereissplitter in unsere Gläser gefüllt hatten.

»Sehr lecker«, sagte ich.

»See-Eis ist leckerer«, behauptete Ed, für den Wasser »flüssiges Eis« war. Also wurde See-Eis geholt, und bei der angeregten Diskussion über die jeweiligen Vorzüge und Eigenschaften der beiden Eissorten leerte sich die Whiskeyflasche um so schneller.

Dann kamen wir auf das Thema »Eisbohren« zu sprechen. Meterdickes Eis zu durchstoßen, um an das darunterliegende Wasser zu gelangen, stellte die Forscher wegen der herrschenden Temperaturen vor unzählige Probleme, die sie stark beschäftigten. Eine Geschichte führte zur nächsten – es ging um festgefrorene Instrumente, mit heißem Glykol gefüllte Kupferspiralen und die Vorteile des Handbohrens. Die vier Männer waren sich der Absurdität ihrer Situation voll bewußt; warum krochen sie auch bei 60 Grad minus auf gefrorenen Seen herum. Sie hätten wahrscheinlich endlos weitererzählen können.

Plötzlich wandte John sich mir zu.

»Wie ist denn eigentlich dein Eindruck von der Antarktis?«

»Na ja«, überlegte ich, »ich habe Millionen von Eindrücken.«

»Keinen, der alle anderen in den Schatten stellt?«

Ich dachte darüber nach.

»Es kommt mir vor, als würde ich einen Menschen kennenlernen. Es ist wie bei einer Liebesbeziehung – ich finde immer mehr und mehr und mehr heraus, alles ist interessant und überwältigend und berauschend, und ich habe keine Ahnung, wo mich das hinführen wird.«

»Ha!« rief er. »So ging es mir früher auch.«

Ich schlief in einem Scott-Zelt mit Blick auf den See und erwachte an einem wunderschönen Frühlingstag. Clive und Mark waren schon auf dem Eis, wo sie mit ihren Instrumenten hantierten. Wir saßen draußen, tranken Kaffee und sahen ihnen dabei zu. John lag ausgestreckt am steinigen Ufer.

»Ist dir aufgefallen«, fragte er, »daß Clive heute morgen um fünf, als ich ins Bett gehen wollte, gesagt hat: ›Du schaffst es wohl nicht mehr, was?‹ Verflixt noch mal, nach vierzehn Jahren geht es doch immer noch darum, wer am längsten durchhält.« Er lachte laut auf.

Es gefiel mir, daß jemand sich in der Antarktis so offensichtlich wohl fühlen konnte. Hier oben schien sie den Menschen freundlich gesinnt. Ihn mochte sie jedenfalls. Auch Ed berichtete, daß er sich bei seinem ersten Besuch »nicht wie ein Fremder gefühlt habe«.

Später, als alle damit beschäftigt waren, Proben zu sammeln, wanderte ich das Tal hinauf. Die Karte im Maßstab 1:250 000, die ich in der Tasche trug, hatte in der Mitte eine gezackte rote Linie, an der *»Kompilationsgrenze«* stand, und die Hälfte links vom Taylor-Gletscher war leer. Ich war am Ende der Karte angelangt.

Drei Tage später, um fünf Uhr nachmittags, ließ ich mich von einem Hubschrauber mitnehmen. Der Brotpudding, den ich gebacken hatte, war noch warm. Die Hubschrauberbesatzung bereitete sich schon auf das Wochenende vor, und während ich Ed und John zuwinkte, die immer kleiner wurden, hörte ich, wie die Piloten über Kopfhörer über ein Mädchen sprachen.

»Ist sie hübsch?« fragte der eine.

»Ich bin schon so lange hier, daß ich vergessen habe, was hübsch ist«, erwiderte der andere.

5. KAPITEL

Die nackte Seele des Menschen

Als wir die Winterquartiere am Cape Royds passierten ... begaben [wir] uns alle an Deck, um einen letzten Blick auf jenes Heim zu werfen, in welchem wir so viele glückliche Tage verbracht hatten. Die Hütte war nicht gerade ein Palast, und während der Zeit unserer Residenz hatten wir viele Unbehaglichkeiten und Entbehrungen erleiden müssen, doch sie war unsere Heimstätte in einem Jahr gewesen, das für alle Zeiten in unserem Gedächtnis fortleben wird ... Wir sahen das kleine Häuschen in der Ferne mit einem wirklichen Gefühl der Traurigkeit verschwinden, und es waren nur wenige Leute an Bord, die nicht von der Hoffnung beseelt waren, eines Tages mal wieder in der Hütte und in ihrer Nachbarschaft unter dem Schatten des mächtigen Erebus die mühevollen, nunmehr überwundenen Zeiten noch einmal zu durchleben.

SHACKLETON, aus: *21 Meilen vom Südpol**

Am Ostermontag des Jahres 1916 um zehn Uhr morgens rutschte ein kleines Holzboot über den felsigen Strand einer Insel nördlich der Antarktischen Halbinsel in den aufgewühlten Südlichen Ozean, der

* Übers. v. Frederick Becker, aus: Shackleton, E. H. *21 Meilen vom Südpol. Die Geschichte der britischen Südpol-Expedition 1907/09.* Berlin, o. J. – A. d. Ü.

zwei der Männer an Bord sofort in das brodelnde Wasser riß. Minuten später strömte eine eiskalte Sturzwelle durch das offene Spundloch. Auf dem sandlosen und windgepeitschten Strand weiter hinten stand ein großgewachsener Ire, der in aller Ruhe letzte Vorkehrungen traf, bevor er selber in das Boot kletterte. Sein Name war Ernest Shackleton.

Die beiden durchnäßten Männer wurden mit einem Ruder Richtung Ufer geschoben, der Anker geworfen und das Loch mit einem schmutzigen Taschentuch gestopft, bis der richtige Verschluß gefunden war. Proviant und über eine Tonne Ballast wurden verstaut, und um halb eins gab Shackleton Befehl, die Segel zu setzen. Die 22 Männer, die im Schutze zweier umgedrehter Boote zurückblieben, lebten 137 Tage von Robben und Pinguinen, und während sie dem eigenen Verfall zusehen mußten, blieb von der Hoffnung auf Hilfe, die von Anfang an recht gering gewesen war, nur noch ein schwacher Schimmer. Ihre abenteuerliche Rettung wurde zur größten Legende in der Geschichte der Antarktis.

Die Britische Trans-Antarktis Expedition an Bord der *Endurance* verließ den Londoner Hafen am 1. August 1914, drei Tage bevor England Deutschland den Krieg erklärte. Geplant war, daß eine Abteilung mit Shackleton an der Spitze vom Weddell-Meer aus per Schlitten die Antarktis durchqueren sollte, während eine andere Mannschaft auf der gegenüberliegenden Seite des Kontinents Depots für sie anlegen würde. Aber im Januar steckte das Schiff im Packeis des Weddell-Meeres fest »wie eine Mandel in einem Schokoriegel«.

»Fast wie eine lebendige Kreatur«, schrieb Shackleton während der traurigen Wochen, in denen er mit schwindender Hoffnung dem Todeskampf seines Schiffes zusah, »widerstand es den Kräften, die es zermalmen wollten.« Als es schließlich sank, notierte Frank Worsley, der Kapitän, in seinem Tagebuch: »Wenn man, so wie wir, alle Ecken und Winkel seines Schiffes kennt und ihm immer wieder Beistand leistete in seinem wackeren Kampf, bleibt der endgültige Abschied nicht ohne Pathos, ganz abgesehen vom Gefühl des eigenen Verlassenseins, und ich glaube, es gab keinen unter uns, der sich nicht irgendwie persönlich betroffen fühlte, als Sir Ernest vom Beobachtungsstand [einer Plattform, die sie auf dem Eis errichtet hatten] aus mit recht trauriger und ruhiger Stimme sagte: ›Es ist fort, Leute.‹«

Jeder von ihnen durfte zwei Pfund persönlicher Habe von Bord mitnehmen, die sie dann im Schnee vergruben. Shackleton selbst langte in seine Tasche, warf eine Handvoll Goldmünzen auf das Eis und hielt einen schmalen Band mit Browning-Gedichten hoch: »Ich trenne mich von wertlosem Zeug«, sagte er dazu, »und werde belohnt mit unbezahlbaren Eindrücken.«

Anschließend trieben die 28 Männer samt Zelten und Ausrüstung fünf Monate lang auf Eisschollen, bis sich nach über 3000 Kilometern die Gelegenheit bot, die drei kleinen Rettungsboote der *Endurance* zu Wasser zu lassen. Nach sechs Tagen erreichten sie die Elefanteninsel, einen Vorposten der Süd-Shetland-Inseln. Während dieser furchtbaren Seereise blieb Shackleton 100 Stunden lang wach.

Selbst da sprach er noch von den Schönheiten des Meeres und davon, daß in einer so grandiosen Landschaft alle Ängste schwinden.

Bei ihrer Ankunft auf der Elefanteninsel waren sie, wie der Expeditionsphotograph Frank Hurley berichtete, eher tot als lebendig, und viele von ihnen konnten nicht mehr rudern. Shackleton, von seinen Männern »Boss« genannt, schrieb später in seinem Buch *South:*

»Die frohen Gesichter und das Lachen, das die rissigen Lippen wieder zum Bluten brachte, und die freudigen Ausrufe, als wir zwei lebendige Robben am Strand entdeckten, erinnerten mich einen Moment lang an jene unvergeßlichen Augenblicke der Kindheit, in denen die Tür sich endlich öffnete und der Weihnachtsbaum in all seiner Pracht erstrahlte.«

Der südliche Winter war schon angebrochen. Perce Blackborow, dem Mann, der sich als blinder Passagier auf der *Endurance* versteckt hatte, mußten die erfrorenen Zehen amputiert werden.* Die Männer gewöhnten sich daran, ihr Gefängnis »Hölleninsel« zu nennen. Es gab absolut keine Hoffnung auf Rettung, die einzige Chance bestand darin, eins der Rettungsboote zu der über 1100 Kilometer entfernten Walfangstation auf der Insel Südgeorgien zu schicken. Dort war wahrscheinlich ein Schiff aufzutreiben, mit dem die gestrandeten Männer geholt werden konnten. Bevor die *Endurance* sank, hatte der neuseeländische Kapitän Frank Worsley, ein Offizier der Handelsmarine, Kurs und Entfernung für verschiedene Routen berechnet: ausgehend von der Elefanteninsel oder den Südorkney-Inseln nach Südgeorgien, zu den Falkland-Inseln und zum Kap Hoorn. Die drei Rettungsboote waren in bedauernswertem Zustand, nur das mit dem Namen *James Caird* schien noch einigerma-

* Blackborow war ein wortkarger Mann. Nach seiner Rückkehr wurde er gebeten, vor der Jungengruppe des YMCA im walisischen Newport eine Rede zu halten. Als er auf die Zeit nach dem Verlust des Schiffes zu sprechen kam, sagte er: »Ich denke gern an unseren Führer, so wie er damals war. All seine Hoffnungen und Träume waren zerstört, doch er war zuversichtlich und gab sich alle Mühe, die anderen mit seiner Fröhlichkeit anzustecken. Er hatte ein Talent dafür, die Männer bei Laune zu halten, und ich muß wohl nicht noch betonen, daß wir ihn wie einen Vater liebten.«

ßen seetüchtig, deshalb kalfaterten sie es mit Marstons Künstlerfarbe und Robbenblut und benutzten die beiden Wracks als Ersatzteillieferanten. Auf diese Weise kamen sie auch zu einem zusätzlichen Segel, was die Gesamtzahl auf drei erhöhte. Die *James Caird,* benannt nach dem Hauptsponsor der Expedition, war sieben Meter lang und ragte kaum mehr als einen halben Meter aus dem Wasser, war also nicht viel höher als eine Badewanne. Sie war nach Worsleys Plänen in Poplar, im Osten Londons, aus baltischer Kiefer, amerikanischer Ulme und englischer Eiche gebaut worden. Nach dem Untergang der *Endurance* hatte der Schiffszimmermann das kleine Boot mit einer Pumpe versehen, die er aus dem Gehäuse des Schiffskompasses angefertigt hatte, und zwei Männer bemühten sich, über einen Speckofen gebeugt, aus Segeltuch eine Verkleidung für die provisorische Kabine zu nähen.

Sechs von ihnen machten sich auf den Weg, und Worsley stand am Steuer. Vor der Abreise befahl Shackleton Frank Wild, dem Leiter der gestrandeten Abteilung, falls in sechs Monaten keine Hilfe eingetroffen sei und die Walfangstation auf der Deception-Insel wieder geöffnet habe, dort selbst Hilfe zu suchen, da davon auszugehen sei, daß das Boot gesunken wäre.

Worsley beschreibt in seinem Tagebuch, wie Shackleton am ersten Abend, das Kreuz des Südens stand am Himmel, die anderen zum Schlafen schickte und die beiden sich »die ganze Nacht eng aneinanderdrängten«, während sie unablässig von Wellen überspült wurden und »mit Hilfe der Sterne, die in glitzernder Bahn vom Atlantik zum Pazifik zogen, nach Norden hielten ... Während ich steuerte und er den Arm um meine Schulter gelegt hatte, besprachen wir leise unsere Plane und erzählten uns Geschichten. Wir rauchten die ganze

Nacht – er rollte für uns beide die Zigaretten, da ich zu ungeschickt dafür bin.«

Sie hatten nur einen Kompaß, und der funktionierte nicht einmal einwandfrei. Shackleton vertraute Worsley an, daß er sich wie ein Mörder vorkommen würde, wenn einer der 22 Männer sterben sollte. Es ist kaum zu glauben, daß Worsley den Kurs nur ungefähr berechnen konnte. Er beendete seine Geschichte mit den Worten: »Oft erinnere ich mich voller Stolz und Bewunderung an diese Stunden mit einem großen Mann.«

Tom Crean, Unteroffizier der Marine, kümmerte sich um die »Küche«. Wenn er den Primuskocher anmachen wollte, mußte er sich tief darüberbeugen und ihn zwischen seine Beine und die eines anderen Mannes klemmen, um ihn ruhig zu halten. Es gab nicht genug Platz, um aufrecht sitzend den Pemmikanbrei essen zu können; dieses Standardgericht der Antarktis besteht aus einer dehydrierten Fleischproteinmischung, die in heißem Wasser aufgelöst wird. Danach gab es normalerweise einen für die Schlittenfahrten gedachten Keks, einen Nußriegel und ein paar Zuckerwürfel. Am dritten Tag war alles, außer den wasserdicht verstauten Streichhölzern und dem Zucker, völlig durchnäßt. Die Füße und Beine der Männer, die fast immer im Wasser standen, hatten Frostbeulen und waren geschwollen. Sie besaßen Proviant, Wasser und Öl für dreißig Tage. Darüber hinaus gab es nicht viel: nur noch Methanol für den Ofen, eine Dose Robbenöl, sechs Schlafsäcke aus Rentierfell, einen kleinen Sack mit Ersatzkleidung und einen Chronometer. Da nicht genug Platz vorhanden war, konnten sich nicht alle gleichzeitig hinlegen, also schoben sie sich abwechselnd auf dem Bauch über den kantigen Steinballast in die zwei Meter lange und eineinhalb Meter breite provisorische Kabine, während

Shackleton das Manöver überwachte. Dann krochen sie in die durchnäßten Schlafsäcke, die nach einer Woche anfingen, nach saurem Brot zu riechen. Drinnen war die Luft schlecht und so drückend, daß sie manchmal in dem Gefühl hochschraken, lebendig begraben zu sein.

Am fünften Tag bekam John Vincent, ein erfahrener Seemann und harter Bursche, starke Schmerzen in Füßen und Beinen. Danach ging es mit ihm bergab. Der psychologische Druck hatte ihn zermürbt, nicht der physische Schmerz. Schließlich hatte er auf Trawlern in der Nordsee gearbeitet und war an ein entbehrungsreiches Leben gewöhnt.

Am siebten Tag waren ihre Gesichter und Hände schwarz vor Ruß und Fett. Sie brauchten Kalorien, deshalb tranken sie das Robbenöl. Zwei der Schlafsäcke waren nicht mehr zu benutzen und wurden über Bord geworfen, die Wellen hoben sie kurz dem bleichen Himmel entgegen.

Am achten Tag wurde die Eiskruste auf dem Boot so dick, daß sie sich mit einer Axt an der *James Caird* zu schaffen machen mußten. Bei dieser Arbeit litten sie qualvolle Schmerzen. Ihre Oberschenkel fühlten sich wund an, weil ständig die nassen Sachen daran scheuerten, und ihre Unterschenkel waren inzwischen schneeweiß und taub. Die Vorleine riß, der Anker wurde fortgespült, und entsetzliche Angst bemächtigte sich der sechs Seelen, als die größte Welle, die sie je gesehen hatten, über ihr kleines Boot hereinbrach. Aber am elften Tag errechnete Worsley, daß sie die Hälfte geschafft hatten. Zwei Männer fanden im Kielraum treibende Tabakblätter, die sie mit viel Mühe trockneten und mit Toilettenpapier zu Zigaretten drehten. Am dreizehnten Tag hatte sich die Haut an ihren Händen schon so oft geschält, daß sie in Fetzen herunterhing wie Baumrinde. Dann bemerkten sie, daß das Trinkwasser brackig geworden war.

Als am fünfzehnten Tag die Sonne aufging, entdeckte einer ein Stückchen Tang. Die Stunden schlichen dahin. Wenn sie Südgeorgien verfehlt hatten, waren sie verloren. Um halb zwölf dann geschah das Wunder, das Wolkenfeld am klaren Horizont löste sich auf und enthüllte eine schwarz glänzende Klippe. Das war Land. Genauer gesagt war es das Kap Demidov, die nördliche Landspitze der König Haakon-Bucht auf Südgeorgien. Was sie noch nicht wußten, als sie in Jubelrufe ausbrachen, war, daß das Schlimmste nicht hinter ihnen lag, sondern ihnen noch bevorstand.

Ein Sturm kam auf. Der Wind und die Strömung waren gegen sie und schmetterten die *James Caird* fast gegen die Felsen. Es begann zu schneien, und brüllende Brecher tobten im Nebel. Jetzt schien es fast aussichtslos. Sie manövrierten, pumpten und schöpften und machten sich dabei krampfhaft Mut. Ihre Lippen und Zungen waren vor Durst so geschwollen, daß sie kaum noch schlucken konnten. Einmal wurden sie so nah an das Land herangetrieben, daß sie den Kopf in den Nacken legen mußten, um die Spitzen der Klippen sehen zu können. Die Spannung wuchs ins Unermeßliche. Worsley sagte später, daß sie drei Stunden lang dem Tod direkt ins Auge sahen und daß er sich darüber geärgert habe, daß niemand je erfahren würde, welch weiten Weg bis hierher sie geschafft hatten.

Der Kampf dauerte neun Stunden, dann wußten sie, daß sie überleben würden. Der Sturm ließ nach. Am siebzehnten Tag hielten sie auf die Einfahrt der König Haakon-Bucht zu und segelten hinein. Bis sie eine geschützte Stelle gefunden hatten, war es dunkel geworden. Sie zogen das Boot und sich selbst an Land, ohne den Blick von den glitzernden Frischwassertümpeln zu wenden. Shackleton schrieb später, daß sie das Breitbeil, das Logbuch und den Kocher auf den Strand warfen. »Das war, außer unserer nassen Kleidung, alles, was wir mitbrachten aus der Antarktis, in die wir vor eineinhalb Jahren mit einem tüchtigen Schiff, vollständiger Ausrüstung und großen Hoffnungen eingedrungen waren. Das war alles, was wir an faßbaren Dingen mitbrachten; aber an Erinnerungen waren wir reich. Wir hatten die äußere Hülle durchstoßen. Wir hatten gelitten, gehungert und triumphiert, im Elend noch nach dem Ruhm gegriffen, waren an der Größe des Ganzen gewachsen. Wir hatten Gott in all seiner Herrlichkeit geschaut, die Stimme der Natur vernommen. Wir hatten die nackte Seele des Menschen erblickt.«

Aber noch war es nicht vorbei. Sie hatten Südgeorgien an der unbewohnten Südküste getroffen, nicht an der Nordküste, wo sich die Walfangstationen befanden. Also mußten sie noch das gefährliche und unbekannte Inselinnere durchqueren.

Mit Worsley und Crean zog Shackleton 50 Kilometer über Berge und Gletscher, die noch nie ein Mensch betreten hatte. Sie brauchten 36 Stunden, und es war Winter. Um den beiden anderen an einem kritischen Punkt neue Kraft zu geben, sagte er ihnen, sie könnten eine halbe Stunde schlafen – aber er weckte sie schon nach fünf Minuten, ohne ihnen zu verraten, wie lang sie geschlafen hatten. Am 20. Mai 1916 erreichten sie die Walfangstation in Stromness, 1300 Kilometer von der Elefanteninsel entfernt. Zwei Knaben, die mit erschrockenen Gesichtern vor den unerwartet auftauchenden zerlumpten Männer flohen, waren nach siebzehn Monaten ihr erster Kontakt mit der Außenwelt. Kapitän

Sørlle, der Leiter der Walfangstation, hatte Shackleton früher schon einmal getroffen, aber er erkannte ihn nicht.

»Wer sind Sie?« fragte er.

Die ruhige Antwort lautete: »Mein Name ist Shackleton.« Dann: »Ist der Krieg schon vorbei?«

Sie hatten das Unmögliche möglich gemacht. Als die norwegischen Walfänger, selbst unter Seemännern als harte Burschen bekannt, später die ganze Geschichte erfuhren, kam einer von ihnen nach vorn. Er legte seine Hand auf Shackletons Arm und erklärte in stockendem Englisch: »Dies sind Männer.«

»Wenn ich auf jene Tage zurückblicke«, sagte der Boss, »zweifle ich nicht daran, daß die Vorsehung uns leitete ... Ich erinnere mich, daß mir während des langen und zermürbenden 36-Stunden-Marschs über die namenlosen Berge und Gletscher Südgeorgiens oft schien, wir seien vier, nicht nur drei.« Er behauptete, Worsley und Crean hätten diese vierte Person auch gesehen. »Man spürt«, schrieb er, »den Mangel an richtigen Worten, die Unangemessenheit der menschlichen Sprache, wenn man versucht, Unfaßbares zu beschreiben, aber unser Reisebericht wäre unvollständig, wenn wir ein Thema, das uns so sehr am Herzen liegt, nicht ansprechen.«

Es erscheint nicht weiter verwunderlich, daß auch das bedeutendste Gedicht des 20. Jahrhunderts Bezug auf den Boss nimmt. In seinen Anmerkungen zu *Das Wüste Land* schrieb T. S. Eliot, daß Shackletons Erzählung ihn zu der folgenden Strophe inspirierte:

Wer ist der Dritte, der immer mir zur Seite geht?
Wenn ich zähle sind nur du und ich beieinander,
Aber wenn ich vorschaue auf die weiße Straße
Ist immer ein andrer, der neben dir geht,

Gleitet dahin in braunem Mantel, das Haupt verhüllt,
Ich weiß nicht, ob Mann oder Weib
– Aber wer ist das auf der andern Seite von dir?*

Was T. S. Eliot nicht wußte, war, daß die ganze Episode von der vierten Gestalt später erfunden wurde, um der Geschichte, bevor sie in Druck ging, einen spirituellen Anstrich zu geben.

Nach mehreren fehlgeschlagenen Versuchen brachte Shackleton seine Männer also schließlich in Sicherheit. Leonard Hussey, der Meteorologe, der bei den Gestrandeten blieb, berichtet in seinem Tagebuch, daß sie sich abends damit beschäftigten, aus »Marston's Kleinem Kochbuch« Rezepte vorzulegen und dann Verbesserungen und Abwandlungen vorzuschlagen. Es war eine anstrengende Zeit. Sie drohten Blackborow, ihn zuerst zu essen, falls die Robben und Pinguine ausblieben. Thomas Orde-Lees ging allen auf die Nerven, angeblich war er gemein und launisch. Schon vor der Elefanteninsel hatte Shackleton ihn insgeheim »Alte Dame« genannt. Er war hauptsächlich wegen seiner technischen Kenntnisse angeheuert worden und hatte in der Schweiz die Motorschlitten getestet.

An einem schwülen Nachmittag saß ich im SPRI in Cambridge und las unter den wachsamen Augen des Archivars Orde-Lees unveröffentlichte Aufzeichnungen, die er mit Bleistift zwischen Proviantlisten in ein kleines ledernes Kontobuch geschrieben hatte. Zu dem Zeitpunkt hatte ich schon sehr viele Tagebücher gelesen, aber wenn ich die zerfledderten Originale in der Hand

* Übers. v. E. R. Curtius, aus: Eliot, T. S. *Das wüste Land*. Frankfurt, 1951, 1975. – A. d. Ü.

hielt und die verkrampfte, hastige, krakelige Schrift voller Fett- und Wasserflecken sah, zogen sie mich jedesmal wieder in ihren Bann. Orde-Lees machte seinem Ruf als Quartiermeister noch über das Grab hinaus Ehre, denn ich fand eine Stopfnadel – ein wertvolles Hilfsmittel auf der Elefanteninsel – im knittrigen Bundsteg seines Tagebuches. Er hatte notiert: »Einige haben sich gegen mich verschworen, und Wild läßt sie einfach gewähren. Sie schimpfen mich Jude.« Hauptsächlich schrieb er über das Häuten von Pinguinen, aber als das Rettungsschiff auftaucht, wird sein Stil lebendiger. Die »Alte Dame« berichtet von der behelfsmäßigen Fahnenstange hinter dem Lager, an der sich die Fahne verklemmte, so daß Shackleton, der an Bord des Schiffes angestrengt nach ihnen Ausschau hielt, glaubte, sie wehe auf Halbmast und jemand wäre gestorben.

Die lange Heimreise nach England kostete Sir Ernest keinen Pfennig; er wurde von Königen und Präsidenten eingeladen. Die Massen liebten ihn, und Roland Huntford weist in seiner Biographie darauf hin, daß er ein beachtliches Talent für wirkungsvolle Auftritte hatte.

An einem anderen Tag in Cambridge, diesmal half mir der Archivar mit den wachsamen Augen, fand ich einen Haufen grüner und rosafarbener Flugblätter, die in Los Andes gedruckt worden waren, einer Stadt an der chilenisch-argentinischen Grenze. Auf den Zetteln stand in Spanisch und Englisch: »Shackleton ist der mutigste Mensch der Welt, er hat über die Naturgewalten triumphiert. Hosianna! Er ist ein Symbol für Tugenden wie Wahrheitsliebe, Vaterlandsliebe, Liebe zur Wissenschaft und zu den Menschen, der Inbegriff eines Helden, der die Menschheit ihrem Ideal näherbringt, sie über Leiden und Schicksalsschläge erhebt und zum Ruhm führt … Hosianna!«

Shackleton wachte wie eine Glucke über seine Männer und wußte um die Verfassung jedes einzelnen. Wenn jemand körperlich schwächer wurde, ließ er allen eine Extraration heiße Milch geben, ohne durchblicken zu lassen, wer sie gerade besonders nötig brauchte, damit der Betreffende von den anderen nicht ausgegrenzt wurde. Als Frank Wild das Gefühl in den Händen verlor, wollte Shackleton ihm unbedingt seine Handschuhe geben. Wild lehnte ab, doch Shackleton sagte zu ihm: »Wenn Sie sie nicht nehmen, werfe ich sie ins Meer.«

Seine Führerqualitäten hatte er in der harten Schule der Handelsflotte erworben, nicht in der hierarchisch gegliederten und abgeschlossenen Welt der Königlich Britischen Marine, und als er wieder zu Hause war, paßte er nicht in die Kreise der Polarforscher, weil ihm die soldatische Disziplin fehlte. Sein ganzes Leben lang jagte er neuen Plänen nach, einmal kandidierte er sogar als konservativer Abgeordneter des Wahlkreises Dundee für die Parlamentswahlen. Er war keineswegs perfekt, weder als Mann noch als Expeditionsführer. Er trank zuviel, rauchte zuviel und hatte Affären mit den Ehefrauen anderer Männer. Gerade deswegen war er ja so beliebt. Weil er einer von uns war. Hurley schrieb in seinem Tagebuch: »Sir Ernests Humor läßt morgens vor dem Frühstück einiges zu wünschen übrig.« Bei einem der Versuche, die Männer von der Elefanteninsel zu holen, war Shackleton, so Worsley, »menschlich genug ... um böse mit mir zu werden«, er benahm sich, als sei der aufkommende Sturm Worsleys Schuld. Letzterer sah das aber gelassen: »Mir machte das nichts aus; ich war froh, daß er seiner Enttäuschung irgendwie Luft machen konnte.«

Bevor er sich mit Scott und Wilson auf die erste große Schlittentour machte, hatte Shackleton nicht nur niemals zuvor ein Zelt aufgebaut, er hatte auch noch nie in einem Schlafsack geschlafen. Doch seine Männer waren ihm treu ergeben. Frank Wild, der nach Shackletons Tod die Leitung der Quest-Expedition übernahm, sagte am 13. November 1922 bei einer Zusammenkunft der Royal Geographic Society: »Ich bin in der einzigartigen Lage, seit meiner ersten Reise mit der *Discovery* allen britischen Antarktisforschern von Ruf gedient zu haben, daher kenne ich ihre Arbeit im Feld genau und aus erster Hand. Meiner Meinung nach kommt – was Führungsqualitäten, Organisationstalent, Mut im Angesicht der Gefahr und Einfallsreichtum bei Problemen anbelangt – Shackleton an erster Stelle und sollte als wichtigster Entdecker seiner Zeit eingestuft werden.« Apsley Cherry-Garrard, der mit Scott in den Süden ging, hat einen Vergleich angestellt, der seitdem von fast jedem Forscher in der einen oder anderen Form zitiert wird: »Für eine wissenschaftliche und geographische Forschungsfahrt gebt mir Scott, für eine Winterreise Wilson, für ein einfaches Rennen zum Pol Amundsen; und wenn ich in einer verfluchten Klemme stecke und herauskommen möchte, gebt mir bitte unbedingt Shackleton.« Die bewundernswerteste Entscheidung, die jemals in der Antarktis getroffen wurde, fällte der Boss. Das war bei der *Nimrod*-Expedition, als er, nur 155 Kilometer vom Pol entfernt, beschloß umzukehren.

Obwohl Shackleton wußte, daß der Südliche Ozean »so unerbittlich ist, daß es schon fast ans Unglaubliche grenzt«, war er unerschütterlich in seinem Optimismus, und seine Fähigkeit, in scheinbar aussichtslosen Situationen Hoffnung und Mut zu wecken, ist in der reichen Abenteuergeschichte der Menschheit fast beispiellos. »Unter diesen Bedingungen«, schrieb Frank Hurley, »bar jeder Hülle der Zivilisation, kommt der wirkliche

Mensch zum Vorschein … Als geborener Schriftsteller konnte er trotz aller Mühsal noch die Größe und Schönheit jener Urgewalten bewundern, die uns in diese ausweglose Lage gebracht hatten …«

Bei einer anderen Expedition hielt ein Teilnehmer in seinem Tagebuch fest: »Die Antarktis existierte für ihn nicht. Ihn beschäftigte die innere Welt, nicht die äußere.« Für den Boss war der Kontinent viel mehr als nur eine Masse Land. »Ich habe Ideale«, erklärte er, »und tief im Innern, in meinem eigenen Weißen Fleck, bin ich ein richtiger Romantiker.« Ja, Männer, wir werden wieder nach Hause kommen, das war seine Devise, und so schrieb er:

Aber unsere Herzen werden treu bleiben unserem Land im Süden,
Auch wenn wir wandern auf englischen Wiesen im Duft englischer Blüten,
Wenn der sanfte Südwind die Blätter schüttelt von den Dornen
Und vom Kelch der Wildrose weht das glitzernde Geschenk des Morgens,
Und wenn der rote Mohn hervorlugt zwischen dem goldenen Weizen,
Während die stärkeren Herbstwinde nahen mit ihren strengeren Reizen,
Und wenn die Felder voll Schnee, die Bäume vom Froste rauh,
Wandern unsere Gedanken wieder nach Süden, erinnern wir uns an Zeiten grau,
Lassen unsere Träume uns wieder durchleben den Kampf mit der eisigen Scholle …
Wir werden träumen von tosenden Sturmwinden, den Vögeln auf ihrer Flucht nach Norden,

Den magischen Farben des Zwielichts, der Düsternis
einer Nacht ohne Morgen …
Und wenn, in schwindendem Feuerschein, wir diese
Seiten wenden,
Werden wir denken, wie wir sie beschrieben, an jenen
entlegenen südlichen Enden,
Widerstrebend nur wird das Buch geschlossen, doch
unsere Gedanken schweifen …
Der Griff des Frostes mag grausam sein und fest sein
eisiger Halt,
Doch er schweißte unsere Herzen zusammen in jener
Dunkelheit finster und kalt.

Der Krieg hing wie eine Gewitterwolke über der *Endurance*-Expedition. Als er erklärt wurde, wollte der Boss die gesamte Expedition der Admiralität unterstellen. Sein Telegramm kam mit dem knappen Vermerk »Weitermachen« zurück. Über die Monate und Jahre auf dem Eis schrieb Shackleton in *South:* »Der Krieg war ein ständiges Diskussionsthema … und während der langen Monate des Driftens wurden auf der Karte so manche Schlachten geschlagen.« Als er schließlich von den Kriegsgreueln erfuhr, notierte er: »Wir glichen Männern, die von den Toten auferstanden waren, um in eine Welt zurückzukehren, die verrückt geworden war«, und als er auf dem Heimweg in Australien Station machte, hielt er eine flammende Rede vor australischen Männern, bei der er sein ganzes rhetorisches Talent nutzte, um sie zum Kampf aufzurufen, dabei entstand die Analogie vom »weißen Krieg in der Antarktis und dem roten Krieg in Europa«. Wie Scott wurde auch Shackleton zum Nationalhelden gemacht, um die Moral der Truppen zu stützen. Nachdem sich die Neuigkeit von der dramatischen Rettung verbreitet hatte, war in einer

Zeitung zu lesen: »Solange Engländer solche Taten vollbringen, brauchen wir nachts nicht wachzuliegen aus Furcht vor den Jungs der Dachshunderasse.« Conan Doyle schrieb: »Mit acht Shackletons könnten wir acht Schlachtschiffe besiegen.« Von den Männern, die auf der Elefanteninsel ausgeharrt hatten, zogen alle ohne Ausnahme nach der Heimkehr in den Krieg, und Shackleton widmete *South* »Meinen Kameraden, die im weißen Krieg des Süden fielen, und auf den roten Feldern von Frankreich und Flandern«.

Selbst in Friedenszeiten wurde die Erforschung des Kontinents oft mit einem Krieg gleichgesetzt. Admiral Byrd, einer der berühmten Pioniere der amerikanischen Antarktisforschung, schrieb in seinem 1935 in Amerika erschienenen Buch *Discovery:* »Die Antarktis war in mancher Hinsicht wie Krieg«, und nachdem er eine Liste mit den Namen von Feldlagern aufgezählt hat, fährt er fort, »diese Namen sollten sich meinen Männern so unauslöschlich einprägen wie die Namen hartumkämpfter Örtlichkeiten den Soldaten«. Als Frank Hurley nach der *Endurance*-Expedition seine erste Nacht in London verbrachte, wurde die Stadt bombardiert. So endet sein Tagebuch: »Dem Kampf mit der Natur entkommen, war es uns bestimmt, unseren Platz in einem Kampf der Nationen einzunehmen. Das Leben besteht eben aus einer langen Reihe von Konflikten.«

Nach meiner Rückkehr aus dem Tal machte ich mich daran, eine Reise von McMurdo zum Kap Royds zu organisieren, um zu Shackletons Hütte zu gelangen, bevor das Meer-Eis wegschmolz. Ann, die langhaarige Photographin, wollte Bilder vom Inneren der Hütte machen.

»Du kümmerst dich um die Ausrüstung und den Proviant«, sagte sie in ihrem Südstaatenakzent, »und ich besorge uns eine Transportmöglichkeit.«

Die Lebensmittelläden wurden von einer großgewachsenen Frau namens Sarah geleitet. Sie hielt sich immer sehr gerade, hatte klare Augen, lange Haare und ein Engelsgesicht. Seit fünf Jahren rüstete sie die Außenposten mit Essen und Trinken aus. Sie führte hauptsächlich Dosen und getrocknete oder gefrorene Nahrung, obwohl per Flugzeug auch einige Frischwaren aus Neuseeland kamen.

»Im Augenblick empfehle ich recht gern getrocknete Feigen«, erklärte sie, »denn man hat mir anstatt der 90 Pfund, die ich bestellt habe, 900 Pfund geschickt.«

»Essen die Menschen bei dieser Kälte mehr?« fragte ich, während ich an den Regalen entlangwanderte, um Saftkartons und Reißverschlußtüten mit Expeditionsnahrung herauszusuchen.

»Sicher – das müssen sie auch. Mir fällt sogar auf, daß sie in einer warmen Saison viel weniger essen als in einer kalten«, sagte Sarah. »Das macht meine Arbeit recht schwierig, denn ich muß meine Bestellung 18 Monate im voraus aufgeben.«

Das Essen spielt in einer Gegend, in der es so wenige Annehmlichkeiten gibt, eine unglaublich wichtige Rolle. In seinem 1977 erschienenen Buch *Life at the Bottom* erwähnt der amerikanische Journalist John Langone einen U-Boot Kommandanten, der in der Antarktis überwinterte und berichtete, daß seine Männer von einem kollektiven Wahn befallen wurden. Die richtige Zubereitung der Mahlzeiten bekam einen ungeheuren Stellenwert, denn Essen diente als Ersatz für Sex. In der Pionierzeit nahm man sich viel Zeit für erfindungsreiche Gerichte. Ein Mann machte sich bei den anderen außerordentlich beliebt, weil es ihm gelang, den Erbsen etwas

Minzgeschmack zu verleihen; erst Jahre später gestand er, daß er Zahnpasta in den Topf gemischt hatte. Die an Weihnachten und am Mittwintertag servierten Menüs wurden in allen Einzelheiten beschrieben und aufgelistet. Während der harten Schlittenreisen spielten sie das Spiel »Wem gehört diese Portion?«, wenn das Essen ausgeteilt wurde. Jemand mußte die Augen schließen, bekam einen gefüllten Teller in die Hand und sagte dann einen Namen, so konnte man dem Koch keine Ungerechtigkeit vorwerfen. Eigentlich war das gar kein Spiel, sondern ein Mittel, um den Frieden zu wahren. Wurden die Rationen knapper, fingen sie an, von Essen zu träumen, und beklagten öffentlich und bitterlich, daß sie damals, vor zehn Jahren, irgendeinen Nachschlag nicht angenommen hatten.

Heutzutage verstecken die Bewohner der antarktischen Außenlager absichtlich ihre Schokolade, damit sie nicht zuviel davon essen.

Wir hatten gepackt, getankt und waren bereit zur Abfahrt zu Shackletons Hütte; Ann sprach noch kurz mit den Funkern, während ich den Ölstand kontrollierte. Unterwegs stiegen wir abwechselnd aus, um mit einem Bohrer die Eisdicke zu testen. Mitte Dezember fängt das Eis auf dem Meer vor dem Stützpunkt zu schmelzen an.

»Wenn es dünner wird als achtzig Zentimeter«, sagte sie, »kehren wir um oder suchen uns einen anderen Weg.« Aber das war nicht nötig.

Nach etwa zweieinhalb Stunden Fahrt vorbei an den Robben auf der Big Razorback-Insel, an Scotts Hütte auf Kap Evans und vorbei auch am ascheverschmierten Barne-Gletscher ließen wir unser Schneemobil in der Nähe eines großen Eisberges stehen und wanderten immer dem stechenden Geruch der Pinguine nach über das Eis zu dem Vulkanhügel, der das Kap bildete. Wenn man einzelne Vögel beim Spaziergang antraf, konnte man eigentlich gar nichts riechen, aber Zehntausende von ihnen auf einem Fleck stanken wie eine Ammoniumfabrik. Als wir oben auf dem Hügel angekommen waren, sahen wir Shackletons schlichte braungelbe Hütte, die sich in eine Mulde schmiegte, und dahinter standen Tausende von Adélie-Pinguinen vor dem großartigen Panorama des Transantarktischen Gebirges.

Ein Pinguinpaar nistete oben auf einem Rad des 15-PS-Autos, das Shackleton in den Süden gebracht hatte und das somit das erste Motorfahrzeug in der Antarktis wurde, und der Kadaver eines Hundes, über den sich die Skuas schon hergemacht hatten, war am Boden der Hundehütte festgefroren. Ich öffnete die Tür und trat in den winzigen Vorraum. Die Hütte war kleiner als die von Scott, etwa neun mal sechs Meter, und da alles um die Mitte herum gestapelt war, erschien sie offener.

Ebenso wie die anderen Hütten war auch sie in London gebaut, in Fertigteile zerlegt und dann in den Süden verschifft worden. Die Wände bestanden aus glatten Holzplanken, und der Raum war spärlich möbliert; es gab Packkisten, einen niedrigen Tisch und gegenüber der Eingangstür einen großen schmiedeeisernen Herd, der durch ein dickes Ofenrohr mit dem Dach verbunden war. Ein Paar Schlittenkufen hingen von den Dachsparren, und ein Sortiment Becher, Pfannen und Lampen lag in den wackligen Regalen hinter dem Herd. Eine Tür in der Ecke direkt neben dem Eingang führte in einen kleinen, fensterlosen Vorratsraum. 1916 hatte Ernest Joyce drei Monate dort verbracht, um Pinguine zu studieren, und er, oder jemand anders, hatte auf die Kisten an einer Seite der Hütte mit großen Buchstaben *Joyces Schule für Häutungen* geschrieben.

»Willst du nicht die Nationalhymne singen?« lästerte

Ann, während sie auf das Porträt von König und Königin deutete, das eine Seitenwand zierte. Ohne die Antwort abzuwarten, ging sie zu einer Reihe Dosen, die auf einem Regal hinter dem Herd standen.

»Was ist ›Irish Brawn‹?« fragte sie.

»Es sieht aus wie Brot, ist aber Schweinskopf in Gelee«, erklärte ich.

»Das eßt ihr wohl gern, was?«

»Nicht gerade täglich«, entgegnete ich.

Überall in der Hütte hingen Postkarten – ein Bild von einem Bauern aus elisabethanischer Zeit und B. D. Sigmunds »Die Glocken von Ouseley«. Auch ich hatte auf meinen Reisen immer ein paar Lieblingsbilder dabei. Normalerweise stellte ich sie dort auf, wo ich gerade schlief. Wahrscheinlich erinnern sie mich daran, wer ich bin, so wie die ramponierten Photos, die Geschäftsmänner in ihren Brieftaschen mit sich herumtragen. Nur zeigten meine keine rotwangigen Kinder, es waren Motive, die mich einmal bewegt hatten und die nun in der alltäglichen Bilderflut zu wohltuenden und vertrauten Ruhepunkten geworden waren. Meist ging es dabei um menschliche Grundthemen, wie etwa in Botticellis »Die Geburt der Venus« oder Stanley Spencers »Auferstehung«*, aber auch Manets langweiliges altes Gemälde »Vase mit Pfingstrosen und Untersatz« war dabei.

»Ich könnte es hier aushalten«, sagte Ann, während sie ihr Stativ in einer Ecke aufstellte.

»Besonders wenn er hier wäre«, fügte ich hinzu. »Ich hätte gern zu seiner Mannschaft gehört.«

»Was, lieber als zu der Scotts?« neckte sie mich.

---

* Von den zahlreichen Künstlern, die die Auferstehung zum Thema nahmen, führt nur Spencer den Betrachter zum Himmel. Sein Christus urteilt nicht. Ich liebe dieses Bild.

»Viel lieber«, bestätigte ich. Ich saß am Kopfende des niedrigen Tisches mitten im Raum.

»Lächeln!« rief Ann, bevor sie es blitzen ließ.

Als ich noch in England war, hatte ich an einem verregneten Augustnachmittag Shackletons größten lebenden Bewunderer getroffen. Er hatte mich in sein abgelegenes Haus im Südosten Londons gebeten, und ich mußte mir durch tropfende Zweige hindurch einen Weg dorthin bahnen. Als ich schließlich ankam, hatte er unsere Verabredung vergessen. Harding Dunnett war ein rüstiger Achtziger, und er meinte selbst: »Heutzutage würde man mich wohl einen alten Seemann nennen.« Er war zur gleichen Schule gegangen wie Shackleton und hatte als Schuljunge 1924 miterlebt, wie die *James Caird*, die aussah wie ein ganz gewöhnliches altes Ruderboot, in dem Institut ankam. Das Boot war dem Dulwich College von einem Förderer Shackletons, John Quiller Rowett, vermacht worden, einem anderen Ehemaligen, der ebenfalls mit Shackleton zur Schule gegangen war. Er wollte das kleine Boot los sein. Die Schuljungen wußten nichts von ihrem berühmten Vorgänger. »Scott war der Mythos«, erzählte Harding, »selbst in Dulwich.« Das Boot wurde an das Schiffahrtsmuseum verliehen, und als man es dort auch nicht mehr haben wollte, gab man es der Schule zurück, die keinen Platz dafür hatte und es schließlich bei den Rasenmähern unterbrachte.

Während Dunnett an einem Buch über berühmte ehemalige Schüler des Dulwich College arbeitete, entdeckte er zufällig den Namen Ernest Shackleton. »Das war wie eine Offenbarung.« Dunnett machte es sich zur Aufgabe, den Ruf seines Helden wiederherzustellen und gründete die »James Caird Society«, der ich auf der Stelle beitrat. Im darauffolgenden Jahr verbrachte ich viele vergnügliche Abende im Nordflügel des Dulwich College, wo im Angesicht des restaurierten Bootes zu Ehren seiner ehemaligen Besatzung Essen stattfanden. Ich konnte mich des Eindrucks nicht erwehren, daß die anderen Mitglieder zwischen den Trinksprüchen »Nieder mit Scott!« murmelten. Um bei meinen Forschungen objektiv zu bleiben, hatte ich versucht, auch in die »Captain Scott Society« aufgenommen zu werden, aber sie wollten mich nicht – sie nehmen überhaupt keine Frauen. Die Gesellschaft hatte ihren Sitz in Cardiff, und einmal war Beryl Bainbridge als Gastrednerin zu einem ihrer Essen eingeladen worden. Weder durfte sie die Toilette benutzen noch wurde ihr das Rauchen gestattet. Sie reiste früh am nächsten Morgen ab, noch bevor die anderen aufgestanden waren (obwohl man ihr inzwischen den Besuch der Toilette erlaubt hatte).

Shackleton war Dunnetts Lebensinhalt geworden. »Zur Hölle mit Scott!« rief er mir nach, als ich in den tropfenden Büschen verschwand, und indem er sich an die Stirn tippte, fügte er hinzu: »Dem fehlte doch was.«

Eines Tages klebte an meiner Bürotür eine Einladung zur Weihnachtsfeier im »Bewegungs-Kontrollzentrum«. Trotz des eigenartigen Namens spielte das Zentrum eine wichtige Rolle als eine Art Flughafen auf dem Eis. Für eine Party war es genau das richtige, denn eigentlich handelte es sich um einen Hangar, in dem jetzt ein Christbaum aufgestellt war, der etwa die Größe der kalifornischen Redwoods hatte, unter denen man mit dem Auto hindurchfahren kann. Man hatte ihn aus Fallschirmen zusammengebastelt. Es herrschte großes Gedränge, und an provisorischen Tischen konnte man Bier und Pizza kaufen. Trotzki erschien aus dem Dunkeln, er lachte wieder einmal laut über einen schlechten Witz.

Momentan arbeitete er auf dem Meereis, was bedeutete, daß er jetzt bald nach Hause fuhr.

»Wenn das Schmelzen einsetzt«, erklärte er, »habe ich nichts mehr, woran ich arbeiten kann.« Der Flug seiner LC-130 nach Christchurch wurde seit drei Tagen immer wieder verschoben.

Er sprang auf und fing an, eine Frau über den Tanzboden zu schleudern. Der Mann, der das Bier verkaufte, hob die Augenbrauen.

»Wenn diese Beaker alle Proben gesammelt haben, bleibt ihnen einfach nichts mehr zu tun!« schrie er. »Dann schlafen sie den Tag über, und nachts feiern sie.« »Beaker« ist eine Puppe aus der »Sesamstraße«, doch der Name wird mittlerweile für Wissenschaftler im allgemeinen benutzt. Ob er abwertend gebraucht wurde oder nicht, hing vom Zusammenhang mit irgendwelchen Vorgängen und von der Einstellung des Sprechers ab. Ich gewöhnte mich jeden Tag mehr an die Kultur der Amerikaner, aber ich hatte immer noch sprachliche Schwierigkeiten. So dachte ich zum Beispiel »Kool Aid« sei ein antarktischer Wohlfahrtsverein, bis jemand mir eine Dose Himbeersaft vorsetzte.

Unterdessen hatte eine blühende Laborkunst die Ohrringsammlung in meinem Büro anwachsen lassen. Im Crary betrachtete man mich als Bindeglied zwischen Kunst und Wissenschaft, und die Wissenschaftler versuchten, sich bei der Herstellung von Ohrringen aus ihren Arbeitsmaterialien gegenseitig zu übertreffen. Ein Paar bestand aus einer Traube leuchtender Mikrozentrifugenröhrchen, ein anderes aus zwei winzigen Phiolen mit Gletscherwasser, mehrere waren aus glitzernden zickzackförmigen Plastikködern gefertigt, und so fort.

Eines Morgens wachte ich um fünf Uhr auf und sah meine Zimmergenossin vollständig bekleidet am Fenster stehen. Unsere Wege kreuzten sich nur selten, da wir beide mehr Zeit im Feld als auf der Station verbrachten und auch sonst ein recht unstetes Leben führten.

»Gehst du weg?« fragte ich.

»Nein«, antwortete sie, »ich bin gerade gekommen.«

Auf der Karte, die ich benutzte, verliefen die senkrechten Linien nicht parallel. Sie bewegten sich stur auf 90 Grad Süd zu, und mich drängte es immer mehr, ihnen zu folgen und den Pol zu erreichen, wo sich alle trafen. Ich beschloß, mich einzig auf dieses Ziel zu konzentrieren und mich nicht zu verzetteln, und so gelang es mir, für Ende der Woche einen Platz in einem Versorgungsflugzeug zu bekommen.

In der Wartezeit übte ich mit meinen Langlaufskiern. Ich konnte nicht besonders gut damit umgehen, aber immerhin verhalfen sie mir dazu, den Süden der Ross-Insel recht genau kennenzulernen. Glücklicherweise hatte ich einen sehr guten Skilehrer gefunden. Felix gehörte zur Betriebsmannschaft, arbeitete schon sehr lange in der Antarktis und umging seit Jahren die strikten Regeln, die in McMurdo in puncto »Sicheres Reisen« eingehalten werden mußten. Eines Tages machten wir uns auf den Weg zur Piste. Das ist eine Landebahn auf dem Gletschereis, die mit gepreßtem Schnee bedeckt ist. Die »Eisbahn«, die es in McMurdo auch noch gibt, besteht aus Meereis, von dem der Schnee entfernt wird. Während ich hinter ihm herkeuchte, erzählte Felix Geschichten von seinen verbotenen Ausflügen auf dem Eis. Er bezeichnete diese Eskapaden als »Einsätze«.

»Ich gehe immer Samstag abend los«, sagte er, »wenn alle schlafen. Damit ich keinen Verdacht errege, verstecke ich meine Ski normalerweise am Tag vorher in der Nähe von McMurdo hinter einem Felsen.« Wie alle echten Außenseiter hatte er seinen eigenen Schlafsack und seinen eigenen Biwacksack mit in den Süden genommen, außerdem noch ein Minifernglas, mit dem er den Horizont nach Menschen absuchen konnte, die ihn vielleicht verraten würden, wenn sie ihn trafen.

»Was passiert, wenn du tatsächlich Menschen entdeckst?« fragte ich.

»Ich verstecke mich hinter einem Schneehügel, bis sie weg sind.«

Einmal war Felix allein auf den Erebus gestiegen.

»Um Mitternacht nahm ich mir ein Schneemobil, und um drei Uhr morgens, in einer Höhe von etwa 2400 Meter, wie ich später berechnete, blieb es liegen. [In ungefähr dieser Höhe müssen Schneemobilvergaser neu eingestellt werden.] Ich kletterte neun Stunden weiter. Als ich auf dem Gipfel stand, halluzinierte ich. Ich ging halb um den Krater herum, dann wurde das Gelände unwegsam, und ich bekam es mit der Angst. Ich wußte, daß ich rettungslos verloren war, wenn ich mir auch nur den Knöchel verstauchte – aber trotzdem halte ich es für das Beste, was ich je gemacht habe.«

Felix ging früh nach McMurdo zurück, und ich blieb allein auf dem Eis. Es war schon fast Mitternacht, als ich mich auf den Heimweg machte, und die Temperatur bewegte sich um den Gefrierpunkt. Der leuchtend blaue Himmel wurde von einem verschlungenen Wolkenband durchzogen, und blendendes honiggelbes Sonnenlicht brach sich an den Transantarktischen Bergen. Als ich anhielt, um meine Brille abzunehmen, war mir, als hätte ich aus den Augenwinkeln etwas gesehen …

Einige Zeit, bevor ich in den Süden kam, hatte ich eine Reihe von Radiointerviews gegeben, um mein kürzlich erschienenes Buch über Chile vorzustellen. Beim ersten Interview in Manchester stellte die Reporterin mir eine ausgefallene Frage zum Wesen der Angst. Sie wollte wissen, wie ich allein in den Hochanden herumreisen konnte, noch dazu in vorsintflutlichen bolivianischen Lastern, die bis obenhin voll waren mit geschmuggelten Drogen. Ich war überrascht, wie eindringlich sie mich befragte, so als sei sie überzeugt davon, mir ein Geheimnis entlocken zu können, dessen Aufdeckung es allen Frauen ermöglichen würde, sich die Schürzen vom Leib zu reißen und nach Südamerika zu verschwinden. Ich wußte nicht so recht, was sie von mir wollte, und nach dem Interview kam es weder zum Zusammenbruch des Verkehrs noch zu einem Sturm auf den Flughafen; die Frauen von Manchester hatten es offenbar nicht allzu eilig, den Atlantik zu überqueren.

Im Laufe der nächsten Wochen wurde ich immer wieder gefragt: »Hatten Sie denn keine Angst, so ganz allein?« Ich war selbst erstaunt, festzustellen, daß ich mich nie gefürchtet hatte, nicht einmal in den schlimmsten Momenten. Daraufhin nahmen die Journalisten an, ich sei eine Verrückte – keine gefährliche Verrückte, sondern eine von der netten, naiven Sorte, so wie jene viktorianischen Damen, die im Tweed-Kostüm mit der Fliegenklatsche in der Hand Afrika unsicher machten, während ihnen dreihundert schwerbeladene »Eingeborene« das Gepäck hinterhertrugen.

Was mir nie gelang, so richtig zum Ausdruck zu bringen, war, daß ich mich vor anderen Dingen fürchtete, und zwar so sehr, daß nichts, was mich in den chilenischen Anden hätte gefährden können, mir ernsthaft Sorgen bereitete. Mein ganzes Leben lang, oder doch zumindest seit meinem achten Lebensjahr, als ich auf der Heimfahrt vom Urlaub in Cornwall stundenlang auf den grünledernen Vordersitzen unseres ersten Autos ausharrte, geraten die Gedanken, die mir im Kopf herumgehen, immer wieder in Aufruhr und verwirren sich zu einem Knäuel tiefsitzender Ängste; dann lähmt mich die Furcht, mein Mund wird trocken, meine Hände zittern, und der Himmel verliert jede Farbe.

Das kann man mit Worten kaum schildern. »Aha, und wieso rebellieren Ihre Gedanken?« hätten die Reporter verständlicherweise nachgehakt, während sie ihre Spickzettel überflogen.

Meine Gedanken kreisen bevorzugt um das Elend des Menschseins. Auslöser für eine Krise kann ein alter Mann sein, der ein Paket Tee ins Supermarktregal zurückstellt, nachdem er den Preis entziffert hat; oder eine junge mongoloide Frau, die aus dem verschmierten Fenster der Tagesstätte in der Nähe meiner Wohnung starrt, weil sie nichts anderes zu tun hat; oder noch ein Besuch bei noch einem Freund in einem der vielen AIDS-Zentren, in denen man dem Verfall junger Männer beiwohnen kann, bis sie schließlich von einem aus der nicht abreißenden Kette Neuinfizierter ersetzt werden.

Wie so viele andere Menschen war auch ich über diese Dinge traurig und entsetzt. Sie machten es einem schwer, die Kraft zum Weitermachen aufzubringen – es erschien einfach sinnlos. Mein Schmerz hauste nicht an einem längst vergessenen Ort fern der Heimat, sondern gleich um die Ecke in den schmutzigen Straßen Londons; er offenbarte sich in einer Geste, wenn irgend jemand etwas aß, ein Fenster öffnete oder einfach nur traurig vorbeiging. Angesichts der Tatsache, daß die meisten Menschen ihrem elenden und unglaublich tragischen Schicksal nicht entrinnen können, war es schwer, kein Pessimist zu sein. Manchmal fürchtete ich, ich müsse mein Leben lang unter Depressionen leiden, jener Form von Depressionen, bei denen man sich fühlt, als hätte man einen Haufen Ziegelsteine auf der Brust und ersticke daran. Mein Geist würde niemals zur Ruhe kommen (dachte ich dann), ich würde niemals irgend etwas Sinnvolles tun und schließlich wie viele, die ich kannte oder von denen ich gehört hatte, mit einem Nervenzusammenbruch enden. Wie ich mich auch drehte und wendete, meiner melancholischen Veranlagung konnte ich einfach nicht entfliehen.

Das alles war schon erschreckend genug, aber es wurde noch viel schlimmer, wenn die kreisenden Gedanken sich mit meiner Hauptangst beschäftigten. Solange es einen Gott im Himmel gab, war die Welt noch in Ordnung; so wie es die Katholische Kirche vor dem Zweiten Vatikanischen Konzil in den 60er Jahren in den südamerikanischen Slums zu predigen pflegte: »Das Leben in dieser Welt ist zwar schrecklich, aber haltet lieber den Mund und findet euch damit ab, denn in der nächsten Welt wird alles besser.« (Ich gebe ja zu, daß das nicht die genauen Worte waren, doch gemeint war es so.) Eigentlich habe ich nie Probleme mit dem Glauben gehabt. Ich glaube schon viele Jahre an Gott. Einen Gott, der sich in jedem Stadium meines Lebens neu definierte, der eher in mir zu leben schien als im Himmel oder an der Decke der Sixtinischen Kapelle. Dieser Gott trug selbstverständlich keinen langen weißen Bart. Wenn einer der Radioreporter mich direkt gefragt hätte: »Wovor fürchten Sie sich?« hätte ich ihm sofort mit vier Worten antworten können: »Meinen Glauben zu verlieren.« Manchmal hatte ich Anzeichen davon verspürt, wenn der alte Mann mit der Teepackung und das verschmierte Fenster der Tagesstätte und die Warteschlange des AIDS-Zentrums mich zu tief in die Verzweiflung stürzen ließen. Alles, was ich sagen kann, ist, daß mich dann siedendheiße Angst überkam. Dagegen ist die Vorstellung, daß ich auf eine Bande bolivianischer Lastwagenfahrer ähnlich reagieren könnte, ebenso abwegig wie der Vorschlag, daß ich mir nur Flügel an die Ski zu machen brauchte, um nach McMurdo zu fliegen.

In der Antarktis erwuchs aus dem Wirrwarr von Gedanken und Gefühlen und intellektuellen Vorlieben, die ich in meinem bemützten Haupt barg, eine Gewißheit. Und das war es wohl, was ich aus den Augenwinkeln gesehen hatte. Es war keine Antwort, oder die Art von Erlösung, die man verspürt, wenn man Heilsalbe auf einen Sonnenbrand streicht. Es war etwas, das alles andere – alles, was nicht zur Antarktis gehörte – in die richtige Perspektive rückte. Es kam mir vor, als würde ich durch ein langes Teleskop schauen und eine neue Sicht der Welt bekommen. Alles hier strahlte Harmonie aus. Die Landschaft war unberührt, ursprünglich und unvorstellbar groß. Es gab keinen Tages- und Nachtrhythmus, der uns Erdlingen in der gewohnten Umgebung eine unvermeidliche Routine aufzwang. Es gab keine Hungersnöte und keine sozialen Unruhen. Der Kontinent genügte sich selbst und war vollkommen unbeeinflußt von der unabwendbaren Tragödie des Menschseins. Vor mir lag eine Welt ohne Unordnung: keine lärmenden Hupen, keine überquellenden Abfallkörbe, keine Gasrechnungen – es gab kein einziges Zeichen menschlicher Anwesenheit.

Sie könnten vielleicht fragen, warum ich nicht in die Moore von Yorkshire oder die Wüste von Nevada ging, wenn »alles«, was ich wollte, unberührte Natur war. Das wäre viel einfacher gewesen. Ich hatte diese Orte besucht, und auch viele andere, aber die Größe, die Eigenständigkeit und die überwältigende Schönheit machten die Antarktis zu etwas Besonderem, das die kreisenden Gedanken zur Ruhe kommen ließ, wenn auch nur für kurze Zeit. Ich wußte, daß ich meinen Dämonen im Laufe meines Lebens wieder und wieder begegnen würde. Aber immerhin hatte ich einen Blick auf eine Welt erhascht, in der alles einen Sinn hatte. Gott erschien mir nicht in einer bestimmten Gestalt oder Form – eigentlich wurde er sogar weniger greifbar. Aber ich vernahm eine kleine, feine Stimme. Und ich hatte mich noch nie so sicher gefühlt. Hier war ich mir sicher, daß eine höhere Macht existierte und daß jede Seele Teil eines harmonischen Universums ist und daß der menschliche Geist sich über Armut, soziale Benachteiligung und die lähmende Unausweichlichkeit der Todes erheben kann. Zum erstenmal in meinem Leben fühlte ich die Angst nicht mehr wie ein wildes Tier hinter verschlossener Tür allzeit sprungbereit lauern. Es war, als wäre ein Licht angegangen und als hätte ich dem Tier in die Augen geblickt.

All das ereignete sich in einer Sekunde. Ich habe festgestellt, daß oft die Sekunden das Wichtigste sind. Sie können viel bedeutsamer sein als Stunden. Der Verstand ist zu langsam, um innerhalb von Sekunden zu reagieren, deshalb ist der Weg frei für den Instinkt – oder auch nur für einen Funken psychischer Energie, der durch eine Synapse jagt. Was ich gesehen hatte, hinterließ in mir ein tiefes und warmes Gefühl der Ruhe und ein geistiges Wohlgefühl ähnlich dem Nachglühen einer Sternschnuppe.

6. KAPITEL

Am Südpol

> Großer Gott! Und an diesen entsetzlichen Ort haben wir uns mühsam hergeschleppt und erhalten als Lohn nicht einmal das Bewußtsein, die ersten gewesen zu sein … Jetzt handelt es sich um schleunigen Rückmarsch! Es gilt einen verzweifelten Kampf.
>
> Aus Scotts Tagebuch, Januar 1912

Der einzige Passagier, der außer mir mit dem Transportflugzeug zum Südpol fliegen sollte, war ein junger Physiker aus Boston. Auf dem Weg zur Startbahn auf dem Eis erzählte er mir, daß er schon einmal im Süden gewesen sei und sich freue, jetzt ein ganzes Jahr am Pol verbringen zu dürfen. Er erinnerte mich an einen tapsigen jungen Hund.

Die Sonne schien, und die Eispiste war voller Pfützen. Am nächsten Tag, dem 17. Dezember, sollte der Flugverkehr auf die festere Bahn des Willy-Feldes verlegt werden. In einer Blechhütte auf Stelzen mußten wir auf den Abflug warten. Im Warteraum gab es einen Trinkwasserbehälter, einige blaue Plastikstühle mit Sitzpolster, die übliche verwirrende Anzahl von Mülltonnen und eine Schachtel mit gelben Ohrstöpseln. Die Wände waren nackt bis auf zwei leuchtend bunte Müllsortierungsposter, und der blaue Linoleumfußboden lag voller Schneematsch. Nachdem wir uns hingesetzt hatten, reichte der Physiker mir ein Photo von seinem Teleskop am Pol. Er hatte einen ganzen Packen davon in der Tasche.

Wir konnten unsere Maschine schon auf dem Eis stehen sehen; sie hing an nabelschnurähnlichen Benzinschläuchen und wurde von kleinen khakifarbenen Männchen gewartet. Nach einer Stunde erschien der Pilot und verkündete, daß »alles startklar« sei. Wir machten uns auf den Weg zur Gangway der Herkules. Auf der Fluginformationstafel stand in großen Lettern »Nur noch acht Einkaufstage bis Weihnachten«. Wir zwei waren ganz allein in dem höhlenartigen Rumpf, und als wir uns in den roten Netzsitzen anschnallten, erschien ein Mitglied der Besatzung und sagte: »Wenn ein Notfall eintritt und ihr aussteigen müßt, nehmt ihr den erstbesten Weg, der sich euch bietet.«

Direkt nach dem Start winkte man mich ins Cockpit hinauf, in dem ich während des ganzen Fluges blieb. Ein Besatzungsmitglied reichte mir einen Styroporbecher mit Kaffee, auf dem stand: »Noch 1360 Kilometer.« Durch ein Wolkenfenster flogen wir auf den Beardmore-Gletscher zu, und geradeaus vor uns ragten die Gipfel des Transantarktischen Gebirges in den Himmel. Scott und seine Männer gelangten über diesen Gletscher auf die polare Hochebene. Im Cockpit war es heiß, deshalb döste ich ein bißchen und träumte von kleinen Porzellanfiguren aus Uromas Zeiten.

Die zehn Männer der Ross-Meer-Abteilung hatten ihre Schlitten mehr als 2400 Kilometer weit über diesen Teil des Kontinents gezogen; einige von ihnen waren zwei Jahre unterwegs, ohne sich zu waschen oder die Kleidung zu wechseln. Auf diesem Eis hatten sie Vorratslager für Männer angelegt, die niemals kamen;

Lager, die immer noch da waren und sich auf einer Strecke von 640 Kilometern aneinanderreihten. Sie gehörten zur Britischen Transantarktis-Expedition, und ihre Abteilung, geführt vom einäugigen Aeneas Mackintosh, deponierte von der Küste bis zum Fuße des Beardmore-Gletschers Vorräte für die sechs Männer, die, wie man annahm, unter Shackletons Leitung gerade den Kontinent von der anderen Seite her überquerten. Am Kap Evans war für die drei, die in der Antarktis geblieben waren, ein Kreuz aufgestellt worden, an einem Platz, den sie »Windfahnenhügel« genannt hatten. Der Ross-Meer-Abteilung wurden in der Heimat nie Denkmäler errichtet. Ein Grund dafür war, daß die Überlebenden mitten im Weltkrieg zurückkehrten.

Ähnlich wie Scott glaubten sie nicht, daß ihre Anstrengungen umsonst gewesen waren. Dick Richard, der Physiker im Team, schrieb später: »Daß der Kampf unnötig war, das Opfer sinnlos, spielte am Ende keine Rolle. Ein Unternehmen, das zum Abschluß gebracht wird, ist für mich niemals zwecklos. Und deshalb war unser Ringen nicht vergebens, sondern ein Triumph des menschlichen Willens.«

Am 6. Mai 1915, noch bevor sie die gesamte Ausrüstung ausgeladen hatten, wurde das Schiff von einem Sturm fortgetrieben. Aus der Leinwand der Zelte, die Scott in der Hütte am Kap Evans zurückgelassen hatte, nähten sie sich Hosen. Später wurde Mackintosh krank, und an seiner Stelle übernahm Ernest Joyce das Kommando, ein schwieriger Mann, den Shackleton angeheuert hatte, nachdem er ihn in einem Bus am Rekrutierungsbüro in London hatte vorbeifahren sehen. (Wie das im einzelnen geschah, kann ich nicht sagen. Ich stelle mir gern vor, daß Shackleton, als er aus dem Bürofenster schaute und Joyce entdeckte, der nichtsahnend auf dem

Oberdeck saß, eine Eingebung hatte. Shackleton sah in ihm den richtigen Mann und lief dem Bus hinterher, bis er aufspringen und den armen Joyce beim Kragen packen konnte.) Fast wäre Joyce schon 1911 mit Mawson in den Süden gekommen, aber in Tasmanien kam es zu einem Streit über Joyces Trinkgewohnheiten, deshalb mußte er dortbleiben. Auf der ersten Seite seines Buches *The South Polar Trail* sagt Joyce, daß die Strapazen »die Grenzen der menschlichen Leidensfähigkeit fast überstiegen«. Er schrieb: »Wenn es eine Hölle gibt, dann dort, und die Schlafsäcke sind noch schlimmer als die Hölle.«

25 Monate nachdem sie die Fleischtöpfe der Zivilisation hinter sich gelassen hatten, kam Shackleton mit der *Aurora,* um sie abzuholen. Sie konnten ihre Erlebnisse nie verwinden. In einer Fußnote erzählt Joyce, daß sie nach der Rückkehr oft zu Feierlichkeiten in London eingeladen wurden, die bis in die frühen Morgenstunden dauerten und auf dem Heimweg dann meist Obdachlose trafen, denen sie »Kaffee besorgten«. Noch im Alter von neunzig Jahren behauptete Dick Richards, er habe sich nie richtig erholt.

Bei ihnen war auch ein Pater, Spencer-Smith, der an Skorbut starb, nachdem sie ihn wochenlang, oftmals bewußtlos auf dem Schlitten festgebunden, mitgezogen hatten. Als die Depots dann angelegt und sie wieder zur Hüttenspitze gelangt waren, machten sich Mackintosh, der sich erholt hatte, und V. G. Hayward, der sich um die Hunde kümmerte, beide offenbar nicht mehr im Vollbesitz ihrer geistigen Kräfte, auf den Weg über das dünne Eis zur anderen Hütte am Kap Evans. Sie wurden nie wieder gesehen. Es ist oft behauptet worden, daß Shackleton bei der Auswahl von Mackintosh ein seltener Fehler unterlief. Aber er könnte aus Loyalität gehandelt haben, denn Mackintosh verlor sein Auge bei Shackletons vorhergehender Expedition mit der *Nimrod.*

Als ich aufwachte, bemerkte ich, daß ich den Kaffee über meine winddichte Hose geschüttet hatte. Die Besatzung zeigte aus dem Fenster. Ich sah auch hinaus, konnte aber nichts erkennen. Dann entdeckte ich einen Fleck. Es war ein Stück Schnee, das als Landebahn hergerichtet war mit ein paar schwarzen Punkten darum herum. Etwas verwirrt schaute ich auf die Uhr. Drei Stunden waren vergangen.

Das erste, was ich bei der Landung sah, war ein fast vier Meter großes Plakat von Elvis und ein Schild, auf dem »Graceland« stand. Die geodätische Kuppel in der Mitte des Stützpunktes glänzte im hellen Sonnenschein. Es war sehr laut, als wir die Gangway hinunterstiegen, denn es war zu kalt, um die Motoren abzustellen. Der Schnee war steinhart. Ein Mann, so zottig wie ein Yeti, kam auf mich zu.

»Willkommen am Südpol!« schrie er mir ins Ohr, dann führte er mich durch einen Tunnel zum »Dom«, über dessen Eingangstür ein Schild hing, mit dem die Vereinigten Staaten Besucher der Amundsen-Scott-Station begrüßten. Mein Herz schlug schnell, entweder vor Aufregung oder wegen des Mangels an Sauerstoff, und dann fand ich mich mit einem dünnen Tee und dem tapsigen Physiker in der Kantine wieder.

Später wies der Yeti mir den Weg zu einem Jamesway zehn Minuten von der Kuppel entfernt. Als ich dort ankam, legte ich mich auf ein Bett und versuchte, darüber nachzudenken, wo ich war.

»Der Südpol«, sagt eine Figur in Saul Bellows Roman *Mehr noch sterben an gebrochnem Herzen,* »[gibt] einen Vorgeschmack auf die Ewigkeit ..., wo die Seele ihren warmen Körper verlassen muß.« Und an anderer Stelle schreibt er: »Wie nirgends sonst sah man dort die Grundzüge des Planeten in reinen Formen und Farben.«* In Wirklichkeit waren die einzigen beiden Farben Weiß und Blau – aber mir gefiel die Vorstellung. In Thomas Pynchons erstem, 1963 erschienen Roman *V* macht eine Figur folgende Aussage zum Pol: »Aber ich mußte es schaffen [den Pol erreichen]. Ich bildete mir ein, daß ich dort, an einem der beiden einzigen ruhenden Punkte unserer dahinwirbelnden Welt, die Stille finden könnte … Ich wollte im Mittelpunkt dieses Karussells sein, und wenn es auch nur ein kurzer Augenblick wäre; wollte versuchen, mich zu orientieren.«

Ich bewunderte beide Schriftsteller. Wenn sie mich in jenem Augenblick hätten sehen können, wie ich auf neunzig Grad Süd in einem Zelt lag, hätten sie sicher beide gesagt: »Lieber Himmel, ich habe es doch nicht wörtlich gemeint.« Ohne jemals auch nur in ihrer Nähe gewesen zu sein, hatte Pynchon die Antarktis in ein so komplexes Symbol verwandelt, daß ihr Name selbst in abgewandelter Form noch als Synonym für Einsamkeit stand. Ich mußte einfach herkommen, und ich wußte jetzt schon, daß ich niemals mehr dieselbe sein würde; wie recht Pynchons Figur hatte, als sie sagte: »Was ich sah oder zu sehen glaubte, war nicht, was ich letzten Endes für wichtig hielt. Wichtig war, was ich dachte. Welche Erkenntnis sich mir offenbarte.«

Die zwölf Kabinen des Jamesway waren durch grünes Segeltuch voneinander abgegrenzt, so daß jeder von uns seine eigene kleine Ecke hatte. Darin war es heiß und dunkel, und als ich mich auf die Suche nach dem Bade-

* Übers. v. Helga Pfetsch, aus: Bellow, Saul. *Mehr noch sterben an gebrochnem Herzen*. Köln, 1989. – A. d. Ü.

zimmer machte, tat das helle Licht draußen meinen Augen weh. Zunächst ging ich in ein Jamesway, auf dem »Frauen« stand, aber dabei handelte es sich wohl um einen Scherz, denn die Schichtarbeiter, die darin schliefen, drehten sich nur mürrisch auf die andere Seite. Das Badezimmer hieß »Das Inferno«, und drinnen war es so hell wie in einem offenen Kühlschrank. Ein Schild in den Toiletten mahnte: »Gelbes ins Fläschchen, Braunes ins Töpfchen.«

Ein anderes Schild verkündete: »Duschen ist auf zwei Minuten zweimal pro Woche beschränkt.« Durch das Fenster konnte ich ein eigenartiges blaues Gebäude auf Stelzen sehen und einen Schneepflug, der mit einer Ladung Schnee vorbeifuhr.

Ich ging zum »Dom« hinüber, und mein Herz klopfte sofort schneller. Mein Atem ging flach. Es war wie auf einem Mittelgebirgsgipfel. Der Südpol liegt 2850 Meter über dem Meeresspiegel, das bedeutete, daß ich auf einer Eisschicht stand, die etwa ein Drittel der Höhe des Mount Everest hatte. Dazu kommt, daß die Erdatmosphäre an den Polen am dünnsten ist. Diese Kombination von Höhe und dünner Atmosphäre führt dazu, daß der menschliche Körper nur die Hälfte seines normalen Sauerstoffbedarfs erhält.

Das kleine Thermometer, das immer am Reißverschluß meines Parkas hing, zeigte minus 29 Grad Celsius. Das war die niedrigste Temperatur, die ich je erlebt hatte, obwohl ich einmal bei minus 23 Grad in New York gewesen war. Wenn ich den letzten Winter in dem kleinen Dorf Crask Inn in Nordschottland verbracht hätte, hätte ich minus 29,2 Grad Celsius kennenlernen können – Minusrekord in Großbritannien. An diesem ersten Tag am Pol fühlte ich mich in meiner Spezialkleidung richtig behaglich, denn es war nicht windig. Wenn allerdings Wind aufkam, drang er wie ein elektrisches Tranchiermesser durch sämtliche Schichten. Die durchschnittliche Jahrestemperatur am Pol beträgt minus 49 Grad Celsius, und das Rekordhoch, das im Dezember 1978 gemessen wurde, lag bei schwülen 13,6 Grad minus. Das Kälteste, was man bislang hier erlebt hat, waren die minus 82,8 Grad im Juni 1982.

Die Ansammlung kleiner Gebäude, die zur Station gehörten, wurde von der saphirblau schimmernden Aluminiumkuppel überragt, die wie der Deckel eines Wok geformt war. Sie hatte einen Durchmesser von 50 Metern und war 17 Meter hoch; ganz oben wehte das Sternenbanner in einem kleinen Antennenwald. Unter diesem Schutzdach waren in ein paar einfachen beheizten Gebäuden die wichtigsten Einrichtungen, wie etwa die Winterquartiere und der Funkraum, untergebracht. Bevor ich dort hineinging, wollte ich den Pol selbst sehen. Ein Jahr lang hatte ich ihn jeden Abend betrachtet; ein Photo von ihm stand neben meinem Zahnputzbecher im Badezimmer, und jeden Tag hatte ich mir beim Zähneputzen eingeredet, daß ich ihn erreichen würde. Es war das berühmte Bild von Scott und seinen vier Begleitern am Pol. Ponting hatte Scott und Bowers beigebracht, den Selbstauslöser zu bedienen, damit sie sich selber knipsen konnten, und nachdem der Film die Heimat erreicht hatte, sagte er zu einem Journalisten: »Auf diesem letzten Bild wirken sie alle so gesund und kräftig.« Aber das stimmt gar nicht. Sie sehen aus, als wäre ihnen gerade das Herz gebrochen worden.

Die Markierung am geographischen Südpol wird wegen der Eisdrift jedes Jahr um etwa neun Meter versetzt. Die Eisdecke gleitet, vereinfacht gesagt, unaufhaltsam über die tief darunterliegende Erdoberfläche, so daß sich einmal im Jahr ein Mitglied des amerikanischen Geologischen Vermessungsamtes auf den Weg zum Pol machen muß, um das Kennzeichen herauszuziehen und um neun Meter zu verrücken.* Das ist bestimmt einer der besten Jobs der Welt. Ein paar Wochen später traf ich die Frau, die diesen Job innehatte, und wollte von ihr wissen, was sie bei Parties auf die Standardfrage »Und was machen Sie?« antwortete. Ich hätte so gerne gehört »Ich verrücke den Pol« oder etwas Ähnliches, aber leider gab sie nur eine langatmige Beschreibung geologischer Computerprogramme von sich. Das sorgte zumindest für ein schnelles Ende der Party.

Der geographische Südpol wurde gekennzeichnet durch ein kleines Messingschild und eine große Tafel mit Zitaten von Scott und Amundsen (wahrscheinlich mußten sie die mitversetzen). Derjenige, der diese Zitate ausgesucht hatte, war wohl nicht besonders phantasiebegabt. An Amundsen erinnerten die unsterblichen Worte: »Wir kamen an und konnten unsere Flagge am geographischen Südpol aufpflanzen.« Das Scott-Zitat lautete: »Der Pol. Ja, aber unter ganz anderen Umständen als erwartet.«

Hinter diesen trivialen Sätzen steckt eine Unmenge kultureller Ballast. Es gab wohl keine zwei Nationen, die auf gegensätzlicheren Wegen hätten unterwegs sein können, als Amundsen und Scott auf ihrem Wettlauf zum Pol. Bei Amundsens Geburt existierte Norwegen noch gar nicht. Die Norweger trennten sich erst am 7. Juni 1905 von den Schweden, und als Amundsen die Fahne auf 90 Grad Süd hißte, machte Norwegen gerade

---

* Das Eis bewegt sich in Richtung 40 Grad West von Greenwich. (»Das bezieht sich auf Greenwich in England«, erklärte mir die amerikanische Vermessungstechnikerin, der das Pol-Verrücken oblag.)

seine ersten vorsichtigen Schritte auf dem schwierigen Weg zu einem nationalen Selbstbewußtsein.

Die Bürger Großbritanniens auf der anderen Seite waren in dem Bewußtsein aufgewachsen, ein Recht auf Vorherrschaft zu haben. Für sie war es unvorstellbar, daß England unrecht haben oder verlieren könnte. Scott schrieb: »Meiner Meinung nach sollte kein anderer als ein Engländer der erste am Pol sein.« Und was die norwegische Konkurrenz am Südpol anbetraf, äußerte der bärbeißige Präsident der Königlich Geographischen Gesellschaft nur: »Ausländer gelangen selten über den Südlichen Polarkreis hinaus.« Als Amundsen schließlich bekanntgab, daß auch er gen Süden fahren wolle, behauptete die *Times* in einem Leitartikel, daß »er sich nicht an die Spielregeln gehalten habe«, eine Bemerkung, die seit Generationen wie ein altes Erbstück weitergereicht wird, und (zum Beispiel) 1995 in einer Biographie von Scotts Witwe wieder auftauchte, die von ihrer Enkelin geschrieben wurde: »Amundsens Heimlichtuerei ist bestenfalls als hinterhältig zu bezeichnen.«

In seinem hervorragenden Buch *The Return to Camelot* weist Mark Girouard darauf hin, daß mittelalterliche Ritterlichkeit und die kulturellen Begleiterscheinungen, die dieser Verhaltenskodex mit sich brachte, in Großbritannien vom ausgehenden 18. Jahrhundert bis zum Ersten Weltkrieg eine Renaissance erfahren hatten und daß die Scott-Legende im Zusammenhang mit der untergegangenen Welt der Viktorianer und des Zeitalters von König Eduard gesehen werden sollte. Als Tom in *Westward Ho!* zum Nordpol schwimmt, läßt Charles Kingsley die toten Entdecker als Eisgespenster wiederauferstehen. »Sie waren allesamt wahre englische Männer; und sie fanden ihr Ende wie echte Ritter bei der Suche nach dem großen weißen Tor, das noch nicht offen war.« Zum ritterlichen Ehrenkodex gehörten bestimmte Verhaltensregeln. Die Fairness, die den Briten bei der Antarktiserkundung und im Benehmen des zeitgenössischen Gentleman so wichtig war, läßt sich letztlich auf das Mittelalter zurückführen. Oates bekommt einen Ehrenplatz in Baden-Powells Bestseller *Scouting for Boys,* in dem die Pfadfinder wie kleine Ritter dargestellt werden, und während Scott sich auf dem Rückmarsch vom Pol befand, lockte das Stück *Where the Rainbow Ends* Heerscharen von Zuschauern ins Londoner Savoy-Theater; es wurde seither bis in die 50er Jahre hinein Weihnachten wiederholt. In diesem dramatischen Dauerbrenner tritt der heilige Georg in schimmernder Rüstung auf, es geht um den Opfertod für das Vaterland, und am Ende singen Zuschauer und Schauspieler gemeinsam die Nationalhymne.

Wenn man nun die britische Antarktiserkundung in Zusammenhang mit diesem ritterlichen Weltbild sieht, ist nach Girouards Meinung Scotts letzte Botschaft so zu verstehen, daß die Opferbereitschaft an sich wichtiger geworden war als eine vorausschauende Planung, die den Heldentod unnötig gemacht hätte.

Schließlich setzte der Krieg allem ein Ende.

Amundsen war mit solchen Dingen nicht belastet. Es ging ihm nicht um die Forschung; er wollte einfach nur der erste sein. Er konnte sich nicht besonders gut ausdrücken, weder mündlich noch schriftlich, und er machte seinen Zuhörern nie etwas vor. Es ist bezeichnend, daß er als einziger der »Großen Vier« bei der Expedition keinen Photographen dabei hatte. Er wurde allerdings von seinen eigenen Dämonen begleitet. Aus nur ihm bekannten Gründen, vielleicht war es Eifersucht, demütigte er Hjalmar Johansen, einen Polarforscher, der zusammen mit Nansen im Norden Glanztaten vollbrachte, die ihn zum Nationalhelden machten. Johansen gehörte zu Amundsens Mannschaft, wurde aber von der Siegesfeier ausgeschlossen, wahrscheinlich weil er Amundsen kritisiert hatte. Als Johansen sich 1913 in einem schmutzigen Hotelzimmer in Norwegen erschoß, gaben seine Freunde Amundsen die Schuld.

Die Norweger waren praktisch auf Skiern groß geworden – Olaf Bjaaland, einer der fünf Männer, die den Pol erreichten, war früher Landesmeister im Skifahren gewesen. Diese Männer vertrauten nicht auf ihr Glück, sondern auf ihre Fähigkeiten. Als die siegreiche Polmannschaft am Ende der Saison die *Fram* erreichte, unterhielt sich Kapitän Nilsen fast eine Stunde lang mit Amundsen, bevor er fragte: »Sie sind natürlich am Pol gewesen?« Beide Männer hielten diese Begebenheit in ihren Tagebüchern fest. »Der Sieg wartet auf den, der alles in Ordnung hat«, schrieb Amundsen. »Glück haben, heißt man es dann. Soviel ist sicher, wer es versäumt hat, beizeiten die notwendigen Verhaltensmaßregeln zu treffen, der wird sicher eine Niederlage erleben – das wird dann Unglück haben genannt.«* Als die fünf Männer sich von ihrer Basis *Framheim* aus auf den Weg zum Pol machten, kam der Koch Lindström zum Abschied nicht einmal nach draußen. Dafür hatte er aber, um die Rückkehr der Polmannschaft gebührend feiern zu können, den ganzen Winter mit Champagnerflaschen im Bett geschlafen, damit sie nicht platzten. In Amundsens langem Bericht erscheint der Wettlauf zum Pol kaum anstrengender als ein Spaziergang am Meer. Die Vorratslager waren so reichlich ge-

* Übers. v. Pauline Klaiber, aus: Amundsen, Roald. *Die Eroberung des Südpols. Die norwegische Südpolfahrt mit der Fram 1910–1912.* München. 1912. – A. d. Ü.

füllt, daß er die Hochebene als »die Fleischtöpfe Ägyptens beschreibt«.

Viele Kommentatoren haben Amundsen als kühl beschrieben, aber der Autor von *Die Eroberung des Südpols,* in England 1912 in zwei dicken Bänden erschienen, erweist sich als warmherziger und humorvoller Mann. Er war großer Begeisterung fähig; er schwärmte, Shackletons Schlittenfahrt bis auf 180 Kilometer an den Pol heran sei »einer der stolzesten Abschnitte in der Geschichte der antarktischen Forschung«, und »Sir Ernests Name wird in der Geschichte der Südpolarforschung für immer mit flammenden Buchstaben geschrieben stehen«. In der Nacht, bevor er 90 Grad Süd erreichte, habe er sich gefühlt wie früher als kleiner Junge in der Nacht vor Weihnachten. Es ist mehr als nur ein Hauch von Romantik dabei, wenn er von der Antarktis spricht. Er nennt sie »Du geheimnisvolle Schöne! Ja, wir hören dich rufen, und wir werden schon kommen! Den Kuß sollst du erhalten, und wenn wir ihn mit dem Leben bezahlen müßten.«

Viele Seiten seines Buches sind den Hunden gewidmet, von denen einige sogar genauer charakterisiert werden als die Männer. »Wenn wir ... eine Losung hatten, hieß sie wohl: ›Zuerst und zuletzt die Hunde!‹« Amundsen berichtet, daß er, als der Zeitpunkt gekommen war, die Hunde zu töten und zu zerteilen, den Primuskocher voll anheizte, damit er die Schüsse nicht hören mußte. Was für unschuldige, heitere Zeiten! Ein Expeditionsmitglied machte ein Photo von einem Kameraden, der mit einem Hund tanzt, darunter ist zu lesen: »In Ermanglung von Damen macht Rönne ein Tänzchen mit den Hunden.«

Amundsen gab sich große Mühe, alle gleich zu behandeln, er bestand sogar darauf, daß die fünf Männer die Flagge am Pol gemeinsam hißten, und als sie wieder in Framheim ankamen, versammelten sie sich zunächst vor der Hütte, um dann gemeinsam eintreten zu können. Ihm gefiel diese Zeit. »Wenn das Alltagsleben mit seinen tausend Sorgen und Widerwärtigkeiten wieder näher rückte, war es wohl möglich, daß wir uns nach dem friedlichen, sorgenlosen Dasein auf Framheim zurücksehnten.«

Und doch lauerte im hintersten Winkel seines Hirns der Zweifel. Im Zelt am Pol ließ er einen Brief an König Haakon zurück, den Scott überbringen sollte, falls die Norweger die Rückreise nicht schafften. Sie sprachen täglich von Scott. Amundsen muß gewußt haben, daß er selbst einen großen Fehler gemacht hatte, als er viel zu früh im Jahr zum erstenmal zum Pol aufbrach und sich und seine Männer damit fast umbrachte.

Amundsen hatte einen Photoapparat dabei, und die Bilder auf den noch existierenden Dias sind einfache und authentische Schnappschüsse. Auf den Selbstporträts sieht man einen Mann mit einem langen Gesicht, einer riesigen Nase und den glänzenden, traurigen Augen eines Bassets. Am Ende war er einsam und unglücklich. Er wußte, daß die Engländer seine Erfolge aus den Annalen so gut wie getilgt hatten. In seiner Autobiographie berichtet er, daß der Sohn eines berühmten Norwegers, der in London aufwuchs, ihm erzählte, englischen Schulkindern würde beigebracht, Scott habe den Südpol entdeckt. Roland Huntford schreibt dazu im Vorwort eines 1987 erschienenen Bildbands: »Es war, als müsse er jetzt den Preis dafür zahlen, daß er all seine Ziele erreicht hatte; wie schon Theresia von Ávila sagte: ›Hüte dich davor, eine Antwort auf deine Gebete zu bekommen.‹«

Ich betrat den »Dom« durch den breiten Tunnel; unter der Kuppel war es einige Grade wärmer als draußen. Immer dem Geräusch fröhlicher Stimmen nach stapfte ich knirschend über den harten Schnee zu einem Bau, der aussah wie ein Wohnwagen mit Kühlschranktür. Während ich noch unschlüssig davor stand, tauchte hinter mir eine Frau mit einem Schlitten voller Pappkartons auf. Unter ihrem Parka trug sie eine weiße Schürze, und auf dem Kopf hatte sie eine purpurrote Mütze mit riesigen Ohrenklappen.

»Aha!« sagte sie. »Du mußt Sara sein. Ich bin Kris, eine von den ›Küchenfeen‹. Das bedeutet, ich koche eure Mahlzeiten. Nett, dich kennenzulernen!« Sie streckte ihre behandschuhte Hand aus. »Geh nur voraus!«

Ich half ihr, die Kartons hineinzutragen. Sie enthielten gefrorene Erbsen.

In einem kleinen Vorraum stapelten sich zinnoberrote Parkas, weiße Gletscherstiefel und kunterbunte Mützen, und weiter hinten, in einem hellen, warmen Raum, in dem viele Tische standen, packten einige Frauen Weihnachtsschmuck aus. Als ich das Lametta sah, überflutete mich eine Welle von Kindheitserinnerungen.

»Das sind die anderen Küchenfeen«, erklärte Kris, indem sie ihnen zuwinkte.

Damals befanden sich 130 Menschen am Pol, 40 davon waren Wissenschaftler. Damit war die Station mehr als gut besetzt. Außer der Kuppel und dem Dutzend Jamesways gab es noch eine Handvoll wissenschaftlicher Gebäude auf Stelzen (einige hatten knollenartige Auswüchse, andere trugen runde Hüte), ein paar Metalltürme, die vage an Stromleitungsmasten erinnerten, und säuberlich gestapelte Baumaterialien und Frachtcontainer, die sich auf dem Plateau aneinanderreihten. Trotz dieser plumpen Berge von Ausrüstungsgegenständen und des Antennenwaldes und trotz der Tatsache, daß die Gebäude ein unansehnliches Durcheinander von Farben und Formen bildeten, kann ich nicht sagen, daß die Station häßlich war. Sie war viel zu klein und unbedeutend, um in dieser ungeheuren Landschaft anders als sehr verletzlich zu wirken.

Später lieh ich mir ein Paar Ski aus und verbrachte einige Zeit allein auf dem Eis. Eine hochmoderne Hütte, die ihr Dach verloren hatte, stand auf dem nackten Plateau, wie ein Überbleibsel aus einem Science fiction-Film. Die Sonne zog ruhig ihre immer gleichhohe Bahn, und das Eis glitzerte geheimnisvoll, in der Ferne flimmerte es sogar wie unter einem Hitzeschleier. Die Oberfläche war voller kleiner Wellen mit winzigen Höckern. Es war so still, daß ich das Blut in meinem Kopf rauschen hören konnte, und ich hatte das Gefühl, in eine andere Welt zu gleiten, wie beim Tauchen. Die Stille war wie die Summe aus Jahrhunderten von Einsamkeit. Es erschreckte mich, daß solch eine Leere mich mit Ehrfurcht erfüllen konnte, aber so war es. Dies war die reinste Landschaft der Welt, die großartigste, und, so schien es mir, die erhabenste. Ich hatte das überwältigende Gefühl, daß ich überhaupt nicht existierte. Die majestätische Größe der Natur kann Schicht für Schicht das Ego freilegen – ich hatte das einmal im australischen Busch erlebt, als ich unter einem unendlichen purpurroten Himmel lag, während die Hitze aus der sonnverbrannten Erde stieg.

Später machte ich beim ASTRO-Gebäude Halt, um Tony zu treffen. ASTRO ist die Abkürzung für Antarktisches Submillimeter-Teleskop und Raum-Observatorium, und Tony war ein Astrophysiker, dem ich im Flugzeug von Los Angeles nach Auckland begegnet war. Nachdem er beiläufig erwähnt hatte, daß er in die

Antarktis flog, machte er ein recht verdutztes Gesicht, als ich ihm mitteilte, daß ich dasselbe Ziel hatte. Er erinnerte mich an einen Bären. Auf dem Namensschild an seinem Parka stand *Eisenhans*, was nichts mit Einbildung zu tun hatte, sondern mit dem liebenswerten Versuch, den Geist früherer Tage heraufzubeschwören (so war er 1986 getauft worden, als alle sich mit wasserfestem Filzstift Spitznamen auf die Parkas schrieben), außerdem war es ein Hinweis darauf, was sich hinter seinem bärbeißigen Äußeren verbarg. Er hatte das Gebäude 1987 selbst entworfen. Sein Teleskop, das sechs Tonnen wog, befand sich auf dem Dach, und er zeigte es mir so, wie ein Vater sein schlafendes Kind vorzeigen würde, wobei er auf die Delle deutete, die das Gerät bekommen hatte, als der Laster, der es transportierte, in Arkansas festgefahren war. (Ich hatte im Flugzeug schon recht ausführlich von dieser schrecklichen Episode gehört.)

»Es spürt als submillimetrische Strahlung bekannte Kurzwellen auf«, erklärte Tony mir, während sein Bart vereiste. Das Instrument konnte in entfernte Galaxien spähen; seine Detektoren wurden mit flüssigem Helium auf drei Grad über dem absoluten Nullpunkt (minus 273 Grad Celsius) heruntergekühlt, um die eigene submillimetrische Strahlung des Gerätes zu minimieren. Wenn man über 273 Grad minus sprach, wurde mir gleich viel wärmer.

Als ich ihn fragte, wie die Arbeit vorangehe, strich er über seinen vereisten Bart und antwortete: »Die astronomische Forschung in der Antarktis ist reich an Enttäuschungen.«*

* Das ASTRO-Projekt erzielte später wichtige Erfolge, es entdeckte zum Beispiel erstmalig atomaren Kohlenstoff in den Magellanschen Wolken.

»Du mußt aber sehr zuversichtlich sein«, sagte ich, »wenn du diese langen und harten Jahre in Kauf nimmst, ohne zu wissen, ob du letztlich etwas herausfindest.«

»Darum geht es in der Wissenschaft ja gerade«, antwortete er. »Der Öffentlichkeit wird immer ein durch und durch positives und optimistisches Bild vermittelt, das ich für grundverkehrt halte. Richtig verstandene Wissenschaft mündet oft in scheinbare Fehler.« Wie zur Beruhigung tätschelte er sein Teleskop. »Ich bin auch nicht der Ansicht, daß Wissenschaftler zu einer besonderen Gattung Mensch gehören, die allein etwas erreichen könnte. Eigentlich kann jeder forschen und wissenschaftlich denken, aber es ist schwierig und dauert meist recht lang, bis man wirklich wertvolle Ergebnisse erhält. Wissenschaftler als fast unfehlbare Halbgötter hinzustellen, tut weder ihnen noch der Öffentlichkeit gut und führt zu vielen Mißverständnissen und Vorbehalten – insbesondere in der Antarktis. Laß uns hineingehen. Mir ist kalt.«

In einem kleinen Raum unter der Kuppel entdeckte ich einen Apparat, der von Scott hätte stammen können. Er nannte sich Gravimeter und befand sich in einer riesigen Glasvitrine, wie man sie auch im Smithsonian und im Britischen Museum findet. Ein riesiger abgelaufener Wecker aus den fünfziger Jahren stand direkt daneben. Der Apparat schrieb mit Tinte Daten auf eine Papierrolle, und obwohl man jemanden damit betraut hatte, regelmäßig das Papier auszutauschen, konnte mir niemand sagen, was das Instrument eigentlich aufzeichnete. Nach Tonys Fenster zum Weltall war das recht erholsam.

Der Turm des »Himmelslaboratoriums« war eins der größten Gebäude am Pol. Von außen erinnerte er an ein riesiges orangefarbenes Raumfahrzeug von einem anderen Planeten, das gerade gelandet war. Man erreichte ihn von der Kuppel aus durch eine unterirdische Röhre. Um nach oben zu kommen, stieg ich einige Treppen empor, ging durch enge Flure an Türen mit geheimnisvollen Aufschriften vorbei, die fest geschlossen blieben, und mußte ganz zum Schluß noch eine Leiter hinaufklettern. Drei Männer arbeiteten dort oben an spektroskopischen und interferometrischen Studien über Luftströmungen und Auroras in der oberen Atmosphäre. Anscheinend kämpften sie gegen schier unüberwindliche Hindernisse. Der Projektleiter deutete niedergeschlagen auf den Feuchtigkeitsmesser, der nicht richtig ausschlug.

»Wir arbeiten hier«, erklärte er resigniert, »auf einer kilometerdicken Eisdecke, also sind wir nicht geerdet. Wenn man die Geräte daheim in die Kisten packt, funktionieren sie noch, aber wenn wir sie hier wieder auspacken, arbeiten sie nicht mehr einwandfrei. Es ist wie eine Verschwörung.«

Eines Abends, als ich aus meinem Jamesway kam, lief mir ein Mann mit einem Kasten Bier über den Weg. Er fragte: »Möchtest du ein Bier mit uns trinken?« Im Schummerlicht eines anderen Jamesways hatten es sich ein paar Leute auf dem Sofa und den wenigen Stühlen bequem gemacht, andere lehnten mit Bierdose und Zigarette in der Hand an der Holztheke, und aus den Lautsprechern dröhnte Eric Clapton. In einer Ecke stand ein riesiger Bildschirm, und an den Wänden hatten sich frühere Gäste verewigt. »John F. Baker, Sommer '90–'91. Bis dann, Jungs, es war toll.« Ich war in der »Corner Bar« des Südpols gelandet und beglückwünschte mich dazu, sie so schnell gefunden zu haben.

Eine Bauarbeiterin mit fuchsrotem Haar saß auf einem Barhocker. Sie war an der Küste aufgewachsen, behauptete aber, daß sie jedesmal erst bei der Rückkehr merke, wie sehr sie das Meer vermißt habe. Oft redeten alle über den Mangel an sinnlichen Reizen. Zu den Lieblingsthemen gehörte, wie überwältigt sie waren, wenn sie nach dem Aufenthalt im Eis in Neuseeland ankamen, und oft ging es auch um die Dunkelheit, um Bäume, Farben und Gerüche. (Wie das Fehlen von Gerüchen sich auf die Menschen auswirkt, erlebte ich einmal am Fryxell-See. Eines Tages hatte ich unten in meiner Reisetasche ein Probefläschchen Parfüm gefunden und einen Tropfen davon aufgelegt. Als ich ins Jamesway kam, reagierten alle, als hätte ich mir einen Eimer Chanel über den Kopf gegossen.)

In den letzten zehn Jahren war es dreimal vorgekommen, daß ein Skua-Pärchen im Sommer den Pol erreichte; sie waren ein oder zwei Tage geblieben und dann wieder verschwunden. Da sie die einzigen wild lebenden Tiere sind, die man auf der Polebene je zu Gesicht bekommt, waren diese Vögel auf neunzig Grad Süd stets ein aktuelles Thema.

Ein großgewachsener Mann, der still an der Bar gelehnt hatte, nahm seinen Parka und ging wortlos hinaus.

»Mann, der ist fertig wie ein Brötchen«, kommentierte der Rotfuchs.

»Wieso?« fragte ich.

»Wir sagen das, wenn einer zu lang hiergewesen ist«, erklärte sie. »Dann laufen sie einfach weg, wenn man sie anspricht.«

»Wie lang ist er denn hier?« wollte ich wissen, indem ich auf den leeren Platz deutete, an dem der Mann gerade noch gestanden hatte.

»Dreizehn Monate. Er gehört zu den Labortechnikern und fliegt diese Woche zurück.«

Das war eine lange Zeit, wenn man nichts hatte, an dem sich das Auge festhalten konnte.

»Aber weißt du was?« fuhr die Rothaarige fort, während sie sich zu mir herüberbeugte. »Ich wette, er kommt nächste Saison wieder. Beim Abschied sagen alle, daß sie nie wiederkommen. Aber sie tun es doch. Denn zu Hause merken sie, daß es dort auch nicht besser ist, also können sie ebensogut hier leben. Wir am Pol sagen immer, daß ›Nie mehr‹ eigentlich ›Ja‹ bedeutet.« Damit verschwand sie hinter der Theke, um neues Bier holen.

»Ende Januar«, hörte ich neben mir jemanden sagen, »gibt es hier keine häßliche Frau mehr.«

Daß dieser Ort – der Südpol – entdeckt wurde, ist in erster Linie dem norwegischen Entdecker Fridtjof Nansen zu verdanken, obwohl er niemals nach Süden fuhr, beherrscht er das heroische Zeitalter wie ein alttestamentarischer Prophet. Alle, die nach ihm kamen, lernten von ihm; selbst Scott fragte ihn um Rat. Nansen verhalf den Norwegern an einem kritischen Punkt ihrer Geschichte zu mehr Nationalstolz, und sein Vorbild gab seinen Landsleuten das nötige Selbstvertrauen für den Vorstoß gen Süden. Als er 1896 von seinem sagenhaften Angriff auf den Nordpol zurückkehrte, wurde er von 30 000 begeisterten norwegischen Nationalisten begrüßt, an ihrer Spitze der Dichterfürst Bjørnson, der ihn willkommen hieß mit den Worten: »Diese große Tat ist wie eine Bestätigung für die gesamte Nation.«

Nansen war nicht nur praktisch, sondern auch romantisch veranlagt, fast schon ein Mystiker. Was den Menschen in die Polarregionen treibt, war seiner Meinung nach *die Macht des Unbekannten über den menschlichen Geist.* Er war ein förmlicher, zurückhaltender Mann, aber seine Schwächen machten ihn sehr menschlich. Er verliebte sich in Scotts Frau, und selbstverständlich hatte er den Südpol eigentlich selbst erobern wollen. Aber Nansen bekam andere Aufgaben, wurde Botschafter Norwegens in London und sah schließlich ein, daß es an der Zeit und für Norwegen das beste war, den Jüngeren Platz zu machen. Er lieh Amundsen sein Schiff, die *Fram,* und Jahre später bekannte er, daß der Augenblick, in dem er Amundsen mit ihr davonsegeln sah, der bitterste seines Lebens gewesen sei.

Eine Geschichte über Nansen macht deutlich, wie wichtig es ist, seine Begleiter sorgfältig auszuwählen. Er war zu dem Schluß gekommen, daß er auf seine längste und schwierigste Reise in den Norden nur einen Mann mitnehmen könne und wählte Hjalmar Johansen aus. Später verriet Nansen, daß er in der allerersten Nacht, die sie allein verbrachten, erkannte, daß der Mann keinerlei geistige Interessen hegte. Das muß ein trauriger Moment gewesen sein.

Ich hatte versprochen, am Sonntag vor dem Mittagessen in der Küche zu helfen. Die Kombüse war das Herz der Station, und die sechs Küchenfeen brachten es zum Schlagen. Das Essen, das sie kochten, war auch sehr lecker; meine erste Mahlzeit bestand aus Calzone mit Spinat und Käse und Linsensalat. Manchmal brachte eine Herkules Frischwaren, aber hauptsächlich lebte die Station von der Tiefkühlnahrung, die in Kisten unter der Kuppel gestapelt war. (Tiefkühltruhen waren unnötig, obwohl ich auf dem Kontinent auch Wissenschaftler traf, die Kühlschränke benutzten, um Dinge vor dem Gefrieren zu schützen.) Im Winter, wenn die Station über acht Monate isoliert war, gab es überhaupt keine frischen Nahrungsmittel, es sei denn sie kamen mit der Mittwinterlieferung; dann flog eine C-141 aus Christchurch über das Plateau und warf dort Ladung ab. In der vorherigen Saison hatte die Crew 100 Kartons mit einzeln verpackten Eiern aus der Flugzeugtür geschoben, und nur zwei waren zerbrochen.

Ein Elektro-Ingenieur, der immer einen Cowboyhut trug, nahm mich mit, um mir das COBRA-Teleskop zu zeigen. Das COBRA-Projekt (Cosmic Background Radiation Anisotrophy) suchte nach kleinsten Veränderungen der Eigenschaften kosmischer Hintergrundstrahlung, die aus den frühen Jahren des expandierenden Universums resultierte. Das Teleskop stand drei Meter über dem Eis auf einer hölzernen Plattform und sah wie ein riesiger umgedrehter Fez aus.

Der Ingenieur betreute es im Auftrag des Astronomen, der es gebaut hatte. Das war keine leichte Aufgabe.

»Wenn bei minus vierzig Grad ein Teil des Teleskops ausfällt, braucht man zu dritt eine Stunde, um es wieder in Ordnung zu bringen«, sagte er, während er sich den Hut aus der Stirn schob. »Zu Hause würde ein einzelner Mann nicht länger als fünf Minuten dafür benötigen.«

»Warum machst du es dann? Warum bleibst du nicht einfach zu Hause?«

»Wegen der dünnen Luft hier können wir besser in die Tiefen des Universums schauen.«

»Sicher haßt du dieses Ding manchmal«, sagte ich, während ich mit den Fingern meine Wimpern enteiste.

»Großer Gott, nein. Die meisten Menschen gehen ins Büro, ich gehe eben zum Teleskop. Für mich ist es ein ganz normales Gerät – wie ein Toaster.«

Abends machte man es sich mit Decken auf den Sofas der Bücherei unter der Kuppel gemütlich. Es war wie in einem Nest. Einmal pro Woche trafen sich fünfzehn Stationsbewohner in der Poesiegruppe. Jeder schrieb ein Wort auf einen Zettel und steckte ihn in einen Kasten, dann mußten alle ein Gedicht zu dem Wort schreiben, das herausgezogen wurde. Sämtliche Worte bezeichneten etwas Weißes, so wie Marshmallow oder Wolke oder Kreide.

Das Billardzimmer neben der Bücherei war mit gerahmten Briefen geschmückt, die zur Eröffnung der Station eingetroffen waren. Nachdem sich Scott und seine Mannschaft im Januar 1912 vom Pol auf den Rückweg gemacht hatten, blieb er sich selbst überlassen, bis am 31. Oktober 1956 Admiral George Dufek mit einem R-4D Flugzeug namens *Que será será* dort landete. Im darauffolgenden Monat begannen die Amerikaner, an Fallschirmen Materialien abzuwerfen, und der Bau der ersten Südpolstation begann. 1947 hatte Admiral Byrd den Pol überflogen. Es war sein zweiter Versuch, und er sagte, es wäre so gewesen, als ob man durch eine Schüssel Milch flöge. Byrd war eine herausragende Figur in der kurzen Geschichte der Amerikaner in der Antarktis, wenn auch nicht besonders beliebt, und einigen seiner Resultate, wie etwa seinem »Flug über den Südpol« aus dem Jahr 1929, wurde mit Mißtrauen begegnet. Man munkelte, daß er gelegentlich betrunken aus Flugzeugen fiel. Er machte fünf Reisen ins Eis, und als man ihn fragte, was man auf Antarktisexpeditionen am meisten vermissen würde, antwortete er mit einem einzigen Wort: »Versuchung.« Harry Darlington, ein Amerikaner, der einige Jahre nach Byrd seine Frau mit in den Süden nahm, wurde die gleiche Frage gestellt. Auch er antwortete mit einem einzigen Wort. Es lautete: »Abwechslung.«

Byrds zweite Expedition, die kaum 22 Jahre nach der Scotts stattfand, war die spektakulärste. In seinem Buch *Discovery* beschreibt Byrd die Ankunft in Klein-Amerika, dem Basislager an der Walfischbucht, in das sie nach vier Jahren zurückkehrten. Zusammen schaufelten sie sich einen Weg zur Messe. Als sie dann schließlich unter zwei Meter hohem Schnee in der Hütte standen, klingelte plötzlich das Telefon. Natürlich handelte es sich nur um ein internes System, und jemand hatte in einem anderen Teil der Basis auf den Knopf gedrückt. »Ein unter dem Bett hervorkriechender Kaiser von Abessinien hätte uns nicht stärker verblüffen können«, schrieb Byrd.*

Alone ist Byrds bestes Buch. Es erzählt von seinem Aufenthalt in der vorgeschobenen Bolling-Wetterwarte, in der er 1934 viereinhalb Monate allein lebte. Die ganze Zeit herrschte dort Nacht und bittere Kälte; und er »fühlte sich manchmal wie der letzte Überlebende einer Eiszeit«.** Noch bevor seine Gefährten abreisten, verrenkte er sich die Schulter, und später starb er fast an Kohlenmonoxidvergiftung. Das lehrte ihn, schrieb er, »ohne die Welt der Alltäglichkeiten und der gewohnten Sicherheiten« auszukommen. Erst als er fast sicher war, daß er sterben würde, konnte er Scotts letzte Worte verstehen: »Um Gottes willen – sorgt für unsere Hinterbliebenen!«

So beschrieb er das Verschwinden der Sonne:

---

* Übers. v. Dr. W. Rickmer Rickmers, aus: Byrd, R. E. *Mit Flugzeug, Schlitten und Schlepper. Meine zweite Expedition nach dem Sechsten Erdteil 1933/35.* Leipzig, 1936. – A. d. Ü.

** Übers. v. R. Schrammeck, aus: Byrd, R. E. *Aufbruch ins Eis. Das todesmutige Abenteuer des berühmten Polarforschers in der Antarktis.* Bergisch Gladbach, 1998. – A. d. Ü.

> Über mir neigte sich der Tag dem Ende zu, und an seiner Stelle entstand die Nacht. Die Sonne, die bis Ende Februar 24 Stunden am Tag den Himmel umkreist hatte, ging jetzt jeden Abend ein wenig früher unter und morgens ein wenig später auf. Nun, da diesem Breitengrad weniger als zwei Wochen Tageslicht verblieben, hatte sie sich in eine riesige Kugel verwandelt, die sich nur mühevoll über den Horizont heben konnte. Von leichtem Nebel getrübt, rollte sie einige Stunden den Horizont entlang und versank dann kurz nach dem Mittag im Norden. Ich ertappte mich dabei, daß ich sie wie eine scheidende Geliebte betrachtete.
>
> ... Hier traten die lautlosen und harmonischen Kräfte des Kosmos zu Tage. Harmonie, das war es! Das war es, was aus der Stille entstand – ein sanfter Rhythmus, der Klang eines perfekten Akkords, die Musik der Sphären ... So wird die Welt aussehen, wenn der letzte Mensch stirbt.

Die Entscheidung, 1957/58 zum Internationalen Geophysikalischen Jahr auszurufen, bestärkte die Amerikaner in ihrem Antarktisprogramm. Außerdem war bekannt, daß die Sowjets mit dem Gedanken spielten, am Pol einen Stützpunkt zu errichten. Als die amerikanische Regierung davon erfuhr, wurden alle bürokratischen Hürden schnellstens aus dem Weg geräumt, und das Projekt erhielt freie Fahrt ins Eis. Der Stützpunkt wurde im Februar 1957 fertiggestellt, und die sowjetischen Pläne verschwanden in der Schublade.

Paul Siple, Byrds Schützling, führte dessen Werk fort. Er überwachte den Bau der Südpolstation, gehörte zu den ersten Überwinterern dort und erfand den Windkühl-Faktor, mit dem die Abkühlung durch Wind berechnet wird. Der Biologe und Geologe Siple schrieb ein Buch mit dem Titel *Ninety Degrees South*, das 1959 veröffentlicht wurde. Im Untertitel erklärte er, daß es um die Geschichte der amerikanischen Südpoleroberung ginge, u. a. schrieb er: »Was mir bei meinen sechs Antarktisexpeditionen aufgefallen ist: Fast alle Männer gehörten eher zum Typ Macker.« Siple regte sich regelmäßig über die Verkommenheit der Jugend auf. Bei seinen Expeditionen war kein Alkohol erlaubt, und einmal, als der leitende Wissenschaftler und stellvertretende Stationsleiter Tom Poulter dreißig Kisten Schnaps fand, die der Arzt eingeschmuggelt hatte, schüttete er alles in den Schnee. Daraufhin meldete der Doktor sich krank (wahrscheinlich litt er an gebrochenem Herzen). Kurz danach ging ihnen der Tabak aus, Siple selbst rauchte selbstverständlich nicht mehr, und sie verbrachten viel Zeit damit, nach weggeworfenen Zigarettenkippen zu suchen. Ein Mann hielt sich die Stummel mit einer langen Zange an die Lippen.

Rauchen ist ein Leitmotiv bei Polarexpeditionen. Shackleton hatte Verständnis für die Raucher, und als er zur Elefanteninsel kam, um seine Männer zu retten, warf er noch vor der Landung Tabaksbeutel auf den Strand. Die Gestrandeten hatten Pinguinfedern geraucht, und einer von ihnen, stolzer Besitzer zweier Pfeifen, hatte versucht, das Holz der einen im Kopf der anderen zu schmauchen. Viktor Ignatov, der Geophysiker, der die Station Wostok von 1959 bis 1960 leitete, berichtete, daß sich zu Beginn des Jahres vier Raucher vornahmen aufzuhören. Die Männer hielten nicht lange durch, aber nicht nur das – auch die Nichtraucher gewöhnten sich das Laster an. Wenn ihnen der Nachschub ausging, rauchten sie Tee.

Heutzutage ist Tabakmangel kein Thema mehr. Es

sind eher die Rauchverbote, die den Nikotinabhängigen zu schaffen machen. Auf dem gesamten arktischen Kontinent drängen Männer und Frauen sich gierig rauchend vor Hütten und Zelten zusammen wie die Büroangestellten in den Straßen von Manhattan. Wenn sie aufgeraucht haben, können sie die Stummel aber nicht einfach auf das Eis werfen. Sie müssen sie in die Tasche stecken, wenn es kein anderes Behältnis gibt. Andauernd fanden wir Kippen in unseren Taschen, und im Feld erlebte ich einmal, wie der Parka eines Wissenschaftlers Feuer fing.

Dave Grisez stieß 1956 sechs Treibstofftonnen aus einer C-124, die in 15 Meter Höhe über den Pol flog. Er war Bauarbeiter bei der Marine und verbrachte vierzehn Monate auf dem Eis, um McMurdo aufzubauen. Heute hat die Öffentlichkeit wenigstens eine vage Vorstellung von der Antarktis, in den 50er Jahren aber existierte der Kontinent nur im Reich der Phantasie. Bevor Dave seine kleine Heimatstadt in Indiana verließ, schrieb er in sein schwarzes Vinyltagebuch: »Tante Doris meint, am Südpol ist es heiß.« Am 26. Oktober 1956, seinem 21. Geburtstag, notierte Dave in einem kalten Zelt auf der Ross-Insel in dasselbe Tagebuch: »Heute nachmittag startete eine C-124 zum Flug über den Pol. Man befürchtet, daß die Russen am Pol sind, oder zumindest in der Nähe.« Er hatte den ganzen Winter damit verbracht, das Eis zu ebnen, um eine Piste für die Flugzeuge zu schaffen. Am 4. September notierte er: »Der Himmel war rosa, blau, grün, türkis, golden, gelb und zitronengelb. Ich gäbe alles für eine Mondscheinnacht mit einem Mädchen in Indiana.«

Vierzig Jahre nachdem dies geschrieben wurde, ging ich eines Tages in die Maschinenhalle von McMurdo, um einen Liter Öl zu holen. Dave Grisez stand im Flur und wischte sich Öl von den Händen. Er hatte gerade eine Stelle als Werkstattmechaniker angenommen. Das Mädchen in Indiana hatte er bekommen, aber er war trotzdem zurückgekehrt. »Der Ruf des stillen Landes«, meinte er.

Ich traf einen Mann, der den langfristigen Aufbau globaler Verschmutzungen in der Atmosphäre untersucht hatte. Er wollte gern Weihnachten daheim sein, aber die Ankunft der Maschine aus McMurdo zögerte sich seit zwei Tagen Stunde um Stunde hinaus, und er konnte nichts anderes tun, als um seine Koffer zu kreisen wie eine Wespe um ein Marmeladenglas. Er war seit dreißig Jahren auf Reisen.

»Ich möchte jetzt einmal zu Hause bleiben und darüber nachdenken«, gestand er. »Ich will herausfinden, warum ich soviel gereist bin.«

Das fragte ich mich auch oft. Tief in mir nagte der Zweifel, der sich um die unlösbare Frage drehte, ob ich nun auf der Flucht war oder auf der Suche. Reisen bedeutete entweder Entdeckung, ein Überschreiten von Grenzen aller Art, oder aber es war ein bequemes Hintertürchen, durch das man in ein Traumland verschwinden konnte. In dieser Gegend der inneren Welt kannte ich mich leider nur allzu gut aus.

Ich hatte nie verstanden, warum manche Menschen zeitlebens in Hörweite ihrer Dorfglocken blieben – *campanilismo* nennt man das in Italien. Das Reisen gibt mir und allen anderen Getriebenen eine neue Identität abseits des Ortes, den man Heimat nennt – zumindest scheinbar. Wie jeder herausgefunden hat, der es einmal versucht hat, und wie viele Schriftsteller seit Horaz (obwohl niemand es besser ausgedrückt hat als er) geschrieben haben: *Caelum non animum mutant qui trans mare currunt* – Du kannst so weit gehen, wie du willst, aber vor dir selber kannst du nicht davonlaufen. Das zu wissen, war kein Grund aufzuhören, obwohl es schon ein bißchen enttäuschend sein kann, in der hintersten Ecke der Taklamakan-Wüste, die man nur unter größten Strapazen erreicht hat, lediglich auf sich selbst zu stoßen. Trotzdem wollte ich einfach noch nicht aufgeben.

Irgendwie, irgendwo in den dunklen, stummen Winkeln meines Herzens fühlte ich, daß eines Tages etwas Wichtigeres auf mich warten würde als nur ich selbst – etwas, das all die anderen Orte, die ich gestreift hatte, zueinander in Beziehung setzen konnte. Es war nicht so, daß die anderen Orte mich enttäuscht hätten. Ich war in viele Landschaften unsterblich verliebt. Wenn man nicht weiß, wonach man sucht, wird man nicht so leicht enttäuscht.

Das Reisen begann ich im Alter von 16 Jahren, als ich mit einer Freundin nach Paris fuhr. Ich hatte gerade die mittlere Reife gemacht und in einer Boutique gearbeitet, um mir das Geld für den Urlaub zu verdienen. Meine Freundin war Platzanweiserin im Kino gewesen. Wir zelteten eine Woche auf einem Campingplatz im Bois de Boulogne, schlenderten ziellos über Hausmanns breite Boulevards, entdeckten den Impressionismus, existentielle Romane in *Livre de Poche*-Ausgabe und *pains au chocolat,* trafen ein paar Finnen und tranken eine Menge Wodka. Davor hatte ich meine Ferien mit Vater, Mutter und Bruder in Cornwall, Devon oder Südwales verbracht, manchmal hatten wir auch noch die Großeltern dabei. Zwei Dinge habe ich von diesen Ferien im Gedächtnis behalten. Erstens schien immer die Sonne; ein Phänomen, das ich nur dadurch erklären kann, daß mein Gedächtnis mir einen Streich spielt. Zweitens weiß ich noch ganz genau, daß wir immer nur eins wollten: *weg von allen anderen.* Damals waren wir eine recht glückliche Familie, jedenfalls schien es mir so. Mein Bruder, der anderthalb Jahre jünger ist als ich und mir in Temperament und Aussehen (obwohl er, zu meinem Leidwesen, dünner ist) gleicht, ist seit frühester Kindheit an geistig behindert, wahrscheinlich infolge einer Keuchhustenimpfung. Die meiste Zeit verbrachten wir damit, ihn davon abzuhalten, sich mit einem Riesensatz auf die kunstvollen Sandburgen anderer Kinder zu stürzen, oder ihn von den Brötchenbergen auf den Cafétheken wegzulocken, die so gern zu Boden stürzten, wenn er in die Nähe kam.

Ich hatte also keine Vorbilder – ich kannte keine Reisenden. Ich folgte meinem Instinkt. Am letzten Tag unseres Campingurlaubs in Paris erwachte ich in unserem kleinen Zelt, in dem unerklärlicherweise auch zwei Finnen schnarchten, und ich war überhaupt nicht traurig, daß alles vorbei war. Mir war, als hätte es gerade erst begonnen.

Siebzehn Jahre später, als ich den Südpol erreichte, war ich, geographisch gesehen, so weit gekommen, wie man auf dieser Welt nur kommen kann. In der Rückschau scheint es, als hätten alle vorangegangenen Etappen wie selbstverständlich zu diesem einen Ziel hingeführt. Es war, als würde eine einzige lange Reise zu Ende gehen, und ich blickte zurück auf die Kilometer, die zwischen mir und dem Zelt in Paris lagen. Es gab keinen, von dem ich wünschte, ich hätte ihn nicht hinter mich gebracht. Aber ich zahlte auch einen Preis: das langsame Mürbewerden, das die Bergsteiger so gut kennen. Die Freiheit war mir wichtiger als ein Partner oder Kinder, und unterwegs war ich frei. Doch zu Hause fielen mir Bindungen immer schwerer.

In der Antarktis traf ich viele Menschen, die mit diesem Dilemma kämpften. Der Trennungsdruck war auf dem Eis immer ein Problem gewesen. Bei der ersten Operation »Deep Freeze« in den 50er Jahren veranstalteten die Männer Parties, wenn die Post ankam. Heutzutage waren Briefe am Pol seltene Relikte der Vergangenheit, statt dessen gab es elektronische Post. E-Mail war so selbstverständlich wie Essen und Trinken. Partnerschaftsprobleme konnten durch die Technologie jedoch nicht gelöst werden. Jemand erzählte mir einmal, daß seine Freundin ihm gerade per E-Mail den Laufpaß gegeben habe. Während des Aufenthalts trugen alle eine Maske freundlicher Resignation zur Schau, hinter der sie die Angst verbargen, die von einer anonymen E-Mail-Botschaft an der Wand des Computerzimmers gut zusammengefaßt wurde: »Deiner ist größer, aber seiner ist hier.«

Während ich noch darüber nachgrübelte, traf ich vor dem Wissenschaftsgebäude auf meine neue Freundin Nann. Sie war eine stattliche Person aus Chicago, die aussah, als hätte sie ihr Haar mit der Lötlampe zurechtgemacht, und hatte sehr persönliche Gründe für ihre Anwesenheit. Sie war zum Pol gegangen, um von ihrem Mann wegzukommmen. Zu ihren Aufgaben als Mädchen für alles gehörte auch das Putzen der Stationstoiletten, deshalb bezeichnete sie sich gern als Raumkosmetikerin.

»Ich wollte mal einen Ballon aufsteigen sehen«, sagte sie. »Warum kommst du nicht einfach mit?« Damit nahm sie mich beim Arm und zog mich fort.

Die Ballons, die die Meteorologin Kathy jeden Tag aufsteigen ließ, sammelten atmosphärische Daten, die dann zur Erstellung von Wetterberichten benutzt wurden. Zufälligerweise war gerade Sommersonnenwende, aber es fiel schwer, an einem Ort, an dem der Tag niemals endete, den längsten Tag des Jahres zu feiern. Im Aufpumpraum oben auf dem Ballonturm breitete Kathy eine durchscheinende Hülle auf einem großen Tisch aus und fing an, sie mit Helium zu füllen.

»Was passiert, wenn sie hochsteigen?« fragte ich.

»Früher oder später – das hängt vom Ballontyp ab – dehnen sie sich aus, so daß sie den Druck nicht mehr halten können, dann platzen sie und fallen wieder auf die Erde.«

»Welcher Ballontyp ist dir am liebsten?« schrie ich, um das laute Zischen des Heliums zu übertönen.

»Nun ja, die Größe spielt eine Rolle«, antwortete sie.

»Nicht nur dabei«, unterbrach Nann.

»Die größeren Ballons erfordern mehr Vorbereitung, steigen langsamer und anmutiger auf, und du kommst dir vor, als hättest du etwas erreicht. Könntet ihr mir dabei helfen, ihn nach draußen zu bringen?«

Der Ballon hatte jetzt einen Durchmesser von drei Metern, und während ich den kleinen Styroporkasten am unteren Ende hielt, öffnete Kathy eine Metalltür und trat auf die Plattform hinaus.

»Ich schenke dir das Leben!« rief Kathy, als sie ihren Ballon hochwarf. Wir sahen zu, wie er bei seiner Himmelfahrt sachte ins Blaue entschwebte.

»Sieht aus wie ein Kondom«, meinte Nann.

In dem Moment knisterte es im Lautsprecher, und wir hörten eine abgehackte Meldung.

»Wir haben schwarze Punkte am Horizont ausgemacht, möglicherweise die Japaner«, glaubten wir zu verstehen.

»Großer Gott!« entfuhr es mir. Ich dachte, jeden Augenblick würde auf dem Eis der Zweite Weltkrieg wieder aufleben: »Was zum Teufel soll das heißen?«

»Da kommt eine Expedition!« sagte Nann fröhlich, während sie ihren Parka überstreifte. »Laß uns schnell rausgehen, damit wir sie ankommmen sehen.«

Unterwegs erzählte sie mir, daß ein Japaner namens Susumu Nakamura sich von der Herkules-Bucht auf dem Ronne-Eisschelf mit Skiern auf den Weg gemacht habe. Er war 1200 Kilometer gefahren und hatte einschließlich der vier Rasttage 39 Tage dafür gebraucht. Begleitet wurde er von einem Navigator und drei Fernsehleuten auf Schneemobilen.

Japans Beschäftigung mit der Antarktis begann 1910, als Nobu Shirase mit der *Kainan-Maru* (Pionier des Südens) in Tokio ablegte. Er erreichte das Ross-Eisschelf, das seiner Meinung nach aussah »wie eine Reihe reinweißer Papierwände«, und marschierte 260 Kilometer landeinwärts, bevor er zur Walfischbucht weitersegelte. Dort traf seine Mannschaft zufällig auf die *Fram,* die sie für ein Piratenschiff hielten. Die Norweger ihrerseits waren entsetzt über das Blutbad, das die Japaner unter den Robben anrichteten, und als sie zu Tee und Kuchen auf die *Kainan-Maru* eingeladen wurden, unterhielten sie sich leise darüber, daß sie in so einem Kasten nicht einmal halbwegs bis in die Antarktis gekommen wären. Beim Transport der Ladung vom Schiff auf den Strand der Walfischbucht trugen Shirase und seine Männer die traditionellen japanischen Strohstiefel. »Wir erklommen unseren Pfad«, so der Expeditionsbericht, »wie eine Prozession von Pilgern, die den Fudschijama besteigt. Es war zweifellos die schwerste aller Prüfungen, seit wir den Schoß unserer Mütter verlassen hatten.«

Für einen Japaner war es in jenen Tagen schwierig, sich auf die Weltbühne zu wagen. Als die *Kainan-Maru* in Wellington anlegte, bezeichnete die *New Zealand Times* die Besatzung als »eine Horde von Gorillas«. Trotzdem entsandte Japan auch weiterhin wissenschaftliche Expeditionen in die Antarktis und gehörte zu den Erstunterzeichnern des Antarktisvertrages, einer internationalen Vereinbarung zum Schutze der Antarktis. Das zweite asiatische Land, das beitrat, war Indien, das 1983 als erstes asiatisches Entwicklungsland stimmberechtigtes Mitglied wurde. Indiens Interesse an der Antarktis ist hauptsächlich auf die Initiative seines ehemaligen Premierministers Jawaharlal Nehru zurückzuführen, der seinem Land gern Weltgeltung verschafft hätte.

Susumu lief auf die Polmarke zu, seine Wangen waren »so schwarz gebrannt wie Lack« – so hatten die Männer der *Kainan-Maru* ihr Aussehen beschrieben. In seinem Augenwinkel gefror eine einzelne Träne. Nachdem die Japaner allen die Hände geschüttelt hatten (jedermann würde sie für Engländer halten), packten sie die Sponsorfahnen für das unvermeidliche Werbephoto aus, und später sahen wir, daß sie in einiger Entfernung ihre kleinen gelben Zelte aufgestellt hatten.

Die verfrorenen Gesichter und die Eisbärte erinnerten mich an andere Bilder von erschöpften Männern am Ende ihrer strapaziösen Reisen durch die Antarktis. Ziel all dieser Unternehmungen schien zu sein, herauszufinden, wie nahe man dem Tod kommen kann, ohne zu sterben. Nun ja, *chacun à son goût*. Ich konnte verstehen, daß man auf die Frage »Ist es möglich?« eine Antwort suchte. Schaffte man es, konnte nie wieder jemand diese Frage stellen. Sie gehörte dir. All die Reisen, die von den Halbtoten unternommen wurden, waren das Resultat einer fixen Idee. Ursprünglich waren sie Ausgeburten der Phantasie.

Ein Buch zu schreiben war allerdings etwas Ähnliches, also taten wir vielleicht dasselbe, nur auf unterschiedliche Weise.

Die älteste Weihnachtstradition am Südpol war das Rennen um die Welt, und es fing am Weihnachtstag um vier Uhr nachmittags an. Die drei Kilometer lange Strecke ging dreimal um den Pol. An der Startlinie war ein Band gespannt, es gab ein paar Zeitnehmer, und die Teilnehmer konnten sich fortbewegen, wie immer sie wollten. Einer fuhr Ski; einer saß auf einem Schlitten, der von einem Schneemobil gezogen wurde; ein anderer ritt auf einem Steckenpferd, und eine Stammtisch-Truppe wurde mit einem Bulldozer herumgefahren. Der einfallsreichste Wettbewerber hatte das Rudergerät aus dem Kraftraum genommen, es auf einen Schlitten geladen und ließ sich damit, die ganze Zeit rudernd, über den Parcours ziehen.

Ich lief mit und bekam starke Kopfschmerzen, die, durch die Höhe noch verschlimmert, nahtlos in Migräne übergingen. Es blieb mir nichts anders übrig, als mich in die Krankenstation unter der Kuppel zurückzuziehen und mich hinzulegen. Die Ärztin war eine Nachfahrin von Otto Sverdrup, dem bekannten Arktisforscher und Kapitän von Nansens *Fram* bei der Polarexpedition von 1893–96. Sie hieß Eileen und verordnete mir Sauerstoff.

Ich lag zwei Stunden in einem großen Untersuchungszimmer mit Postern von Neil Armstrongs Mondspaziergang an den Wänden. Im Röntgenraum nebenan bewahrte Eileen noch die unförmige Apparatur aus den 60ern auf, falls das neue Gerät einmal ausfiel. Meine Mutter ist Röntgentechnikerin, und als kleines Kind begleitete ich sie während der Schulferien oft zur Arbeit. Der Geruch der Chemikalien, die Etiketten und die Drahtvorrichtungen an den Wänden, an denen man die Röntgenaufnahmen zum Trocknen aufhing – alles erinnerte mich an früher. Es war eigenartig, daß meine Kindheit mich ausgerechnet am Südpol wieder einholte.

1961 hatte ein sowjetischer Arzt in einer Antarktis-Station seinen eigenen Blinddarm entfernt. »Ich habe den anderen beigebracht, wie sie meinen herausschneiden können«, das hörte sich an, als spräche Eileen über eine neue Frisur. »Ich würde eine Periduralanästhesie bekommen, so daß ich ihnen die ganze Zeit Anweisungen geben könnte.« Sie hatte auch einen kurzen Weiterbildungslehrgang in Zahnkunde absolviert.

»Bei niedrigen Temperaturen fallen die Füllungen und Kronen aus den Zähnen«, erklärte sie. »Der Kleber trocknet nämlich aus.« Man mußte sich nur irgendwie zu helfen wissen. Vor vierzig Jahren entfernte ein schwedischer Arzt einem Mann das Auge. Er hatte nie zuvor eine Augenoperation gesehen, aber er wurde über Funk von einem Augenchirurgen aus Schweden angeleitet.

Nann kam mich besuchen. Sie war wütend, daß ihr Mann ihr kein Weihnachtsgeschenk geschickt hatte. Bevor sie ging, bat ich sie, mir meinen Walkman und zwei bestimmte Kassetten aus dem Jamesway zu holen. Ich hatte mir für den Notfall etwas Besonderes aufgehoben, und meiner Meinung nach war jetzt der Zeitpunkt gekommen, es mir zu gönnen.

»Was ist denn da drauf?« fragte Nann, als sie wiederkam und zuschaute, wie ich die Kassetten aus ihrer Zellophanhülle schälte.

»Das sind Literaturkassetten«, antwortete ich. »Das Tagebuch eines Mannes namens Alan Bennett. Er ist eine Institution in England.«

Nann überlegte.

»Du meinst, so wie früher Ronald Reagan?«

»Eher wie die Königinmutter«, entgegnete ich.

Gestärkt durch eine Dosis Bennett, der besser wirkte als der Sauerstoff, bat ich Eileen abends um die Erlaubnis, in die Kantine gehen zu dürfen, um mich beim Austausch der Geschenke still in eine Ecke zu setzen.

Jeder legte ein eingepacktes Geschenk auf einen Tisch und zog eine Zahl aus einem Hut. Die Nummer eins nahm dann ein Geschenk und mußte es vor aller Augen öffnen. Nummer zwei konnte dann entweder ein Geschenk vom Tisch holen oder Nummer eins das Geschenk wieder abnehmen, woraufhin dann Nummer eins ein neues aussuchen durfte, und so weiter. Die Auswahl reichte von gehäkelten Mützen über ein Ölgemälde vom Südlicht und eine Kiste Zigarren bis hin zu einer Handvoll Steine. Vor meiner Abreise war ich vor diesem Geschenkeaustausch gewarnt worden, deshalb hatte ich eins meiner Bücher signiert und sorgfältig verpackt. Nachdem es um die halbe Welt gereist war, sah es aus, als hätte Susumu es auf seinem Schlitten mitgebracht. Nann bekam es – sie jagte es jemand anderen ab. Ich liebäugelte mit einem selbstgemachten Journal, das bereits ausgepackt war. Den Filzeinband zierte eine weiße Karte des Kontinents mit einem roten Pfeil am Pol, auf dem stand: *Sie befinden sich hier.* Als meine Nummer aufgerufen wurde, schnappte ich es mir. Ich trank dünnen Tee, während alle anderen gebutterten Rumpunsch schlürften, aber das half auch nichts. Eine neue Schmerzwelle überrollte mich und zwang mich zurück auf mein Krankenbett. Eileen war wundervoll. Um zwei Uhr morgens gab sie mir eine Riesendosis Demerol, und um vier Uhr kam sie wieder, um nachzusehen, ob ich noch lebte.

Das Demerol wirkte, und ich träumte von Regen. Später konnte ich zur Kantine hinübergehen, um beim Weihnachtsessen wenigstens dabeizusitzen. Aus dem Kassettenrecorder klangen Weihnachtslieder, und Kerzenlicht schimmerte auf der Verpackungsfolie der Knallbonbons. Es war, als hätte jemand die Heizung aufgedreht. Als sie jedoch die Bonbons knallen ließen, machten sie das unilateral, das heißt jeder nahm sein Bonbon an beiden Enden und zog. War das wieder eine von ihren komischen amerikanischen Sitten? Offensichtlich wußten sie überhaupt nicht, was ein Knallbonbon war. (Wo die Bonbons herkamen, habe ich nie erfahren.)

»Wer ist denn das?« fragte ich Nann, als wir unsere Papierkronen aufsetzten. Eine großgewachsene Frau mit wettergegerbtem Gesicht saß am Kopfende des Tisches und war tief in eine Unterhaltung versunken. Flugzeuge waren keine mehr gelandet. Wo kam sie also her?

»Hast du es nicht gehört?« antwortete das Orakel. »Ihr Name ist Liv Arnesen. Sie ist Norwegerin und allein per Ski von der Herkules-Bucht bis hierher gefahren. Ihre Ausrüstung hat sie auf einem Schlitten hinter sich hergezogen. Fünfzig Tage hat sie gebraucht.«

»Kaum zu glauben«, sagte ich, »das ist ja schon die zweite Expedition seit meiner Ankunft!«

»Was kein Zufall ist«, erklärte Nann, die immer noch mit dem Inhalt ihres Knallbonbons kämpfte. »Die Zeitspanne, die für Reisen auf dem Plateau zur Verfügung steht, ist recht kurz. In Anbetracht der Entfernungen müssen die verschiedenen Expeditionen sich fast zwangsläufig am Pol treffen.«

»Deswegen stehen daheim um Weihnachten herum auch immer so viele Eisbart-Geschichten in den Zeitungen«, sagte ich.*

---

* David Hempleman-Adams, ein Brite, erreichte im folgenden Jahr unter ähnlich aufregenden Umständen den Pol. Als er aus der Antarktis, zurück nach Punta Arenas in Chile flog, rief er sofort zu Hause an, um von seinem Triumph zu berichten. In seinem Haus in Swindon antwortete ihm nur die eigene Stimme auf dem Anrufbeantworter, also versuchte er es bei seiner Großmutter. Sie weigerte sich, den Anruf entgegenzunehmen.

»Du hast es erfaßt«, meinte Nann. »He, der Witz in diesem Knallbonbon ist gar nicht lustig.«

»Sie sollen auch überhaupt nicht lustig sein. Das ist ja gerade der Sinn von Knallbonbons – schlechte Witze.«

Als alle mit dem Essen fertig waren, ging ich um den Tisch und stellte mich Liv vor. Sie saß neben Eisenhans-Tony, der sie mit technischen Fragen zu ihrer Reise bestürmte. Sie hatte sich mit einer Last von 200 Pfund auf den Weg gemacht, 120 Pfund wogen allein die Nahrungsmittel, und ihr Funkgerät war kaputtgegangen.

»Großer Gott«, sagte Tony, »das muß ja schrecklich gewesen sein!«

»Eigentlich nicht«, antwortete sie schuldbewußt, »ich war richtig froh, mich niemandem mitteilen zu können.«

Liv war 41 Jahre alt. Ihr Englisch war ausgezeichnet, und sie sprach in dem ruhigen, selbstsicheren Ton jener Menschen, die ihre Ziele erreicht und damit ein- für allemal ihre Ängste zum Schweigen gebracht haben. Anders als Susumu, der seine 39 Tage im Gespräch mit den Fernsehleuten verbracht hatte, war es ihr in den langen Wochen des Alleinseins gelungen, einen inneren Frieden zu finden.

»Haben Sie sich einsam gefühlt?« fragte Tony.

»Einmal. Anfang der letzten Woche wurde ich eines Nachts im Zelt wach und dachte: ›Was ist passiert? Mir ist, als träumte ich.‹ Dann wurde mir klar, daß der Wind sich gelegt hatte. Ich kannte diesen Wind seit sechs Wochen, und er war mir irgendwie zum Begleiter geworden.«

»Es muß komisch gewesen sein, genau zum Weihnachtsessen hier anzukommen.«

»Wundervoll ...«

»Was war ihr erster Eindruck?«

»Ich gehe zum erstenmal seit fünfzig Tagen in ein Badezimmer und sehe mich im Spiegel. Das Gesicht meiner Großmutter schaut mir entgegen. Ich bin entsetzt, wie alt ich bei dieser Reise geworden bin.«

»Warum haben Sie es getan?«

»Als ich zwölf war, arbeitete mein Vater in Nansens Haus in Norwegen. Eines Tages führte der Verwalter mich herum – und so fing es an. Ich begann, alle Forschungsberichte zu lesen und träumte davon, den Südpol zu erreichen. Ich bin auf Skiern aufgewachsen, deshalb wußte ich, daß ich es schaffen konnte. Das schwierigste war, das Geld aufzutreiben. Ich glaube, das fällt Amerikanern leichter, nicht wahr?« Sie zwinkerte mir zu.

»Was hält ihr Ehemann davon?« bohrte Tony weiter.

Die Frage gefiel ihr nicht, doch sie blieb freundlich: »Hat irgend jemand Susumu nach seiner Frau gefragt?«

»Haben Sie unterwegs etwas gelesen?« fragte ich dazwischen.

»Ich las Ibsens *Peer Gynt* und lief nach seinem Rhythmus. Und ich hatte einen Band mit norwegischen Gedichten dabei. Eine Zeile kam mir bei meiner Wanderung über die Ebene immer wieder in den Sinn: ›Ein Land in meinem Herzen, das niemand mir nehmen kann.‹«

Nach dem Essen lasen wir uns Auszüge aus den Tagebüchern der ersten Entdecker vor. Zur Besatzung gehörte auch ein Schwede, was unserer Meinung nach fast dasselbe war wie ein Norweger, deshalb hatte man ihn mehr oder weniger gezwungen, Amundsen zu spielen. Eisenhans-Tony übernahm voller Begeisterung Scotts Rolle, obwohl man sich wohl kaum jemanden vorstellen konnte, zu dem ein amerikanischer Akzent weniger gepaßt hätte. Das letzte Weihnachtsessen auf dem Marsch zum Pol hatte Bowers zubereitet, zum Kakao hatte er pro Mann zwei Löffel Rosinen zusammengekratzt, dazu fünf Riegel Schokolade und »Pemmikan, nicht zu knapp bemessen, einen schönen Plumpudding, vier Karamels für jeden und eingemachten Ingwer«. Dieses eine Mal aßen sie, gemütlich im Zelt versammelt, bis sie nicht mehr konnten. »Wir haben alle wundervoll geschlafen«, schrieb Scott, »und fühlten uns wieder durch und durch warm.« Bei einer früheren Gelegenheit hatte Bowers in der Hütte am Kap Evans einen Christbaum aus Skistöcken und Skuafedern gebastelt. Shackleton, der Weihnachten auch einmal mit dem Schlitten unterwegs war, bereitete in einer alten Socke einen kleinen Plumpudding zu und servierte ihn verziert mit einem Stechpalmenzweig, den er auf dem Schiff gefunden hatte.

Nach dem Vorlesen versuchten wir uns an ein paar Weihnachtsliedern. Dann gingen wir nach unten, um zu tanzen, und irgend jemandem fiel ein, daß am Pol am Heiligen Abend traditionell Zigarren geraucht wurden, also suchte man unter einem Haufen Geschenkpapier nach der Zigarrenkiste. Wir versammelten uns draußen im blendenden Sonnenschein und versuchten so, uns über das Heimweh hinwegzutrösten.

7. KAPITEL

Feier in den Tropen

> Wir waren gekommen, [die] Geheimnisse [der Antarktis] zu ergründen; wir hatten gehofft [sie] in die Grenzen der Wissenschaft zwingen; immer noch hielt [sie] sich rätselvoll ferne, aber [sie] fesselte unseren Geist.
>
> DOUGLAS MAWSON*

Der Seismologe hatte mir mit einem Versorgungsflugzeug, das von den äußeren Vorposten zurückkehrte, einen Brief geschickt. Darin fragte er, wann ich zu Besuch kommen würde. Sogar sein Schreibstil bewies texanischen Akzent. Ich erhielt auch einen Brief von meiner Großmutter aus Westengland. Sie mahnte: »Selbst Du müßtest langsam begreifen, daß Du nicht mehr die Jüngste bist.«

Am Tag nach meiner Rückkehr schneite es, deshalb saßen wir alle in McMurdo fest. Scotty, der Koch der Scott-Basis, lud mich zum Abendessen bei den Neuseeländern ein. Eine italienische Nacht stand auf dem Programm, und es gab sogar *ciabatta.* Irgend jemand hatte eine Kassette von Andrés Segovia gefunden; er war zwar Spanier, aber in der Antarktis nimmt man es

* Übers. aus: Mawson, Douglas. *Leben und Tod am Südpol.* Leipzig. 1921 – A. d. Ü.

nicht so genau. Nach dem Essen holten wir uns Drachen und gingen zur Ebene hinter den Eispressungen, was für das Personal von McMurdo verboten war. Da ein roter Parka kilometerweit aufgefallen wäre, hatte ich mir einen gelb-blauen neuseeländischen Anzug ausgeliehen.

»Tu einfach so, als wärst du keine Amerikanerin«, sagte Scotty.

Wenn man zwei oder drei Drachen aneinanderband, konnte man sich auf die Skier setzen und sich ziehen lassen. Die Drachen flatterten, kreisten und wirbelten und verwirrten die Weddell-Robben. Wolken über uns verschmolzen zu durchsichtigen goldschimmernden Schleiern, zwischen denen man einen Blick auf die Royal Society-Bergkette erhaschen konnte – es sah aus wie die Andeutung von Himmel auf einem Botticelli-Gemälde. Die Royal Society war der Sponsor der *Discovery*-Expedition, und diese Berge waren mit ihrem Namen geschlagen. Das erinnerte mich an Fitzroy Maclean, der den Amudarja in einem Boot namens *Seventeenth Party Congress* überquerte.

An Silvester wollte ich den Seismologen in seinem Camp besuchen. Er arbeitete in einem entlegenen Außenposten auf der zentralen westantarktischen Eisdecke, an einem Ort, der so bekannt war für seine Unzugänglichkeit, daß man ihn mit der Abkürzung JWD für »janz weit draußen« bedacht hatte. Entweder machte das Wetter den Anflug der Station unmöglich oder den Start von der Ross-Insel, oder die Flugzeuge waren kaputt. Das Lager wurde regelmäßig beliefert – zumindest theoretisch. Ich ging viermal zur Startbahn, um bei einem dieser Versorgungsflüge dabeizusein, nur um stundenlang auf den gepolsterten blauen Plastikstühlen zu hocken und mit den Füßen im schmutzigen Schnee auf dem himmelblauen Linoleumfußboden zu scharren. Einmal starteten wir sogar, aber die Herkules, die älter war als ich, hatte Probleme mit den Landeklappen und drehte nach fünf Minuten Flug wieder um. In der Station hatte ich mich schon so oft verabschiedet, daß die Leute anfingen zu lachen, wenn sie mich sahen. Ich schloß enge Freundschaft mit den zwei anderen Passagieren im Wartestand, die beide zum Hilfspersonal gehörten, das die Arbeit in JWD erleichtern sollte. Evelyn war eine Frau Mitte Vierzig mit keksfarbenem Haar, und José, etwa im gleichen Alter, war ein kleiner amerikanischer Motorradfahrer mexikanischer Abstammung, der wie ein Satyr grinste und mich Kid nannte.

Guter Dinge fand ich mich zum fünftenmal zum Abflug ein, aber nachdem ein langer Morgen verstrichen war, wurde der Start erneut verschoben, diesmal für mindestens eine Woche, da die einzige Herkules in der Basis ein ernstes Leiden entwickelt hatte. Ich war unendlich traurig, denn ich wollte Neujahr nicht im Stützpunkt verbringen. Seufzend holte ich meine Taschen wieder ab und wandte mich kurzentschlossen zur Hubschrauberleitstelle, um Robin zu treffen, die Hubschrauberkönigin, die auf typisch amerikanische Weise alles möglich machte.

Ich hatte vorgehabt, eine Gruppe von Geologen am Mackay-See zu besuchen und entschloß mich, ihnen einen Besuch abzustatten, bis ein Flugzeug zum Camp des Seismologen startklar wäre. Ross, der Projektleiter, hatte mich eingeladen, und da ihr Lager nur eine Hubschrauberflugstunde entfernt auf 76 Grad Süd und 162 Grad Ost lag, würde es nicht allzu schwer sein, von irgendwem mitgenommen zu werden. Ross hatte schon viele verstümmelte Funkmeldungen aus verschiedenen Teilen des Kontinents erhalten, die meine baldige Ankunft ankündigten, aber letztlich war es doch nie soweit gekommen. Robin schaute kurz auf ihren Plan, nahm einen Bleistift und schrieb in großen Buchstaben W-002 auf die Frachtliste eines der letzten Hubschrauber, die vor den Ferien noch starteten. Er flog zu einer weiter landeinwärts liegenden Station. »Sie können dich absetzen«, sagte sie fröhlich. »Frohes neues Jahr!«

Eine Stunde später saß ich eingeklemmt im Bauch eines Hubschraubers, der über den McMurdo-Sund Richtung Terra Nova-Bucht flog und hörte den Piloten dabei zu, wie sie darüber diskutierten, was wahrscheinlicher war: daß der Erebus ausbrach oder daß einer von ihnen bei der Silvesterparty in McMurdo bei den Damen Glück hatte.

Als ich ankam, lag das kleine Lager verlassen da, eine *Marie Celeste* im Eis, und bevor ich meine Kopfhörer abnahm, fragte der Pilot zweifelnd: »Werden Sie auch zurechtkommen?« Aus dem Fenster rief er mir noch hinterher: »Passen Sie bloß auf die Gletscherspalten auf!« Es war ein ruhiger und wolkenloser Tag, nur fünf Grad unter Null, und die Eisoberfläche schmolz so langsam wie ein Stück Butter an einem Frühlingsmorgen. Ich zog meinen Parka, Hut und Handschuhe aus und betrachtete die Gegend.

Sie hatten das Lager in einer großen, vereisten Bucht gegenüber der Mackay-Gletscherzunge aufgeschlagen. Der Mount England und die gegenüberliegenden Granit- und Doleritklippen mit ihren glänzenden schokoladenbraunen Streifen warfen breite Schatten auf die Eiswellen und die gemaserten Gletscherklippen, und an einem Abhang in der Mitte standen fünf kleine Zelte. Über ihnen am blauen Himmel schwebten runde Wölkchen. Ich kann nicht sagen, daß es wunderschön war, denn es war mehr als nur das.

Wie in allen besseren Camps gab es auch hier keinen Generator. Aber nach ein paar Minuten hörte ich das Geräusch eines Schneemobils. Als ich mich umdrehte, erblickte ich eine bärtige Gestalt am Steuer eines Fahrzeugs, das einen mit Eispfannen beladenen Schlitten hinter sich herzog.

»Willkommen in den Tropen«, sagte der Mann beim Absteigen und streckte die Hand aus.

Die anderen vier Lagerbewohner arbeiteten gerade an ihrem Tauchloch, also entluden wir den Schlitten und fuhren dorthin. Es lag nur fünf Minuten entfernt in der Nähe der Gletscherwand, und alle waren um eine leuchtend gelbe Maschine versammelt, die aussah wie ein großer Rasenmäher. Schon bald wurde mir klar, daß dieses Ding das Camp mit eiserner Hand regierte. Per Fernbedienung tauchte es hinab zum Meeresgrund, um dort Photos zu machen, und alle Arbeit hing von ihm ab. Sie untersuchten das beim Abschmelzen des Gletschers freiwerdende Sedimentgestein und seine Verteilung in der marinen Umgebung. Die Maschine war das einzige im Camp, was jemals gewaschen wurde.

Alle hatten sonnverbrannte Gesichter und weiße Augenlider. Einer der drei Studenten (sie nannten sich selbst »Pipetten«) kam aus Lancaster und wollte in den USA seinen Doktor machen. Mike war fast zwei Meter groß und schweigsam, aber wenn er redete, konnte er sich das Grinsen nicht verkneifen; er hing an seiner Heimatstadt Wigan. Auf der Karte hatte er ganz in der Nähe einen Berg entdeckt, der Black Pudding-Nunatak hieß, und jetzt freute er sich, so weit weg von zu Hause etwas gefunden zu haben, was ihn an Lancashire erinnerte. Er forderte mich auf, anhand seines Akzentes seine Herkunft zu erraten, erst danach gestand er, daß er mir, wenn ich Yorkshire gesagt hätte, an den Tagen, an denen er Küchendienst hatte, kleinere Portionen zugeteilt hätte, was offenbar die schlimmste Strafe war, die er sich vorstellen konnte. Neben Ross – dem Projektleiter – und den Studenten gab es noch einen fünften im Team, den Lagerleiter, den ich bereits kennengelernt hatte. John war ein freundlicher Mann, der sich so fürsorglich um die anderen kümmerte wie ein Vater.

Das anfängliche Unbehagen, das den Neuankömmling in einem Lager überkommt, war mir nicht neu. Es hielt nie lange an, deshalb machte ich mir darüber keine Sorgen mehr – ganz im Gegenteil, der Gedanke, daß wir uns gegenseitig besser kennenlernen würden, gefiel mir. Das war wie das Einstellen der Bildschärfe beim Photographieren. So eine Verhaltensweise war wohl etwas eigenartig, aber damals kam es mir gar nicht so vor.

Jeden Tag senkten sie das gelbe Gerät durch ein Loch im Meereis, über dem eine Segeltuchhütte errichtet worden war. Sobald der Apparat im Wasser war, übernahm Ross von einer anderen Hütte aus die Fernsteuerung. Dabei saß er vor zwei Schirmen, die Bilder der beiden Kameras übertrugen, die am Gerät befestigt waren. Ein Hydrophon neben den Kameras piepste mit der Regelmäßigkeit eines Herzschlags. Farbenprächtige Bilder von Diatomeen*, die vorbeischwebten, während das Gerät 140 Meter unter uns über den Meeresboden glitt, ließen die Schirme im Dunkel der Hütte erstrahlen. Das erinnerte an den *Krieg der Sterne.* Ich konnte eine Qualle mit langen, wollenden Fäden voller winziger Lichtpunkte erkennen und garnelenartige Krebstierchen, die zwischen verschiedenartigsten schillernden Tintenfischen einen großen Schwamm umschwärmten. Als Ross

---

* Eine Diatomee ist eine mikroskopisch kleine einzellige Alge.

das Gerät zur Seite neigte, schauten die Kameras in den Schwamm hinein. Er war hohl, sein Inneres höckerig, und wenn er sanft angestoßen wurde, bewegte er sich so graziös wie eine Tänzerin.

»Weißt du was«, sagte er, »das hat noch nie jemand gesehen.«

Bei unserer Rückkehr zum Camp bemerkte ich, daß John mein braungrünes Zeit aufgeschlagen hatte. Da ich kein Unterlagebrett mitführte, hatte er in den Kisten mit wissenschaftlichem Zubehör eines aufgetrieben. Zum Abendessen trafen wir uns in einer anderen kleinen Segeltuchhütte unter einem Schild, auf dem stand: »Das Peitschen geht weiter, bis die Moral besser wird.« Die Studenten aßen um die Wette. Mike hatte kürzlich einen freien Abend gewonnen, weil er nach dem Essen noch eine Schüssel kalte Kartoffeln und drei Dosen Cola verdrücken konnte. Ross lächelte zufrieden, während sie über alte Niederlagen und zukünftige Siege debattierten; das Zusammenspiel war locker und harmonisch, gegen Ende einer langen, harten und erfolgreichen Saison waren alle gut aufeinander abgestimmt.

Am Silvesterabend starteten wir zum letzten Tauchgang der Saison. Der Wind blies kräftig, also war es kühl. Ich half, das Körncheneis zu entfernen, das sich über dem Loch gebildet hatte, dann setzte ich mich in der dunklen Hütte auf eine Kiste. Als die gelbe Maschine ihren Tauchgang beendet hatte, war auf dem Bildschirm alles grau in grau. »Wie Wigan im November«, meinte Mike.

Ich hatte mich angeboten, Silvester das Festessen zu kochen. Bald war es Zeit, das Lager abzubrechen und in die richtige Welt zurückzukehren, also gab es einen doppelten Grund zum Feiern, und außerdem hatte es in der gesamten Saison nur einen Tag Ferien gegeben. Die

Menschen in der Antarktis suchten ständig Grund zum Feiern. Die erste amerikanische Mannschaft am Südpol hatte sogar eine Geburtstagsparty für einen Hund gegeben, inklusive Kuchen und Kerzen. Vergleichsweise hatten die Australier sich in den frühen Tagen so ausgiebig mit *Whitaker's Almanach* beschäftigt, daß sie ein größeres Fest veranstalteten, um den Jahrestag der Gasbeleuchtung Londons zu begehen.

Daß nichts an zu Hause erinnerte, erschien mir am Neujahrsabend erfrischender als zu anderen Zeiten. Mir blieb die enttäuschende Erkenntnis erspart, daß sich wieder einmal nichts geändert hat, obwohl ein weiteres Jahr vergangen war; außer das alles noch schlimmer zu werden schien. Am Mackay faßte keiner einen guten Vorsatz, nur weil ein neues Jahr vor uns lag. Von so etwas waren wir frei.

Beim Herumwühlen in den steinhart gefrorenen Pappkartons neben der Speisehütte förderte ich vier gewichtige rosafarbene Päckchen zutage, in denen sich laut Etikett »Hühnchen aus Cornwall« befanden. Aber das konnte nicht stimmen, die Vögel waren garantiert nie über Newark hinausgekommmen. Trotzdem machte ich aus ihnen, aus gemischtem Trockengemüse und einer Büchse Tomatensuppe einen Eintopf. Das Fleisch, das die Hühnchen hergaben, hätte gerade für einen einzigen hungrigen Wissenschaftler ausgereicht, also mußte ich auf die Schnelle noch drei Dosen »neue« Kartoffeln untermischen. Aus einem welken Salatkopf, einer Büchse Oliven, einer Dose Kidney-Bohnen und drei traurigen Karotten zauberte ich einen Salat. Die Entdeckung einer Tüte Erdbeerpulver war ein kleiner persönlicher Triumph. Mit Trockenei, Milchpulver, einer Dose Butter und einem Paket Ingwerplätzchen rührte ich in einem Kochtopf einen Erdbeer-Käsekuchen an und stellte ihn zum Abkühlen nach draußen auf das Eis. Schließlich bastelte ich aus einer Pappschachtel Blumen für den Tisch und aus silbrig schimmernden Eipulvertüten Ringe für die Servietten aus Klopapier.

Das Essen wurde mit Begeisterung aufgenommen, was wieder einmal beweist, daß eine Mahlzeit mehr ist als nur die Summe ihrer Zutaten. Irgend jemand hatte einen Walkman mit Lautsprecher mitgebracht, und wir hörten uns Vangelis *Antarctica* an. Jim schlug vor, um Mitternacht nach draußen zu gehen, um das neue Jahr in Stille zu begrüßen; das war für uns alle die erste und wahrscheinlich auch die letzte Gelegenheit dazu. Jim war einer der Studenten, ein schüchterner, hübscher Junge, der von den anderen gehänselt wurde, weil sein Bart der kürzeste war. Die Sonne stand direkt hinter dem Gipfel des Mount England, und wir rückten etwas auseinander, weil wir in diesem Moment in unsere eigenen Gedanken versunken waren.

Zahlreiche Flaschen – die Überreste der Saison – wurden zwischen den Kerosinfässern hervorgeholt, und wir versuchten, sie so gut es ging aufzutauen, um an den Inhalt zu gelangen. Um zwei oder drei Uhr morgens behauptete Ross, er müsse vor dem Zubettgehen unbedingt Georg Soltis Live-Einspielung von Beethovens Fünfter mit dem Chicagoer Symphonieorchester hören, also versammelten wir uns alle auf dem Eis, um der Musik zu lauschen. Die Gletscher ließen die Töne emporschweben wie die Mauern einer Kathedrale. Alle Eiskämme gegenüber hatten einen Goldrand, und ich fragte mich, wie Beethoven diese Noten hatte schreiben können, ohne dieselbe Szenerie vor Augen gehabt zu haben. Wahrscheinlich hatte er seine eigene Reise gemacht, nur auf andere Weise.

Am Neujahrsmorgen erwachte ich spät und schwitzend in meinem Schlafsack, denn das tropische Wetter war zurückgekehrt. Ich lag bei offener Zeltklappe still da, die braungrünen Zeltwände filterten das Licht wie Kirchenfenster und tauchten meine Habseligkeiten in einen diffusen Schein. Ich konnte die anderen reden hören, und als ich mir Kaffee holen wollte, bemerkte ich, daß sie mir mein Frühstück in der Pfanne warmgehalten hatten. Leider konnte ich seinen Anblick nicht ertragen, deshalb schlich ich, als niemand hinsah, zu unserem Entsorgungsloch im Meereis und ließ die fettige Masse heimlich in den Tiefen verschwinden. Dann nahm ich den Kaffee mit ins Zelt und lag mit dem Walkman auf dem Kopf halb drinnen, halb draußen auf meiner Isoliermatte. Zum neuen Jahr gönnte ich mir wieder eine Alan Bennett-Kassette. Er erzählte gerade, wie er New York besucht hatte und in Greenwich Village an einem Schild vorbeigekommen war, auf dem »Ohrpiercen mit oder ohne Schmerzen« angeboten wurde.

Mike saß draußen an einem provisorischen Tisch aus Kisten und etikettierte. Die anderen packten zusammen. Dann tauchte Steve auf und fragte, ob ich mit ihm zur Südseite der Gletscherzunge gehen wolle, um Wasser zu holen. Er war klein und redselig – das Gegenteil von Mike – und regte sich unentwegt darüber auf, daß er sich seit sieben Wochen nicht mehr die Haare hatte waschen können. Steve verbrachte die meiste Zeit am Mackay damit, auf dem Eis zu hocken und die rosafarbenen Schläuche zu überwachen, die an dem Gerät hingen.

Alistair F. Mackay, Shackletons Arzt an Bord der *Nimrod,* gab seinen Namen für einen der schönsten Gletscher. Er kam schließlich in der Arktis um, aber 1908 hatte er mit Mawson und Edgeworth David einen

Schlitten zum Südlichen Magnetpol gezogen, und dabei hatten sie in unserer Nähe gelagert. Aus Mawsons Tagebuch geht hervor, daß Edgeworth David ihn an den Rand des Wahnsinns trieb. Das lag daran, daß Edgeworth David in allen Dingen so penibel war – zu Hause hätten sie sicher darüber gestritten, wer die Zahnpastatube offen gelassen hatte. Mawson war ein ausgezeichneter Geologe, und alle Wissenschaftler, die ich traf, verehrten ihn. Das ist es, was ihn von Shackleton, von Scott, von Amundsen und sogar von Nansen unterscheidet. Er ist der wissenschaftliche Forscher. Wir unterhielten uns darüber, während wir die Schlitten vorbereiteten und die Schneemobile auftankten, und Steve behauptete: »Mawson war der Größte im Süden und Nansen im Norden.«

Douglas Mawson wurde in Shipley, im Westen Yorkshires, geboren, aber seine Eltern wanderten nach Australien aus, als er zwei war. Viermal war er in der Antarktis. Er machte den legendärsten Alleinmarsch in der Geschichte des Südens, und so wird es auch bleiben, gleichgültig wie viele Bärte sich noch aufmachen. Bei der Schlittenreise der Fern-Ostabteilung über das König Georg V.-Land im Jahre 1912–13 wankte dieser unglaubliche Mann, nachdem seine beiden Begleiter, Xavier Mertz und B. E. S. Ninnis gestorben waren, um fast die Hälfte abgemagert zur Commonwealth-Bucht zurück. Der erste Mensch, der ihn zu Gesicht bekam, war ein Freund, aber dieser Mann krauste die Stirn, musterte das Wrack, das er vor sich hatte, und fragte: »Welcher von ihnen bist du?« Mawson hatte fast den gesamten Proviant mit Ninnis in einer Gletscherspalte verschwinden sehen, deshalb mußte er die Hunde essen, samt Augen und allen sonst verschmähten Teilen. Er wurde Zeuge der Wahnvorstellungen, die Mertz quälten, hatte gesehen, wie er sich dabei den eigenen Finger abbiß, und mußte ihm bei seinem akuten Durchfall helfen. Am 11. Januar vermerkte er, daß sein eigener Körper wegen Unterernährung verfiel.

Die Australier schlagen einen ehrfürchtigen Ton an, wenn sie berichten, daß sie ein Familienmitglied dieses großen Mannes getroffen haben, und die wissenschaftliche Beschäftigung mit Mawson hat die Entstehung der Legende weiter begünstigt. Während ich mich mit jener Zeit beschäftigte, erhielt ich einen Brief von einem bekannten Australier, in dem unter anderem stand: »Bei einer seiner Forschungsfahrten, bei denen die Männer angesichts des unendlichen Nachthimmels oft ins Reden kamen, hat Mawson einem australischen Wissenschaftler namens Madigan gestanden, daß er Teile von Mertz' Leichnam gegessen habe. Angeblich hat Madigan das in seinem Tagebuch festgehalten, das aber heute unter Verschluß ist, damit Mawsons Ruf nicht durch die unangenehme Enthüllung befleckt wird, daß er ein Kannibale war.«

Mawson war ein Mann der Tat, der nicht gern grübelte und dem die romantisch-poetische Ader eines Shackleton fehlte. Seine Tagebücher, die zugegebenermaßen nicht zur Veröffentlichung gedacht waren, sind voller Schimpftiraden. Zwanzig Jahre nachdem Mawson von Edgeworth David zur Weißglut gebracht wurde, provozierte Kapitän Davis noch schlimmere Wutausbrüche. (Davis brachte die *Aurora* zurück, um Mawson und seine Leute abzuholen, und blieb sieben Tage und sieben Nächte ununterbrochen auf der Brücke.) Erst nachdem Ninnis in der Gletscherspalte verschwunden war, nennt Mawson seinen Gefährten Mertz in seinem Tagebuch zum erstenmal beim Vornamen. Frank Hurley, der sowohl mit Mawson als auch mit Shackleton im Süden war, faßte den Unterschied zwischen den beiden Männern folgendermaßen zusammen: »Shackleton pfropfte der Entdeckung die Wissenschaft auf – Mawson fügte der Wissenschaft die Entdeckung hinzu.«

Das Meereis war eben und frei von Sastrugi.* Hinter den Robben auf der anderen Seite der Gletscherzunge, vor den Minnihaha-Eisfällen und dem Kap Cuff, bremste Steve plötzlich, nahm die Brille ab, streckte den Kopf vor wie eine Schildkröte und deutete nach vorn. Drei glänzende Kaiserpinguine standen nebeneinander auf dem Eis und schauten erwartungsvoll in eine Richtung, so als käme gleich ein Bus, um sie zum nächsten Fischladen zu bringen. Als sie uns entdeckten, kamen sie sofort auf uns zu. Einer überragte die beiden anderen, obwohl sie alle fast einen Meter groß waren. Ihre glatten, tiefgelben Kragen und die orangefarbenen Streifen an den unteren Schnabelseiten leuchteten im Sonnenschein. Als sie ganz nah bei uns waren, konnte ich in ihren pechschwarzen Augen das Spiegelbild des Neuen Gletschers entdecken.

Ihre Füße sahen aus, als würden sie nicht zu ihnen gehören: grau, schuppig und reptilienartig. Uralt. Füße, die dazu geschaffen waren, den ganzen Polarwinter über auf dem Eis zu stehen und ein Ei zu balancieren. Der große Pinguin kreischte und schlug mit den Flügeln.

»Die Meereiskante ist mehr als 32 Kilometer entfernt«, sagte Steve. »Ich frage mich, was die Jungs hier suchen.« Wir dachten eine Weile darüber nach, aber keinem von uns fiel eine Antwort ein.

Der Kaiserpinguin ist der größte Tauchvogel der Welt,

---

* Vom Wind geformte Eisfurchen.

und die Erwachsenen wiegen etwa 62 Pfund. (Fossilienfunde belegen, daß prähistorische Pinguine fast zwei Meter groß wurden.) An Land kennt er keine Angst. Er hat keine natürlichen Feinde: größter ständiger Landbewohner der Antarktis ist eine anderthalb Zentimeter lange flügellose Mücke. Ich kniete mich neben dem großen Pinguin auf das Eis, so nahe, daß ich die Nickhaut über seinen Augenlidern zucken sehen konnte, und mir wurde klar, wie es zwischen Mensch und Tier hätte sein können.

An jenem Abend aßen wir draußen. Es war so warm gewesen, daß überall Tauwasser plätscherte. Um Mitternacht fingen die Studenten an, sich einen Rugbyball zuzuwerfen, ich dagegen saß behäbig wie eine alte Frau auf einem Klappstuhl und beobachtete, wie der Nebel sich über den Gletscher breitete. Ich las gerade eine Biographie von T. S. Eliot. Seine Strenge und Zurückhaltung und auch sein Sinn für modische Kleidung waren der perfekte Hintergrund für die Riesenhaftigkeit des Kontinents, unser verwahrlostes Aussehen und die Ursprünglichkeit der uns umgebenden Natur; gerade seine Unsicherheit stand in krassem Gegensatz zur Unendlichkeit des Eises. Außerdem hatte er geschrieben, daß an heißen Orten, wie etwa in der Karibik, »der Geist schläft«. Damit behauptete er implizit, daß Kälte den Geist wach macht, und das war auch meine Erfahrung. Einige Monate zuvor hatte ich in Jamaika zu tun gehabt, und ich konnte mich noch gut daran erinnern, wie ich in der schwülwarmen Meeresbrise an einem Traumstrand lag, während der azurblaue Ozean in der Mittagssonne glitzerte und ein riesiger Kellner mit einem weiteren Tablett gefährlich einladender Cocktails lautlos durch den heißen Sand schlich. Ich glaube, ich habe in der ganzen

Woche, die ich dort war, nicht eine einzige Zeile zu Papier gebracht.

In den letzten beiden Tagen hatten wir alle Hände voll zu tun. John verteilte die Aufgaben anhand einer langen Liste, die in einem spiralgebundenen roten Notizbuch stand.

»Wenn ich in den letzten Hubschrauber steige«, erklärte er mir, »möchte ich gerne auf eine Landschaft zurückblicken können, die wieder so ist wie an dem Tag, an dem wir ankamen.«

Ich packte die Lebensmittelkisten und brachte den anderen Becher mit der Aufschrift »Lipton's Scharfgewürzter Cidre«. In sämtlichen Lagern gab es auffällig viele davon. Den Cidre stellte man aus Teebeuteln her, die doch tatsächlich mit dem Vermerk »Ohne Apfelsaft« warben. Als ich einen dieser Becher über das Eis trug, tauchte vor mir eine Gestalt auf, der die Hose um die Beine schlotterte. Es war Mike, der wild gestikulierend vor mir zum Stehen kam.

»Scheiße!« sagte er.

Im Lager am Mackay-See bestand die Toilette aus einem Loch im Meereis mit einem kleinen Windschutz ringsherum, der einen wunderbaren Ausblick auf die umliegende Landschaft gestattete. Eine Robbe war prustend im Loch aufgetaucht, gerade als Mike sein Geschäft verrichtete.

So wie überall auf der Welt gehörten Latrinenwitze auch zum Lagerleben im Süden dazu. Glücklicherweise war die »Incinolet«-Toilette aus dem Leben in der Antarktis verschwunden. Wie viele ihrer Art hatte die »Incinolet« nur Festes aufgenommen, sie wurde aber im Gegensatz zu anderen elektrisch betrieben, so daß man, wenn versehentlich Flüssiges hineingeriet, einen elektrischen Schlag bekam und die Toilette außer Betrieb setzte.

Wir machten beim Aufräumen so gute Fortschritte, daß Ross uns einen halben Tag Urlaub bewilligte und wir einen Ausflug zur Botany-Bucht und zum Granithafen unternahmen. John kam nicht mit; er nahm seine Arbeit sehr ernst. Ich glaube, er war froh, uns aus dem Weg zu haben.

Ich legte mich in einen Anhänger, der von einem Schneemobil gezogen wurde. Das war nicht sehr bequem, aber ich reiste lieber so als hinten auf dem Schneemobil, weil man besser träumen konnte, wenn man sich nicht auf das Festhalten konzentrieren mußte. Wir glitten über das Meereis und hielten unterhalb der Klippen des Granithafens, dann kletterten wir über Preßeis, um einen mit schwammigen schwarzen Flechten bewachsenen Hügel zu erklimmen und nach den kreisenden Skuas zu haschen. Das Gletschereis floß von den Granitfelsen wie Eiscreme von einem Hörnchen, und die Studenten legten eine Pause ein, um über die sich widersprechenden Theorien der Gletscherstabilität und der Gletscherdynamik zu diskutieren.

Der Granithafen, der im Januar 1902 von der *Discovery* entdeckt wurde, war eine etwa 18 Kilometer breite, von hohen Bergen umgebene Meeresbucht, die von einem tiefen Tal zwischen Kap Archer und Kap Roberts gebildet wurde. Frank Debenham, T. Griffith Taylor, Tryggve Gran und P. O. Robert Forde, Mitglieder der Zweiten Westabteilung, machten sich am 14. Dezember 1911 vom Kap Evans aus auf den Weg, um das Gebiet um den Granithafen geologisch zu erkunden. Dabei bauten sie eine Schutzhütte aus Steinen, die sie nach dem Vorbild aus einer Geschichte von Jules Verne »Granithaus« tauften. Sie benutzten sie als Feldküche, weil der Speckofen im Zelt zu stark qualmte. Die Küche hatte sogar einen Garten, in dem sie Seekohl zogen. 1959 fand eine amerikanische Expedition zwei vollkommen erhaltene Bücher in der Hütte. Eins war von Poe, das andere von Verne, und auf den Titelblättern standen die Namen der Besitzer, Griffith Taylor und Frank Debenham. Da beide Männer noch lebten, sandten die Amerikaner ihnen die Bücher zu.

Am nächsten Morgen um sieben versammelten sich alle in der Segeltuchhütte. John hatte uns das frühe Aufstehen am Abreisetag schmackhaft gemacht, indem er uns Pfannkuchen mit Ahornsirup versprach. Da wir den Ofen gereinigt hatten, war es sehr kalt, und die Hütte sah kahl aus. So kamen wir uns vor wie an einem Umzugstag, an dem man noch eine letzte Tasse Tee im alten Heim trinkt. Das Gespräch drehte sich um das Wetter und die mögliche Ankunftszeit des Hubschraubers, und unsere Laune besserte sich, als wir beim Funkgespräch mit McMurdo erfuhren, daß einige andere Stationen wegen der Witterungsverhältnisse nicht angeflogen werden konnten.

Ich wurde von der ersten Maschine mitgenommen, eingeklemmt zwischen Ross und drei Plastikmüllsäcken. Absolut nichts war zu sehen, und von irgendwoher tropfte Tee auf meine Schulter.

8. KAPITEL

Die Reaktion des Geistes

Selbst heute ist die Antarktis für den Rest der Welt noch, was der Wohnsitz der Götter für die alten Chaldäer war, ein unzugängliches und riesiges Land, das weit draußen im Meer liegt, welches die Heimat der Menschen umfließt, und das erstaunlichste an der Erforschung der Südpolarregionen ist, daß es sie gar nicht gab, denn als König Alfred in England regierte, durchpflügten die Wikinger schon die nördlichen Eismeere; aber als Wellington die Schlacht von Waterloo schlug, gab es immer noch einen unentdeckten Kontinent im Süden.

APSLEY CHERRY-GARRARD,
aus: *The Worst Journey in the World.*

1911, mitten im antarktischen Winter, zog der allseits verehrte Bill Wilson, Scotts rechte Hand, mit Birdie Bowers und Apsley Cherry-Garrard einen Schlitten vom Kap Evans zum Kap Crozier, um Eier von Kaiserpinguinen zu sammeln. Niemand hatte jemals solche Eier gesehen. Die Temperatur fiel auf minus 60,5 Grad Celsius, das Zelt wurde fortgerissen, und als sie nach fünf Wochen endlich wieder die Hütte erreichten, mußten die anderen Büchsenöffner benutzen, um ihnen die Kleider auszuziehen. »Ich für meinen Teil hatte einen Punkt erreicht, an dem mir alles gleichgültig war, Hauptsache ich starb ohne allzu große Schmerzen«, schrieb Cherry-Garrard.

Als drei der Eier England erreichten, rümpften die Gelehrten mit den gestärkten Kragen in den Elfenbeintürmen der Wissenschaft die Nase und ließen verlauten, daß die Fahrt zum Kap Crozier »der Pinguinembryologie keine wesentlichen neuen Erkenntnisse beschert habe«. In seinem Buch *The Worst Journey of the World,* das sich mit der gesamten Expedition beschäftigt, obwohl der Titel sich auf die Reise zum Crozier bezieht, macht Cherry-Garrard den Marsch einfach zu einer Suche nach der Wahrheit und die Pinguineier zum Symbol für das spirituelle Ziel. Es ist die typische Verklärung eines Fehlers auf der menschlichen Ebene zu einem Erfolg auf höherer Ebene. Und das hört sich dann so an:

> Oberflächlich gesehen scheiterten sie. Ich habe gehört, wie man über ihr Scheitern diskutierte. Dieselben Menschen hätten auch über das Scheitern Jesu am Kreuz diskutiert, oder das der Johanna von Orléans auf dem Scheiterhaufen ... Für mich, und vielleicht auch für Sie, liegt das Interessante an der Geschichte in den Männern, und es ist der Geist dieser Männer, die Reaktion des Geistes, was fesselt, mehr als das, was sie taten oder nicht taten: nur wenn man es oberflächlich betrachtet, scheiterten sie. So sehe ich es, und ich kannte sie recht gut. Es ist eine Geschichte über den menschlichen Geist mit allen möglichen Ideen und Fragen, die weit über den entferntesten Horizont hinausreichen.

Cherry schrieb das Buch, nachdem er verletzt von der Westfront zurückgekehrt war; zu dem Zeitpunkt hatte der Krieg schon so manche Illusion unter sich begraben. »Nie gab es solche Unschuld, weder vorher noch nachher«, schrieb Philip Larkin über das Jahr 1914. Für Cherry führte der Marsch zum Crozier zum endgültigen Verlust der paradiesischen Unschuld. Keiner brauchte den Glauben an die mythische Überhöhung nötiger als er selbst. Seine zwei Begleiter, Wilson und Bowers, waren später gemeinsam mit Scott gestorben, und er quälte sich mit dem Gedanken, daß er sie hätte retten können, wenn er die Hunde vor Einbruch des Winters nur noch wenig weiter vorangetrieben hätte.

Für Cherry, wie für den sterbenden Scott, wurde das ganze Unternehmen zu einer Apotheose. So endet sein Buch:

> Und ich sage euch, wenn ihr in euch den Drang nach Wissen verspürt und wenn ihr die Kraft habt, ihm zu folgen, macht euch auf, um zu forschen. Bist du ein mutiger Mann, wirst du nichts erreichen; bist du ängstlich, gelingt dir vielleicht vieles, denn nur Feiglinge wollen ihren Mut unter Beweis stellen. Einige werden behaupten, du seist verrückt, und beinahe alle werden fragen: »Wozu soll das gut sein?« Denn wir sind eine Nation von Krämern, und für einen Krämer lohnt sich die Forschung nicht, weil sie nicht innerhalb eines Jahres finanziellen Gewinn abwirft. Und so wirst du mit deinem Schlitten fast allein sein; doch die, die mit dir ziehen, werden keine Krämer sein: das ist einiges wert. Beharrst du darauf, deine Winterreisen zu machen, wirst du deinen Lohn erhalten, solange alles, was du willst, ein Pinguinei ist.

Seine Prosa ist göttlich, durch den traurigen Tonfall fühlt man sich auf einen großen, schlecht beleuchteten

Bahnhof versetzt, auf dem sich die Menschen Lebewohl sagen. Cherry, ein typischer Landedelmann seiner Zeit, war einer der Jüngsten in Scotts Mannschaft, interessierte sich für Klassik und Rudern und war im Süden ausgesprochen beliebt. Obwohl er sehr kurzsichtig war, war er nicht nur einer der besten Schlittenführer, sondern auch Herausgeber der *South Polar Times* und Wilsons unermüdlicher zoologischer Assistent. Die von ihm eingeleitete Verherrlichung hielt allerdings seine eigenen Dämonen nicht in Schach, in späteren Jahren litt er immer häufiger an Depressionen.

Kurz nach meiner Rückkehr aus Chile entdeckte ich in einem Antiquariat ein abgegriffenes Exemplar seines Buches. Damals wußte ich noch nichts über die Antarktis. Nach einem unglaublich frustierenden Morgen vor meinem PC legte ich mich in die Hängematte auf meiner Dachterrasse, um eine Stunde Pause zu machen. Ich kuschelte mich in eine Bettdecke, griff nach dem Buch und fing an zu lesen. Abends war ich zu einer Geburtstagsfeier eingeladen, und in einem Anfall von Arbeitseifer hatte ich mein Kleid bereits gebügelt, es hing griffbereit an der Bilderleiste in meinem Schlafzimmer. Aber ich ging nicht zu der Party. Um vier Uhr morgens klappte ich das Buch zu – mittlerweile war ich mitsamt der Bettdecke nach drinnen auf das Sofa umgezogen. »Für diese Reise finde ich in unserer Sprache keine Worte«, schrieb Cherry, aber er hatte in sich hineingelauscht und ein Meisterwerk geschaffen.

The Worst Journey hat die Fesseln seiner Zeit gesprengt und ist unsterblich geworden. Es hat unzählige Menschen beeinflußt und taucht ganz unerwartet in Memoiren und Essays von Schriftstellern wie etwa Nancy Mitford oder Paul Theroux auf. George Bernard Shaw, ein Freund Cherrys, hatte sich eins der früheren Manuskripte angesehen, und in seiner Shaw-Biographie schrieb Michael Holroyd: »In Shaws Phantasie wurden die erschreckenden Bedingungen in der Antarktis zu einer Metapher für das moralische Klima Englands zwischen den Kriegen und Cherry-Garrards Überleben ein Triumph des menschlichen Willens über soziale Ungerechtigkeiten.«

Cherry, Wilson und Bowers hatten sich in der Nähe der Kaiserpinguinkolonie am Kap Crozier eine Schutzhütte aus Stein gebaut, die sie als Iglu bezeichneten. Ihr Zelt war ihnen abhanden gekommen. Ich verspürte den überwältigenden Drang, in den Resten ihrer Hütte zu sitzen, weil ich dachte, so könnte ich ihnen meinen Respekt erweisen.

Ich erfuhr, daß zwei Wissenschaftler aus ihrem Lager weiter unten an der Küste der Ross-Insel abgeholt und bei der Adéliepinguinkolonie am Crozier wieder abgesetzt werden sollten. Mittlerweile hatte ich Übung darin, im richtigen Augenblick in der Hubschrauberzentrale aufzukreuzen. Es dauerte nicht lang, und mein Name hatte sich auf die Frachtliste geschlichen.

Am Tag vor meiner Pilgerreise zum Crozier besuchte ich die wissenschaftliche Vorlesung der Woche. Es ging um die Evolution, und der katholische Priester, der für die Gegenseite erschienen war, saß in der ersten Reihe. »Die Geologie der Antarktis stellt sich in der Hauptsache so dar …«, begann der Vortrag. Bis die grauen Vorzeiten erreicht waren, war der Priester aus lauter Protest eingeschlafen.

Früh am nächsten Morgen machten wir uns mit dem Hubschrauber auf den Weg und flogen an der Küste entlang zum Kap Bird, wo die beiden neuseeländischen Wissenschaftler neben ihrer kleinen Hütte schon auf uns warteten. Von dort brauchten wir eine halbe Stunde zum Kap Crozier. Ein Blick auf meine Karte sagte mir, daß wir uns auf James Clark Ross' Territorium befanden: er hatte dort überall Namen verteilt. Das Kap Crozier hieß nach seinem besten Freund Francis Crozier, der die *Terror* befehligte, eins der beiden Schiffe, mit denen Ross nach Süden fuhr. Kapitänleutnant war Archibald McMurdo.

Der Pilot deutete auf den Sund. In der Ferne konnte man im dichten Packeis einen bewegungslosen roten Punkt ausmachen. Das war ein amerikanischer Eisbrecher, der einem Tanker den Weg bahnen sollte, der neuen Treibstoff für McMurdo brachte. Die Gletscherspaltenfelder im Schnee unter uns sahen aus wie Cellulitefalten.

»Sehen Sie das?« fragte der Pilot. »Darin könnten sie mit einem Doppeldeckerbus herumfahren.«

Dann entdeckte ich auf den Schneefeldern etwas, das aussah, als hätte jemand eine Handvoll Asche verstreut, beim Näherkommen aber erkannte man, daß es sich um schwarze Metalltrümmer handelte. Am 28. November 1979 war eine 200 Tonnen schwere DC-10 bei einem Rundflug in einen der niedrigeren Hänge des Erebus gerast; alle 257 Insassen kamen dabei ums Leben. Die Passagiere an Bord des Fluges Nummer 901 der neuseeländischen Fluggesellschaft »Air New Zealand« waren Touristen. Dieser Unfall war für die Neuseeländer so wichtig wie die Ermordung John F. Kennedys für die Amerikaner, jeder kann dir genau sagen, was er gerade tat, als er von dem Unglück erfuhr. Sie hatten auch alle noch vor Augen, wie das bekannte Logo der Fluglinie, das sich aufrollende Farnblatt, das bei den Maoris Stärke symbolisiert, am Leitwerk der DC-10 aus dem Schnee ragte. Was dieses Unglück für das Nationalbewußtsein bedeutete, ist kaum zu ermessen. »Die Tatsache, daß es in der Antarktis passierte, machte es besonders schlimm«, lautete ein Kommentar. Als ich sechzehn Jahre später im Gespräch mit neuseeländischen Freunden in Wellington zufällig erwähnte, daß ich bei der Halloween-Party in McMurdo ein interessantes Erebus-Kostüm gesehen hatte, senkte sich bleierne Stille über die Runde. Es war, als hätte man einem Briten erzählt, daß jemand sich als Lockerbie-Pilot verkleidet habe.

Wir setzten die Biologen ab und vereinbarten, sie in zwei Stunden wieder abzuholen. Nachdem ich die Besatzung berechnenderweise mit spannenden Heldengeschichten unterhalten hatte, fiel es nicht allzu schwer, sie dazu zu bringen, Cherrys Steinhütte zu suchen. Voller Begeisterung machten sie sich ans Werk.

»Wollen Sie etwa behaupten, sie hätten ihre Schlitten über *das da* gezogen?« fragte der Pilot, indem er auf die knochenharten Preßeisrücken deutete.

»Aber ja«, antwortete ich, eifrig bemüht, sein Interesse wachzuhalten. »Sie berichteten, daß ihre Nacken so steifgefroren waren, daß sie sie stundenlang nicht bewegen konnten.«

Erst nach drei abgebrochenen Landeanflügen und mehreren Funksprüchen hatten wir den genauen Standort der Hütte ermittelt. In Cherry-Garrards Buch hatte ich gelesen, daß sie drei Kilometer von der Kaiserpinguinkolonie entfernt liege. Da wir wußten, wo die Kaiserpinguine brüteten, hatte ich angenommen, daß wir die Hütte schnell entdecken würden, wenn wir das Gebiet innerhalb eines Radius von drei Kilometern überflogen. Was ich nicht wußte, war, daß der Brutplatz sich seit Cherrys Zeit um sechs Kilometer verschoben hatte.

Wir drehten ab und flogen auf einen Hügel zu, von dem aus wir über die Eiskämme blicken konnten.

»Schaut euch das an«, sagte der Co-Pilot. »Sechzig Kilometer voller Gletscherspalten und Klippen – wir können hier kaum Platz zum Landen finden, und sie schleppten ihre Schlitten über dieses ganze elende Gelände. Das wäre todsicher nichts für mich.«

Als ich die Überreste der Hütte entdeckte, stockte mir fast das Herz. Es war, als würden die Männer gleich hinter einem Felsen hervortreten, mit steifgefrorenen Nacken und einem Lächeln auf den gesprungenen Lippen. Als wir zur Landung ansetzten, füllten sich meine Augen mit Tränen. Ich nahm meine Brille ab. Mir war nicht bewußt gewesen, wie nahe wir uns gekommen waren, diese toten Forscher und ich.

»Warum haben diese Trottel denn ausgerechnet auf einem so exponierten Sattel eine Schutzhütte gebaut?« fragte der Co-Pilot über Kopfhörer, während die Rotorblätter zum Stehen kamen und der Wind am Hubschrauber rüttelte.

»Als sie den Platz auswählten, war es stockdunkel«, sagte ich, sie instinktiv in Schutz nehmend.

Sie hatten die Steine zu einer Art Iglu aufgeschichtet, das im Durchmesser etwa zwei Meter maß. Der größte Teil der Mauern war vom Wind schon fortgetragen worden, aber ein niedriger Steinring stand noch. »Dies ist das Haus, das Cherry baute«, hatte ein anonymer Verfasser in der Expeditionszeitung *South Polar Times* geschrieben, und weiter:

Das ist der Kamm oben auf der Moräne,
Der trug das Haus, das Cherry baute.
Dies sind die Steine und Findlinge
Die – mit Basal-Lava – bildeten die Ringwälle.
Sie standen auf dem Kamm oben auf der Moräne …

Das Innere der Behausung war voller Schnee, aus dem eine kleine Holzkiste und ein Paar gefrorene Socken herausragten. Es wurde behauptet, diese Dinge hätten Cherry, Bowers und Wilson gehört, aber ich glaubte nicht so recht daran. Der Wind blies so kräftig, daß wir uns dagegenstemmen mußten, um vorwärts zu kommen. Ich trat durch den schmalen Eingang in der zerfallenden Mauer, legte mich und schloß die Augen.

So hatte sich Cherry auf das Sterben vorbereitet. Er bereute nichts; er sagte nur, daß er diese Jahre gern noch einmal erleben würde. Die Kameradschaft zwischen den drei Männern hatte nie gelitten, nicht einmal in den schlimmsten Momenten. Cherry rühmt die Würde, mit der sie ihr Schicksal trugen. »Wir vergaßen nie, ›Bitte‹ und ›Danke‹ zu sagen«, schrieb er. »Selbst wenn wir am Ende unserer Kräfte waren, vergaßen wir nie die Regeln des Anstandes. Wir haderten nicht miteinander, nicht einmal mit Gott.« Manche Leute weisen darauf hin, daß das in der Rückschau leicht zu sagen ist, besonders wenn es niemanden mehr gibt, der widersprechen könnte. Möglicherweise haben sie recht – aber Cherrys Worte klingen sehr überzeugend. Während ich in den Überresten der Behausung lag, fühlte ich so etwas wie Ehrfurcht in mir aufsteigen, denn ich hatte so viel von ihm gelernt. Er hatte mir begreiflich gemacht, daß man alles auf zwei Arten tun kann, ob es sich um einen fünfwöchigen Tanz mit dem Tod handelt oder um ein einstündiges Geschäftstreffen. Du kannst dich von Anstand, Freundlichkeit und dem Vertrauen auf Gott leiten lassen oder von Ehrgeiz, Selbstsucht und Gier, was es der Welt leicht macht, dich zu vergessen. Die Wahl war einfach. Auch knüpften sich, wie er sagte, keine Versprechungen daran – der Weg war das Ziel. Ich hatte mir eingebildet, sein Vorbild vor Augen das Kap Crozier erreichen zu können, aber was wirklich zählte, war die »Reaktion des Geistes«. Das trifft im übertragenen Sinn auch auf jeden anderen Crozier-Sucher zu – Bergsteigen ohne Sauerstoffmaske, ein Gartenhaus bauen, eine Liebeserklärung machen.

Der Co-Pilot und der Pilot sprangen über die niedrige Mauer und stolperten über mich.

»Ein bißchen eng hier für drei!« schrie der Co-Pilot gegen den Wind an. In der Tat. Außerdem mußte Cherrys Abteilung noch Platz finden für die sperrigen Rentierschlafsäcke und den Ofen. Eines Nachts war Wilson ein Fettspritzer ins Auge geraten. Er konnte nichts mehr sehen und litt große Schmerzen. Unnötig zu betonen, daß sie stark unterernährt waren. »Nacht für Nacht«, schrieb Cherry, »kaufte ich an einem Bahnhofskiosk in Hatfield Brötchen und Schokolade.«

»Laßt uns gehen«, sagte der Pilot und sprang auf. »Hier bläst der Wind konstant mit fünfundzwanzig Knoten und schneidet durch die Haut wie ein Messer.«

Die Winterreise zum Crozier ist einmal wiederholt worden, allerdings nur in eine Richtung. Was Mike Stroud, Roger Mear und Gareth Wood bei der privat finanzierten »Auf Scotts Spuren«-Expedition 1985 gelang, als sie die Schlitten zum Crozier zogen, war bemerkenswert. Mear, der ein Jahrzehnt später den vergeblichen Versuch unternahm, den Kontinent allein zu überqueren, gab in seinem Buch allerdings zu, daß der Marsch von Spannungen und Feindseligkeiten geprägt war. »Am Ende waren wir ängstlich und verletzt«, schrieb er. Also hatte Cherry recht. Für ihn zählte »die Reaktion des Geistes«, aber wir leben in einem Zeitalter, in dem der Geist nichts zählt, Ehrgeiz und Erfolg dagegen alles. Cherry wußte irgendwie, daß die Männer, die auf seinen Spuren wandeln würden, nicht an »reingoldener, leuchtender, echter« Kameradschaft interessiert wären. Unsagbar traurig, das.

Als Mear und seine Gefährten zu ihrer Hütte am Kap Evans zurückkehrten, explodierte eine 10 Pfund schwere Dose Erdbeeren, die leicht jemanden hätte töten können. Man stelle sich vor, nach all dem von Erdbeeren erschlagen zu werden.

Bill Wilson, der Scott bei der *Discovery*- und bei der *Terra Nova*-Expedition begleitete, war der Führer der Crozier-Abteilung. Er war ein tiefreligiöser Mensch, fast schon ein Mystiker, und hatte keinen Zweifel daran, von Gott berufen zu sein. Der folgende Auszug stammt aus einem seiner Gedichte:

> Dies war der Gedanke, den die Stille gebar,
> In der Kälte, die brannte so weiß,
> Wir waren die Männer, die Gott ausersah,
> Zum Leben im ewigen Eis.

Wilson war Arzt, Naturwissenschaftler und ein begnadeter Künstler – fast wie die Universalgenies der Renaissance. Er bewunderte Ruskin und hatte bei seiner letzten Schlittenreise einen Gedichtband von Tennyson in der Tasche. Scott hörte auf ihn, deshalb vertrauten die Expeditionsmitglieder sich ihm an. Als die große Reise nach Süden näherrückte, kamen immer mehr Männer mit ihren Sorgen zu ihm, ob es nun um Scott ging, um die Kameraden oder die Welt im allgemeinen. »Meine Güte!« schrieb er. »Ich mußte mir das gestern stundenlang anhören; als wäre ich ein Eimer, in den man alles hineinschütten kann.« Zu Hause allerdings fiel ihm der normale gesellschaftliche Umgang so schwer, daß er, wie er seinem Tagebuch anvertraute, Beruhigungsmittel nahm, bevor er zu einer Festlichkeit ging, und einer seiner Biographen schrieb, daß es ihn mehr Mut kostete, einem Publikum gegenüberzutreten als eine Gletscherspalte zu überqueren.

Alles diente nach Wilsons Meinung einem großen Ziel, war Teil einer allumfassenden und ausgewogenen Philosophie. Die Kunst war ein Hilfsmittel der Naturwissenschaft, die wiederum den Glauben stärkte. Er war ein Asket. Während eines Heimataufenthaltes zwischen zwei Expeditionen schrieb er seiner Frau aus irgendeinem Winkel Englands, daß er angefangen habe, die Hotelmahlzeiten zu genießen und heißes Wasser kaltem vorzuziehen; er halte das für ein schlechtes Zeichen.

Viele wissen nicht so recht, was sie von Wilson halten sollen. Nach ihrer ersten Begegnung schrieb Mawson in sein Tagebuch: »Ich mochte Dr. Wilson nicht.« Als ich in dem nach Blumenkohl riechenden Speisesaal in Cambridge mit Roland Huntford zu Mittag aß, legte er sein Besteck nieder und sagte: »Ich kann Wilson nicht ausstehen.« Mike Stroud, einer der drei Männer, die die Winterreise 1985 wiederholten, gab mir einmal zu verstehen: »Wilsons Bücher sind so eigenartig. Er war ein sehr seltsamer Mensch. Ich weiß nicht, was ich von ihm halten soll.« Robert Graves teilte mit, daß er Wilson in seiner Autobiographie *Strich drunter!* ursprünglich einen Platz habe einräumen wollen, daß ihm das aber irgendwie nicht gelungen sei. Die beiden hatten sich 1909 kennengelernt, und Graves war begeistert von der Geschichte mit dem Pinguin, der mit Wilson anbandeln wollte. Dabei hatte der Vogel ihm in Wirklichkeit nur einen Stein vor die Füße geworfen, was eigentlich noch nichts mit anbandeln zu tun hat – aber vielleicht ist das bei Pinguinen ja anders.

Im Süden fand Wilson den Frieden, der alles Wissen transzendiert. Am glücklichsten war er im Krähennest eines Schiffes, wo er mit Gott und (so schien es ihm) seiner geliebten Frau Ory kommunizieren konnte. Gegen Ende scheint er sich schon über die weltliche Ebene erhoben zu haben. »Das ist die größte Erfüllung, die ich mir jemals habe vorstellen können«, schrieb er auf der Hochebene. »Die eigene Seele und den eigenen Körper vollkommen zu vergessen in dem Bemühen, anderen zu helfen.« Wenn das wahr ist – und ich habe keinen Grund, das Gegenteil anzunehmen –, dann muß Wilson den mächtigsten Instinkt überwunden haben: den Überlebenswillen. In dem Fall ist es nicht verwunderlich, daß er nicht durchkam.

Bowers, der dritte Mann der Abteilung, wurde wegen seiner Hakennase »Vögelchen« genannt. Er war ein unvergleichlicher Arbeiter, unerschütterlich fröhlich und kälteunempfindlich; auch hatte er eine ähnliche Geisteshaltung wie Wilson, wenn auch weniger ausgeprägt. Daß er das verhängnisvolle britische Vorurteil über die moralische Überlegenheit des Reisens ohne Hunde teilte, enthüllt ein Brief, den er an Kathleen Scott schrieb: »Heutzutage hört man so oft von der Dekadenz der englischen Rasse reden, da wird es eine feine Sache sein, wenn wir das Plateau mit menschlicher Zugkraft schaffen.« Seinem Pferd Viktor gab er einen letzten Zwieback von seiner eigenen Ration, bevor er es erschoß.

Er liebte seine Mutter sehr und schrieb ihr aus dem Süden folgendes:

> Habe viel gelesen und viel nachgedacht. Das Leben auf See, das so abhängig ist von der Natur und so einsam, bringt einen zum Nachdenken. Ich scheine mich

in einem Sumpf von Ängsten und Zweifeln zu verlieren. Warum erleben wir nur so viele Enttäuschungen, wenn das Leben ohnehin schon hart genug ist? Alles scheint zu einem unlösbaren Problem zu werden. Es kam mir vor, als würde ich nie mehr einen Ausweg finden, nichts ergab einen Sinn. Eines Abends an Deck, als die Dinge am schlimmsten standen, schien es mir, als käme Christus zu mir, um mir zu zeigen, warum wir hier sind und was der wahre Sinn des Lebens ist. Er besteht darin, eine wichtige Entscheidung zu treffen – zwischen dem Materiellen und dem Spirituellen zu wählen, und wenn wir das Spirituelle wählen, müssen wir uns an diese Wahl halten, denn dann führt sie uns wie an einem silbernen Faden durch die materielle Welt. Es ist sehr schwierig, in Worten auszudrücken, was ich plötzlich so deutlich vor mir sah, und manchmal war es sogar schwierig, es in der Erinnerung wieder wachzurufen. Ich weiß auch, daß mein großer Ehrgeiz, in dieser Welt voranzukommen, mit dem reinen Licht, das ich für einen Augenblick entdeckte, in Konflikt geraten wird, aber ich kann niemals vergessen, daß ich blitzartig begriff, daß nichts, was unseren Körpern zustoßen kann, wirklich wichtig ist.

Wir kamen zu früh zum Rendezvous mit den Biologen, deshalb ließen wir uns nieder, um unsere Brote zu essen. Die Skuas beklagten sich bitterlich über diese schamlose Störung. Die Brote waren mit Erdnußbutter und Marmelade bestrichen, eine typisch amerikanische Kombination, die scheußlich schmeckt. Die ganze Gegend um Kap Crozier war erfüllt vom dumpfen Lärm der Adéliekolonie, die aus etwa 170 000 Brutpaaren bestand. Die Jungen waren sechzehn Tage alt, ungefähr

25 Zentimeter groß und sehr lebhaft. Von Ferne sahen sie aus wie graue Boviste.

Die neuseeländischen Wissenschaftler, die an der Nahrung der Adéliepinguine interessiert waren, kamen mit Eimern in der Hand den Hügel hoch, wie Kinder, die vom Spielen am Strand zurückkommen.

»Wissen Sie, was in diesen Eimern ist?« fragte der Co-Pilot.

»Nein«, antwortete ich.

»Pinguin-Kotze«, verkündete er triumphierend.

»Möchte irgend jemand Krill*-Dip?« rief Bruce, der jüngere der Wissenschaftler. Die beiden hatten, nachdem sie bei unserem ersten Treffen in den Hubschrauber geklettert waren, sofort über Kopfhörer losgeredet, als würden sie uns schon ihr ganzes Leben lang kennen. Dabei hatten wir sie nie zuvor gesehen. Sie hatten eine direkte und pragmatische Art, das Leben anzufassen, und äußerten dieselben gesunden Ansichten, die mir schon bei vielen Neuseeländern aufgefallen waren.

»Was macht ihr eigentlich mit den Pinguinen?« fragte ich sie nach dem Start vorsichtig über Kopfhörer.

»Wir stecken ihnen Katheter in den Rachen, flößen ihnen ein bißchen normal temperiertes Salzwasser ein und drücken auf ihr Abdomen«, erläuterte Jack freundlich. Er war der Projektleiter. »Sie kotzen dann recht schnell.«

Nicht weiter erstaunlich, dachte ich. Die Besatzung machte Würgegeräusche.

»Was macht ihr mit dem Erbrochenen?« fragte ich trotzdem weiter.

---

* Als Krill bezeichnet man kleine, garnelenartige Meereskrebstiere, die ein wichtiger Bestandteil der antarktischen Nahrungskette sind. Das Wort kommt aus dem Norwegischen und bedeutet »junge Fische«.

»Wir sammeln es«, sagte Jack, »und nehmen es mit nach Neuseeland, um es näher zu untersuchen. Oder wir verkaufen es als Chutney.«

Als wir am Kap Bird landeten, beschlossen wir, eine Pause einzulegen und ein wenig auf dem Kap herumzulaufen.

Der Wind hatte aus dem verschlungenen Eisband an der Küste apokalyptische Skulpturen gefräst, zwischen denen die Adéliepinguine herumwatschelten, als wären sie Besucher einer Kunstausstellung.

»Es gibt hier dreißig- bis vierzigtausend Brutpaare«, sagte Bruce. »Schaut nur, wie gut sie in die Umgebung passen.« Er hatte recht – sie verschmolzen förmlich mit dem schneebedeckten schwarzen Vulkangestein. Die Pinguine waren überall. Die Antarktis war das genaue Gegenteil des Dschungels oder des Regenwaldes, wo alles wucherte und Tausende von Arten mit Zehntausenden von Unterarten durcheinanderwimmelten. (Ich erinnerte mich noch, daß sich im Amazonasbecken auf meinen Rucksack die Pilze so schnell angesammelt hatten wie im Süden das Eis.) Der Biologe David Campbell beschrieb das in seinem Buch *The Crystal Desert* folgendermaßen: »Wenige Spezies, aber eine Fülle von Individuen sind ein wiederkehrendes Evolutionsmerkmal der Polarregionen.«

In der Antarktis war alles ganz einfach, sogar die Nahrungskette. Das Phytoplankton, der Primärproduzent, wandelte Licht in Energie um, wurde dann vom Krill gefressen, und der Krill seinerseits von allen anderen.

Bruce, ein gewitzter Mann mit einem leuchtend roten Bart, führte uns seine neue elektronische Waage vor. Eine kleine Kolonie der Adélies hatte sie auf ihrem Weg zum Meer überschreiten müssen. Die Eltern schwammen abwechselnd hinaus, verschluckten eine Mahlzeit und kehrten zurück, um sie für ihre Nachkommenschaft wieder auszuwürgen. Dabei zankten sie die ganze Zeit. Als ein Seeleopard seine Nachmittagsrunde drehte, schossen Hunderte von Pinguinen, die sich im Wasser tummelten, wie von einer Sprungfeder getrieben senkrecht an Land. Nach der Landung schüttelten sie sich, als sei das alles für sie selbst etwas plötzlich gekommen. Auf dem Ozean, der das silbrig schimmernde Blau des Himmels reflektierte, drängte sich treibendes Packeis, und plötzlich tauchten die dunklen, gebogenen Schwanzflossen einer großen Familie Killerwale auf, die in gleichmäßigem Rhythmus am Kap vorbeischwammen. Diese Szene erinnerte an Herbert Pontings Glücksstunde, als er, nicht weit weg von unserem Standort, auf einer Eisscholle stehend von acht Killerwalen bedrängt wurde – trotzdem machte er die Photos, auf die er aus war. Diese Episode hebt er in seinem Buch besonders hervor.

Ponting war der offizielle Photograph der *Terra Nova*-Expedition, aber er drängte Scott ständig, ihn als Kamerakünstler zu bezeichnen. Neben den berühmten Aufnahmen von Scott an seinem Schreibtisch in der Hütte am Kap Evans und von dem Schiff, das von einer Eishöhle wunderbar umrahmt wird – Bildern, die in unsere kollektive Erinnerung eingegangen sind –, drehte Ponting mit seinem Kinematographen auch einen Film, den er zwanzig Jahre später mit Kommentar und musikalischer Untermalung unter dem Namen *Ninety Degrees South* vorführte. Zu Beginn tritt Teddy Evans in voller Abendkleidung vor einen schwarzen Vorhang und spielt ein paar Minuten mit den Händen in den Taschen herum, während er »Ponto« vorstellt, der daraufhin wie ein großer ausgestopfter Pinguin im Bild erscheint. Was folgt, ist ein brillantes Stück Filmgeschichte.

Ponting war ein kaltblütiger Typ. Er verließ Frau, Tochter und Sohn, um Photograph zu werden, und sah seine Familie nie wieder. Scott mochte seinen Geschäftssinn nicht, und Ponting war mit Scotts Werbung für das Unternehmen nicht einverstanden. Im Süden fiel er den anderen lästig, weil er sie wie so viele Photographen nach ihm andauernd bat, zu posieren, und später nahm er nie an Wiedersehenstreffen teil. Sein Stil ist steif und pompös, aber er erklärt auch viel: »Wir fühlten uns wieder wie Kinder«, schrieb er, und wir benahmen uns auch so.

Frank Hurley, der andere Photograph des heroischen Zeitalters, fuhr mit Shackleton nach Süden und machte das berühmte Photo von der zerstörten *Endurance,* die wie eine Ballerina auf dem Eis balanciert. Als Zeugnis für den Tod eines Schiffes wird es wohl nie übertroffen werden. Hurley, ein Australier, der nichts von Pontings Schwülstigkeit in sich hatte, lief von zu Hause weg und sah mit fünfzehn zum erstenmal das Meer. In Kairo traf er eine französische Opernsängerin, die er zehn Tage später heiratete. Er machte Hunderte von Photos von den australischen Truppen, aber auch von der Geburtskirche in Bethlehem – mit Lichtkegeln auf den Fliesen zwischen den monolithischen Säulen (ein Photo nannte er »Ich bin das Licht der Welt«). Unter seinen hinterlassenen Bildern findet man weniger bedeutende antarktische Landschaften als bei Ponting; seine Antarktis erscheint wärmer und menschlicher. Das Packeis auf seinem besten Bild wirkt wie ein Beet weißer Nelken. So wie Shackleton und Scott im Leben den passenden Photographen gefunden hatten, wurde ihnen auch beim Sterben die Gesellschaft zuteil, die sie verdienten.

Als der Hubschrauber in McMurdo landete, war es schon acht Uhr. Ich mußte noch zur Scott-Basis umziehen. Vor einigen Monaten hatte ich mit den Verantwortlichen für das neuseeländische Antarktisprogramm eine rege Korrespondenz geführt, und sie hatten mich eingeladen, während meines Aufenthalts auf der Ross-Insel ein paar Tage in ihrem Stützpunkt zu verbringen. Kurz nach meiner ersten Landung in McMurdo war ich die drei Kilometer über den Hügel zur Scott-Basis gewandert, um Malcolm Macfarlane zu treffen, der damals Leiter des neuseeländischen Programms war. Wir fanden heraus, daß wir uns um ein Haar schon früher begegnet wären. Drei Jahre zuvor hatte Malcolm auf einem Kreuzfahrtschiff im Südmeer gearbeitet, auf dem vor Kap Hoorn ein Passagier starb. Damals befand ich mich gerade in Tierra del Fuego, und um einmal das Kap Hoorn zu sehen, hatte ich mich von einem Versorgungsboot mitnehmen lassen, das einen leeren Sarg zu einem Kreuzfahrtschiff brachte. Der Sarg war mit einer Bettdecke bedeckt gewesen, und die meiste Zeit spielten die Matrosen darauf Poker. Als wir Kap Hoorn erreichten, vor dem gerade ein Sturm wütete, hatte ich geholfen, den Sarg ins Schlauchboot zu hieven, dabei muß ich Malcolm gesehen haben, der über der Reling im Heck des Schiffes hing, um beim Einholen des Sarges mit anzufassen.

Spätabends kam ich in der Scott-Basis an und machte mich sogleich mit Malcolm auf den Weg in die Bar. Über der Tür stand: *Zieht Stiefel, Jacke und Mütze aus, oder ihr spendiert eine Lokalrunde.* Allerdings mußte man mir das übersetzen, denn es war mit japanischen Schriftzeichen geschrieben. Diese List hatten die Neuseeländer sich ausgedacht, um Fremde dazu zu bringen, eine Runde auszugeben.

In der Station waren damals nur etwa dreißig Menschen beschäftigt, deshalb bekam ich ein Zimmer für mich allein. Es war ein kleiner fensterloser Raum mit ein paar Wandbetten, aber er war sehr gemütlich. Auf meinem Nachttisch stand ein Becher mit der Aufschrift: *Feiern bis zum Umfallen,* ein Slogan, der in Kürze die Freizeitphilosophie der Basis umriß. Die Neuseeländer auf dem Eis hatten eine ganz eigene Kultur. Sie lieferten sich Skirennen auf drei Beinen und lackierten ihre Zehennägel blau.

Zunächst schneite es zwei Tage lang, so daß die Wissenschaftler ungeduldig durch die Flure tigerten. Drei Mikrobiologen wollten zum Krater des Erebus, um thermophile Bakterien zu sammeln. Einer von ihnen, ein großgewachsener Mann mit wildem Blick, der einen über seine Brille hinweg von oben herab anschaute, hatte Haare, die wie ein Strahlenkranz von seinem Kopf abstanden. Wenn er redete, gestikulierte er heftig.

»Ich erforsche«, erklärte er mir eines Tages, während er mit der linken Hand wackelte und mit dem rechten Zeigefinger durch die Luft fuhr, »Bakterien, für die die Tropen zu kalt sind. Sie gedeihen am besten bei 105 Grad Celsius. Es geht hier um eine Evolutionstheorie – das Leben begann mit diesen Kreaturen. Sie sind die Wurzeln am Baum des Lebens! Davon bin ich überzeugt. Eine Evolutionstheorie muß wie ein Glaubensbekenntnis sein.«

An meinem dritten Tag kam Bruce, der gewitzte Biologe mit dem lohenden Bart, vom Kap Bird zurück. Er erzählte mir vom »Husky-Schmuse-Club«. In diesen vornehmen Verein wurde aufgenommen, wer sich draußen vor der Basis nackt auszog und hundert Meter weiter zu den Hunden ging, um mit einem von ihnen zu schmusen. Die letzten Huskies, die allerdings schon seit

Jahren nicht mehr zur Arbeit verwendet wurden, verließen die Arktis 1994, weil der Antarktisvertrag alle fremden Spezies vom Kontinent verbannte. Ich fragte mich, warum der Mensch nicht unter das gleiche Verbot fiel. Bruce sprach etwas wehmütig von den Hunden, während die Amerikaner sie vergessen zu haben schienen.

Die Geschichte des Menschen in der Antarktis bestand bei allen Nationen hauptsächlich aus den Mythen der »guten, alten Zeit«. Was hatte ich von den Amerikanern nicht schon für Anekdoten über den Vorläufer des Crary-Laboratoriums gehört, von seinem häßlichen Aufenthaltsraum mit den durchgesessenen Sofas und den Tischen, an denen alle noch nah beieinander arbeiteten und von Art DeVries im Vorbeigehen immer eine Fischsuppe angeboten bekamen. Es war wie ein homerisches Zeitalter, in dem überlebensgroße Männer über den Kontinent wandelten, die mittlerweile von schwächlichen Bürokraten verdrängt worden waren.

In der Erinnerung der neuseeländischen Veteranen waren die Legenden am lebendigsten. Sie erreichten ihren Höhepunkt in den Taten der Asgaard-Ranger und ihrer erbitterten Feinde, der Vandalen. Erstere waren nomadisierende Hydrologen, die seit den späten 60er Jahren durch die Asgaard-Berge in den Trockentälern zogen, letztere die seßhaften Wissenschaftler des Lagers am Vanda-See auf dem Talgrund. Einer der Asgaards war gerade in der Scott-Basis eingetroffen, und er ließ keine Gelegenheit aus, die Tugenden der Asgaards den Schwächen der Vandalen gegenüberzustellen. Pete war ein Schelm mit blitzenden Augen und ansteckender Fröhlichkeit; nichts war vor seinen Scherzen sicher.

»Erzähl mir etwas von deiner Arbeit«, bat ich ihn.

»Wir messen den Wasserfluß«, antwortete er kurz,

»und ziehen aus dem Vordringen und Zurückweichen der Gletscher hier Rückschlüsse auf Gletscherbewegungen in Neuseeland. Hier fließen sie viel langsamer.« Das Thema interessierte ihn offenbar nicht besonders.

»Du mußt einfach begreifen«, sagte er, indem er sich räusperte und zu mir herüberbeugte, »daß die Vandalen den Asgaards in jeder Beziehung unterlegen sind.«

Obwohl mittlerweile fast dreißig Jahre vergangen waren, hatte das der Rivalität keinen Abbruch getan. Immer noch lieferten sie sich Scheingefechte, und wenn die Vandalen in ihrem Lager ihre Flagge hißten, fuhr bestimmt ein Ranger ins Tal, um sie vom Bambusstab abzuschneiden.

»Asgaards setzen ihren ganzen Stolz darein, soviel Kleidung zu stehlen wie nur möglich«, sagte Pete und fügte schnell hinzu: »Natürlich brauchen wir Ranger sie gar nicht, denn wir spüren die Kälte ja kaum.«

»Was zählt denn besonders?« fragte ich. »Ich meine beim Kampf Asgaards gegen Vandalen?«

»Den Amerikanern Essen zu stehlen, aber Vandalen, die dasselbe tun, zu verraten«, jetzt war er ganz bei der Sache. »Ich kann mich noch erinnern, wie ich einmal einen Schinken aus einem Hubschrauber entführte. Erst letzten Monat haben wir uns bei einem Treffen noch darüber unterhalten.«

»Wo trefft ihr euch denn?« wollte ich wissen.

»Normalerweise in Strip-Clubs«, antwortete er.

Ich konnte mir denken, wie sehr die Bürokratie und die Sicherheitsvorschriften des heutigen Antarktisprogramms ihn quälten. Die Begeisterung, mit der er seine Geschichten erzählte, ließ mich erkennen, wie wichtig die Antarktis in seinem Leben geworden war. Als ich ihm das sagte, dachte er einen Augenblick nach.

»Nun ja, die Freundschaften hier sind besonders

eng«, sagte er schließlich. »Das ist ja ganz natürlich – aber man kann das niemandem klarmachen. Zu Hause rede ich so gut wie gar nicht über die Antarktis. Keiner würde mich verstehen. Dieser Kontinent ist einzigartig, und deswegen weckt er so viele Emotionen.«

Einige Zeit später sah ich Pete in seiner schäbigen Ranger-Jacke in McMurdo herumstrolchen. Er wirkte auf mich, wie ein liebenswerter Dinosaurier in den Straßen von Milton Keynes oder den Einkaufshallen von New Jersey wirken würde.

Am vierten Tag zogen sich die Neuseeländer zu einer Besprechung zurück, und als sie wieder auftauchten, war ein Campingausflug geplant. Kaum hatten sie mich dazu eingeladen, gab ich in McMurdo Bescheid, daß ich vorerst nicht zurückkommen würde.

Die Gruppe bestand aus vier Männern und fünf Frauen. »Hier«, sagte Jaqui, die Putzfrau, vor der Abfahrt zu mir, »nimm das.« Mit diesen Worten drückte sie mir einen gelben Parka in die Arme. »Damit du dich nicht als Außenseiterin fühlst«, erklärte sie. Die neuseeländischen Frauen hatten mich unter ihre Fittiche genommen, und ich fühlte mich wie zu Hause.

In bester Laune machten wir uns mit einem Raupenfahrzeug auf den Weg zu einer alten Hütte auf dem Eisschelf. Die Neuseeländer hielten die Schutzhütte seit Jahren instand – sie lag nur ein paar Kilometer entfernt, aber außerhalb der Station, und das war das wichtigste. Unterwegs hielten wir an der Piste auf der Südseite der Hüttenspitzen-Halbinsel, um ein paar Stunden Ski zu laufen. Hinten an einem alten Laster war ein Seil festgebunden, und zum Rodeln hatten sie ein paar riesige Reifen importiert.

Nachdem wir uns an den Hängen ausgetobt hatten, fuhren wir weiter zur Hütte. Das Anzünden des Ölofens ist in antarktischen Hütten immer ein kleines Drama, aber nachdem uns das geglückt war, brauchten wir es uns nur noch ringsum bei Glühwein gemütlich zu machen. Die Hütte, von der aus man einen ungehinderten Blick auf den Erebus hatte, lag ganz in der Nähe des Schneefeldes, auf dem die Neuseeländer ihr Überlebenstraining abhielten. Außer Iglus, Schneehöhlen und Schneemauern hatten sie eine richtige Bar aus dem Eis gekratzt, die komplett ausgestattet war mit Barhockern, Zapfhähnen und Gläsern.

»So fühlen wir uns heimischer«, wurde mir erklärt.

Spontan beschloß ich, in einem Iglu zu übernachten, denn die Umgebungstemperatur lag über Null, und vom Wind war nur noch ein Hauch zu spüren. Als ich am nächsten Morgen aufwachte, fiel himmelblaues Sonnenlicht durch die Mauerritzen auf meinen blaugelben Schlafsack. Ich kroch durch den Tunnel nach draußen und beobachtete, wie sich der Rauch des Erebus am klaren Himmel auflöste. Die Sonne hatte die regungslose Luft erwärmt, die Wolken hatten sich verflüchtigt, und außer mir war noch niemand aufgestanden.

Ich legte mich auf meinen Parka. Manchmal verlor ich mich so tief in die Antarktis, daß es mir vorkam, als wäre ich von unserem Planeten heruntergefallen und hätte vergessen, wer ich bin. Es war, als hätten sich alle meine Bezugspunkte aufgelöst wie der Rauch des Erebus, oder als hätte ich mich in eine Phantasielandschaft zurückgezogen, zu der nur ich Zugang hatte.

Wenn dieses Gefühl zu stark wurde, mußte ich die Augen schließen und an etwas denken, was sich gerade in der bewohnten Welt ereignete. Nur so konnte ich mir sicher sein, den Bezug zur Realität nicht zu verlieren, so als würde man durch ein Periskop aus einem U-Boot schauen, um sich zu vergewissern, daß die Welt noch da ist. Das Bild, das am schnellsten in mein leeres Hirn rückte, war das einer hakennasigen Nonne, die auf den Fliesen einer kleinen byzantinischen Kapelle kniete. Eine einzelne Öllampe in einer Nische warf ihr flackerndes Licht über die ganze biblische Szene, und auf dem Holzfresko im Hintergrund waren unzählige verzerrte Gesichter erstarrt im gequälten Aufschrei der Verdammten.

Das Nonnenkloster befand sich hoch auf einem Berg in der Mitte der griechischen Insel Evia. Vor fünf Jahren hatte ich dort mehrere Wochen verbracht. Ich wohnte in einer kahlen Zelle über einem Innenhof voller überbordender Geranien in Terrakottatöpfen. Die Ränder dieser Blumentöpfe wurden regelmäßig von der hakennasigen Nonne gereinigt. Das war eine Arbeit, die Ähnlichkeit mit dem Streichen der Golden Gate-Brücke hatte, denn wenn sie hinten ankam, konnte sie gleich vorn wieder anfangen. Die Schwestern verbrachten mindestens die Hälfte des Tages in der Kapelle, und die Gottesdienste wurden nur von kurzen Pausen unterbrochen, in denen man sich darüber zu einigen versuchte, welcher Psalm nun gesungen werden sollte.

In den Jahren seit ich den Berg wieder hinabgestiegen bin habe ich oft an die Nonnen gedacht. Sie bewegten sich auf festem und sicherem Grund, während um sie herum nur rutschiges loses Geröll zu lagern schien.

Anders als die Vereinigten Staaten erhebt Neuseeland Anspruch auf einen Teil der Antarktis. Im Antarktisvertrag wird dieser Anspruch – ebenso wie die Ansprüche sechs anderer Nationen (Chile, Argentinien, Australien, Großbritannien, Norwegen und Frankreich) – weder anerkannt noch zurückgewiesen. Der Vertrag wurde ausgearbeitet, um die Territorialkonflikte zu stabilisieren und die Terra Incognita vor Zerstörung durch Ausbeutung und Krieg zu schützen. Er besagt, »daß es im Interesse der ganzen Menschheit liegt, die Antarktis für alle Zeiten ausschließlich für friedliche Zwecke zu nutzen«, und gewährt allen Parteien freien Zugang zum gesamten Kontinent, indem die Forschung zu einem legitimen Ausdruck nationaler Interessen erklärt wird. Der im Internationalen Geophysikalischen Jahr angeregte Vertrag, der auf alle Gebiete südlich von 60 Grad südlicher Breite anwendbar ist, wurde 1959 von zwölf Nationen unterzeichnet und trat 1961 in Kraft. Seither hat sich die Zahl der Unterzeichner mehr als verdreifacht. Der Beitritt von Indien und Brasilien 1982, und der Chinas zwei Jahre später, bedeutete, daß die reichen Industrienationen nicht länger unter sich waren. Das Dokument wurde in der Folge ergänzt. Das Umweltschutzprotokoll, 1991 in Madrid unterzeichnet, verhängte ein fünfzigjähriges Moratorium für Bohrungen nach Öl und den Abbau von Mineralien. Es wurde Pax Antarctica genannt.

Anfangs aber wollten alle ein Stück vom unbekannten Land – oder doch wenigstens nicht ganz leer ausgehen. Doris Lessing schrieb, daß sich Nicht-Europäern in den Jahrzehnten vor dem Ersten Weltkrieg im Hinblick auf die Antarktis folgendes Bild bot: »Das kleine Europa paradierte und stolzierte in seiner kleinen Ecke da oben, stritt und kämpfte wie eine Horde Schuljungen um einen Kuchen.«* Kurz vor dem Zweiten Weltkrieg beschloß Hitler, auch die Antarktis müsse zum großen Nazireich gehören. Er bestellte mehrere tausend mit Widerhaken versehene stählerne Hakenkreuze, lud sie in

* Übers. v. M. Ohl und H. Sartorius, aus: Lessing, Doris. *Die Entstehung des Repräsentanten von Planet 8.* Frankfurt, 1987. – A. d. Ü.

Flugzeuge, stellte die Flugzeuge auf ein Schiff und schickte alles nach Süden mit der Order an die Piloten, ihre Fracht über einem riesige Areal von Eisfeldern abzuwerfen. Nach dem Krieg glaubten die Menschen immer noch, den Kontinent irgendwie nutzbar machen zu können. 1949 fuhr ein Journalist namens Douglas Liversidge nach Süden, um britische Stützpunkte zu besuchen und darüber zu berichten, wie Fuchs und seine Expedition von der Insel Stonington abgeholt wurden. In seinem Buch *Wunder der Weißen Welt* schlägt Liversidge vor, die Antarktis in großem Rahmen zur Kühlung von Getreide, Fleisch und sonstigen Nahrungsmitteln zu nutzen – mit anderen Worten als »Kühlhaus der Erde«. In den späten Achtzigern warf eine Koalition von Nationen aus der Dritten Welt unter Führung von Malaysia den Vertragsmitgliedern »modernen Kolonialismus« vor.

Die politische Situation entsprach oftmals nicht der Realität. Bei meinem ersten Besuch im Süden fiel mir auf, daß die Antarktis nationale Unterschiede verwischt. Ein Argentinier kam zu einer kleineren Operation zum chilenischen Stützpunkt, der eine relativ gut ausgestattete Krankenstation besaß. Der Mann wurde mit herzlichem Schulterklopfen begrüßt und sofort zum bevorstehenden Funk-Schachturnier eingeladen. So etwas war mir in Chile noch nie zu Ohren gekommen, nur gemeine Witze über vorlaute Nachbarn, die das »R« rollten. Die Geopolitik der Antarktis – verwickelt, potentiell gefährlich, todernst und eiskalt – wurde nicht auf den Schneefeldern gemacht, sondern auf dem internationalen Konferenz-Karussell und in den plüschigen Vorhallen der Hauptstädte.

9. KAPITEL

Iglus und Nitroglyzerin

> Ich habe nichts gegen die Wissenschaft – es geht mir bloß besser, wenn ich nichts damit zu tun habe.
>
> Klospruch
> Feldlager JWD

Ich nahm meine Suche nach dem Seismologen und seiner Gruppe wieder auf und ergatterte einen Platz in einem Versorgungsflug zur zentralen Westantarktis. Der Start wurde immer wieder verschoben, aber schließlich wurde ich doch zur Startbahn gebracht; dabei waren auch vier Mitarbeiter eines wissenschaftlichen Projektes, die auf ihrem Weg zum Eisstrom B in JWD Station machen wollten. Die westantarktischen schnellfließenden Eisströme – sie sind bis zu 80 Kilometer breit und 500 Kilometer lang – dienen häufig als Beleg für das Abschmelzen der Gletscher und das vielbeschworene Ansteigen der Meeresspiegel. Der Projektleiter zog *The Road to Oxiana* aus der Tasche, den besten Reisebericht aller Zeiten, der mir so sehr am Herzen liegt, daß es mir einen Schock versetzte, ihm fern der Heimat zu begegnen – als wären mir meine persönlichen Besitztümer gefolgt. Der Mann hieß Hermann. Er war ein freundlicher Mittfünfziger mit einem runden, fleckigen Mondgesicht. Vor zehn Jahren war er in der Antarktis aus einem abgestürzten Flugzeug gekrochen.

Sobald wir abgehoben hatten, kuschelten die Wissenschaftler sich tief in ihre Parkas und schoben ihre plumpen Stiefel zwischen das Durcheinander aus Laufrollen, Überlebensausrüstung und Metallgestänge. Ich hielt mich eine Weile im Cockpit auf, konnte aber nicht viel sehen. Es wurde kälter.

Am Vorabend hatte ich in McMurdo zufällig einen Bergsteiger aus einer Wissenschaftlergruppe getroffen, der erst kürzlich aus JWD zurückgekommen war.

»Mensch«, sagte er, als er erfuhr, wohin ich wollte, »du kannst das Iglu haben, das ich in der Nähe des Lagers gebaut habe. Es ist das kälteste Iglu im ganzen westantarktischen Eisterritorium.«

Nachdem wir auf 82 Grad Süd gelandet waren, ging die Heckklappe auf, und es wurde hell. Puderschneetornados rasten über die weiße Ödnis wie gespenstische Kreisel. Es gab keine Landmarken, nur eine endlose glatte Eisdecke. Die Westantarktis wird für ein Riftsystem gehalten – ein Gewirr treibender Platten –, das durch das Transantarktische Gebirge von der festen Tafel der Ostantarktis getrennt ist. Dazu kommt noch, daß die Westantarktis hauptsächlich aus der einzigen im Meer ruhenden Eisdecke der Welt gebildet wird. Das bedeutet, daß der Eisgrund sich weit unterhalb des Meeresspiegels befindet; würde alles schmelzen, bestünde die westliche Hälfte der Antarktis aus einer Inselgruppe. Die verschiedenen Platten, aus denen sich die Westantarktis zusammensetzt, haben sich seit etwa 230 Millionen Jahren sowohl gegeneinander als auch gegen Osten hin verschoben, wogegen die Ostantarktis, die die Polarebene trägt, sich seit vielen hundert Millionen Jahren kaum verändert hat. Gondwana, der prähistorische Superkontinent, bestand neben der Antarktis aus dem, was wir heute Südamerika, Australien, Afrika und Indien nennen. Anfang des Jura – sagen wir vor 175 Millionen Jahren – begann Gondwana auseinanderzubrechen, und Geologen spekulieren gern über die Verbindung der Antarktis zu noch älteren Superkontinenten. Am aufregendsten ist, daß die Antarktis einmal ihre eigenen Dinosaurier hatte.

Die Besatzung rollte Paletten aus dem Heck der Maschine. Wir folgten ihnen nach draußen, und der Wind fuhr uns schneidend ins Gesicht. Die Motoren hinter uns heulten, während wir versuchten, unsere Mützen um unsere Brillen zu ziehen.

Im düsteren Licht vor uns konnte ich ein paar Jamesways erkennen, eine Reihe Schlitten, ein halbes Dutzend Zelte – und Lars, den zottelhaarigen Halb-Norweger aus der Überlebensschule, der jetzt noch struppiger aussah. Er bot uns einen Becher Kakao an, und wir umarmten uns. Lars führte uns zum nächstliegenden Jamesway, in dem sechs wettergegerbte Gestalten an Klapptischen hockten.

»Willkommen, Woo!« rief einer. Ich hatte Plätzchen und einen Stapel Zeitschriften mitgebracht, und als ich sie überreichte, fingen wir alle auf einmal zu reden an; in zwei Monaten schien viel passiert zu sein.

»Rate mal, was wir gesehen haben«, forderte Lars mich auf. »Einen Vogel!«

Das JWD-Feldlager war wahrscheinlich das größte auf dem Kontinent. Fast den gesamten Sommer über waren hier 50 Menschen stationiert, die an vier verschiedenen geologischen Projekten arbeiteten. Oft verließen kleinere Gruppen das Lager für einige Zeit, reisten mit Schneemobilen oder Raupenfahrzeugen über die Eisdecke, stellten ihre Zelte ein paar Tage irgendwo auf und versuchten dann herauszufinden, wie der Boden unter diesem Eisabschnitt beschaffen war. Sie erstellten eine Reliefmappe der Antarktis ohne ihre weiße Decke.

Da ich den leichten Parka des Seismologen an einem Haken im Jamesway hängen sah, nahm ich an, daß er gerade in einem dieser kleinen umliegenden Lager zu tun habe. Ich dachte noch darüber nach, während Lars eine neue Runde Kakao spendierte, als eine bekannte Gestalt durch die Zelttür schoß und geräuschvoll vor mir zum Stehen kam. Es war José, der kleine amerikanisch-mexikanische Motorradfahrer mit dem Satyrgrinsen, mit dem ich mich bei meinem ersten Versuch, zum JWD zu kommen, angefreundet hatte. Er war eine Woche vor mir angelangt. Atemlos stieß er hervor, daß er von meiner Ankunft gehört hätte, daß er und zwei andere sich gerade aufmachten, in 50 Kilometer Entfernung ein Lager abzubrechen, daß das ungefähr 24 Stunden ohne Schlaf bedeutete, daß ich auch mitkommen könnte, wenn ich wollte … und dann fing er an zu stottern wie ein Motorrad, dem das Benzin ausgegangen ist.

Nachdem ich über den halben Kontinent gereist war, um den Seismologen wiederzusehen, machte ich mich sofort erneut auf den Weg, ohne ihn überhaupt zu Gesicht bekommen zu haben. Es war mir die ganze Zeit nur um die Suche gegangen, stellte ich irritiert fest, so als wäre dieser Ausflug gar nicht meine Idee gewesen. Ich kletterte hinten in das Raupenfahrzeug und machte mich mit dem großgewachsenen, schlaksigen Fahrer aus Alaska bekannt.

»Man nennt mich Riesendavid«, sagte er und schüttelte mir mit schmerzhaftem Griff die Hand. »Nett, dich kennenzulernen.«

Der Mann neben ihm – ein von der Marine ausgeliehener medizinischer Begleiter – machte den Eindruck, als wäre er gerade erst aufgestanden. Er hieß Chuck, und offenbar war ihm der Name des amerikanischen Präsidenten entfallen, so daß er Riesendavid danach fragen mußte. José und ich machten uns auf den beiden Hinterbänken breit. Unser Fahrzeug war nicht sehr temperamentvoll und mochte einfach nicht schneller fahren als 16 Kilometer pro Stunde, im Schlepp hatte es einen flachen, offenen Anhänger und einen Schlitten mit Überlebensausrüstung. Das, was Riesendavid tat, während wir der beflaggten Route zu dem kleinen Lager folgten, war eigentlich nicht lenken zu nennen, vielmehr hielt er das Steuer mit den Ellbogen gerade und schaute gelegentlich auf die Armaturen, um sich zu vergewissern, daß Wasser und Öl die richtige Temperatur behielten. Es war sehr warm im Fahrzeug. Das Eis verschwamm in wäßrigem Sonnenlicht, und der bleiche Himmel wies blaue Streifen auf.

»So muß man sich gefühlt haben«, meinte José, »wenn man im Planwagen durch die Vereinigten Staaten fuhr.«

Nach fünf Stunden erreichten wir einen Wetterschutz und ein Scott-Zelt.

»Ist es das?« fragte ich.

»Jawoll«, sagte Riesendavid, während er sich behende aus dem Fahrzeug schwang.

Als ich das Zelt so da stehen sah, mit offener Klappe, ein sonnenbeschienener dunkler Fleck inmitten der weißen Schneefelder, tauchte vor mir ein anderes Bild auf, und einen Augenblick später erkannte ich es als J. C. Dollmans Gemälde von Titus Oates, wie er mit ausgestreckten Armen und einer blauen Pudelmütze auf dem Kopf dem Tod entgegentaumelt. Das einsame Zelt im Hintergrund des Bildes war identisch mit dem, das ich gerade vor meinem geistigen Auge sah, außer daß Dollman so etwas wie einen Landrover daneben gemalt hatte. Das Bild trug den Titel »A Very Gallant Gentleman«, und im letzten Sommer hatte ich es mir im Cavalry Club an Londons Piccadilly Circus angesehen. Der Schirmherr meiner Expedition, Jeremy Lewis, begleitete mich damals aus lauter Schuldgefühl, weil er noch keine der Pflichten erfüllt hatte, die normalerweise von erfahreneren Schirmherren wie etwa dem Herzog von Edinburgh und Vertretern anderer Firmen übernommen werden. Jeremy lästerte, Oates trage unter seinem Parka sicher ein Tweed-Jackett mit einer gelehrten Zeitschrift in der Tasche.

Auf seine umständliche Art fängt dieses Bild den glänzendsten Augenblick in der Geschichte der Antarktis ein – als nämlich ein völlig geschwächter Oates ankündigte, daß er einige Zeit ausbleiben würde und, ohne sich die Schuhe anzuziehen, aus dem Zelt kroch. Diese Episode hat sich unserem Nationalbewußtsein so eingeprägt, daß der Ausdruck »Rittmeister Oates Ausweg« in Wirtschaftszeitungen heutzutage benutzt wird, wenn ein höherer Angestellter einer in Schwierigkeiten geratenen Firma den Hut nimmt, um seine Kollegen zu retten. Damals entfachte Oates Tat eine ganze Reihe unerträglicher Gefühlsduseleien, die die Bezeichnung Kunst kaum verdienten. Ich denke da besonders an zwei Strophen aus »Omen Pugnae«, einem 1924 veröffentlichten Gedicht von Hugh Macnaghten, dem Konrektor des Eton College, Oates ehemaliger Schule:

So, an seinem Todestag,
Seinem Wiegenfest, blieb noch ein Geschenk zu geben,
Sein Sterben, auf daß seine Freunde leben,
Er sprach: »Ich schau nur draußen nach.«

Gerad zweiunddreißig Jahr,
Doch ach! Dein letzter Gruß ein Allerweltswort,
Und alles, was wir gesehen und gehört,
Das Auge bleibt der Tränen bar.

Im *Daily Telegraph* vom 8. April 1995 machte Beryl Bainbridge einen ganz anderen Vorschlag zum Thema; Andrew Lloyd Webber könnte doch ein Musical über Scotts Expedition schreiben, inklusive einer Nummer für Oates: »Ich geh' nur kurz raus und bleibe ein bißchen.«

Oates war bei der *Terra Nova*-Expedition für die Ponies zuständig. Dabei handelte es sich um eine Auswahl alter Klepper aus Sibirien, die von Anfang an nichts taugten. Er hatte sie nicht selbst ausgesucht und beschrieb seine Schutzbefohlenen und die Hunde an Bord als »einen höchst unpassend zusammengewürfelten Haufen ungeeigneter Tiere«. Lawrence Oates, dessen Spitzname Titus auf einen Ränkeschmied aus dem 17. Jahrhundert zurückgeht, war als einziges Expeditionsmitglied bei der Armee gewesen, deshalb war er auch als »der Soldat« bekannt. Er stammte aus reichem Hause, und sein Vater hatte auf seiner Geburtsurkunde in der Rubrik Beruf »Gentleman« eingetragen. Als junger Mann war Titus Gutsherr in Gestingthorpe in Essex, und das ganze Dorf feierte hochherrschaftlich, nachdem er als verwundeter Held aus dem Burenkrieg zurückkehrte. Er war zurückhaltend und ruhig, ein fröhlicher Pessimist; der archetypische Tatmensch, der außer einem Porträt von Napoleon in seiner Koje nichts aufgehängt hatte. In vielen Dingen war er das genaue Gegenteil von Scott. Bei der Weihnachtsfeier im Süden bekam er eine Spielzeugpistole geschenkt, mit der er den ganzen Abend herumballerte, und die anderen mußten so tun, als seien sie getroffen. Sein Wahlspruch lautete: »Nieder mit der Wissenschaft, der Gefühlsduselei und den Frauen«, und einmal vertraute er Wilson an, daß seine Mutter die einzige Frau sei, die er jemals geliebt habe.

Als Offizier war er sehr beliebt. Ich habe einen Stapel Beileidsbriefe gelesen, die seine Mutter bekam, nachdem das Unglück bekanntgeworden war. In einem stand: »Der gute alte Titus nahm nach dem Tod meines Bruders in Transvaal seinen Platz ein, und ich habe Titus wie einen Bruder geliebt. Nun ist er von uns gegangen; was das für Sie bedeutet, weiß Gott allein.« In der Tat. Seine Mutter verbrannte seine Tagebücher, seine Schwester aber, die von ihrer Absicht wußte, blieb die ganze Nacht wach, um vorher möglichst viele Seiten abzuschreiben.

Er war in vieler Hinsicht der typische verwöhnte Junge, und die waren damals nicht anders als heute. Aber davon abgesehen mochte ich ihn, Sein zupackendes Wesen gefiel mir ebenso wie seine ausgesprochene Abneigung gegen Ausflüchte und Gejammer.

Ich packte das zusammen, was sich im Wetterschutz befand, und José und Riesendavid machten sich daran, ihn abzubauen. Glücklicherweise hatte der Wind sich gelegt, aber es war bitter kalt.

»Warum haben die Beaker das eigentlich nicht selbst gemacht?« fragte Riesendavid ärgerlich. »Demnächst müssen wir ihnen noch den Hintern abwischen.«

Bis wir alles auf dem Anhänger hatten, war es sechs Uhr morgens. Wir hockten uns auf einen Schlitten, den wir beim Einpacken vergessen hatten, und führten uns drei Tüten Orangensaft und eine große Tüte Expeditions-Knabbermischung zu Gemüte.

Nachher, als wir unsere eigene Ausrüstung hinten im Fahrzeug zurechtrückten, bemerkte ich, daß mein Schlafsack voller Ölflecken war. So etwas kam immer wieder vor, ich war nicht die einzige in der Antarktis, die wie eine Bohrinsel roch.

Auf der Rückfahrt übernahm ich in den ersten drei Stunden das Steuer. Das war eine einschläfernde Beschäftigung, und wenn ich mich in Träumereien verlor oder stur geradeaus auf die Eisdecke starrte, stieg die Drehzahl manchmal zu hoch.

»Gas weg!« erinnerte Riesendavid mich dann mit einem herzhaften Klaps auf die Schulter. Schließlich tauchten ein paar Flaschen Bourbon auf, und die Langeweile war vorbei. José installierte einen Walkman mit zwei Lautsprechern.

»Wir brauchen traurigen Blues«, meinte Riesendavid. Er hatte recht. Das war genau die richtige Musik zu der unausweichlichen Eintönigkeit der Landschaft und dem einlullenden Geräusch des Fahrzeugs.

Gleich darauf beklagten sie sich, daß ich alle Cashewkerne aus der Knabbermischung herausgesucht hätte, und in dem Punkt war ich wirklich schuldig. Dann fingen alle auf einmal an zu reden.

»Bist du verheiratet?« fragte mich José.

»Nein«, sagte ich. »Und du?«

»Auch nicht«, antwortete er zögernd, so als ob es da noch etwas zu sagen gäbe.

»Na los, José, sag's ihr schon!« drängte Chuck.

José räusperte sich.

»Ich bin offiziell mit meiner Harley Davidson verheiratet«, gestand er.

Fast hätte ich den letzten Cashewkern verschluckt.

»Ach wirklich?« Ich klang sehr englisch. »Wer hat denn diese ›Zeremonie‹ vollzogen?«

»Der Besitzer des örtlichen Motorradladens. Er macht das häufiger.«

Das war mehr, als ich ertragen konnte. Glücklicherweise fiel in diesem Augenblick eine leere Treibstofftonne vom Anhänger und rollte über das Eis, und nachdem wir sie wieder aufgeladen hatten, war das Thema vergessen.

Das nächste hatte es allerdings auch in sich.

»Du kennst doch diesen Kapitän Scott«, sagte Riesendavid zu mir, während der Bourbon wieder kreiste. »War das nicht ein ziemlicher Dummkopf?«

Ich hatte mir gerade eine Antwort auf diese gewichtige Frage zurechtgelegt, als Chuck mit todernstem Gesicht fragte: »He, ist das nicht der Kerl, nach dem diese Hütte heißt?«

»Nein«, ergriff ich schnell die Gelegenheit, vom Thema »Dummkopf« wegzukommen, »das war ein Mann namens Hütte.«

Wir brauchten acht Stunden für die Rückfahrt, und dann mußte ich noch mein Zelt aufzuschlagen. Es schneite leicht, und ich war zu müde, um das Iglu auszugraben. Also suchte ich mir einen Platz ganz hinten im Lager, mit freiem Blick auf den Horizont. Meine Zeltheringe waren nicht lang genug, also klaute ich ein paar Bambusstangen, und nachdem das braungrüne Zelt stand, fiel ich in einen tiefen Schlaf.

Als ich aufwachte, war ein Gesicht nah über meinem.

»Hallo Woo«, sagte es, »ich wollte dich nicht aufwecken.«

»Dann hättest du dich vielleicht anders verhalten sollen«, knurrte ich, während das Gesicht näher kam.

Sie benutzten Sprengstoff, um herauszufinden, wie der Boden unter der 1800 Meter dicken Eisdecke beschaffen war. »Eis interessiert uns nicht besonders«, lautete die forsche Erklärung. Wegen der störenden Eiskappe können, wie in der Seismologie, zur Vermessung der antarktischen Geologie meist nur Echolotungen eingesetzt werden. Dazu löst man eine Explosion aus, die Schallwellen durch das Eis auf die Erdkruste schickt, um diese dann nach dem Abprallen aufzuzeichnen.

Bevor der Sprengstoff gezündet werden konnte, mußte er vergraben werden. Das war Aufgabe der zwölf »fliegenden« Kernbohrer, die in einem Umkreis von 200 Kilometern um JWD operierten und dabei reihenweise 30 Zentimeter dicke Löcher drillten. Dazu benutzten sie anfänglich ein autarkes Gerät, das Wasser aufheizte und es dann wie mit einem Duschkopf auf dem Eis verteilte. Dieses Gerät wurde allerdings noch für einen anderen Zweck genutzt, es diente uns nämlich als heißes Bad, das wir immer gleich zu viert benutzten, wobei wir unsere Sachen sorgfältig über die Rohre drapierten, damit sie nicht zu Schmirgelpapier gefroren. Das war gar nicht so einfach. Wenn aus Versehen auch nur ein Zipfelchen der Kleidung freilag, hatte das schmerzliche Folgen.

Zur Bohrabteilung gehörten fünf Frauen, und eines Tages saß ich im Bad zufällig neben Diane, einer erfahrenen Kernbohrerin. Sie war groß und schlank und hatte weizenblondes Haar. Ich fragte sie, wie lang sie unterwegs gewesen wäre.

»Fünfunddreißig Tage«, antwortete sie, »und ich hatte die ganze Zeit nasse Füsse.«

»Was habt ihr denn da draußen gemacht?« fragte ich weiter. »Ich meine, wenn nicht gebohrt wurde.«

»Nun, die alltäglichen Dinge nahmen den Rest der Zeit in Anspruch. Wir arbeiten beim Bohren in Zwölf-Stunden-Schichten, und wenn die um sind, müssen wir noch das Kochzelt aufbauen oder ähnliches. Außerdem muß man gut überlegen, was man essen will, denn selbst wenn es sich nur um eine Dose Pfirsiche handelt, müssen wir sie über Nacht im Schlafzelt aufhängen, damit sie taut.«

»Hast du dir diese Art von Arbeit eigentlich selbst ausgesucht?« fragte ich, weil ich mir einfach nicht vorstellen konnte, daß eine Frau freiwillig wochenlang bei Minustemperaturen in 12-Stunden-Schichten Löcher bohren wollte.

»Ich liebe meine Arbeit«, entgegnete sie. »Für mich ist das hier der schönste Ort der Welt. Oft bekomme ich zu hören: ›Da ist doch alles nur weiß!‹ Das stimmt schon, aber solange ich die tanzenden Eiskristalle und die funkelnden Halos um die Sonne sehen kann, werde ich mich sicherlich niemals beim Bohren langweilen. Es ist einfach eine andere Welt.«

Am Abend vor dem Rückflug nach McMurdo brachte die Bohrmannschaft Eis aus der Tiefe mit und zerhackte es auf einem Brett in der Küche. Es war mehr als 300 Jahre alt und voller Sauerstoffblasen. In unseren Gläsern sprudelte es wie Alka-Seltzer. Diane buk Zimtschnecken. Als sie die Ofentür öffnete, erfüllte ein durchdringend würziges Aroma das Jamesway. Es roch wie auf einem Basar.

Diane sog den Duft ein und seufzte: »Himmlisch!«

Am nächsten Tag zog ich in das Iglu. Es lag hinter der sogenannten Zeltstadt, und ich brauchte zwei Stunden, um den Graben freizulegen, der zum Eingang führte. Wie in allen guten Iglus lag auch hier der Schlafbereich höher als der Eingang, weil kalte Luft auf den Boden sinkt. Drinnen gab es einen Teppich aus Gummimatten, und rundherum war in etwa 15 Zentimeter Höhe ein Sims angebracht. Ich verbrachte weitere zwei Stunden damit, die Schneepyramiden fortzuschaffen, die sich durch die Ritzen hindurch angehäuft hatten. Als mein neues Heim fertig war, rollte ich meinen Schlafsack aus und setzte mich darauf. Die Schneeblöcke zogen sich aufwärts bis zum spitz zulaufenden Abschlußblock, das blauschillernde Licht, das zwischen ihnen hindruchdrang, hob alle Konturen im Innern sanft hervor. Mich überkam derselbe Friede wie in einer Kirche. Ja, das war es – ich kam mir vor, als hätte ich einen Tempel betreten.

Mein Vorgänger hatte an der Decke eine Leine gespannt, die wie eine Wäscheleine aussah, also hängte ich meine Schutzbrille, die Gletscherbrille, die feuchten Socken und das Thermometer daran und suchte die zerknitterten Bilder hervor, die mich immer begleiten. Sie paßten gut auf das Sims. Das blaue Licht, das auf die »Geburt der Venus« fiel, verlieh ihrem knielangen kastanienbraunen Haar einen türkisgrünen Schimmer, und die geflügelten Engel paßten hervorragend in diese Umgebung. Botticelli hätte mir sicher zugestimmt.

Morgens saß ich unter einer Reihe baumelnder Tassen an einem der Plastiktische im Küchenzelt und beobachtete die Beaker dabei, wie sie ihre Brote schmierten und ihre Wasserflaschen füllten, bevor sie sich daran machten, ihre Bomben explodieren zu lassen. Die beiden Köche waren die Seele des Lagers. Bob und Mary bildeten ein tolles Team. Jeden Morgen zogen sie mit Schlitten zum »Geschäft«, einem Vorratsraum fünf Meter unter dem Eis, aus dem sie mit Hilfe der antarktischen Ausgabe eines stummen Dieners bereifte Pappschachteln hervorzogen. Mary war immer guter Dinge; sie hüpfte mehr als daß sie ging. Bob hatte einen langen Bart, eine Pinguin-Tätowierung auf dem Oberschenkel und den Ruf, der beste Koch auf dem Eis zu sein. Er sprudelte über vor Energie und war ausgesprochen beliebt, doch nach sieben Aufenthalten in der Antarktis, inklusive zweier Überwinterungen, begegnete er den Beakern mit gesundem Mißtrauen.

»Was geht da draußen eigentlich vor?« fragte eines Tages jemand, nachdem wir eine besonders laute Explosion gehört hatten.

»Sie versuchen bloß, die gesamte westantarktische Eiskappe zu schmelzen«, antwortete Bob ungerührt, während er weiter an seiner gefrorenen Lammhaxe schrubbte. Manchmal wirkte er knallhart, aber in Wirklichkeit war er weich wie ein Marshmallow.

Der Seismologe war innerhalb der letzten sechs Wochen so oft im Feld gewesen, daß er jeden Satz mit »Over« beendete. Als er einmal eine Sprengung vorbereiten mußte, fuhren wir mit dem Schneemobil weit hinaus. Das Eis war voller Höcker und Furchen wie eine Reliefkarte, und ein sanfter Wind wehte zarte weiße Puderschleier über die Oberfläche. Man konnte die psychische Energie dort draußen fast mit Händen greifen.

»Weißt du«, sagte ich, während ich orangefarbene Nitroglyzerinwürstchen auspackte, »viele Menschen halten diese Landschaft für öde, weil hier nichts wächst und gedeiht. Aber meiner Meinung nach *vibriert* sie vor Energie – so als stünde sie kurz vor der Explosion wie eine von diesen Stangen hier.«

»Du hast verdammt recht«, nuschelte er. »Mir ist es oft so vorgekommen, als wäre es hier draußen lebendig. He, schau dir das mal an«, unterbrach er sich, indem er dorthin zeigte, wo der kobaltblaue Himmel heller wurde.

»Sieht aus wie ein Haufen Benzinfässer«, sagte ich.

»Nein«, entgegnete er, »das ist ein Spiegelbild unseres

Lagers, eine Lichtbrechung, die auf Temperaturschwankungen in der Atmosphäre zurückzuführen ist.«

Alle paar Minuten erschreckte mich ein heftiger Wortschwall, der aus dem dicken Parka des Seismologen drang. Die Beaker waren über Funk ständig miteinander in Verbindung. Sie hatten ihre eigene Sprache entwickelt, und manche Unterhaltungen zwischen Lars und dem Seismologen bestanden fast ausschließlich aus Abkürzungen, Spitznamen und ellenlangen, unverständlichen Witzen.

Ich hatte noch nie jemanden getroffen, der das Leben so leicht nahm wie der Seismologe. Er ging alles positiv an und fand an jeder Situation etwas Witziges; deshalb mochten ihn auch alle. Obendrein war er erstaunlich einfühlsam. Ich jedenfalls war ihm vollkommen verfallen. Er besaß jene Lässigkeit, die ich immer mit Texanern in Verbindung bringe, aber ohne die dazugehörigen Wildwestmanieren.

»Kannst du jeweils drei Stangen zusammenkleben?« fragte er mich, indem er mir das Klebeband reichte. »Ich muß den Zündkasten vorbereiten.«

Nachdem wir die beiden ersten orangefarbenen Bündel an ein Elektrokabel angeschlossen hatten, ließen wir sie in das von den Bohrern schon vorbereitete Loch hinab. Dann warfen wir etwa 180 Kilogramm Sprengstoff hinterher. Als der Zeitpunkt für die Sprengung gekommen war, drückte ich auf den Zündknopf, und eine schwarze Fontäne schoß empor, wie bei einem Geysir. Ein Geräusch, das auch aus Kap Canaveral hätte kommen können, folgte gleich darauf.

»Toll!« sagte ich.

»Das ist es, Woo!« bestätigte der Seismologe, der gerade eine leere Sprengstoffhülse in die Luft warf und mit ihr Kopfball spielte.

»Wie wird denn das Echo registriert?« fragte ich.

»Nun«, sagte er, während er den Sprengkasten einpackte, »wir wollen das Relief einer Landschaft erstellen, die unter einer 1800 Meter dicken Eisdecke begraben liegt. Als Hilfsmittel benutzen wir die Seismologie, und die arbeitet mit Refraktion und Reflexion. Der Unterschied zwischen beiden ist hauptsächlich eine Frage der Größenordnung, insofern als die Reflexion eher dazu geeignet ist, ein kleineres Gebiet genauer darzustellen. Kannst du mir soweit folgen?«

Ich nickte.

»Was du gerade gemacht hast, war Refraktion. Die Schallwellen, die wir hinuntergeschickt haben, werden von der Erdkruste an die Oberfläche zurückgeworfen, wo sie von einer Reihe von Seismographen erfaßt werden, die wie Kassettenrecorder funktionieren. Sie enthalten Computer, die an Geophone angeschlossen sind, und in diesem Augenblick zeichnen etwa 200 Meter entfernt von hier 90 Seismographen jede Erschütterung auf. Wir beiden brauchen jetzt nur noch zusammenzupacken!«

Auf dem Rückweg machten wir etwa 16 Kilometer vom Lager entfernt eine Pause, um unsere Brote zu essen (Dosenschinken mit Senf). Am Horizont, zwischen Himmel und Eis, schimmerte ein schmaler violetter Lichtstreifen, den man ohne Schwierigkeiten für das Meer hätte halten können. Mir erschien es in dieser Landschaft fast unmöglich, nicht an übermenschliche Kräfte zu denken. Hier war etwas greifbar, das hinausreichte über die beschränkte Welt der Illusionen, die uns außerhalb der regenüberströmten Fenster zu Hause erwartete.

»Du hast recht«, sagte der Seismologe, als ich ihm meine Gedanken verriet. »Zu Hause stöpselt man sich ins allgemeine Stromnetz ein, hier wird der Geist aufgeladen. Hat nicht Barry Lopez einmal geschrieben, daß die Antarktis ›das Mysterium widerspiegelt, das wir Gott nennen‹?«

Ich nannte das, was ich dort erfühlte, auch Gott; aber es gäbe viele andere Namen dafür. Für mich war es einfacher als für andere, denn ich hatte ja meinen Glauben. Ich kann nicht sagen, woher dieser Glaube kommt, denn ich weiß es nicht; meine Erziehung ist sicher nicht dafür verantwortlich, weil meine Eltern beide nicht gläubig waren. Ich erinnere mich noch, daß er mir zum erstenmal mit ungefähr vierzehn Jahren bewußt wurde, zur selben Zeit, als eine Menge anderer Dinge in meinem Leben geschahen. Zunächst war der Glaube mir lästig wie ein eiternder Pickel auf der Nase. Heute habe ich solche Probleme nicht mehr, obwohl ich denjenigen, der mir den Glauben schickte, immer wieder schmähte, indem ich den lockenden Stimmen der Opposition verfiel, die sich auch in meinem komplizierten Innern verbirgt und keinem Kampf aus dem Weg geht.

Trotz vieler guter Absichten und einem lebhaften ständigen Dialog mit Gott versäumte ich es in der täglichen Hetze oft genug, das Richtige zu tun. Der Geist war willig, aber das Fleisch schwach. Ich war ein hoffnungsloser Fall. Aber ich glaubte, daß für Gott nur zählte, wie ich dachte, nicht wie weit entfernt ich vom entsprechenden Handeln war. Sünde war meiner Meinung nach nur, Gott nicht Gott sein zu lassen. Ich gebe zu, daß ich es mir etwas einfach machte – aber mein Glaube kam von Herzen. Meine innere Reise verlief nicht geradliniger als meine Reise auf dem Eis. Es war eigentlich eher ein ungeregelter, verschlungener Abstieg durch viele Schichten des Bewußtseins, und ich wurde abwechselnd rückwärts und seitwärts gestoßen wie ein Schwimmer in einer Strömung.

Nicht alle waren der Meinung, die Antarktis sei ein transzendentales Kraftwerk. Als ich Ranulph Fiennes nach diesem Aspekt seiner Erfahrungen in der Antarktis fragte, antwortete er: »Ich glaube nicht, daß die Antarktis die Spiritualität fördert. Jedenfalls hat sie in Mike [Stroud] nichts Religiöses zum Vorschein gebracht, oder? Ich habe dort zwar um Hilfe gebetet, aber das hätte ich in Brixton auch getan. Mr. Lopez berichtet darüber, aber er ist ja kaum dort gewesen.«*

Am Freitag, dem 13. Januar, zeigte sich eine Herkules am Himmel. Sie sollte das Bohrteam und ein paar andere Hilfskräfte zurück nach McMurdo bringen. Nach der Landung wurde die mitgebrachte Post in einer rotgrün gestreiften Blechkiste so feierlich ins Lager getragen, als handele es sich um eine Krone bei einer Krönungszeremonie. Alle sprangen auf, wühlten in der Kiste herum und riefen nach denen, deren Päckchen sie erwischt hatten.

Meine Post sollte im Hauptstützpunkt auf mich warten. Nun, es gab Schlimmeres; Shackleton und seine Leute von der *Endurance* waren gerade zwei Stunden fort gewesen, als ihre Post in Südgeorgien eintraf; es sollte weitere achtzehn Monate dauern, bis sie die Männer endlich erreichte. Da wurde plötzlich mein Name aufgerufen. Irgend jemand im Postraum hatte wohl gewußt, wo ich steckte, und mein Bündel in die Blechkiste gelegt. Mir kam es vor wie eines der kleineren Wunder aus dem Alten Testament. Das Päckchen enthielt acht

---

* Lopez ist ein renommierter Autor, der die Antarktis fünfmal besucht hat. Seine Reisen dienten nicht dazu, herauszufinden, wie nah man dem Tod kommen kann – er reiste, um zu sehen und zu lernen.

Weihnachtskarten, drei davon mit Eisbären darauf, zwei Paar Unterhosen von meiner Freundin Alison und eine Rechnung von meinem Finanzbeamten, dem alten Ekel. Später nahm ich die Karten mit ins Iglu und stellte sie so auf, daß sie die Risse in der Eiswand verdeckten und die Eisbären in blaues Licht getaucht wurden.

Wir gingen nach draußen, um den Kernbohrern zum Abschied zuzuwinken. Viermal versuchte die Maschine abzuheben. Sie war hinten zu leicht, wie wir über Funk mitbekamen, deshalb mußten die Bohrer sich ins Heck stellen.

In jener Nacht fand ich einen Schneehügel auf meinem Schlafsack, also mußte ich die Mauern des Iglu von außen abdichten. Drinnen war es die ganze Zeit unglaublich kalt, und das Einschlafen war fast unmöglich. Ich versuchte, mich auf die Musik aus meinem Walkman zu konzentrieren, um nicht mehr an die Kälte denken zu müssen, aber die Kopfhörer verhedderten sich unter meiner Mütze, und die Batterien erstarben innerhalb von Minuten. Meine gesamte Kleidung gefror in der Nacht. Außer der Wasserflasche mußte ich noch mein Funkgerät und verschiedene Ersatzbatterien zwischen Schlafsack und Futter verstauen, damit sie nicht gefroren.

»Es kommt einem vor, als schliefe man in der Besteckschublade«, meinte der Seismologe, der sich redlich bemüht hatte, im Iglu auszuhalten. »Warum tust du dir das bloß an? Ein paar Meter weiter gibt es doch schöne, warme Jamesways?«

Um ehrlich zu sein, ich wollte es romantisch. Mir gefiel die Vorstellung, in meinem eigenen Iglu zu leben, ein wenig abseits vom Lager, auf der westantarktischen Eisdecke. Außerdem liebte ich in den Zeiten, in denen ich nicht jeden Funken Energie in die Erhaltung meiner

Kerntemperatur stecken mußte, den Blauschimmer sehr. Mir war aufgefallen, daß er, wenn die Sonne in einem ganz bestimmten Winkel stand, fast zu einem tiefen, durchsichtigen Weinrot wurde. Um mich herum glitzerte die Oberfläche der Eisblöcke wie weißes Silber. Wenn ich morgens aus dem Iglu herauskroch (das mußte rückwärts geschehen), drehte ich mich auf meinem eingesunkenen Vorplatz herum und schaute auf zu zwei bleichen Nebensonnen*, die zu beiden Seiten der Sonne glänzten und durch einen kreisrunden Regenbogen miteinander verbunden waren.

Doch jede Nacht hielt neue Schwierigkeiten bereit. An jenem Abend wurden meine Knie feucht (ich hatte einen Eishaufen auf meinem Schlafsack übersehen), also bedeckte ich sie mit den Anzughosen, die ich bisher als Kopfkissen benutzt hatte.

Daraufhin fiel mir die Kapuze meines Mumienschlafsacks über das Gesicht, und ich mußte mir etwas einfallen lassen (das hörte ja gar nicht mehr auf!), um nicht zu ersticken. Die Digitalanzeige meiner Uhr erstarb. Aus den Augenwinkeln nahm ich einen neuen Schneehaufen neben dem Eingang wahr, also blieb mir nichts anderes übrig, als wieder aus dem Schlafsack zu klettern, um das Loch mit einer Socke zu stopfen. Dabei stieß ich mit dem Kopf an die Decke und wurde mit einem Schauer von Eiskristallen belohnt, die mir in den Nacken rieselten. Langsam fing ich an, Eskimos zu verfluchen.

Am Morgen nach der Abreise der Kernbohrer ging ich direkt in die Küche, um aufzutauen, dabei bemerkte

* Eine Nebensonne oder Parhelion ist ein leuchtender Fleck neben der Sonne, der entsteht. wenn das Sonnenlicht in der Atmosphäre von Eiskristallen gestreut wird.

ich, daß ich vergessen hatte, die Schaufel aufrecht hinzustellen, so daß sie jetzt unter dem Schnee, der sich mittlerweile angehäuft hatte, verschwunden war. Die Besatzung des Lagers war über Nacht von 45 auf 22 Personen geschrumpft. Aus den Lautsprechern drang Musik von Patsy Cline, und Bob und Mary spielten Frisbee mit einer Scheibe Toast.

Schließlich gab ich das Iglu doch auf. Ich ging zwar in der folgenden Nacht zu ihm hinüber, konnte dann aber dem Anblick der Ölfässer, die in ihren Aufhängungen vor den Jamesways standen und Diesel in die Öfen laufen ließen, nicht widerstehen. Schuldbewußt schlich ich mich in eins der beiden Schlafzelte und legte mich hinter einem Vorhang zur Ruhe. Es war ja so einfach.

Auf der westantarktischen Eisdecke befanden sich die Eisströme A, B, C, D und E. Es gab auch einen kleineren mit F bezeichneten, aber der interessierte niemanden. Hermann, der mondgesichtige *Road to Oxiana*-Wissenschaftler, erforschte Eisstrom B. Er wollte, daß ich ihn und sein Team begleitete – sie blieben eine Woche –, aber mir war klar, daß man von dort nicht so leicht zurückkam, und ich konnte es mir nicht leisten, in der schon so weit fortgeschrittenen Saison irgendwo festzusitzen. Trotzdem war ich sehr traurig.

»Komm doch wenigstens zum Abladen mit«, bat er. Das war eine außergewöhnlich nette Geste, denn zum Transport wurden zwei Otter-Flüge benötigt, und mich mitzunehmen würde die Planung viel komplizierter machen. »Du mußt das einfach sehen«, meinte er. *»Ich muß dich als Schriftstellerin doch unterstützen.«*

Als die Otter landete, räumte Hermann emsig wie eine Biene seine Paletten ein. Beim Abflug saß ich im

Frachtraum neben ihm. In der Ferne erschienen die Whitmore-Berge. Hermanns Augen leuchteten auf.

»Schau!« sagte er, indem er auf eine Mulde hinter einem spaltendurchsetzten Abschnitt deutete. »Dort beginnt Eisstrom B!« Er sah aus wie ein zerlöchertes altes Laken. Hermann preßte das GPS-Handnavigationssystem an die Fensterscheibe und erklärte ehrfürchtig: »Jetzt kommen wir in die Chromosomenzone.« Das klang wie der Anfangssatz eines Science fiction-Films. »Die Spalten ändern ihre Richtung, wenn der Gletscher sich bewegt«, erklärte er, »und werden so zu Tausenden von Y-Chromosomen.

Schließlich erreichten wir die Übergangszone zwischen dem Eis, das sich bewegte, und dem Eis, das verharrte. Dieses stark verformte Areal voller Spalten und Ritzen wurde die »Drachenzone« genannt. Hermann klopfte mit seinem Bleistift an das dicke Fensterglas und fuhr fort: »Man weiß noch nicht allzu viel über Eisströme. Die Bohrlöcher, die wir bis zum Grund dieses Stromes gebohrt haben, zeigen, daß das Eis unten sich am Schmelzpunkt befindet. Also bewegt sich alles, was darüber liegt« – klopf, klopf, klopf – »diese Bewegungen sorgen für eine schnelle Verteilung der riesigen Eismenge. Ich meine, daß der Abfluß der unstabilen westlichen Eisdecke hauptsächlich über die Eisströme erfolgt. Die Art« – klopf, klopf, klopf – »des Abflusses hat Auswirkungen darauf, wie die Eisdecke auf Klimawechsel reagiert. Mit anderen Worten, die Eisströme sagen uns etwas über die interaktive Rolle der Eisdecke bei globalen Veränderungen.«

Es war offenbar so: wenn das Eis schmolz und damit die von den Illustrierten so gern beschworene Große Flut auslöste, würde das Wasser aus dem Kontinent über die Eisströme zur Siple-Küste fließen, die als wohl einziger Teil der Antarktis nicht von Bergen umschlossen wurde.

Hermann lehnte sich in seinem Sitz zurück. »Das Ziel der Eisstromforschung«, schloß er, »ist es herauszufinden, ob die Eisdecke stabil ist.«

»Geologie«, hatte Lars mir einmal gesagt, »ist nicht nur eine Wissenschaft, sondern auch eine Kunst.«

Hermann steckte den Bleistift in seine Brusttasche, in meinen Ohren knackte es, und wir landeten zwischen einem Dutzend zerrissenen Fahnen auf einer recht stabilen Insel mitten in Eisstrom B. Die Insel, die wie eine Träne geformt war, wurde »Einhorn« genannt, und in Hermanns Augen glitzerte es verdächtig, als er auf drei oder vier Fahnen blickte, die in der Ferne an Bambusstangen wehten. »Die Fahnen markieren unsere Bohrlöcher«, sagte er, »denn wir haben einige Geräte zur Datenerfassung unten gelassen. Diese beiden Bohrlöcher« – er deutete auf zwei zerschlissene rote Fahnen – »heißen ›Verlorene Liebe‹ und ›Chaosberg‹.« Es glich einem kleinen Königreich. Die Drachenzone, die einem schmalen, vom Wind geformten Eiskanal ähnelte, für dessen Überquerung man nur fünf Minuten zu brauchen schien, war in Wirklichkeit ein drei Kilometer breiter Streifen mit wirren Gletscherspalten, der an einer Seite des »Einhorns« vorbei über 60 Kilometer abwärts floß. Es war eine dramatische Landschaft, und ihr Reiz wurde noch dadurch erhöht, daß bisher kaum zwanzig Menschen sie erblickt hatten.

Hermanns langjährige Feldassistentin, die uns begleitet hatte, war eine zierliche Frau namens Keri. Als das Flugzeug abhob und der Motorenlärm leiser wurde, legte sie die Antenne aus.

»Du bist jetzt meine Ersatzassistentin«, sagte Hermann zu mir. Wir stapften knirschend zu einer Fahne, um die herum er grub, bis er eine eisverkrustete Sperrholzplatte gefunden hatte. Er griff nach dem Drahtgewirr, das daran baumelte, schloß die einzelnen Drähte an ein kleines Meßgerät an, und schon bekam er seine Daten. Nach ein paar Minuten fing er an zu strahlen, und diesen Gesichtsausdruck behielt er bei, bis ich das Camp verließ, wahrscheinlich aber noch länger. Er nahm seinen Bleistift und schrieb säuberliche Zahlenreihen in ein gelbes, wasserdichtes Notizbuch.

»Diese paar Daten«, sagte er, »sind winzige Teile in einem riesigen Puzzle.«

In JWD wurden die letzten Sprengungen der Saison gezündet. Eines Morgens gingen alle nach draußen, um zuzuschauen, wie etwa 800 Meter entfernt 340 Kilogramm Sprengstoff in die Luft flogen. Der Sprengmeister stand nah beim Lager. Ein blaugrauer Wolkenpilz stieg 150 Meter hoch in die Luft, und Sekunden später ertönte ein langes gedämpftes Dröhnen.

»Einer weniger beim Essen, Bob«, witzelte José.

Ich fuhr auf Skiern zum Krater. Er hatte einen Durchmesser von vierzehn Metern mit einem kegelförmigen Haufen in der Mitte, und ein zarter schwarzer Schmutzfilm hatte sich über das Eis gelegt. Der Sprengmeister bewunderte sein Werk. »Meine hundertste in dieser Saison«, erklärte er stolz.

Er war ein schweigsamer Mann und so kalt wie das Eis, in dem er seinen Sprengstoff vergrub, aber nachdem ich Interesse an seinen Bomben gezeigt hatte, taute er auf und begann, Kisten zu öffnen, um mir die verschiedenen Arten von Mixturen zu zeigen und die scheinbar unbegrenzten Fähigkeiten von Nitroglyzerin zu schildern.

»Die größte Ladung, die ich in dieser Saison gebraucht habe«, er sprach mit weichem Südstaatenakzent, »war 4086 Kilogramm.« Ich zeigte mich beeindruckt, und er ließ babyrosafarbene Sprengstoffkugeln durch die Finger gleiten, die zwar wie Bonbons aussahen, aber nach Diesel rochen.

Es gab in der Antarktis keinen Ort, der mehr an die grobkörnigen Bilder von der Mondoberfläche erinnert hätte. Nachdem der Mensch beide Pole erreicht hatte (oder es zumindest glaubte), wurde der Mount Everest zum dritten Pol, und als 1953 auch er bezwungen war, rückte der Mond in den Mittelpunkt des Interesses. Der Weltraum wurde zur Arena für das internationale Wettrennen, so wie früher die Antarktis. Als Juri Gagarin 1961 ins All reiste, drei Wochen vor der ersten bemannten amerikanischen Rakete, versuchten die Amerikaner ihre Niederlage zu einem Erfolg umzudeuten, indem sie behaupteten, daß ihre Astronauten das Raumschiff wirklich »lenken« würden, während Gagarin gar nichts tue. Hunde, Sauerstoff, Steuerkontrolle ... *plus ça change.* Aber es gelang der NASA nicht, der Welt Helden zu präsentieren, die die allgemeine Aufmerksamkeit nachhaltig zu fesseln vermochten, und kaum zwei Jahre nach der Hysterie, die auf den ersten Mondspaziergang folgte, zeigte die amerikanische Öffentlichkeit ein so überwältigendes Desinteresse an Apollo 13, daß die Fernsehsender den von Jim Lovell und seinen beiden Begleitern gedrehten Live-Bericht aus dem Weltall aus dem Programm nahmen. Houston rückte erst wieder auf die besten Sendeplätze, als die Mission fehlschlug und die Astronauten Gefahr liefen, im Weltraum zu sterben.

Als die Tage verrannen, entschloß ich mich, lieber mit der Otter zurück nach McMurdo zu fliegen und nicht länger auf eine Herkules zu warten, die vielleicht gar nicht kam. Zum Abschied buk ich einen Brotpudding. Noch hatten nicht alle aufgegessen, da füllte Jen, eine stämmige Frau, die ihre zweite Saison als Feldassistentin hinter sich gebracht hatte, heißes Wasser in eine Schüssel, krempelte ihre langen Unterhosen hoch und hockte sich in der Kantine auf einen Stuhl, um ihre Beine zu rasieren.

»Für wen machst du dich denn schön, Jen?« neckte man sie unter allgemeinem Gelächter.

»Ach, haltet den Mund«, entgegnete sie. »Ich möchte einmal wieder wie eine Frau aussehen.«

Ich ging zum Iglu und legte mich ein letztes Mal hinein, um die Schneeblockspirale und den Blauschimmer zu bewundern.

Alle kamen zur Otter, um mich zu verabschieden. »Wir treffen uns in Mactown«, sagte der Seismologe blinzelnd.

Ich sah sie kleiner und kleiner werden, bis sie schließlich auf dem Eis nicht mehr zu erkennen waren. Wenn auch die landläufig schönsten antarktischen Landstriche voller Berge und Gletscher sind, so hat doch das flache, weiße Ödland einen ganz eigenen Reiz. Einer der Bärte, mit denen ich vor meiner Abreise aus England zusammengetroffen war, hatte etwas Ähnliches gesagt und auf seine unnachahmliche Weise ein Gefühl dieser Atmosphäre vermittelt. Robert Swan marschierte 1985 zum Pol. Er war besessen von Scott, und seine romantische Idee hielt ihn auf dem langen Weg aufrecht. »Wir liefen«, erzählte er mir, »in dem Wissen, daß sie [Scott und die Polmannschaft] unter uns waren und nicht einen Tag älter aussahen als an dem Tag, an dem sie starben.« Er hatte eine Vision von der Antarktis. »Für mich ist sie ein Symbol der Hoffnung«, sagte er, »weil sie – Gott sei Dank – niemandem gehört.« Offensichtlich hatte er viel Zeit in Scotts Hütte verbracht. »Der Schrecken des letzten Winters, als die Zurückgebliebenen bei jedem Geräusch an der Tür dachten, die anderen seien zurückgekommen – diese Atmosphäre war dort noch zu spüren, und ich hatte den Eindruck, unsere Expedition könnte allen Frieden bringen.« Während wir uns in seinem höhlenartigen Büro in Chelsea unterhielten und er abwechselnd an den Nägeln kaute und an seiner Zigarette zog, stellte ich einigermaßen sprachlos fest, daß er sich mit Scott identifizierte. (Dabei ähnelte er eher Shackleton.) Als ich die berüchtigte Biographie erwähnte, knurrte er: »Ist Roland Huntford jemals an diesem verfluchten Pol gewesen?« Das heroische Konzept des Scheiterns auf sich selbst beziehend (wie er das bei den meisten Dingen tat, obwohl ich ihn deswegen nicht weniger mochte), sagte er knapp: »Mich kennt man nicht, denn ich war am Pol. Sir Ranulph Fiennes ist viel bekannter, weil er ihn unter großem Tamtam immer wieder knapp verfehlte.«

Mehr als alle anderen Gesprächspartner schätzte Swan die entsetzliche Anstrengung, die es Scott gekostet haben mußte, die letzten lapidaren Tagebucheintragungen zu machen. »Ich kenne die Bedingungen«, sagte er, »man ist kaum in der Lage, einen Bleistift zu halten, da hätte ich bloß geschrieben: ›Ach Scheiße!‹«

Der Pilot wollte mit dem Bordmechaniker Karten spielen, deswegen setzte ich mich auf seinen Platz. Zwischen den Vordersitzen klemmte ein Stapel Kassetten – die meisten waren aus den 70er Jahren; Sachen, die ich seit der Schulzeit nicht mehr gehört hatte, die aber für eine Reise genau das richtige waren. *Crime of the Century, The Best of the Eagles,* frühe Hits von Bowie, das »Fleetwood Mac«-Album, das wir damals alle besaßen. Über Kopfhörer machten die Crew und ich eine Menge Witze, denn wir hatten ein gemeinsames Fernziel: Rothera, die britische Station auf der antarktischen Halbinsel. Die Otter würde 3000 Kilometer quer über den Kontinent fliegen, um es zu erreichen, wogegen meine Route zehnmal so lang war, denn ich sollte das Eis zunächst wieder verlassen, um mich dann auf einem Militärflughafen in Südengland einzufinden, von wo aus ich wiederkommen wollte. Ich mußte diesen absurden und äußerst frustrierenden Umweg in Kauf nehmen, weil es einfach keine andere Möglichkeit gibt, von einer Seite des Kontinents zur anderen zu gelangen – es sei denn, man zieht seinen Schlitten quer darüber. In der Otter konnte ich nicht mitfliegen, da es keinen Zentimeter Platz mehr gab. Die Möglichkeit, mit einer kommerziellen Fluggesellschaft von Christchurch auf die Falkland-Inseln zu gelangen, war zu teuer, zu zeitraubend und zu kompliziert. Am Ende hatte ich keine andere Wahl, als das billigste Rückflugticket von Christchurch nach Heathrow zu kaufen und mich darauf zu verlassen, daß die Royal Air Force mich rechtzeitig zum Abflug der BAS-eigenen Dash-7 auf die Falkland-Inseln bringen würde.

Während ich aus 3700 Metern Höhe hinunter auf die Erde blickte, befand sich mein Leben in einem völligen Gleichgewicht. Ich empfand ein Gefühl der Einheit mit dem Universum – ich gehörte dazu, genauso wie die Kristalle, die sich auf der Flügelspitze bildeten. In jenem Augenblick war mir klar, daß all meine Ängste und Sorgen und Schmerzen in dieser unendlichen Weite nur flüchtigen Schatten glichen. Admiral Byrd, der nicht gläubig war, machte auf seine Weise in der Antarktis ähnliche Erfahrungen. Er beschrieb es als »ein Gefühl, das bis in die Tiefen der menschlichen Verzweiflung vordrang und sie für grundlos befand«. Das schien das letzte Ziel all unserer Reisen zu sein.

10. KAPITEL

Eisbrecher

Männer werden hier nicht alt,
Nur die Steine sind alt und die Hülle aus Eis,
Nur die rastlose See, die nagt am gefrorenen Land,
Stets in Bewegung, gleich der endlos kreisenden Sonne …

Erleuchte unsere Dunkelheit, o Herr;
Und laß Deine Diener in Frieden ziehen,
Denn Frieden herrscht hier in diesem stillen Land.

FRANK DEBENHAM,
Geologe bei Scotts letzter Expedition

Ein Bergsteiger, der in Alaska zu Hause war, kehrte mit zerschundenem Gesicht aus dem Feld zurück. Das Metallgestell seiner Brille wurde nur noch von Klebeband zusammengehalten. Er war sehr mürrisch, denn sein Schneemobil war fort. Ich fragte ihn, wie man es anstellte, ein Schneemobil zu verlieren.

»Nun«, antwortete er verdrießlich, »auf langen Strecken muß man den Gashebel festbinden, sonst erfrieren einem die Hände. Wenn man dann auf Sastrugi trifft und ohne die Sicherheitsleine herunterfällt, mit der der Motor abgewürgt werden kann, fährt das Ding einfach immer weiter, bis es keinen Sprit mehr hat – möglicherweise Hunderte von Kilometern.«

Ich fragte mich, was die Besatzung anderer Vorposten wohl davon halten mochte, wenn ein führerloses

Schneemobil über die Eisdecke auf sie zugerast kam.

In meinem Büro häuften sich die unterschiedlichsten Dinge: Polypropylen-Unterwäsche, verhedderte Steigeisen, Filmrollen, wiederverschließbare Tüten mit Expeditions-Knabbermischung, Zelte, Heringe, Thermosbecher, Wasserflaschen, Urinflaschen und Neoprenflaschen mit »Jack Daniels«. Eines Tages, als ich auf dem Boden kniete und gerade meine Überlebensausrüstung neu ordnete, wurde die drückende Stille des Labors plötzlich von lautem Stimmengewirr nebenan unterbrochen. Imre Friedman und sein Team waren eingetroffen. Imre, ein gebürtiger Ungar, war ein namhafter Mikrobiologe und mit 73 Jahren ein alter antarktischer Kämpe. Nach ihm war sogar ein Tal benannt. Kurz bevor er nach Süden fuhr, hatte er im Büro irgendeines leitenden Angestellten 500 Kniebeugen gemacht, um zu beweisen, daß er fit genug war, später im Jahr an einer Expedition ins ewige Eis Sibiriens teilzunehmen. Er erforschte kryptoendolithische Mikrobengemeinschaften in den Trockentälern und verfügte über einen reichhaltigen Schatz an Laboranekdoten.

»Es war sehr eng«, erzählte er einmal, »aber wir hatten alle Platz. Damals gab es noch keinen Walkman, deshalb hörten meine Studenten immer sehr laut Rockmusik. Darauf antwortete ich von meiner Seite der Abtrennung aus mit klassischer Musik, und dann drehten wir immer weiter auf. Wenn ich richtig verzweifelt war, hielt ich mich an Schönberg.«

Er war ein liebenswerter Exzentriker mit einem starken osteuropäischen Akzent und einem großen Herzen. Jeden Tag rief er über Satellit bei seiner Mutter an (sie war 98).

Wie eine Glucke wachte er über die Mitglieder seiner Truppe. Einer davon war ein bekannter russischer Kryogeologe namens David, der lange im sibirischen Permafrost gebohrt hatte. Der Mann war ein unterhaltsamer Kettenraucher mit wildem Blick; das pechschwarze Haar hing ihm so ins Gesicht, daß er an einen Collie erinnerte. Er sprach abwertend von »den Amerikanern«, und als ich ihn im Hinblick auf meine Abstammung berichtigte, meinte er: »Das ist schon etwas besser.« Sein Assistent war Sascha, ein russischer Biologe, der selbst dann noch ruhig blieb, wenn David aufbrauste. Bei der Feldarbeit wurde die Mannschaft von einem freundlichen Neuseeländer namens Al unterstützt, der seine Haare hinten zu einem dünnen Zopf gebunden hatte.

Imre lud mich ein, seine Gruppe auf einer Tagestour zum Battleship-Vorgebirge in der Convoy-Gebirgskette zu begleiten, wo sie mikrobenbesiedelte Steine sammeln wollten. Wir trafen uns am nächsten Morgen um sieben zum Frühstück und stiegen kurz danach in den Hubschrauber. Der einstündige Flug zur Convoy-Kette führte durch riesige Gebirgstunnel, die von hoch aufragenden Stufentürmen aus Sandstein gebildet wurden. Als wir zur Landung ansetzten, war ich begeistert.

Wir wurden in einer flachen schneefreien Mulde auf dem Vorgebirge abgesetzt; um uns herum stapelte sich die Ausrüstung. Die Sonne schien, das Mikroklima war so mild, daß ein Wissenschaftler im Jahr zuvor im Boden einen primitiven Wurm entdeckt hatte. (Der Wurm war zwar nur unter dem Mikroskop zu erkennen, aber es handelte sich zweifellos um einen Wurm.) Wir standen in einer barocken Landschaft aus sattroten und altgoldenen Gesteinsformationen, die gesprenkelt waren von den Flechten, die auf ihrer Oberfläche wuchsen, und verwittert von Wind und Mikroorganismen, die seit Jahrmillionen an ihnen nagten.

»Wie eine antike Stadt«, sagte David.

»Darunter«, sagte Imre, während er triumphierend auf einige Sandsteintürme deutete, »in nur einem Zentimeter Tiefe, wimmelt es im Stein von LEBEN!« Er schrie das Wort »Leben« hinaus und vollführte einen kleinen Freudentanz.

Als ich ihm bei einer Konferenz in Virginia begegnet war, hatte er von der »schmerzhaften Schönheit« der antarktischen Landschaft gesprochen, für die er ein Gefühl hege, das »nur durch das deutsche Wort Heimweh ausgedrückt werden kann«.

Wir aßen unsere Brote im Stehen und riefen die »Republik Battleship« aus. David war der Präsident, Imre der Premierminister, Al Innenminister und Sascha KGB-Offizier. Ich wurde zur Königin gekrönt (es handelte sich um eine etwas ungewöhnliche Republik). Zur Nationalhymne wurde, auf Imres Vorschlag hin, die »Ode an die Freude« aus Beethovens Neunter Symphonie gewählt. »Du stehst einfach nur da«, sagte er, »und dein Herz ist voller Freude.«

Später klebte ich Etiketten auf die Probenkisten, während Imre und Al mit dem Geologenhammer in der Hand herumsuchten.

»In diesem Gesteinsbröckchen«, sagte Imre, indem er einen roten Splitter hochhielt, »befindet sich die Kurzfassung einer ganzen Regenwaldgeschichte. Die Mikroorganismen schneiden den Stein Schicht für Schicht ab, wie eine Salami. Es dauert zehntausend Jahre, eine einzige Salamischeibe abzuschneiden. Du siehst also, wie sich biologische und geologische Zeiträume überlappen.«

Die Mikroorganismen gefroren im Winter. Wie die Kreaturen der Wüste besaßen sie die Fähigkeit, ihre Lebensfunktionen auszusetzen.

»Diese Steine machen das Leben unter so extremen Bedingungen erst möglich«, fuhr Imre fort, während sein Fuß im Takt von Als Hammer wippte. »Wenn Mikroorganismen den lebensfeindlichen antarktischen Winter überdauern können, gibt es vielleicht auch welche im ewigen Eis auf dem Mars. Gäbe es kein Leben auf dem Mars, wäre das ein schwarzer Tag für die Biologie.«

Imre war sehr beschäftigt mit dem, was er die »Suche nach dem Leben auf dem Mars« nannte. Er glaubte, daß damit die fundamentalsten Fragen der Biologie geklärt werden könnten.

»Werden wir noch erleben, daß auf dem Mars Leben gefunden wird?« fragte ich.

»Du vielleicht – ich nicht. Das ist mittlerweile keine technologische Frage mehr, sondern eine rein finanzielle.«

»Was denkst du über das Leben auf dem Mars?« fragte ich Al, der immer noch mit dem Hammer hantierte.

»Das wäre ein tolles Forschungsfeld«, sagte er.

David und Sascha lagen in einem sonnigen Winkel auf dem Bauch und rauchten; sie wirkten sehr russisch.

»Deshalb ist die Sowjetunion zusammengebrochen«, meinte Imre mit einem Wink in ihre Richtung.

David interessierte sich für mikrobiologische Anpassung. »Wenn du in den letzten fünf Jahren in Rußland gelebt hättest«, sagte er, »wärst du auch davon überzeugt, daß alles sich anpassen kann.«

Der Hubschrauber sollte um vier Uhr kommen, aber es wurde acht, bis wir das Vorgebirge unter uns verschwinden sahen. Während der Wartezeit hatten wir uns über die unterschiedlichsten Dinge unterhalten: Feminismus (das war kein Erfolg), Religion (Imre sagte: »Ich weiß, daß es keinen Gott gibt.«), die Schuldenkrise in Nicaragua und über die unterschiedlichsten Methoden, sich auf der Toilette nicht den Hintern abzufrieren. Sascha hatte einen russischen Tanz vorgeführt. In die zweite Thermoskanne mit heißem Wasser hängten wir die sattsam bekannten Cidrewürzbeutel »ohne Apfelsaft«, und dazu aßen wir Feigenbrötchen mit steinharten Feigen. Wir überlegten sogar, ob wir die Zelte aufbauen sollten. Imre döste ein. Al legte die Antenne aus und versuchte, seine Freundin anzufunken, die in einem Nationalpark in Neuseeland arbeitete, hatte aber kein Glück. Sascha sagte: »Ruf doch eine andere an!«

Alle kehrten jetzt aus dem Feld zurück, und das Crary wimmelte von sonnverbrannten Gesichtern und Parkas mit Namensschildern. Ziellos herumwandernde Menschenmengen wurden zum Kennzeichen des Crary. Vor den Büros reihten sich die Stiefel, Daunenjacken hingen über den Stühlen in der Messe, und in der Küche lagen überall angebrochene Tüten mit Expeditions-Knabbermischung herum. Der verrückte Mikrobiologe aus der Scott-Basis, dessen Haar immer noch wie ein Strahlenkranz von seinem Kopf abstand, war auf dem Erebus gewesen und hatte seine thermophilen Mikroorganismen gefunden. Er schaute mich über seine Brille hinweg von oben herab an und ruderte mit den Armen, während er mir davon erzählte.

»Ich bin in den Tropen und an allen nur möglichen Orten gewesen, und ich versichere dir, oben auf dem Erebus ist es wie in der Hölle.«

Ich machte mich an die unbeschreiblich traurige Aufgabe, meine Ausrüstung zurück ins Berg-Feldzentrum zu schaffen. Hinterher hockte ich niedergeschlagen im Büro. Der Eisbrecher hatte sich endlich nach McMurdo durchgekämpft und lag gegenüber der Station im Sund, hinter sich eine Spur aus zerbrochenem Eis, die wie eine Startbahn wirkte. Alle zeigten großes Interesse für dieses leuchtend rote Ding aus einer anderen Welt. Wenige in der Antarktis interessierten sich jemals für aktuelle Neuigkeiten von zu Hause – das Weltgeschehen war »ausgeblendet« –, aber eine konkrete Erinnerung an das Leben auf der anderen Seite des Spiegels, wie etwa das Erscheinen eines Schiffes, das war etwas Außergewöhnliches. Früher war die Ankunft des Schiffes das Hauptereignis der Saison gewesen. Der australische Biologe Charles Laseron war Mawsons Assistent bei der Expedition von 1911–14, und in seinem wirren Erfahrungsbericht mit dem Titel *South with Mawson* schildert er, daß sie nach dem Anlegen des Schiffes die Neuigkeiten von außerhalb in folgender Reihenfolge erhielten. Erstens: Australien hatte das Cricket-Turnier nicht gewonnen. Zweitens: Die *Titanic* war gesunken. Drittens: Der Balkankrieg war ausgebrochen. Viertens: Scott verbrachte noch ein Jahr auf dem Eis.

Der Kapitän des grellroten Eisbrechers lud mich ein, für ein paar Tage an Bord zu kommen, und er war sogar so freundlich, mir einen Hubschrauber zu schicken. Die *Polar Sea,* die 20 Kilometer vor der Küste direkt gegenüber dem Erebus lag, war eine königliche scharlachrote Erscheinung, die ihren eckigen Schatten über das Meereis warf. Das Schiff gehörte zur Küstenwache, hatte eine Besatzung von 131 Mann und kam direkt vom Nordpol. Wir landeten auf dem Eis, und ich wurde mit einem Kran an Bord gehievt. Die Crew, die gerade »eisfrei« bekommen hatte, war dabei, auf dem Eis Torpfosten aufzustellen, und bald war ein begeistertes Fußballspiel im Gange. In Pontings Film hatte ich Scotts Männer ganz in der Nähe genau das gleiche tun sehen. Ein Matrose der japanischen Expedition von 1911–12 schrieb über die Freizeit auf dem Eis: »Wir waren wie kleine Vögel, die man aus dem Käfig gelassen hatte.«

Ich trieb mich auf den Decks herum. Der Mannschaft schien es im Süden nicht zu gefallen. Die Matrosen hatten eine lange Fahrt hinter sich, auf dem Schiff gab es keinen Alkohol, und eigentlich hatten sie gehofft, Weihnachten zu Hause zu sein. Sie zeigten mir Photos von Initiationsriten an der Datumsgrenze, und als ich sie nach dem Norden fragte, antworteten sie, dort sei das Eis schmutzig.

Der Kapitän hatte ein Buch über die Geschichte der sowjetischen Seefahrt geschrieben. »Interessieren Sie sich mehr für den Süden?« fragte ich hoffnungsvoll, während wir in seinem Quartier Cola tranken. Den Eisbären an der Wand hatte Nansen gezeichnet.

»Nein«, entgegnete er, »ich bin bipolar.«

In der Offiziersmesse saß ein Ingenieur vor einer Schüssel Spaghetti und fachsimpelte über Eisbrecher. Kurz vorher hatte er Wissenschaftler als »Kunden« bezeichnet.

»Eisbrecher haben einen flachen Kiel, daher rollen sie stärker«, erklärte er. »Man merkt ihnen an, daß sie dafür gebaut sind, auf Eis zu treffen. Je besser der Eisbrecher, desto schlechter sein Seegang. Deshalb muß man bei der Planung von Eisbrechern Kompromisse machen.«

Es war ein sonniger Abend, und das zertrümmerte

Eis in der Spur hinter uns funkelte. Die Matrosen langweilten sich, aber glücklicherweise streckten einige Killerwale den Kopf durch das Eis und ließen uns einen Blick auf ihre glänzende steingraue Unterseite werfen. Skuas landeten mit spindeldürren Beinen schlitternd auf den Schollen, und weit hinter uns kämpfte sich der Tanker durch den aufgebrochenen Kanal, wie ein älterer Herr, den man zum Luftschnappen nach draußen begleitet hatte.

Ich saß im Kapitänssessel auf der Brücke und studierte mit den Offizieren die Karten. Gegen neun Uhr machte sich die *Polar Sea* endlich daran, das Eis zu brechen. An dem Punkt wird die Schrift in meinem Tagebuch sehr undeutlich. Es war, als hätte eine mysteriöse Kraft dem Schiff Leben eingehaucht. Die Vibrationen waren so stark, daß es in meinen Ohren knackte, und die Offiziere, die darum wetteten, welche Robbe es wohl schaffte, zu entkommen, rannten nach hinten, um nachzuschauen. »Man glaubt immer, sie würden platzen wie ein Luftballon«, sagte einer. Ich ging an Deck, um mir die gezackten Eisstücke mit der undurchsichtigen weißen Kruste und den transparenten blauen Bäuchen anzusehen, die das unaufhaltsam vorwärtsstrebende Schiff nach oben drückte. Teddy Evans schrieb über das Geräusch, das die *Terra Nova* beim Eisbrechen machte: »Das Knirschen des Packeises rings um ein hölzernes Schiff gehört zu den Stimmen der Erinnerung, die dich rufen. Bei Rennen, Gesellschaftsessen und Tanzveranstaltungen, wenn die nichtssagenden Schmeichlerstimmen am lautesten sind, fühle ich mich manchmal wie ein stummer Narr … Sicher war es das, was Scott lockte, obwohl er alles besaß, was ein Mensch sich nur wünschen kann …«

Als wir am nächsten Morgen erwachten, befanden wir uns in der Nähe von Kap Evans. Mir war, als hätte ich mich auf einer Waschmaschine zur Ruhe gebettet. Ich ging auf das Deck hinaus, der Tag versprach wunderschön zu werden, und das Wasser in unserer breiten Spur war so ruhig und blau wie ein Maulbeerbaumfeld.

Es gab noch einen Evans, außer dem, der Scotts *Terra Nova* befehligt hatte, aber nach ihm war kein Kap benannt, obwohl sein Opfer größer war. Deckoffizier Edgar »Taff« Evans fuhr zweimal mit Scott nach Süden und wurde für den letzten Angriff auf den Pol ausgewählt, obwohl er sich in Neuseeland schrecklich blamiert hatte, als er völlig betrunken auf dem Rückweg zur *Terra Nova* das Schiff verfehlte und ins Wasser fiel. Er war der erste, der auf dem Rückmarsch vom Pol starb, und da er als einziges Abteilungsmitglied aus den Rängen der »Männer«, nicht der Offiziere stammte, machte in den feinen Salons zu Hause die unschöne Bemerkung die Runde, daß ihm wohl die moralische Überlegenheit der Oberklasse gefehlt habe. Bei der Legendenbildung wurde Taff gern übersehen, und außerhalb seiner Geburtsstadt Thossily erinnert kaum etwas an ihn. In einer von John Player & Sons herausgegebenen Reihe mit 25 Zigarettenbildchen von antarktischen Helden und Ereignissen fehlte er, obwohl der andere Evans gleich zweimal vertreten war und die Hersteller es sogar gewagt hatten, ein wenig schmeichelhaftes Bild von Amundsen dazuzunehmen. Nur selten wird Taff eine andere Rolle als die des »fünften Mannes« zugeteilt, wie etwa in Beryl Bainbridges *The Birthday Boys,* einem 1991 erschienenen Roman. Dort wird beschrieben, wie er in *Discovery*-Tagen mit Scott an einem Seil in einer Gletscherspalte hängt; selbst da noch klammert

Taff sich an die Dienstvorschriften. »Zusammen in einem Gletscher zu hängen«, beharrt er, »ist keine Entschuldigung dafür, seinen Rang zu vergessen.« Als ich Beryl Bainbridge fragte, warum sie Evans an dieser Stelle eine Erektion haben ließ, sagte sie, es sei wissenschaftlich erwiesen, daß Männer, die in Gletscherspalten hängen, Erektionen bekommen. Das mag ja sein, aber ich glaubte nicht einen Augenblick, daß sie dieses technische Detail um seiner Authentizität willen verwendet hatte. Es diente dazu, Evans, den Menschen aus der Arbeiterklasse, von den vier feinen Pinkeln zu unterscheiden – und außerdem konnte sie sich den Witz nicht verkneifen.

Zurück in McMurdo mußte ich für meinen Flug nach Christchurch packen, der am nächsten Tag starten sollte. Ich konnte einfach nicht glauben, daß meine Abreise bevorstand. Ich fühlte mich erschöpft, deprimiert, traurig und demoralisiert, und bis ich wieder auf das Eis gelangte, zum britischen Stützpunkt auf der anderen Seite des Kontinents, hatte ich eine harte Reisewoche zu bewältigen. Von dem Seismologen erhielt ich eine auf Millimeterpapier geschriebene Nachricht. Er teilte mit, daß er mich vor meiner Abreise nicht mehr in McMurdo besuchen könne. »Bis bald, Woo«, schrieb er zum Schluß.

Für meine letzte Nacht hatte ich mir vieles vorgenommen, aber schließlich wanderte ich nur zur Hüttenspitze und schaute ein letztes Mal auf die Berge. Daß ich sie nie wiedersehen würde, brach mir fast das Herz.

Am nächsten Tag nahm ich meine Bilder von der Wand im Büro und das »W-002« Schild von der Tür, entfernte die Aufkleber von Eispickel und Brille, riß den Klettstreifen mit meinem Namen vom Parka, löste den bunten Klebestreifen von der Neopren-Wasserflasche und das Abzeichen von der Kappe. Meine Mikrozentrifugen-Ohrringe packte ich ein, obwohl sie woanders niemand zu würdigen wissen würde.

Der Flug nach Christchurch wurde sechsmal verschoben. Zwanzig Personen sollten mitfliegen, und die Wissenschaftler spielten den ganzen Tag im Crary Patience. Ich dachte an T. S. Eliots Antwort auf Audens Frage, warum er so oft Karten lege. Er dachte kurz nach und antwortete: »Nun, ich nehme an, weil das dem Totsein am nächsten kommt.« Alle anderen wanderten herum wie Untote und schauten dabei immer wieder im Kontrollzentrum vorbei. Ich versuchte, die Menschen zu zählen, von denen ich mich schon verabschiedet hatte. Um Mitternacht brachte mir Art DeVries, der Fischbiologe, Sashimi aus den Filets des *mawsoni*-Fisches. Er schenkte mir auch die Kiemenknöchelchen, damit ich Ohrringe daraus machen lassen konnte. Auf dem Boden meines Büros lagerten Menschen. David, der Russe, kam herein, um mir einen Ring zu überreichen, der aus dem Stoßzahn eines nordsibirischen Mammuts gefertigt war.

»Bist du bereit zu gehen?« fragte er, während er an einer neuen Packung Zigaretten herumfingerte. »Ich meine, gefühlsmäßig bereit?«

»Nein«, antwortete ich mit Tränen in den Augen.

Als wir zur Piste hinausfuhren, schien karamelfarbenes Spätsommerlicht durch die Haufenschichtwolken. Wir sollten mit einer C-141 Starlifter fliegen, die nach Aussage des Piloten zu einem »Testflug« abgehoben hatte. Um vier Uhr nachts bestiegen wir mit unseren Essenstüten in der Hand das mattgraue, fensterlose Flugzeug und zwängten uns auf unsere Plätze. Der Mann mir gegenüber zog ein abgewetztes Exemplar von Aristoteles' *Poetik* aus der Tasche. Die Crew saß auf der anderen Seite der Fracht. Es war sehr heiß, und der aufregendste Augenblick der Reise war der, in dem ein Neuseeländer seinen Oberkörper entblößte. Ich öffnete meine braune Tüte. Der Schokoladenpudding war offenbar unvermeidlich, aber wenigstens waren meine letzten amerikanischen Sandwiches nicht mit Erdnußbutter und Marmelade bestrichen.

TEIL ZWEI

Bei einem solchen Anblick durchdringt den wirren menschlichen Geist die Erkenntnis von der Erhabenheit der Erde und von der unerklärlichen Wichtigkeit der eigenen Existenz. Aus dem Nichts kommt der Gedanke, daß nicht Mangel, sondern Überfluß unglücklich macht... Und du denkst, daß das Ende der Welt wohl so aussehen wird, und die letzten Menschen, die sich von den Klippen werfen, auf so einen Horizont blicken werden – dann eben, wenn alles endlich im Gleichgewicht ist, der Wind still, das Meer froststarr, der Himmel klar und die Erde in Eisesruhe. So jedenfalls stellst du es dir vor. Und am nächsten Tag kommt ein Schneesturm und verwirbelt die erhabenen Gedanken zu einem Höllengebräu.

RICHARD E. BYRD, aus: *Discovery*

DIE ANTARKTISCHE HALBINSEL

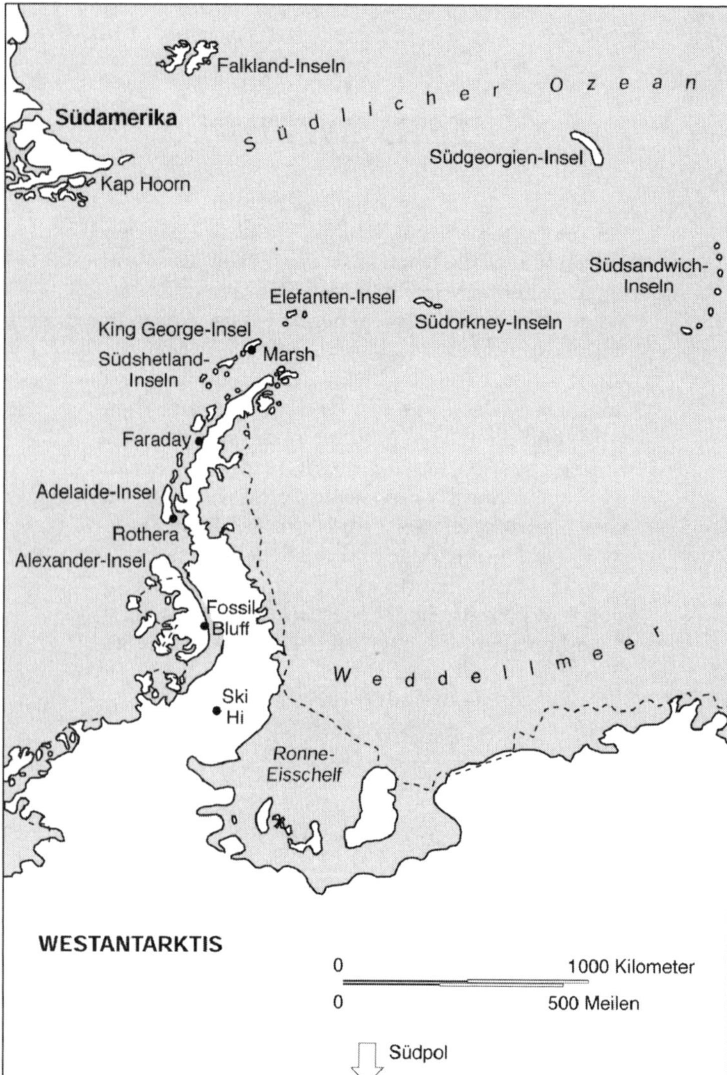

1. KAPITEL

Von Neuseeland zu den Falkland-Inseln

Es gibt eben ein paar Dinge, die Frauen einfach nicht tun. Sie können nicht Papst oder Präsident werden oder in die Antarktis gehen.

HARRY DARLINGTON, Chefpilot bei Finn Ronnes antarktischer Forschungsfahrt 1946–48

Um halb zwölf Uhr mittags am 25. Januar landeten wir in Christchurch. Als sich die Flugzeugtür öffnete, drang der Geruch von Bäumen und Pflanzen herein. Uns erschien das, als seien wir mitten in einem Dschungel gelandet. Gerade war eine 747 aus Singapur angekommen, und wir gingen gemeinsam mit ihren Passagieren durch den Zoll. Die Menschen aus Singapur wirkten sauber, elegant und frisch, aber auch sehr klein, und sie beobachteten uns verstohlen. Wir, mit unseren verfilzten Haaren und den erschöpften Gesichtern, sahen dagegen aus wie ein Stamm zottiger Primaten in Kleidern. Der Verkehr, selbst innerhalb der Flughafenkomplexes, war atemberaubend. Ich ging mit dem schwedischen Wissenschaftler, der Weihnachten am Pol Amundsen gespielt hatte, in ein Café und bestellte Cappuccino; beide verschlangen wir das schäumenden Getränk fast mit den Augen.

»Eigentlich ist er zu gut, um ihn zu trinken«, meinte er. »Wir sollten ihn einfach nur ansehen.«

Später nahm Robert mich mit zu seinem Arbeitsplatz bei SouthPower und ließ mich die Straßenbeleuchtung von Christchurch anknipsen. Das konnte man noch mit der Hand tun, und so legte ich einen Schalter um und sah die Lichter der Stadt aufleuchten. In der ersten Nacht wollte ich die Dunkelheit genießen und schlief im Garten.

»Es ist so *warm*«, sagte ich am nächsten Morgen zu Roger, als er von seinem täglichen Lauf zum nächsten Hügel zurückkehrte.

»Was hast du denn erwartet?« fragte er. »Wir haben Ende Januar – also fast Mittsommer.«

Wenn ich in die Stadt ging, konnte ich dem Impuls, überall etwas zu kaufen, kaum widerstehen. Immer wieder traf ich rein zufällig Bekannte vom Eiskontinent, dann setzten wir uns schnell in das nächste Café. Es war, als würden wir uns gegenseitig suchen.

Ich trug einen Rock, ging im Schatten der Bäume spazieren, ließ mir das Haar schneiden und öffnete meine Tasche, ohne mir an einem Steigeisen weh zu tun. Ich nahm einen Bus zum Museum in Lyttelton, einem vollgestopften alten Gebäude, das nach Linoleum roch. In der kleinen Antarktis-Abteilung war ein zinnoberroter Parka ausgestellt, der genauso aussah wie der, den ich gestern ausgezogen hatte, des weiteren gab es eselsohrige Photographien der schwarzen Schiffskatze der *Terra Nova,* selbstredend »Nigger« genannt, wie sie in der speziell für sie gefertigten Hängematte von Großbritannien nach Neuseeland reiste. Die Bilder neben Nigger zeigten ein kleines Mädchen, das auf Rumba durch sepiafarbenen Sonnenschein ritt. Rumba war eines von Shackletons Ponies, das allerdings nie in den Süden gelangt war – es fristete sein Leben in Waikiri.

An meinem letzten Abend in Christchurch wurde ich

zu einer Abendgesellschaft im »Polarzimmer« eingeladen, dem Aufbewahrungsort einer eindrucksvollen Sammlung von Erinnerungsstücken aus der neueren antarktischen Geschichte. Den Vorsitz führte der eifrigste Hüter der Flamme, der Autor, Historiker, Exzentriker und *bon viveur* David Harrowfield. Das Polarzimmer befand sich auf der Rückseite seines gepflegten Anwesens in einem Vorort, und zu den Trophäen zählten die Notausstiegsluke der ersten Bar der Scott-Basis und ein Fahrrad auf Skiern. Peter, der Asgaard-Ranger, den ich in der Scott-Basis kennengelernt hatte, war gekommen, um seinen vielgeschmähten echten Ranger-Parka zurechtzuzupfen, den er dem Polarzimmer vermacht hatte, und der Kühlschrank lieferte Wein und Wurstbrötchen in rauhen Mengen. Vor 100 Jahren hatte die *Southern Cross* den antarktischen Kontinent erreicht, deshalb legte David sich einen besonderen Umhang um (ich kann mich nicht mehr erinnern, was an ihm so besonders war, falls ich es überhaupt je gewußt habe) und las aus Borchgrevinks Tagebuch vor, bis es keinen Wein und keine Wurstbrötchen mehr gab. Dann gingen wir nach Hause.

Roger machte mir zum Frühstück Tomaten auf Toast, eine letzte Aufmerksamkeit der »Neuseeländischen Hilfsabteilung«, wie er sich selbst nannte. Auf dem Weg zum Flughafen fand ich ein Wurstbrötchen in meiner Tasche. Ich ließ am Canterbury-Museum halten, um den Historiker Baden Norris zu treffen, der Kurator für die Antarktis war. Im Hagley-Park wurde gerade der Rasen gemäht, und ein süßer Duft lag in der Luft. Als ich ankam, wartete Baden im Foyer schon auf mich. Er war ein kleiner, schüchterner Mann in mittleren Jahren, der ein geradezu enzyklopädisches Wissen über die Antarktis hatte. Ich mochte ihn auf Anhieb. 1963 hatte er sechs

Wochen allein in Shackletons Hütte gelebt, um zu verhindern, daß amerikanische Hubschrauber zu nah an der Adéliekolonie landeten, die seit dem ersten Auftauchen der Hubschrauber um die Hälfte geschrumpft war.

»Ich fühlte mich nie allein«, sagte er. Während wir durch seine Ausstellung schlenderten, erzählte er mir, daß er in Lyttelton aufgewachsen war. »Die Antarktis hat immer zu meinem Leben gehört«, erinnerte er sich, während er sich mit der Hand durch das graue Haar fuhr. »Meine nächsten Nachbarn waren Nachkommen der Männer, die an den ersten Expeditionen teilnahmen.«

Er deutete auf Spencer-Smiths Priesterstolen, die sauber gefaltet in einer Glasvitrine lagen. »Ein außergewöhnlicher Mann«, sagte er mehr zu sich selbst als zu mir. Spencer-Smith gehörte zur Ross-Meer-Abteilung aus Shackletons *Endurance*-Expedition, und in seinem unveröffentlichten Schlittentagebuch, das 1981 entdeckt wurde, beschreibt er in sauberer Bleistiftschrift die mühsame Arbeit des Depotanlegens und den großen Einfluß des Kontinents auf den menschlichen Geist. »All die alten Fragen scheinen sich in dieser stillen Umgebung neu zu stellen«, notierte er, »aber hier kann man ungestörter denken als in der Zivilisation.« Er war Priester und Universalgelehrter (mit Stevens führte er eine »lange Debatte« über das Wesen einer Präposition), und sein Geist blieb unerschütterlich heiter, bis er auf einem Schlitten festgebunden an Skorbut und Erschöpfung starb. Als man ihn aufgrund seiner Krankheit für mehrere Tage allein im Zelt zurücklassen mußte, hatte er, um sich zu beschäftigen, eine Predigt in Französisch verfaßt, und an Allerseelen schrieb er: »Bin heute abend wieder in London spazierengegangen.«

Ich flog mit einer Hawker Siddely nach Auckland, und mein Nachbar fragte mich, wo ich gewesen sei. Als ich es ihm sagte, entgegnete er: »Oh, mein Vetter war auch dort.« Jeder in Neuseeland kannte jemanden, der im Süden gewesen war, selbst wenn es der Bruder des Milchmanns war. So rückte der Kontinent in ihr Bewußtsein und schien weniger weit entfernt, wogegen meine Reise in Großbritannien und Amerika eher wie eine Mondreise bestaunt wurde. »Wenn du im Süden Neuseelands lebst, gehört die Antarktis einfach zu deiner Vorstellungswelt dazu«, erklärte mir einmal jemand. »Außerdem ist Neuseeland in diesem Fall ausnahmsweise einmal von einer globalen Frage betroffen.« Ein Freund von Roger sagte immer, »ich muß mal für einen Oates«, wenn er zur Toilette ging. Damit bezog er sich auf Oates' berühmten letzten Satz, der allen Neuseeländern geläufig ist. Noch bedeutsamer war, was eine Maori-Kellnerin äußerte, die sich an einer Raststätte auf eine Tasse Tee zu mir gesetzt hatte: »Nun ja, wenn wir einen kalten Luftzug im Gesicht spüren, wissen wir ja, wo er herkommt.«

Wie man auf einen Ort reagiert, hängt normalerweise von der Nationalität ab. Der Wettlauf zum Nordpol war ein amerikanisches Rennen, während es im Süden noch keine Amerikaner gab, als Shackleton und Scott ihre Schlitten über das Eis zogen. Das erklärt teilweise, warum die Antarktis im amerikanischen Nationalbewußtsein einen geringeren Stellenwert besitzt als im britischen. Die amerikanischen Medien lenkten das öffentliche Interesse gern auf die Arktis, während die britische Presse im allgemeinen eher das Gegenteil tat. Ein amerikanischer Wissenschaftler, den ich an einem Robbenloch im Ross-Meer traf, meinte dazu: »Die Antarktis war für die Briten wohl so etwas wie der Wilde Westen«, und nach kurzem Zögern fügte er hinzu: »Vielleicht ist es sogar heute noch so.«

Trotzdem können viele Menschen nicht zwischen Arktis und Antarktis unterscheiden. Das war mir an den Warnungen vor Eisbären aufgefallen und an der immer wiederkehrenden Frage: »Wann fahren Sie denn wieder dort hinauf?« Dabei könnten die beiden Gegenden kaum unterschiedlicher sein. Erstens ist die Arktis keine Landmasse, und der Nordpol befindet sich auf Treibeis. Zweitens hat der Nordpolarkreis eine eingeborene Bevölkerung. Menschen können ohne fremde Hilfe dort leben. Nur 1300 Kilometer vom Nordpol entfernt wandern Moschusochsen umher. Pflanzen gedeihen.

Trotz der Tatsache, daß es am Rande des Nordpolarkreises Leben gibt, sind alle Eisbärte darin einig, daß der Marsch zum Nordpol weit schwieriger ist als der zu seinem südlichen Gegenüber. Alle, die an einer Nordpolexpedition teilgenommen hatten, erinnerten sich sofort daran, wie schrecklich es gewesen war, wogegen die Antarktis – wie eine unwiderstehliche Geliebte – sie so bezaubert hatte, daß die Anstrengungen vergessen waren. Mike Stroud, der mit Sir Ranulph Fiennes dreimal versucht hatte, ohne Hilfe über das Meereis zum Nordpol zu gelangen und seinen Schlitten quer über den südlichen Kontinent und den Südpol gezogen hatte, mußte nicht lange nachdenken, als ich ihn fragte, welche Seite ihm lieber wäre. »Die Arktis ist ein übler Ort und weitaus gefährlicher. Zunächst einmal muß man im Winter reisen – das ist die einzige Zeit, in der sie überfroren ist, und außerdem ist der Nordpol längst nicht so reizvoll wie der Südpol. Warum das so ist? Vielleicht ist das ja etwas typisch Britisches. Manchmal kommt es mir vor, als hätte es mit Scotts Einfluß zu tun. Die Antarktis ist im Bewußtsein der Briten immer noch etwas Besonderes. Außerdem hütete sie ihr Geheimnis viel länger als die Arktis.«

Robert Swan, der zu beiden Polen marschiert ist, äußerte sich, wie üblich, wortreich zum Thema. »Die Arktis ist störrisch und unberechenbar. Sie zählt zu den schrecklichen Orten. Sie träufelt dir Arsen in den Tee. Die Antarktis ist viel verführerischer – obwohl sie auf ihre Art noch heimtückischer ist, denn sie wiegt dich in Sicherheit, um dich dann um so heftiger mit dem Vorschlaghammer von hinten zu treffen. An der Oberfläche sieht alles viel sanfter aus, aber darunter lauern Gletscherspalten – sie ist psychopathischer.« Unentwegt gab er den beiden Landschaften menschliche Züge. »Die Antarktis ist wie ein Massenmörder, der harmlos aussieht. Dagegen *weißt* du in der Arktis wenigstens, daß du einem Massenmörder gegenüberstehst.« Kurz bevor ich sein riesiges Büro in Chelsea verließ, wippte er mit seinem Stuhl nach hinten, dachte einen Augenblick nach und sagte – in Verkennung der biologischen Tatsachen, die die Gegenpole unterscheiden – so ruhig, wie es ihm überhaupt möglich war: »Die Arktis ist wie tot. Die Antarktis wirkt eigentlich viel lebendiger. In der Arktis kommt man sich vor, als hätte jemand gesagt: ›KEINEN SCHRITT WEITER!‹, wogegen wir uns beim Aufstieg über den Beardmore so fühlen, als begrüße uns die Landschaft mit einem: ›Hallo, wie geht's?‹«

Selbst in Auckland traf ich auf die Antarktis. Sie nahm die Hälfte der größten Touristenattraktion der Stadt ein, die »Kelly Tarlton's Unterwasserwelt und Begegnung mit der Antarktis« hieß. Dort konnte man mit einer Schneekatze durch eine Pinguinkolonie fahren. Die echten Vögel aus dem Zoo von San Diego waren noch nicht eingetroffen, und die Arbeiter machten mit Broten in der Hand auf Eisbergen aus Fiberglas Pause; ihre Thermoskannen stellten sie so lange auf den grinsenden Köpfen von Plastikrobben ab, während die Besucher filmten. Es gab sogar eine Nachbildung von Scotts Hütte, und das Klavier darin spielte gelegentlich unvermittelt die Nationalhymne. Die ganze Ausstellung ging von der alten imperialistischen Vorstellung aus, daß alles Gezeigte Teil der neuseeländischen Kultur sei, was insbesondere auf der warmen, subtropischen Nordinsel überholt wirkte. Trotzdem hatte Edmund Hillary einen ununterbrochen laufenden netten Einführungsfilm zur Antarktis gedreht, der mit den Worten endete: »Sie gehört euch.« Das gefiel mir.

Ich flog nach Los Angeles und von da nach London. Der Vertriebsrepräsentant einer Computerfirma wich mir in der ganzen Zeit nicht von der Seite. Er trug einen Armani-Anzug und hatte keine einzige Falte im Gesicht, die von Nachdenken zeugte. Zum letzten Mal sah ich ihn neben dem Gepäckband in Heathrow, der Armani sah mittlerweile arg zerknittert aus.

»Nett, wieder in Terra Cotta zu sein«, meinte er.

In London blieb ich zwei Tage, in denen ich mich wie eine Besucherin in meinem eigenen Leben fühlte. Als ich mich zum Gottesdienst am Regent's Park Canal einfand, wo ich mich, wenn ich zu Hause war, immer recht bald blicken ließ, stellte ich erschrocken fest, daß die Türen verschlossen waren. Ein Pfeil aus Pappe hing daran, der auf die Steinstufen zur Krypta zeigte. Unten angekommen erblickte ich ein Dutzend Menschen, die auf den kleinen Stühlen der Sonntagsschule um einen Tapetentisch hockten, auf dem außer einem einfachen Holzkreuz nichts lag. Die Messe hatte noch nicht begonnen.

Sprachlos stand ich in dem niedrigen Türrahmen.

»Meine Liebe«, sagte Vater Tom, der mit ausgestreckten Armen auf mich zukam, »du hast es sicher noch nicht gehört.«

In der Nacht vor dem Waffenstillstandstag waren Randalierer in unsere Kirche eingedrungen, hatten alles, was sie finden konnten, auf drei große Haufen geworfen und sie angezündet, wahrscheinlich um sich am Feuer zu ergötzen und sich die Hände zu wärmen. Das Gebäude war förmlich geplündert worden, doch das Buntglasfenster des heiligen Markus mit seinen eleganten purpurroten Schuhen hatte keinen größeren Schaden genommen. Es befindet sich direkt neben der Marienkapelle und zeigt den heiligen Markus, wie er in ein großes Buch schreibt, wobei er offenbar abgelenkt worden ist (vielleicht vom heiligen Petrus im Fenster nebenan), denn er hat sich von seiner Arbeit abgewandt, so als wolle er schauen, was los ist. Außer den Schuhen trägt er eine kostbare smaragdgrüne Robe. Mir war das Bild sehr ans Herz gewachsen.

»Wie war es am Südpol?« fragte Vater Tom freundlich.

Der schien sehr weit weg zu sein.

Am nächsten Tag fuhr mein Vater mich zur Royal Air Force-Kaserne in Brize Norton in Oxfordshire.

»Wo ist der Eingang?« fragte er mich, als wir an der Umzäunung entlangfuhren.

»Woher soll ich das wissen?« brauste ich auf. Der kurze Wiedereintritt in die reale Welt hatte mich verwirrt und verärgert. Seit ich McMurdo verlassen hatte, kam ich mir vor, als existierte ich in einem Schwebezustand.

»Entschuldige, Papa«, sagte ich kleinlaut.

Nach langem Warten wurde ich in einer TriStar zur Ascension-Insel geflogen; das Deckblatt des Bordmagazins in der Sitztasche vor mir zeigte, wie sich ein Passagier mit dem Fallschirm rettete. Bei seiner Durchsage sprach der Pilot versehentlich von »Kameracrew« statt von »Kabinencrew«; man fragte sich schon, was er sich eigentlich dabei dachte. Die Luftwaffe läßt die TriStars auf dem Flug zu den Falkland-Inseln, von wo aus ich mit einer Dash-7 der EAS wieder in die Antarktis gelangen sollte, in Ascension auftanken. Ich erfuhr, daß es im Flugzeug noch zwei andere Passagiere gab, deren Ziel Rothera war, der britische Hauptstützpunkt auf der Antarktischen Halbinsel. Sie waren beide bei Tilbury Douglas angestellt, der Baufirma, die von der BAS im Zuge ihres Aufbauprogramms mit Reparaturarbeiten beauftragt worden war. John war ein Klempner, der nie über Bournemouth hinausgekommen war, und George ein 68 Jahre alter Manager, der aus dem Ruhestand geholt worden war, um die Arbeiten zu überwachen. George war schon einmal im Süden gewesen und liebte es, seine diesbezüglichen und anderweitigen Erfahrungen weiterzugeben. Er plapperte ununterbrochen, genau wie der Endlosfilm bei der »Begegnung mit der Antarktis«.

Die geschwungene, schaumgekrönte Küstenlinie der Ascension-Insel wurde von einem grünschillernden Band umgeben, das sich weiter hinten mit dem kobaltblauen Atlantik traf. Die Insel war übersät mit kleinen Hügeln. Nach der Landung stiegen die feisten, lärmenden höheren Beamten von den vorderen Sitzen zuerst aus; sie wurden von einer kleinen Einheit glattrasierter Luftwaffenangehöriger in farblosen Khakishorts abgeholt, die sie über die Piste eskortierten. Genausogut hätten sie aus einem in der Wüste angesiedelten Kriegsfilm stammen können. Eine Kompanie von Feuerwehrleuten in silbriger Ausrüstung stand Spalier, als die VIPs vorbeigingen, was die verbleibenden Passagiere Richtung Falkland-Inseln zu lautem Gejohle veranlaßte. Ich wurde mit den anderen Übriggebliebenen in ein Lager gebracht und eingeschlossen. Dort war es trotz des tropischen Windes sehr heiß und schwül, deshalb kauften alle kaltes Beck's Bier.

»Morgens habe ich noch nie Bier getrunken«, sagte John. George und ich wechselten schuldbewußte Blicke. Die Männer tranken Bier, als würden sie nie wieder etwas Flüssiges zu Gesicht bekommen. Die meisten gehörten zur RAF 20-Schwadron, die für die Bodenraketen auf den Falkland-Inseln verantwortlich war. Über Lautsprecher wurde angekündigt, daß Betrunkene nicht befördert würden, was zu großer Erheiterung führte, da die Ascension-Insel (zumindest außerhalb des Lagers) ein weit angenehmerer Aufenthaltsort war als die Falkland-Inseln.

Das Lager bestand aus einem betongepflasterten Hof mit Holztischen, Stühlen und Sonnenschirmen und einer pockennarbigen Kanone aus dem Jahre 1883. An einer Seite des umlaufenden Drahtzaunes wuchsen Palmen. Die kleinen Hügel in der Umgebung des Flughafens wurden von militärischen Gerätschaften verschandelt. Der Hügel, der über die anderen hinausragte, fiel auf, weil er grün war anstatt braun; und irgend jemand hatte genug Phantasie aufgebracht, ihn »Grüner Berg« zu taufen. Alles erinnerte mich an Juan Fernández, die Pazifikinsel, auf der der echte Robinson Crusoe ausgesetzt worden war.

Seit die Königliche Marine 1815 auf Ascension ihre Garnisonen errichtet hatte, die ursprünglich die Franzosen davon abhalten sollten, Napoleon von Sankt Helena zurückzuholen, war auf der Insel mit den berühmten grünen Schildkröten nicht mehr viel passiert. Solange wir uns dort aufhielten, ereignete sich jedenfalls gar nichts. Der Flug hatte Verspätung. Die Sonne bleichte den Himmel, und die Männer fingen an, sich gegenseitig ihre zahlreichen Tätowierungen zu zeigen. Stunde um Stunde hockten wir in diesem heißen Käfig, während über Lautsprecher schnarrend eine Verzögerung nach der anderen bekanntgegeben wurde. George sprach über seine »Jungs«, die Bauarbeiter, als handelte es sich um einen Kindergarten. Das Beck's war alle. Die Nachricht, daß wir über Rio fliegen sollten, entfachte neue Begeisterung. Die Männer träumten schon von schwülen Nächten in den Bars der Copacabana – ich machte mich eher auf eine lange, drückende Nacht auf einem Klappsitz in einem weiteren gesichtslosen Flughafen gefaßt.

Als wir die weiten brasilianischen Grünflächen und das staubige Netz schmalspuriger leerer Straßen überflogen, sehnte ich mich plötzlich nach der Freiheit des anonym Reisenden. Brasilien schien so weit entfernt von den Zwängen des Eises. In jenem Augenblick kam ich mir vor, als wäre ich in einer klaustrophobischen Liebesbeziehung gefangen, die mich gen Süden zog, während eine innere Stimme mich warnte: »Fliehe, solange du noch kannst!«

Am Flughafen von Rio führte George uns in die Duty free-Shops. Wir kauften eine Flasche Rotwein, ein Stück Ziegenkäse und eine Packung Cracker und veranstalteten auf dem höchsten zugänglichen Stockwerk ein Picknick. Nachdem wir wieder an Bord waren, ging eine Stewardeß mit einem Desinfektionsspray durch die Reihen, das sie schwang wie ein angreifender Wikinger seine Fackel.

Wir landeten auf dem Mount Pleasant-Flughafen auf der östlichen Falkland-Insel, der Himmel glühte in gedämpften Blau- und Rosatönen. Am Ende der Piste warteten einige Menschen, die Schilder mit Zahlen hochhielten. Sie gaben dem Piloten Noten für seine Landung. Vor dem Gepäckband im Flughafen standen zwei Soldaten, die eine Anzahl gefährlicher Dinge präsentierten, auf die wir besser nicht treten sollten; angeblich befanden sich noch mehr als hundert Minenfelder in der Gegend.

Ein Bus brachte uns über die Insel nach Port Stanley, und ich fragte den Fahrer, was es mit den Zahlenschildern an der Piste auf sich habe. »Das ist das einzige, was uns hier unten übrigbleibt, um die Zeit totzuschlagen«, sagte er.

George war traurig über die Nachricht, daß wir in FIPASS, einem regierungseigenen Pontondock, wohnen sollten und nicht im berühmten »Upland Goose« an Stanleys Hauptstraße. Als ich mich beim Fahrer erkundigte, wie lange die Fahrt dauern würde, meinte er: »Das hängt vom Verkehr ab«, obwohl uns bislang noch kein einziges Fahrzeug begegnet war. Es war sehr dunkel, doch als wir die Zivilisation erreichten, leuchteten uns vom Kirchplatz aus zwei angestrahlte Walkieferknochen entgegen wie Glücksbringer. Wir fuhren weiter, bis uns die Dunkelheit wieder verschluckte. »Willkommen in Alcatraz!« sagte der Fahrer, als er uns in strömendem Regen am Fuße einer großen Stahltreppe absetzte.

FIPASS (Falklands Intermediate Port and Storage System), ein Zwischenhafen und -lager auf den Falkland-Inseln, besteht aus einigen in Middlesborough gebauten Ölförderschiffen, die nach dem Konflikt vom Verteidigungsministerium dorthin entsandt wurden. Die Regierung der Falkland-Inseln kaufte sie 1988 dem Verteidigungsministerium ab. Abgesehen von dem Haufen in der Kloschüssel und dem Sexroman unter meinem Bett fand ich die Unterkunft recht annehmbar. Als ich den Nachtwächter um eine Glühbirne bat, machte er eine anzügliche Bemerkungen darüber, wie nett es sei, einmal für eine Dame sorgen zu dürfen.

Mit George an meiner Seite brauchte ich für mein Leben keine Verantwortung mehr zu übernehmen, denn er plante jede Minute für mich. Das war sehr angenehm. Am Morgen stöberten wir meinen Kleidersack auf, der die ganze Saison in den Kellern von FIPASS gelegen hatte. Er enthielt meine britische Polarausrüstung, die ich Monate vorher, an einem schwülen Tag, in Cambridge anprobiert hatte. Anfang der Saison war sie in den Süden verschifft worden. Myriam holte uns mit dem BAS-Landrover ab (jedes zweite Auto auf den Falklands war ein Landrover). Sie war die Repräsentantin der BAS, eine bewundernswerte Frau, die jede gefaxte Kritzelei aus dem Eis entzifferte und sich dann in den Straßen von Stanley auf die mühsame Suche nach den gewünschten Dingen machte. Einige dieser Wunschlisten zeigte sie mir. Aus irgendeinem Grund gab es eine Nachfrage nach Oliven. Ich fragte mich, was das wohl zu bedeuten hatte.

Wir schlenderten eine Stunde in Stanley umher, George immer vorneweg, vorbei an den Wellblechdächern und überbordenden Blumenbeeten alter Villen und an einer riesigen neuen Schule, die man in England mit mindestens einer halben Million Schülern vollgestopft hätte. Das Dach eines kleinen Hauses in einer der stillen Hügelstraßen war mit dem Union Jack bemalt.

»Schau dir das an!« sagte George triumphierend, indem er auf ein Schild deutete, auf dem »Thatcherstraße« stand. »Das ist der richtige Geist.«

Die Landschaft außerhalb der Stadt erinnerte an Tierra del Fuego. Das war, geographisch gesehen, nur natürlich, doch ich hatte die Verbindung noch nie hergestellt, weil die beiden Orte in meinem Kopf zu zwei unterschiedlichen Welten gehörten. Aber jetzt sah ich die Ähnlichkeit: die purpurnen Nebel, die safrangelbe Steppe und die kadmiumgelben Abhänge, die Spur der massigen Dampferenten auf der Wasseroberfläche und die gestreiften Unterseiten der Flügel der Hochlandgänse, die am windigen Südhimmel vorbeizogen.

2. KAPITEL

Einer der Jungs

Being set on the idea
Of getting to Atlantis
You have discovered of course
only the Ship of Fools is
Making the voyage this year,
As gales of abnormal force
Are predicted, and that you
Must therefore be ready to
Behave absurdly enough
To pass for one of The boys,
At least appearing to love
Hard liquor, horseplay and noise.

W. H. AUDEN, aus: *Atlantis*

Nachdem wir von der einmaligen Myriam an einer kleinen Piste vor der Stadt abgesetzt worden waren, zeigten George, John und ich einem trägen Beamten unsere Pässe. Er saß in einem kleinen, kahlen Raum, in dem ein anderer Mann sich gerade die Zähne reinigte. Niemand interessierte sich für unser Gepäck – es wurde nicht einmal eines Blickes gewürdigt, geschweige denn ein Suchhund darauf losgelassen.

»Können wir weiter?« fragte George den mit seinen Zähnen beschäftigten Mann.

»Wenn Sie wollen«, sagte der Mann.

Die viermotorige Dash-7 kam mir nach der Herkules,

die mich sonst nach McMurdo gebracht hatte, geradezu luxuriös vor. Sie hatte sehr wenig Fracht und nur acht Sitze, also konnte ich mich frei in der Kabine bewegen anstatt in meinen roten Netzsitz gezwängt sitzenbleiben zu müssen. Wir hätten Fußball spielen können, und es gab sogar eine Toilette.

Vor dem Start winkte der Pilot mich nach oben, wo ich auf einem Klappsitz Platz nehmen konnte. Als er am Ende der Piste beschleunigte, blieben all die langen, ermüdenden Stunden in muffigen Flugzeugen, all die Verzögerungen und Enttäuschungen und vertanen Tage auf dem langen flimmernden Teerstreifen zurück. Ich war unterwegs in die Antarktis.

Aus der Luft wirkte Port Stanley wie eine Spielzeugstadt, sauber und ordentlich und klein, mit Dächern in den Primärfarben, winzigen Tieren auf grünen Weiden und einem Hafen voller strahlender Segel. Während wir die einsamen Farmen auf den vorgelagerten Inseln überflogen, unterhielten sich die Piloten, und es war eigenartig, über Kopfhörer den englischen Akzent mitzubekommen. Die beiden erzählten sich Witze über das Furzen. Das war ein Hinweis darauf, was mich erwartete.

Die BAS entstand aus einer geheimen Kommandosache der Marine mit dem Codenamen »Tabarin«, die 1943 ins Leben gerufen wurde, um während des Krieges deutsche Schiffe aus dem Südatlantik fernzuhalten. Ich habe einmal einen alten Film über »Tabarin« gesehen. Der Arzt der ausschließlich aus Männern bestehenden Abteilung war Gynäkologe. Das Unternehmen wurde 1945 unter dem Namen Falkland Islands Dependency Survey dem Kolonialministerium unterstellt und 1967, in ein Forschungsinstitut umgewandelt, dem Nationalen Umweltforschungsinstitut angegliedert. Bevor es sein endgültiges Hauptquartier in Cambridge bezog, war die Britische Antarktisvermessung (die als BAS bekannt wurde) an den verschiedensten Orten untergebracht, wobei Verwaltung und Planung unter dem Dach der Agentur für Überseeische Angelegenheiten in London angesiedelt waren. Mike Richardson, ein BAS-Stationsleiter, der im Auftrag des Außenministeriums schon lange den Südatlantik überwachte, wurde damals von einem pensionierten Armeeoberst mit Zwirbelbart auf seine Gesundheit geprüft.

»Haben Sie Syphilis?« schnarrte der Mann, der mit gezückten Stift über den umfangreichen Formblättern saß.

»Nein«, stotterte Mike.

»Warum nicht?« bellte der Oberst.

Die Halbinsel, der dünne Finger, der links oben aus dem Kontinent herausragt, ist schon immer der umstrittenste Teil der Antarktis gewesen. 1948 schickten Argentinien, Chile und Großbritannien Kriegsschiffe nach Süden, und in den Fünfzigern schrieb ein amerikanischer Antarktiker, das territoriale Hickhack der drei Nationen um die Halbinsel sei »für den Zuschauer so amüsant, daß es jede Gilbert-und-Sullivan-Operette in den Schatten stellt«. Damals, so der Forscher Wally Herbert, folgten »die Protestnoten so rasch aufeinander wie die Karten beim Schnipp-Schnapp spielen«. Als die Chilenen 1983 erklärten, sie hätten auf dem Boden einer Bucht vor der Nordspitze der Halbinsel zwei Pfeilspitzen gefunden, die jenen ähnelten, die von den eingeborenen Völkern Chiles im 16. Jahrhundert benutzt wurden, äußerten die Briten und Argentinier den Verdacht, die Objekte seien absichtlich dort plaziert worden, um den chilenischen Territorialanspruch zu untermauern.

Großbritannien hatte im Laufe der Jahre gelegentlich Ansprüche auf das Gebiet geltend gemacht.* 1820 nahm Edward Bransfield Teile des Kontinents für Großbritannien in Besitz, 1908 und 1917 wurden in Patentbriefen Hoheitsrechte gefordert. Im Jahre 1920, als die britische Antarktispolitik anfing, klarere Konturen anzunehmen, machte der Unterstaatssekretär im britischen Kolonialministerium offiziell den Vorschlag, Großbritannien solle den gesamten Kontinent dem Empire einverleiben. Weder er noch die anderen waren sich darüber im klaren, was sie sich damit einhandeln würden, sie kannten nicht einmal die ungefähre Quadratkilometerzahl der Antarktis; sie wußten nur, daß sie sie haben wollten.

Während des Falklandkrieges 1982 äußerten Angehörige des Oberhauses die Befürchtung, der Konflikt könne auf das Britische Antarktische Territorium übergreifen. Daraufhin wuchsen die Zuwendungen für die BAS, deren Mittel seit Jahren immer weiter gekürzt worden waren, 1983/84 um mehr als sechzig Prozent. Das Verhältnis von Wissenschaft und Politik ist in der Antarktis stets zweideutig gewesen. Die Wissenschaftler werden zwar nicht gern von Politikern bevormundet, aber die Erfahrungen aus dem Falklandkrieg zeigen, daß sie manchmal durchaus Grund hätten, ihnen dankbar zu sein.

Der Flug zur Halbinsel dauerte viereinhalb Stunden. Die Crew hatte unser Mittagessen in der Bäckerei von Stanley besorgt, und wir ließen uns Apfeltaschen und

* Die Briten fragen sich oft, warum das Vereinigte Königreich nie Ansprüche auf das von Scott erforschte Gebiet erhob, insbesondere auf die Gegend um die Ross-Insel. Die Antwort lautet mit ziemlicher Sicherheit, daß der Landstrich so weit entfernt liegt, daß keine britische Mission jemals die Hoffnung hegte, dort einen ständig bewohnten Stützpunkt einrichten zu können. Die Halbinsel ist sehr viel leichter zu erreichen.

Malzbrotscheiben schmecken. Es dauerte nicht lang, da tauchten im Südpolarmeer Eisberge auf, an der Wasserlinie hatten sie einen fahlen gelbgrünen Streifen. Ich war ein wenig nervös, da ich überhaupt nicht wußte, was mich erwartete. Man hatte mich eingeladen, zwei Monate bei der kleinen englischen Besatzung in Rothera zu verbringen und einige der Wissenschaftler bei ihrer Arbeit auf der Halbinsel zu begleiten. Dem Ruf nach handelte es sich dabei um eine eingeschworene Truppe, und ich fragte mich, wie sie wohl auf eine Außenseiterin reagieren würden. Ende Januar neigte die Saison sich bereits ihrem Ende zu – wissenschaftliche Abteilungen kehrten von der Feldarbeit zurück, während die Betriebsmannschaft schon alles für den Winter vorbereitete. Ein eisgängiges Schiff sollte Ende März in Rothera anlegen, um die Station zu beliefern und die Sommerfrischler – mich eingeschlossen – abzuholen und zurück auf die Falkland-Inseln zu bringen. Bis dahin würde die Polarnacht schon angebrochen sein.

Als die Halbinsel ins Blickfeld rückte, sah ich, daß sie von hohen Bergen umschlossen war und der Strand nur aus einer schmale Felsküste bestand. Ich hatte die Antarktis noch nie so eisfrei gesehen. Die Station Rothera lag zehn Grad nördlicher als die Ross-Insel, und auf meinem aufblasbaren Globus schien die Halbinsel fast Südamerika zu berühren – wogegen die Ross-Insel sich gefährlich nah am Luftventil befand, Zentimeter weit weg von jedem nördlicheren Stück Land. In McMurdo liegt die Durchschnittsternperatur im Januar bei minus drei Grad Celsius, in Rothera dagegen bei schwülen zwei Grad über Null. Am Pol werden im Januar durchschnittlich minus 28 Grad erreicht. Im Winter kann die Temperatur in McMurdo bis auf minus

50 Grad fallen, doch das Niedrigste, was je in Rothera gemessen wurde, waren minus 39 Grad.

Die Sonne, die kraftlos hinter den Wolken am hellgrauen Himmel verharrte, stand am westlichen Horizont. Hier waren die Nächte schon dunkel, die Sonne ging vor zehn Uhr unter und um sechs wieder auf, ähnlich wie im nördlichen Sommer.

Niemand machte Anstalten, die Polarkleidung anzulegen, und als wir landeten, trug George sogar noch seine Krawatte. Nach dem Ausstieg faßte er mich an der Schulter.

»Die Jungs und ich werden von den BAS-Leuten woanders untergebracht«, sagte er. »Aber mach dir keine Sorgen. Ich werde dich bald besuchen.« Damit verschwand er.

Ich wanderte auf dem Vorfeld herum und wartete wieder einmal darauf, was nun passieren würde. Zwar hatte ich nicht gehofft, daß in Rothera der rote Teppich für mich ausgerollt wäre, aber ich hatte immerhin angenommen, daß der Stationsleiter mich abholen lassen würde, wenn auch nur, um mich nicht erfroren von der Piste auflesen zu müssen. Schließlich entdeckte ich eine Schneekatze, die am Rande des Vorfeldes entlangrumpelte. Ich bedeutete ihr anzuhalten und lächelte den Eisbart am Steuer schüchtern an.

»Könnten Sie mich vielleicht zum Hauptgebäude mitnehmen?« fragte ich.

Er nickte, also stieg ich auf und zwängte meine Tasche hinter die Sitze. Der Bart schwieg. Ich fragte mich, ob er öfter auf Anhalterinnen traf.

Vor einem langgestreckten, hellgrünen Gebäude kamen wir zum Stehen. Es hatte zwei Stockwerke und war durch einen Streifen Kies und Eis von der Piste getrennt. Ein paar hundert Meter weiter war beidseits offenes

Wasser zu sehen, und hinter der Station bot eine nur teilweise eisbedeckte sanftgeschwungene Hügelkette etwas Schutz vor dem Wind. Der Bart blickte mich erwartungsvoll an. »Danke«, sagte ich, indem ich meine Tasche hervorzog und abstieg. Das Gebäude hatte nur einen Eingang, also trat ich ein.

Ich fand mich in einer überfüllten Halle wieder, in der ich das Hin- und Herwandern wieder aufnahm und meinen Parka auszog. Männer kamen und gingen, liefen auf dem Weg zu den unterschiedlichsten Aktivitäten durch die Korridore, aber ihnen allen war gemein, daß sie mich ignorierten. Wenn jemand vor der Station ein Schild mit der Aufschrift »GEH WEG« aufgestellt hätte, wäre wenigstens klar gewesen, daß ich nicht willkommen war. Schließlich nahm mich ein kahl werdender aber noch junger Funker namens Stu mit zu einer Tasse Tee. Im kantinenähnlichen Speiseraum drängten sich alle um einen Tisch, auf dem die frisch eingetroffene Post lag. Stu schaute auf einem Aushang nach und fand die Nummer meines Zimmers. Ich war erleichtert, meinen Namen dort zu finden, denn das bedeutete immerhin, daß man von meinem Kommen wußte und nicht vorhatte, mich zurückzuschicken, obwohl man das gar nicht hätte tun können, denn es gab keine Möglichkeit, wegzukommen.

Mein Zimmer war wie das in der Scott-Basis – klein, fensterlos und gemütlich –, außer daß es vier statt zwei Betten hatte und in abstoßenden Braun- und Orangetönen gestrichen war. Jede Koje konnte mit Vorhängen abgetrennt werden, so daß man sich eine eigene kleine Ecke schaffen und sich darin zurückziehen konnte. Mein Mut sank, als ich am Fehlen persönlicher Gegenstände merkte, daß ich das Zimmer allein bewohnen sollte, denn das bedeutete, daß ich die einzige Frau in der Station war. So spät in der Saison würden auch keine neuen mehr dazukommen. Vor der Tür rülpste jemand wie jener vulkanische Krater in Kamerun, an dessen giftigen Gasen bereits Hunderte gestorben sind. Ich setzte mich auf mein Bett und brach in Tränen aus.

Später tauchte Stu wieder auf. »Brauchst du irgend etwas?« fragte er mich.

»Nein, mir geht's gut«, log ich. »Aber danke – danke, daß du gefragt hast.«

»Samstag abends essen wir etwas vornehmer – so mit Tischdecke und vielen Gängen. Wir ziehen uns auch etwas netter an.« Er zögerte einen Augenblick. »Komm doch um halb acht runter, dann kannst du an der Bar alle kennenlernen.«

»Großartig«, sagte ich in einem Tonfall, der genau das Gegenteil ausdrückte. »Danke.«

»Mach dir keine Sorgen«, sagte Stu aufmunternd. »Bis dann.«

Sich »etwas netter« anzuziehen war gar nicht so einfach. Um halb acht zupfte ich eine saubere Bluse und eine nicht ganz so saubere Jeans zurecht und wagte mich hinaus. Als ich in die Bar kam, befanden sich dort etwa 35 Gäste, die sich lautstark unterhielten und schallend lachten. Acht trugen Krawatten. Ich stellte mich einem Mann in einem zu klein geratenen Sportjackett vor, aber er drehte mir sofort den Rücken zu. Durch genaue Beobachtung nach Art der Geheimagenten fand ich heraus, wie man etwas bestellen konnte: man mußte auf einer speziellen Liste, die locker von Hand zu Hand gereicht wurde, einen Haken hinter seinen Namen machen. Unauffällig studierte ich diese Liste.

»Ich glaube kaum, daß Sie Ihren Namen darauf finden«, sagte der Bart, der mich mitgenommen hatte. Aber er irrte sich.

Das Essen war köstlich. Ich saß neben einem Feldassistenten.

»Was genau tut eigentlich ein Feldassistent?« fragte ich.

»Er paßt auf die Wissenschaftler auf«, erwiderte er.

Es war schwierig, sich bei dem Geräuschpegel, der bei Festlichkeiten in Rothera herrschte, verständlich zu machen. Sie bevorzugten offensichtlich eine Art Witz-Kette. Als der Käse aufgetischt wurde, kam es zu einigen Eifersüchteleien. Hier zeigten die britischen Männer, was sie am besten können – wieder in die Kindheit verfallen und sich wie Schulkinder benehmen. An der Universität war ich mit dieser Art von Benehmen, das mir an meiner altmodischen Mädchenschule erspart geblieben war, bestens vertraut geworden. (Da ich in einer ganz normalen Arbeiterklasse-Umgebung groß geworden war, hatte ich auch nie die Schrecken des Klassensystems kennengelernt. Bis ich nach Oxford ging, war mir nicht bewußt, daß Menschen aus unterschiedlichen Schichten stammten.) Ende meiner zweiten Woche als Studentin wurde in meinem College ein formelles Abendessen für Neuzugänge gegeben. Als das erste Brötchen durch die Luft flog, dachte ich noch, es sei ein Ball vom Cricketplatz nebenan. Ich fragte mich gerade, wie sie im Dunkeln Cricket spielen konnten, als ein verpacktes Butterstückchen von der Schulter meines Tutors in meine braune Windsorsuppe plumpste.

Am nächsten Morgen machte ich, bevor die anderen aufstanden, einen Rundgang durch die Station. Laboratorien, der Funkraum, die Krankenabteilung, die Kleiderkammer … Die Stützpunkte in der Antarktis sahen alle irgendwie gleich aus. Rothera war ungefähr so groß wie die Scott-Basis und die Station in der Terra Nova-

Bucht, hatte also etwa ein Zwanzigstel der Größe von McMurdo. Das Gebäude lag ruhig und still, wie ein Museum außerhalb der Besuchszeiten. Ich strich gerade mit der Hand über eine glatte weiße Wand, da hörte ich das leise Lachen einer Frau. Abrupt hielt ich inne, um herauszufinden, wo dieses vielversprechende Geräusch herkam. Langsam tastete ich mich einen engen Flur entlang, bis ich vor einer nicht näher bezeichneten Tür stand. Dahinter vernahm ich eine gedämpfte Frauenstimme. Ich hielt ein Ohr an die Tür. Die Stimme kam mir ... bekannt vor. Einige Minuten verstrichen. Plötzlich ertönte Orchestermusik. Langsam öffnete ich die Tür. Dahinter saß der Nachtwächter, der friedlich in seinem Sessel schlummerte, und über den Bildschirm vor ihm flimmerte ein Video mit Julie Andrews, die mit einer Schar rotwangiger Trapp-Kinder im Schlepp die österreichischen Berge hinunterhüpfte. Er war bei *Meine Lieder – meine Träume* eingeschlafen.

Später saß ich im Sonnenschein auf den Stufen des Hauptgebäudes und trank Tee mit Ben, einem hochaufgeschossenen, schlanken Marathonläufer aus Sheffield, der in Rothera als allgemeine Hilfskraft arbeitete. Ich hatte ihn bei der Konferenz in Cambridge kennengelernt, und sobald ich ihm in den Fluren von Rothera begegnet war, hatte er mich begeistert begrüßt. Ich war ihm unendlich dankbar. Ben ging auf die Sechzig zu und war 1961, als Hundeführer, zum erstenmal mit dem Eis in Berührung gekommen. Er war Vegetarier, fuhr einen Citroën 2 CV ohne Sicherheitsgurte und stand um halb sechs auf, um zu meditieren. Die anderen, die erheblich jünger waren als er, verehrten ihn, weil er während des goldenen Zeitalters so manche Saison im Süden verbracht hatte. Ich bekam den Eindruck, daß er zurückgekommen war, um sich zu verabschieden.

Einige Männer jagten gerade mit Schneemobilen einen Eishügel gegenüber der Station hoch. Dieser Hügel war das Tor zum Rest der Insel. Die Route bis zum Gipfel war abgesteckt, von dort ging es direkt weiter über einen gewundenen Kurs unterhalb des Reptilienkamms, einer 250 Meter langen zackigen Felskante, die sich nordwestlich von Rothera erstreckte.

»Das ist jetzt ihre Basis, nicht mehr meine«, sagte Ben plötzlich.

»Noch bist du nicht fort, alter Junge«, meinte ein kleiner Mann, der letzte Nacht ein Stück Apfeltorte quer durch den Raum geworfen hatte. »Aber da wir gerade von fortgehen sprechen, wir sollten die Boote nach draußen bringen.«

Ben sprang auf.

»Los, Sara«, sagte er. »Es gibt sicher noch Platz für dich.«

Wir brachten die Teetassen nach oben, zwängten uns in der Kleiderkammer in die rote Taucherausrüstung und gingen hinunter zum Pier. Der kleine Mann war eifrig damit beschäftigt, zwei viereinhalb Meter lange Schlauchboote mit 25-PS-Motoren zu Wasser zu lassen. Wir kletterten eine metallene Leiter an der Kaimauer hinab. Der Himmel war wolkenlos, und die Berge an einer Seite der Bucht glänzten im Sonnenlicht. Der Apfelkuchenwerfer strahlte mich an. Auf den Eisbergen räkelten sich Robben und Pinguine, Buntfußsturmschwalben folgten dem Kielwasser des anderen Bootes, ihre weißen Bürzel tanzten haarscharf, aber elegant über das aufgewühlte Wasser. Nach drei Monaten ornithologischer Diät – nichts als Skuas – wirkten sie erstaunlich mager. Ein Mann im Bug machte sich auf einem kleinen grünen Zettel Notizen. Er war ein auf Landlebewesen spezialisierter Biologe in der »Wissenschaft des Lebens«-Abteilung der BAS.

»›Wissenschaft des Todes‹ würde besser passen«, meinte der Apfelkuchenwerfer, als er mir sein Arbeitsgebiet näher erklärte. »Sie sezieren ja alles!« Der Mann, der sich Notizen machte, hatte den Sommer damit verbracht, in den eisfreien Zonen rund um Rothera unter Steinen nach Insekten zu fahnden.

»Insekten habe ich hier noch nie gesehen«, sagte ich.

»Die muß man auch mit der Lupe suchen«, erklärte er. »Es handelt sich hauptsächlich um Milben und Springschwänze.«

»Was machen sie denn im Winter?« fragte ich. »Sie müßten doch erfrieren.«

»Nein, sie schützen sich mit einer Antifrostsubstanz. Der Stoff gleicht Glycerin, ähnlich dem Mittel, das man für Autos benutzt. Das Wasser in ihren Zellen gefriert also nicht.«

Die »Wissenschaft des Lebens« wird, genau wie einige andere wissenschaftlichen Abteilungen der BAS, in der internationalen antarktischen Gemeinschaft wegen der Qualität und der Bedeutung ihrer Forschungen hoch geschätzt. Neben der Untersuchung terrestrischer, mariner und Süßwasser-Ökosysteme, die sich in der Antarktis und ihrer Umgebung befinden, finanziert die BAS auch bahnbrechende geophysikalische Arbeiten und eine Reihe von Wissenschaftszweigen, die sich mit der oberen Atmosphäre beschäftigen. Die BAS-Wissenschaftler brachten der NASA, dem amerikanische Antarktisprogramm und allen anderen, die auf diesem Gebiet forschten, eine große Schlappe bei, als sie das Loch in der Ozonschicht entdeckten.

Wir legten bei einer Kolonie Blauaugenscharben an und kletterten einen Felsen empor, um die dunkeläugigen Küken zu beobachten, die schon fast so groß waren wie ihre Eltern, aber schokoladenbraun und flauschig.

Die erwachsenen Kormorane waren schwarz-weiß, hatten lange, glatte Hälse und Augen wie blaue Murmeln. In der Antarktis wimmelte es von Leben, jedenfalls auf diesem bananenförmigen Stück. Das war etwas ganz anderes als das biologische Niemandsland auf dem Polplateau.

Nachdem ich das antarktische Gegenstück zum Atlantik überquert hatte, mußte ich mich an einige neue Vokabeln gewöhnen, denn die Briten verwendeten für die gleichen Dinge oft ganz andere Wörter als die Amerikaner. Im »britischen Sektor« hießen die Scott-Zelte zum Beispiel Pyramidenzelte. Für das Wetter gab es allerdings nur zwei Bezeichnungen: gut und schlecht. Dazwischen gab es offenbar nichts.*

In traurige Erinnerungen an mein Büro in McMurdo versunken, brachte ich meinen Laptop und meine Notizbücher in einer Ecke des Schlittenlagers unter. Bald bemerkte ich, daß nachts offensichtlich jemand darin schlief, wahrscheinlich um den Schlafkabinen zu entkommen, die als Gefängniszellen verschrieen waren. Morgens mußte ich mich zunächst von draußen vergewissern, ob dieser Jemand schon aufgestanden war.

Ich lernte Hondas zu fahren, allradgetriebene Minitraktoren, und John Deeres, kleine grüne Pick-ups, die rund um Rothera über den Kies brummten und aus der Gegend nicht wegzudenken waren. Ich machte einen Schneemobil-Auffrischungskurs und ging zur Funkschule, wo ich lernte, eine Hochfrequenzantenne

---

* Die Antarktis mag zwar das letzte Grenzland sein, aber sie ist schon lange genug von Menschen besiedelt, um Ansätze einer eigenen Sprache entwickelt zu haben. Ein findiger australischer Forscher ist gerade dabei, das erste Wörterbuch des antarktischen Englisch zusammenzustellen. Das Buch wird von der australischen Antarktisabteilung als offizielles Projekt geführt.

aufzustellen und ein Funkgerät zu bedienen. Ich besuchte die meteorologische Schule, in der mir der Wettermann Steve beibrachte, Zirrus- von Stratokumuluswolken zu unterscheiden, in einem anderen Kurs erfuhr ich, wie man die Motoren abstellt, wenn der Pilot während des Fluges zusammenbricht, und in einer medizinischen Schule brachte man mir bei, daß sich Talkumpuder bei wundgelaufenen Oberschenkeln bewährt hat und wie man mit einem Schweizer Taschenmesser eine Tracheotomie durchführt.

Zweimal pro Woche versammelten sich alle zum »Situationsbericht« im Speisezimmer, dann kündigte der Stationsleiter Neuigkeiten und bevorstehende Ereignisse an. Danach schauten wir uns gemeinsam ein Video an. Der Film wurde nach dem Rotationsprinzip ausgesucht. Die meisten Bewohner hatten die vorhandenen Videos schon mehrere Male gesehen, und der beliebteste Trick bestand darin, wenn man selbst an der Reihe war, einen möglichst schlechten Film auszusuchen und dann nach fünf Minuten den Raum zu verlassen.

Eines Abends versuchte ich nach dem Videofilm in der Bar Bekanntschaften zu schließen. Das war ein großer Raum mit einer niedrigen Decke, dem üblichen braunen Teppich und den obligatorischen Mannschaftsbildern von haarigen Überwinterern mit Hunden im Arm, die aussahen, als spielten sie in einer überalterten Heavy Metal-Band Baßgitarre. Die Theke zierten Postkarten mit nackten Frauenhintern. Es gab eine Musikanlage, eine Sammlung Vinylplatten, einen Billardtisch und ein Dartspiel. Im Winter wurden über Funk Dartwettbewerbe mit anderen Stationen veranstaltet. Nachdem diese Wettbewerbe ein paar Jahre lang ausgetragen worden waren, kam jemand zur Bird-Insel und entdeckte, daß es in der kleinen wissenschaftlichen Station dort, deren Besatzung sich immer eifrig beteiligt hatte, nie eine Dartscheibe gegeben hatte.

Ein Mann, dessen zweieinhalbjähriger Vertrag als Hilfskraft der Basis bald auslief, rief, ihm sei ein guter Witz eingefallen.

»Warum haben Frauen die Periode?« fragte er.

Keiner wußte die Antwort.

»Weil sie es nicht besser verdienen!« platzte der Mann heraus; er konnte diese urkomische Information einfach nicht länger für sich behalten. Alles lachte.

Es war, als wäre ich in eine Zeitmaschine gestiegen und in ein Zeitalter zurückgeschleudert worden, in dem der Neandertaler noch auf der Suche nach Mammuts die Wälder durchstreifte. Später am Abend, weit weg von der Theke, die mir mittlerweile wie besetztes Gebiet erschien, sprach mich beim Teeholen ein gutaussehender junger Mann an.

»Ich hoffe, der Witz hat Sie nicht zu sehr beleidigt«, sagte er.

Ich wußte nicht, was ich darauf antworten sollte.

»Den Leuten scheint viel daran zu liegen – daß dies hier eine Männerdomäne bleibt, meine ich.« Der Mann fuhr fort: »Ich bin mit dem BAS-Schiff von Grimsby hierhergefahren. In Signy stiegen drei Frauen zu, und das brachte die Atmosphäre an Bord zum Knistern. Während der ganzen Reise wurde kaum noch über etwas anderes geredet – selbst einige junge Männer sprachen sich nachdrücklich gegen Frauen im Süden aus. Bevor ich es vergesse, ich bin Lukas.« Wir schüttelten uns die Hände, nahmen unseren Tee und setzten uns an einen Plastiktisch. Lukas arbeitete nur den Sommer über als Feldassistent bei der BAS und fühlte sich »ein bißchen ausgeschlossen« von der Gemeinschaft in Rothera.

»Warum, um Himmels willen, ist das mit den Frauen so wichtig für sie?« fragte ich.

Er zögerte. »An einem so jungfräulichen Ort wollen sie keine Probleme mit Frauen haben«, antwortete er endlich. »Das kommt aus dem Bauch.«

Das brauchte mir niemand zu erzählen. Ich bekam das schließlich jeden Tag zu spüren.

»Waren die Amerikaner auch so?« fragte er.

»Äh … nein.«

»Ich glaube, man muß berücksichtigen, daß die meisten der Hilfskräfte zweieinhalb Jahre hierbleiben. Das ist eine lange Zeit für eine Basis in der Antarktis. Auf Dauer wird man dadurch engstirnig.«

»Die Hilfskräfte hier sind offenbar sehr jung«, sagte ich. »Viel jünger als in anderen Programmen.«

»Nun, das stimmt. Die meisten sind nicht viel älter als zwanzig. Einen Mann mit Frau und Kindern kann man nicht dazu bewegen, zweieinhalb Jahre fortzubleiben.«

»Sie scheinen irgendwie nicht mit Außenseitern zurechtzukommen …«

»Außer Ihnen gibt es keine Außenseiter! Hier ist noch nie ein Schriftsteller gewesen.«

Es war, als wäre ich in das Heim einer Familie gezogen und versuchte, mich als Verwandte auszugeben. Man konnte es ihnen nicht vorwerfen. Die Briten hatten einen ausgeprägten Sinn für Eigentum. Die Basis gehörte den Bewohnern, im übertragenen Sinn, genauso wie sie meinten, »ihren« Teil des Kontinents zu besitzen. Abgesehen davon, daß die meisten Hilfskräfte für so lange Zeit angestellt waren, wurden auch alle Wissenschaftler von der BAS beschäftigt. In Cambridge arbeiteten sie im selben Gebäude, Jahr für Jahr trafen sie sich auf dem Eis, und sie hatten denselben kulturellen Hintergrund. Andere antarktische Programme arbeiteten mit Wissenschaftlern vieler verschiedener Universitäten und anderer Institutionen, nur die BAS-Leute gehörten alle zum selben Club. Rothera hatte etwas Exklusives. Zum Teil war das auf die Größe zurückzuführen, zumindest im Vergleich mit dem größeren amerikanischen Gegenstück, das sogar Schriftsteller und Künstler ins Programm aufgenommen hatte. Weit mehr aber hatte es mit historischer Kontinuität zu tun. Die BAS war schon länger in der Antarktis tätig als jedes andere Programm. Kulturelle Unterschiede zwischen britischen und amerikanischen Stationen in der Antarktis waren mir schon bei den Einführungsveranstaltungen in Cambrigde und Virginia aufgegangen. Die Düsternis des Girton College und die gemütlichen Nächte in der Kellerbar waren etwas ganz anderes als die antiseptische Weitläufigkeit der Xerox Document-Universität. Die BAS bemühte sich immerhin, moderne, fortschrittliche Methoden in ihr Trainingsprogramm aufzunehmen, deshalb saßen wir in Girton brav in kleinen Gruppen vor Flipcharts, um über »Lebensstil« zu diskutieren und Listen über mögliche Konfliktquellen in der Station aufzustellen; dabei wurde »Sexuelle Belästigung« gefolgt von »Zu wenig sexuelle Belästigung« – und »Furzen« kam auch vor.

Für mich bedeutete das Ausgrenzen von Menschen einen Verrat an allem, wofür die Antarktis stand. Die Frauen, denen es gelungen war, die Verteidungswälle der BAS niederzureißen, hatten hart gekämpft. Männermagazine z. B. wurden nicht mehr automatisch vom wohlwollenden Arbeitgeber bestellt und auf Rotheras Frühstückstischen ausgelegt. Aber es gab noch so manche Schlacht zu schlagen. Die Männer wollten die Antarktis schon immer für sich behalten, und seit die Norwegerin Caroline Mikkelsen am 20. Februar 1935 als erste Frau ihren Fuß auf den Kontinent gesetzt hatte, war es noch zu keinen großen Veränderungen gekommen. Nur das amerikanische Programm nahm das Thema ernst, und trotzdem waren 1995 unter 244 Überwinterern in McMurdo nur 61 Frauen.

Sir Vivien Fuchs schrieb in seinem 1982 erschienenen Buch *Of Ice and Men:* »Sollten jemals Frauen Zutritt zu den Stationen bekommen, wird es Probleme geben.« Als ich vor meiner Abreise an einem schwülen Montagnachmittag in seinem Haus in Cambridge mit ihm Tee trank, machte er den hilfreichen Vorschlag, man könne Frauen doch in rein weiblichen Stationen wohnen lassen. Im September 1966 erschien in der amerikanischen Zeitschrift *Antarctic* ein Artikel mit der Überschrift *»Frauen = Sorgen«,* und zwei Jahre später behauptete Admiral Reedy einem Reporter der gleichen Zeitschrift gegenüber forsch, daß die Antarktis ein »frauenfreier, friedlicher weißer Kontinent« bleiben werde. Konteradmiral George Dufek, der früher die amerikanischen Operationen auf dem Eis geleitet hatte, kam zu folgendem Schluß: »Ich glaube, daß die Anwesenheit von Frauen die Illusion vom Pionier zerstören würde – die Vorstellung, ein Held zu sein.«

Die Sowjets brachten 1957 die erste Frau in den Süden, die nicht als Gattin kam, und zwei Jahre darauf taten die Australier es ihnen nach. Eine der ersten auserwählten australischen Frauen schrieb später: »Wir waren in eine Männerdomäne eingebrochen und wurden mißtrauisch beäugt.« Die Amerikaner ließen 1969 die ersten vier Frauen am Antarktisprogramm teilnehmen, Anlaß genug für die denkwürdige Schlagzeile »Puderquasten erobern den Südpol«. Als 1974 schließlich die ersten beiden Frauen in McMurdo überwinterten, gingen die Programmleiter kein Risiko ein – eine war Nonne, die andere »in reiferem Alter«, was (offizieller Meinung nach) bedeutete, daß sie nicht einmal mehr bei verzweifelten Männern Leidenschaften wecken konnte.

Der Amerikaner Harry Darlington, Chefpilot und zweiter Offizier bei Finn Ronnes Expedition zur Stonington-Insel, nahm 1946 seine Frau mit in den Süden. Er hatte Jennie kennengelernt, als sie seinen Husky mit einem Knochen fütterte, folglich war der Hund auch der einzige Gast bei ihrer Hochzeit. Als vorgeschlagen wurde, daß Ronne und Darlington ihre Frauen mit nach Stonington nehmen sollten, unterzeichneten sieben Expeditionsmitglieder einen Antrag, in dem sie dagegen protestierten, weil sie »ihre körperliche Gesundheit und ihr seelisches Gleichgewicht,« gefährdet sahen. Die Frauen konnten einem leid tun. Selbst Harry war von der Idee nicht sonderlich angetan. »Das ist kein Ort für eine Frau«, meinte er. Aber schließlich mußte Jennie doch reisen, denn Ronne bestand darauf, Jackie mitzunehmen, und die Abtrünnigen glaubten, zwei seien besser als eine. Also fuhren sie los. Ein Mann meinte dazu: »Der Admiral [Byrd] nahm Guernsey-Rinder mit. Sogar eine trächtige Kuh war dabei. Wir könnten immerhin Besseres leisten.«

Jennie war nie über Florida hinausgekommen, und als das Schiff Segel setzte, war sie erst 22 Jahre alt. Der Nagellack, den sie eingepackt hatte, gefror. »Für ihn war die Antarktis eine Zufluchtsstätte«, schrieb Jennie über ihren Ehemann, »ein Ort mit hohen Idealen, an dem Männer einen inneren Frieden finden konnten, den es nur in einer Männergesellschaft in primitiver Umgebung gibt.« Sie lernte, mit den Hunden umzugehen, und am Ende wurde sie sogar akzeptiert, aber vielleicht auch nur, weil die Expedition – trotz einiger guter Forschungsergebnisse – in einem Fiasko endete. Die Beziehungen zum britischen Lager in der Nachbarschaft waren gespannt. (Ein Engländer, der einige Monate im Feld verbracht hatte und nichts von Jennies Anwesenheit wußte, hielt sie für eine Erscheinung und rannte fort.) Der gesellschaftliche Umgang innerhalb der amerikanischen Mannschaft war zunehmend von Gewalt geprägt, und Harry wurde der Verantwortung enthoben, mußte aber auf dem Eis ausharren. Jennie und Jackie sahen mit an, wie die Männer zankten, stritten, die Sicherheitsvorkehrungen mißachteten, in Verzweiflung versanken und ihre persönlichen Ziele über die der Expedition stellten. Und trotzdem schrieb P. E. Victor in seinem 1964 veröffentlichten Buch *Man and the Conquest of the Pole* über die Ronne-Mannschaft: »Die Expedition war all den Schwierigkeiten ausgesetzt, die gemeinhin unter solchen Umständen durch die Anwesenheit von Frauen verursacht werden.« Nicht einmal das reichte an die phantasiereichen Erklärungen eines Abraham Cowley heran, der um 1680 herum mit der *Batchelor's Delight* im Südpolarmeer in einen Sturm geriet. In seinem Tagebuch kam er zu dem Schluß, daß ein Gespräch über Frauen den Sturm heraufbeschworen hatte.

Das einzige andere Buch, das in den frühen Jahren von einer Frau geschrieben wurde, enthält Walfischrezepte und genaue Anleitungen für das Stricken von Pinguinsocken, damit die Böden geschont werden. In den 50er Jahren verbrachte Nan Brown mit ihrem Mann, einem Funker, zweieinhalb Jahre auf Südgeorgien. Als die Norweger sie zum Walfang einluden, nahm sie ihr Strickzeug mit an Bord. Sie gab ihrem Buch den Titel *Antarctic Housewife.* Nan und Jennie Darlington waren beide schwanger, als sie das Eis verließen (außer stricken und sich vermehren gab es nicht viel zu tun), aber das erste Kind, das in der Nähe des Kontinents geboren wurde, war wahrscheinlich das einer Kellnerin, die 1948 auf einem russischen Walfangschiff arbeitete – sie nannte das arme Kind Antarctic. Die Argentinier begannen 1977, Ehefrauen mit in den Süden zu nehmen. Damit wollten sie ihren Gebietsanspruch untermauern, und 1978 kam auch pflichtschuldigst eine von ihnen nieder – allerdings war sie schon im siebten Monat schwanger, als sie in den Süden geflogen wurde. Ab 1984 verfuhren die Chilenen ebenso, sie gründeten sogar eine Schule.

Private Expeditionen halten noch strenger am männlichen Monopol fest. Das auffallendste Charakteristikum vieler dieser Expeditionen scheint die Feindseligkeit zwischen den Teilnehmern zu sein – man muß dazu nur lesen, was Reinhold Messner über Arved Fuchs schrieb, Will Steger über Geoff Somers, und Fiennes und Stroud übereinander. Die Antarktisexpedition amerikanischer Frauen, die sich 1992/93 zum Südpol aufmachte, war erfrischend anders. Eine Teilnehmerin berichtete nachher: »Jede von uns durchlebte harte Zeiten und wurde dann von den drei anderen fürsorglich betreut … Wir fanden heraus, daß wir, obwohl uns einige Eigenheiten störten, einander immer schätzten und jede einzelne brauchten, samt der Qualitäten, die sie der Gruppe zu bieten hatte.«

Ich behaupte selbstverständlich nicht, daß Männer unfähig wären zu solcher Rücksichtnahme (Gott bewahre). Genau das beschreibt Apsley Cherry-Garrard ja in *The Worst Journey of the World*. Doch anscheinend wissen sie mit ihren Gefühlen nicht richtig umzugehen. Mir erschien es unvorstellbar, daß sich die Dinge, kaum achtzig Jahre nach der von Cherry beschriebenen Expedition, so entwickelt haben sollten.

Scott fand im letzten Zelt bewegende Worte für den Wert einer Freundschaft. Sie stammen aus einem Brief an J. M Barrie. »Ich bin in meinem Leben nie einem Menschen begegnet«, schrieb der Kapitän, »den ich so bewundert und geliebt habe wie Sie, aber ich konnte Ihnen niemals zeigen, was Ihre Freundschaft mir bedeutete, denn Sie hatten viel zu geben und ich nichts.« Wie viele Männer wohl ins Grab gesunken sind, die ihre Gefühle »niemals zeigen« konnten, und was sie aus Scotts Geschichte nicht alles hätten lernen können.

Scott war von Barrie, dem Erfinder des ewig jungen Peter Pan, nach der Rückkehr von seiner ersten Expedition hofiert worden. Barrie wäre liebend gern in den Süden gefahren. »Ich würde gern wissen, wie lebendig sein wirklich ist«, hatte er an Scott geschrieben. Nach der Tragödie auf dem Polplateau identifizierte er Scott mit Peter. Jahrelang trug er Scotts Brief mit sich herum und zog ihn bei jeder sich bietenden Gelegenheit hervor. Er sagte: »Wenn ich an Scott denke, fällt mir immer diese seltsame Bergsteigergeschichte von einem Jungen ein, der in eine Gletscherspalte hinabstürzte und nicht mehr gefunden werden konnte; ein naturwissenschaftlich beschlagener Begleiter, einer der Jugendlichen, die dabei waren, errechnete, daß der Leichnam an einem bestimmten Ort und zu einer bestimmten Zeit viele Jahre später wieder auftauchen würde. Als diese Zeit nahte, kehrten einige der Überlebenden, mittlerweile alt geworden, zum Gletscher zurück, um herauszufinden, ob die Vorhersage eintreffen würde; tatsächlich erschien der Körper und wirkte so jung wie an dem Tag, an dem er verschwunden war. So werden auch Scott und seine Kameraden aus der weißen Unendlichkeit hervorgehen, ewig jung.«

Scotts Sohn, im späteren Leben ein hervorragender

Naturwissenschaftler und Naturschützer, wurde nach Barries unsterblichem Peter benannt. Barrie war sein Pate, und als der Junge fünf Jahre alt war, nahm er ihn mit in eine der überaus erfolgreichen Vorstellungen von *Peter Pan.* Nachher fragte Barrie ihn, was ihm am besten gefallen habe. Peter überlegte lange, bis er schließlich antwortete: »Am schönsten war es, das Programm zu zerreißen und den Leuten die Schnipsel auf den Kopf zu streuen.«

Rothera befindet sich auf 67 Grad Süd und 68 Grad West am Eingang zur Ryder-Bucht, im Südosten der Adelaide-Insel gegenüber dem oberen Drittel der Antarktischen Halbinsel. Die Insel wurde von John Biscoe bei seinen Streifzügen im Archipel neben der Halbinsel entdeckt und kartographiert. Am Valentinstag 1832 benannte er sie nach Königin Adelheid von Sachsen-Meiningen, der Gemahlin von Wilhelm IV. Der Platz, an dem Rothera stand, wurde in den 50er Jahren vermessen und nach John Michael Rothera benannt, einem Vermesser der späteren BAS. Auf ihm tummelten sich Weddells und gelegentlich sogar Pelzrobben, aber auch haufenweise Adéliepinguine und Dominikanermöwen. Die Felsen waren überwachsen mit Strauchflechten einer Art, die auch im schottischen Hochland vorkommt. Gischt sprühte über die Küste, und die Eisberge in der Bucht wirkten wie aus Marmor gehauen. Nach der Weite des Ross-Eisschelfes ließ das Meeresklima den Kontinent in einem ganz anderen Licht erscheinen.

Je vertrauter ich mit der Station wurde und je stärker mir ihre historische Bedeutung ins Bewußtsein rückte, desto deutlicher wurde mir, daß etwas fehlte. Ich wußte nicht genau, was das war, bis ich mich eines

Tages im Speiseraum dabei ertappte, wie ich ein anderthalb Meter großes gerahmtes Photo anstarrte, das ein Hundeteam bei der Arbeit zeigte und dem »Andenken der lieben Hunde« gewidmet war. Die Geister der Hunde lauerten überall in Rothera. Auf der Ablage der Arbeitsplantafel mit den Listen für »Nachtwache« und andere häusliche Pflichten lag immer noch das Häufchen mit den Pastikbuchstaben für die Spalte »Hunde füttern«. Neben der Eingangstür befand sich wie eh und je ein Haken zum Anleinen der Hunde, die Feldrationen wurden zur mittlerweile überflüssigen Unterscheidung von Hundenahrung als Menschennahrung bezeichnet, und selbst an den unwahrscheinlichsten Orten waren gerahmte Photographien von bärtigen Riesen zu finden, die gerührt auf kleine weiche Bündel blickten.

1991 beschlossen die Unterzeichnerstaaten des Antarktisvertrages in Übereinstimmung mit dem Zusatzprotokoll zum Umweltschutz, die Huskies bis zum 1. April 1994 aus der Antarktis zu »entfernen«. Das Zuchtprogramm in Rothera wurde auf der Stelle gestoppt. Die BAS hatte seit 1945 kontinuierlich Hunde gehalten, obwohl die Tiere ab 1975 zur Unterstützung wissenschaftlicher Arbeit nicht mehr herangezogen wurden. Nachdem die Schneemobile zuverlässig geworden waren, wurden die Hunde immer überflüssiger und eigentlich nur noch zur Freizeitgestaltung gehalten. In den Archiven von Rothera fand ich ein Telex des Außenministeriums aus dem Jahre 1963, in dem vorgeschlagen wurde, das Züchten einzustellen, da der mechanische Transport zunehme; es war mit entrüsteten Kommentaren der Besatzung versehen, die darauf verwies, daß ein Flugzeug fluguntauglich war und die Motorschlitten nicht weiterkamen, während die Hunde draußen auf der faulen Haut lagen. Neben der Mechanisierung wurden aber noch weitere Argumente für die Abschaffung der Hunde angeführt; daß sie Staupe auf die Robben übertragen könnten und, was plausibler klang, daß das Robbenschlachten, das nötig war, um ihren unersättlichen Appetit zu stillen, mittlerweile »mit den Umweltschutzzielen wissenschaftlicher Organisationen in der Antarktis unvereinbar« sei.

Eines Tages beim Abwasch fragte ich Ben nach den Hunden.

»Mit einem Schneemobil kann man sich nicht anfreunden«, sagte er. »Die Huskies stärkten unsere Moral. Die Antarktis wäre ohne sie viel einsamer gewesen. Unsere Hunde hielten uns gesund, daran besteht kein Zweifel.«

»Vermißt du sie?« fragte ich.

»O ja. Zu Hunden kann man dieselbe Beziehung haben wie zu einem zweibeinigen Reisebegleiter. Sie waren meine Freunde. Ein Hundegespann hatte ich zwei Jahre lang, und dabei lernt man sich sehr gut kennen – ich wußte schon vorher, wann es Ärger geben würde, dazu reichte eine bestimmte Bewegung oder ein leises Knurren. Ich konnte sogar sagen, wer von ihnen gepupst hatte.« Er drehte sich vom Waschbecken weg und trocknete sich die Hände.

»Ich werde nie vergessen, wie ich am Ende meines Aufenthalts zu ihnen trat, um mich zu verabschieden, direkt bevor ich an Bord ging. Frag einen Hundeführer, ob er in diesem Moment sein Gespann mitnehmen möchte, und nicht einer wird zweimal überlegen, das sage ich dir.« Er dachte kurz darüber nach, dann fuhr er fort: »Die Hunde waren auch eine Verbindung zur Vergangenheit. Sie gaben der Basis so etwas wie historische Kontinuität. Das ist jetzt alles vorbei. In ein paar

Jahren wird sich hier niemand mehr an die Huskies erinnern.«

John Sweeny, der nur halb so alt war wie Ben, war der letzte Hundeführer der BAS. Das war der Ire, den ich beim Frühstück am ersten Tag der Einführungsveranstaltung getroffen hatte und der mit mir am Cam entlanggelaufen war.

»Wie war dein Ausflug, John?« hatte ihn jemand beim Frühstück im Girton College gefragt.

»Schön«, entgegnete John.

»Wo bist du denn gewesen?« fragte ich.

»In Skiurlaub«, sagte er.

Ich nahm an, daß er den Urlaub in Sauce d'Oux oder Chamonix verbracht hätte. Erst später fand ich heraus, daß er mit einem Hundeschlitten quer durch Grönland gefahren war.

Die BAs hielt es für angebracht, die Hunde zum Abschluß ihres Aufenthalts in Rothera noch einmal auf traditionelle Art zur Unterstützung der Wissenschaft zu nutzen. Deswegen hatten John und ein anderer Hundeführer mit zwei Gespannen eine siebenwöchige letzte Fahrt unternommen, die zum Milchstraßen- und Uran-Gletscher und zu einem Querstreifen mitten auf der Alexander-Insel führte, in dem Flachbohrungen vorgenommen wurden. Das war die allerletzte Hundereise in der Antarktis. Ich las Johns Bericht über den Ausflug. Er endete mit einem Zitat von Helmer Hanssen, Amundsens Hundeführer: »Hunde wie diese, die das harte Leben und die anstrengende Arbeit des Menschen teilen, kann man nicht einfach nur als Tiere betrachten. Sie sind Helfer und Freunde. Zwar ist aus einem Schlittenhund kein Schoßhund zu machen, doch sind diese Tiere noch weit mehr wert als das.«

Das Transportprogramm, das sie vom Eis schaffen

sollte, wurde zur Erinnerung an die Expedition, die 1943 Hunde aus Grönland zur Hope-Bucht brachte, »Operation Tabarin« getauft. John und die Hunde reisten via Brize Norton nach Newry in Maine, dann wurden die jüngeren Tiere noch weiter nach Norden verfrachtet, zum Inuitdorf Inukjuak an der Hudson-Bucht, wo man aus ihnen ein Arbeitsgespann machte. »Das war eine ambivalente Erfahrung«, sagte John beim Joggen am Fluß. »Bis ich aufstand, war mir nicht richtig klar geworden, daß die Hunde dort bleiben würden.«

Eines Tages, als ich mit einem der Piloten im Stützpunkt herumspazierte, blieb er vor einer schlafenden Weddell-Robbe stehen. »Du weißt ja, daß sie diese Tiere hier erschossen, um Hundefutter daraus zu machen«, sagte er. »Ich habe es mit eigenen Augen gesehen. Die romantischen Erzählungen von den Hunden sind sehr irreführend. Es wurden mehr Robben getötet als es Hunde gab. Das Robbenschlachten – bei dem sie in Stücke geschnitten wurden – war brutal und widerlich, und im Hundelager stank es furchtbar, weil der hohe Fettgehalt der Nahrung zu Verdauungsproblemen führte.«

»Vermißt du sie denn nicht?« fragte ich.

»Nein, überhaupt nicht! Sie brachten sich gegenseitig um und schnappten auch nach uns!«

Um elf Uhr morgens und um vier Uhr nachmittags trafen sich die Männer im Speisezimmer zum *smoko*-Ritual. Al, der Koch, brachte Tabletts mit heißen Würstchen, knusprigem Schinken und frischen Brötchen oder, am Nachmittag, seine legendären Pfannkuchen. Er war ein erstklassiger Koch, genau wie Dave, sein überwinternder Kollege. In der hellen und luftigen Küche wurde ich immer freundlich begrüßt, daher hielt ich mich unter jedem nur denkbaren Vorwand dort auf. Auf einem Hackbeil an der Wand stand: *Zum Haareschneiden hier anstellen.* Al und Dave stammten beide aus Nordengland, und Al kochte schon seit den 60er Jahren für die BAS. Sechs Monate nach meiner Rückkehr aus dem Eis wurde ihm die Polarmedaille verliehen, und mich nahm er mit in den Buckinghampalast. Außer ihm wurden noch hundert andere Menschen ausgezeichnet, wackere Matronen von den Bermuda-Inseln, Parlamentsabgeordnete der konservativen Partei und zerbrechliche alte Damen, die für ihre »Dienste in Paraguay« geehrt wurden. Der bestangezogene Mann war ein Häuptling in einer schwarzgoldenen Robe, der laut Ankündigung des Zeremonienmeisters allerdings aus Liverpool kam. Abgesehen von dem Häuptling war nur noch ein Mann ohne geliehenen Zylinder und Schwalbenschwanz erschienen, und zwar ein Direktor der Wohltätigkeitsorganisation Oxfam, der aussah, als hätte er seinen Anzug zwischen der gebrauchten Kleidung in einem seiner Läden gefunden. Die Königin hatte sich zu Al vorgearbeitet und sagte ihm, daß Kochen eine sehr wichtige Aufgabe sei.

Mittlerweile wurde es um neun Uhr dunkel. Feldassistenten kamen mit ihren Beakern von zweimonatigen Aufenthalten im Eis zurück; sie mußten ihre Ausrüstung wieder abgeben und brachten damit viel Unruhe in die Station. Bodenplanen, die zum Trocknen aufgehängt waren, verliehen den Lagerräumen die heimelige Atmosphäre eines Beduinenlagers. Einer der Feldasssistenten war ein schlanker Erdkundelehrer namens Neil, der mit Liverpooler Akzent sprach und einen zu langen Pony hatte. Seine Antarktiserfahrungen verglich er mit einer Berg- und Talfahrt. »Es kann hier wunderbar sein«, sagte er, »aber es ist eigentlich kein Leben.«

Ich war gerade mit Thomas Keneallys 1977 erschienenem antarktischern Krimi *Victim of the Aurora* fertig geworden. Erzählt wurde der Roman von einem alten Mann, der früher als Künstler zu einer fünfköpfigen Forschergruppe gehört hatte, die starke Ähnlichkeit mit Scotts Truppe aufwies. Auf dem Eis wird ein Journalist ermordet. »Für mich«, sagt der Erzähler, »war die Welt einfach, und Lügen hatte es schon gegeben, bevor ich zu der Expedition stieß ... Seither [seit dem Mord und seinem Nachspiel] wird die Welt mit Lügen gespeist und regiert. So sieht mein Abriß der Geschichte des 20. Jahrhunderts aus.« Eine andere Romanfigur, ein Flüchtling, den man in seinem Eishöhlenversteck findet, wird zu einem Symbol für den Menschen schlechthin. »Man kann durchaus so leben, nur weinend und fluchend«, sagt diese Figur, »o ja, das ist möglich.« Dazu, daß er sich in seinem Versteck nicht einmal vollständig aufrichten konnte, meint er nur: »Da geht es mir wohl so wie dem Rest der Menschheit.« Der Erzähler kehrt als alter Mann in die Antarktis zurück und wird mit dem Flugzeug zum Pol gebracht, was ihn krank macht. »Das war sicher der Schock, den Pol erreicht zu haben, diesen lockenden trigonometrischen Punkt eines verflossenen Zeitalters, und zu entdecken, daß es sich um eine öde Eisfläche handelt, bewohnt von unglücklichen jungen Soldaten, die lieber in Vietnam wären. Mit anderen Worten, der Pol war kein mythischer Ort mehr.«

Gleich mir hatte Keneally die Antarktis als Gast des amerikanischen Programms kennengelernt. »Die grundsätzliche Nutzlosigkeit der Antarktiserforschung«, schrieb er nach seiner Rückkehr, »ging mir auf, als ich sah, wie nichtssagend der Ort wirkte, wie bedeutungslos die meisten geographischen Daten waren, für die Männer wie Scott ihr Leben gaben. Der Pol selbst war ein großartiges Nichts, eine geographische Wüste. Aber der Schatz von Eindrücken und Erinnerungen, den ich bei meiner antarktischen Odyssee erwarb, wird mein Schreiben stets bereichern.«

George tauchte wieder auf, der redselige Bauleiter, der mich von Brize Norton aus begleitet hatte. Eines Tages kam er hereingerauscht und lud mich zu seiner Geburtstagsfeier am Samstag abend ein. Ich war gerührt. Er wurde 69 Jahre.

»Kümmern sie sich hier gut um dich?« fragte er, und in verschwörerischem Ton fuhr er fort: »Wenn nicht, kommst du mit rüber, und ich sehe mal, was ich tun kann.« Ich malte mir lieber nicht aus, wozu er fähig gewesen wäre. Später führte er mich im Quartier der Bauarbeiter herum. »Ich denke, für Intellektuelle ist es in Ordnung, sich zu viert ein Zimmer zu teilen«, sagte er, während er die Tür zu einem Schlafzimmer öffnete und weiterredete, als spräche er aus jahrelanger Erfahrung, »aber für meine Jungs ist die Zweierbelegung besser.«

An Georges Geburtstag tobte ein Blizzard, und die Fenster sahen aus, als hinge ein Musselintuch davor. Abends kämpfte ich mich durch den Sturm zur Party. Sie hatten Tischtücher aufgelegt und Kerzen auf die Tische gestellt, George und seine Kumpel trugen Krawatten, und auf der Hinweistafel stand: »Gaststar – 9.30: Striptease. 10.30: Haareschneiden.« George schenkte süßen Sherry aus, und wenn irgend jemand fluchte, sorgte George dafür, daß er sich bei mir entschuldigte. John, der Klempner, war Vegetarier und erzählte mir, daß er an seinem ersten Tag eine Schachtel mit 64 vegetarischen Hamburgern für die Mikrowelle bekommen hatte. Später hörte ich, wie die »Alouette«-Chöre im Aufenthaltszimmer hinter mir immer lauter wurden, und dann erschienen Männer in langen Unterhosen und mit Boxershorts darüber. Das nannten sie die »leichte Bierhose«. Als ich mich später noch einmal umdrehte, baumelten George die Hosen um die Knöchel.

»Ich bin der älteste Mann in der Antarktis!« rief er, und damit hatte er vermutlich recht.

3. KAPITEL

Fossil Bluff und die Ski Hi-Nunataks

Die Wolken nahe dem Horizont waren von einem perfekten Schneeweiß und konnten kaum von den Eishügeln unterschieden werden, deren leichte Erhöhungen die Wolken berührten. Die äußere oder nördliche Begrenzung dieses immensen Eisfeldes war gebildet von losem oder gebrochenem Eis, so dicht aufeinander gepackt, daß nichts darin eindringen konnte: etwa eine Meile weiter nach innen begann das feste Eis, ein einziger kompakter solider Körper, welcher an Höhe zuzunehmen schien, wie er sich nach Süden fortsetzte; in diesem Eisfeld zählten wir 97 Eisberge oder Eishügel, deren viele außerordentlich groß waren …

Aus Kapitän Cooks Tagebuch, Januar 1774

Fossil Bluff liegt etwa 370 Kilometer von Rothera entfernt an der Ostküste der Alexander-Insel. Eine Abteilung der britischen Grahamland-Expedition kam 1936 zum erstenmal in diese Gegend; die Männer vermaßen sie grob und fanden dabei Fossilien aus dem Jura, deshalb nannten sie ihr Lager »Fossilienlager«. Lancelot Fleming, ein Teilnehmer der Expedition, der später Bischof von Norwich wurde, drehte einen Film, der fünfzig Jahre später auf Video überspielt und mit dem Kommentar eines anderen Teilnehmers, des berüchtigten

Duncan Carse, unterlegt wurde. Carse war ein erfolgreicher Schauspieler geworden und spielte in den 40er Jahren in der BBC-Radioserie den Dick Barton. Er hat eine einschmeichelnde Stimme, wie geschaffen für einen Film, der auf wunderbare Weise die verlorene Unschuld eines goldenen Zeitalters widerspiegelt. Nach der Expedition verbrachte er einige Zeit allein auf der Insel Südgeorgien. In einem biographischen Film sagte er zu diesem Aufenthalt: »Dort fand ich einen Seelenfrieden wie sonst nirgendwo. Ich gehörte einfach auf diese Insel.« Er versuchte, Shackletons Weg über die Berge nachzuvollziehen und hatte dabei etwas, was er mir gegenüber als »ein übersinnliches Erlebnis« beschrieb. In seinem Südgeorgien-Tagebuch schreibt er von niedrighängenden, perlenförmigen Wolkenketten, die wirkten »wie Phantasiegebilde. Aber durch sie hindurch und über ihnen konnte ich die unerreichbaren Gipfel der Allardyce-Berge sehen, auf denen ein eisig glänzendes, erstaunliches Leuchtfeuer funkelte … niemand hatte sie je gesehen, und es könnten durchaus 1000 Jahre vergehen, bis sie sich wieder zeigen.«

Die britische Grahamland Expedition unter der Führung von John Rymill war ein privates Unternehmen und litt wie alle guten Expeditionen seit Kolumbus an chronischem Geldmangel. Sie mußten sogar die Packkisten zerlegen, damit sie die Nägel weiterverwenden konnten. Für den Kauf eines Schiffes standen ihnen 3000 Pfund zur Verfügung, damit erwarben sie die *Penola,* einen dreimastigen bretonischen 130-Tonnen-Schoner, den sie noch mit einem leichten Flugzeug, einer Havilland Fox Moth, bestückten.

Damals war über Grahamland nicht viel bekannt. John Biscoe hatte es nach Sir James Robert George Graham benannt, dem Ersten Lord der Admiralität und späteren Innenminister, und es wurde 1908 als zu den Falkland-Inseln gehörig annektiert. Flemings Film zeigt, wie die *Penola* 1934 die Londoner Docks verläßt, um die *terra incognita* zu erkunden. Das Schiff war drei Jahre unterwegs.

Am Anfang hatten sie nicht viel Glück, aber, wie Carse es ausdrückte: »Am Ende wurde alles gut.« Die Expedition machte zahlreiche Entdeckungen und vermaß große Gebiete unbekannten Territoriums. Am Ende des Films erklärt Carse triumphierend: »Grahamland ist die Antarktische Halbinsel« (man hatte angenommen, es sei Teil des Archipels), ähnlich muß Kolumbus geklungen haben, wenn er behauptete, daß es westlich von Spanien Land gebe. Carse sagte: »Unsere Expedition war das Bindeglied zwischen dem Zeitalter der Helden – Scott, Shackleton, Amundsen und Mawson – und der EAS von heute. Wir lebten und arbeiteten in der Übergangszeit zwischen zu wenig Rücksichtnahme auf das persönliche Wohlergehen und zu großem Vertrauen auf eine unpersönliche Technologie. Trotzdem hatten wir das Glück, die Antarktis zur schönsten Zeit zu erkunden.«

Obwohl diese Antarktisexpedition, gemessen an den Kosten, mehr Erkenntnisse brachte als alle vorherigen, wurde der Mannschaft, die in Grahamland war, nie die Anerkennung zuteil, die ihr gebührte. Colin Bertram, einer der noch lebenden Teilnehmer, sagte mir: »Die Menschen wußten, daß der Krieg vor der Tür stand, und sie hatten keine Zeit, sich mit uns zu beschäftigen.« Niemand starb, was bedeutete, daß die Medien nicht interessiert waren, und die Expedition hatte nichts mit dem Südpol zu tun, der stets der attraktivste Teil der Antarktis gewesen war.

Nach meiner Rückkehr aus dem Eis nahm ich am heißesten Tag des Jahres einen Zug durch den New Forest in Südengland und blätterte mit Alfred Stephenson (besser bekannt als Steve) durch rissige Alben mit gestochen scharfen Schwarzweiß-Photographien von der Expedition. Er behauptete, sich noch an jede einzelne Aufnahme erinnern zu können – dabei war er kaum zwanzig Jahre nach Scott im Süden gewesen. Auf den Photos, die vor der Abfahrt gemacht wurden, hatten die Männer sich mit ausgebeulten Hosen und feucht zurückgekämmten Haaren aufgestellt, ihren käsigen Gesichtern war die vorabendliche Abschiedsfeier noch anzusehen. An Bord der *Penola* lachten sie teetrinkenderweise in die Kamera, so als befänden sie sich auf einem Schulausflug. Ich deutete auf ein Bild, das einen Mann bei der Herstellung von Hundegeschirren zeigte, und Steve rasselte die Namen der Hunde herunter. Außer Amundsens Expedition gab es wohl keine, die so sehr auf Hunde baute wie diese. Sie mußten die letzten achtzig Arbeitshunde erschießen, da sie für die langwierige Rückfahrt nicht genug Futter mitnehmen konnten. »Ich trauere heute noch um sie«, sagte Bertram sechzig Jahre später.

Fleming filmte einen Mann, der aus einer Tonne ein Kanu fertigte und damit wild entschlossen durch das Packeis paddelte. Außerdem machte er Aufnahmen vom Training junger Hunde auf den Schneefeldern, vom Kampf mit einem Sturm während der Schiffsreise und von der Abfahrt dreier begnadeter Skiläufer über unberührte Abhänge. Alle waren sie schlank und gesund und schön wie griechische Götter. Sie schrieben Geschichte und amüsierten sich köstlich. Und vor allem strahlten sie etwas Unschuldiges, Unbeflecktes aus. In John Rymills Buch *Southern Lights* scheinen sie die ganze

Zeit unbeschreiblich glücklich gewesen zu sein. Als sie die Antarktis verließen, fühlten sie sich laut Rymill »als hätten sie einen Freund verloren«. Das Buch endet folgendermaßen: »Man mag gar nicht daran denken, daß die erste Frage, die man uns bei unserer Rückkehr nach England stellen wird – wahrscheinlich stellt sie ein wohlgenährter, geldversessener Geschäftsmann – lauten könnte: ›Warum sind Sie da bloß hingefahren?‹«

Die Alexander-Insel wurde bereits 1821 von Männern aus Bellingshausens russischer Antarktisexpedition grob kartographiert und nach Zar Alexander I., ihrem Gönner, benannt. 1948 vermaß eine britische Mannschaft die Gegend um das Fossilienlager und taufte sie in Fossil Bluff um, seither arbeiteten Wissenschaftler der BAS auf der Insel. Ihre Forschungen konzentrierten sich hauptsächlich auf die Wechselwirkungen zwischen Gletscher- und Atmosphärenklima.

Mitte Februar erkundigte ich mich, ob ich mit einem Versorgungsflug zu dem kleinen Lager gelangen könnte. Niemand erhob Einwände, was mich erleichterte, denn ich wollte weg von der Station – seit zwei Wochen hing ich schon dort herum, ohne irgend etwas zu tun zu haben. Ich hatte keine Ahnung, wie lange ich in Bluff bleiben könnte, aber das war mir vollkommen gleichgültig. Man würde mir schon sagen, wann es Zeit war, zu gehen.

Die Alexander-Insel wird vom kontinentalen Palmerland durch den nach George VI. benannten Sund getrennt, der, als ich ihn überflog, von blauen Schmelzseen überzogen war. Wir landeten am Rande der Insel neben einer Reihe schwarzer Tonnen. Einige Männer in fluoreszierenden orangefarbenen Thermoanzügen warteten darauf, das Flugzeug wieder auftanken zu können, und nachdem wir dem Piloten auf seinem Weg nach Süden zum Abschied zugewunken hatten, fuhren wir mit Schlitten zum anderthalb Kilometer entfernten Bluff-Lager. Die Hütte, die jetzt nur noch im Sommer besetzt ist, wurde 1961 errichtet. Erst kürzlich hatte sie eine schicke Holzveranda bekommen, auf der der obligatorische Union Jack wehte – verkehrt herum, wie üblich.

Als wir eintraten, roch es nach verbrannten Schinkentörtchen, und man stritt sich gerade lebhaft darüber, wer dafür verantwortlich war. Ein Mann mit einem Rasputin-Bart beteuerte, er habe gerade über Funk ein wichtiges Problem erörtert. Steve Rumble, ein Elektriker und ehemaliger Winterstationsleiter, der schon seit 27 Monaten auf dem Eis arbeitete, blieb einfach mit dem Walkman auf dem Kopf in seiner Koje liegen. Hans Cutter, ein deutscher Geodät, der natürlich nur »Herr Cutter« genannt wurde, saß am Tisch und staunte über diese Aufregung um ein paar Schinkentörtchen, insbesondere da ich soeben angekommen war. Der vierte momentane Bewohner von Bluff, Ian, stand mit seiner Schürze mitten in der Hütte und hielt das Blech mit den verkohlten Törtchen in der Hand. Er war der in Rothera stationierte Arzt, ein liebenswerter Exzentriker mit festen Ansichten und einem gefährlichen Funkeln im Blick. Ich hatte ihn in der Station kennengelernt, bevor er ins Bluff-Lager ging – er gehörte zu den wenigen, die mich bei meiner Ankunft begrüßten. Obwohl er akzentlos sprach, glaubte ich, daß er Schotte war, denn ich hatte Photos gesehen, auf denen er im Kilt Ski lief.

Die Besatzung in Bluff wechselte ständig. Die Hütte wurde als Unterkunft für wissenschaftliche Abteilungen genutzt, die weiter nach Süden wollten, als Ferienhütte und als Ausweichquartier für Leute, die man im Hauptstützpunkt loswerden wollte. Ben, der Hundeführer-Veteran aus Sheffield, war mit mir geflogen, und kurz nach unserer Ankunft kamen noch zwei Wissenschaftler, die 72 Tage auf dem Uran zugebracht hatten, einem Gletscher, der schon Generationen von Rothera-Bärten zu Wortspielen angeregt hatte. Graham war ein großgewachsener, rothaariger Gletscherspezialist aus Belfast. Er erforschte, wie Licht von gepreßtem Schnee reflektiert wurde. Das hatte mit Wärmeabsorption zu tun und lieferte Daten, die zur Berechnung der globalen Erwärmung genutzt werden konnten. Sein viel kleinerer Feldassistent war ein untersetzter Bergsteiger aus Südlondon namens Duncan. Beide meinten, sie seien nicht sicher, ob sie nach 72 Nächten im Zelt in einer Hütte überhaupt schlafen könnten. Sie waren so sehr an Feldrationen gewöhnt, daß sie sich wunderten, in der Spaghetti-Sauce echte Pilze zu finden. Sie spießten sie sogar auf, um sie näher zu betrachten. Am Abend tranken wir einen Wein, den die Überwinterer aus Rosinen und Sultaninen hergestellt hatten. Er schmeckte ein wenig wie Sherry, aber sie hatten ihn in Château Lafite-Flaschen abgefüllt.

Die Hütte, seit Jahren als Glockenblumen-Hütte bekannt, war etwa viereinhalb mal siebeneinhalb Meter groß, hatte eine kleine abgetrennte Spülecke und eine geschwungene Holzdecke. An einer Wand waren zwei Hochbetten angebracht, und wer in die oberen Betten wollte, mußte sich wohl an den Metallfüßen hochhangeln, denn es gab keine Leitern. Die Einrichtung bestand aus einem Holztisch, einer Anrichte, auf der Zeitschriften und Bücher wie »Das Handbuch der Verführung« und »Autoschönheiten« verstreut lagen, und einer Informationstafel, an der folgendes hing: eine Bestandsliste der Treibstofftanks, ein Schwarzweiß-Photo eines Killerwals, einige Cartoons und ein »Stimmungsbarometer«, das für einen Piloten angeschafft worden war, der regelmäßig über die Schlaffheit der modernen Jugend wetterte. Eine Ecke wurde von der Funkanlage ausgefüllt, deshalb wurde dieser Bereich »Radiobude« genannt. An den Wänden hingen einige Zeitschriftenphotos von Frauen, und von den Deckenbalken baumelten Pfannen und Töpfe. Beherrscht wurde der Raum von einem Tropfölofen, auf dem immer ein vorsintflutlicher Kessel stand, der gefährlich brummte. Ein kleiner Raum neben dem Eingang war mit Werkzeugen, Taschen und Bierdosen vollgestopft, und an der anderen Seite der Hütte, in einem Raum, in dem sich Schneeschuhe, Steigeisen, Seile, Gummimatten, ein Sodasyphon, Nuten und Bolzen und ein altes Holzschild mit der Aufschrift »Müll abladen verboten!« stapelten, befand sich eine transportable Toilette.

Ich schlief in der Vorratskammer, einer blauen Holzhütte auf dem Hang hinter der Glockenblumen-Hütte. Ein kleines Fenster auf einer Seite warf früh am Morgen eckige orangefarbene Schatten auf die gegenüberliegende Wand. In der Nacht – die Mitte Februar so lang war wie eine Herbstnacht im Norden – mußte ich zum Lesen die Taschenlampe nehmen. In der Kammer lagerten wiederverschließbare Erbsentüten; Kisten voll Fett; glänzende Metallwürfel mit Zucker, verpackt 1985; eine große Pappschachtel mit dem khakibraun verschweißten allgegenwärtigen »Zwieback, braun«, der von britischen Antarktikern seit Anbeginn der Zeit gegessen wird, und massenweise Sardinen. Über den Kisten am Boden, aus denen Bodenreiniger tröpfelte, waren kaputte Shampoobehälter gestapelt. Von innen ließ die Tür sich nicht schließen, deshalb mußte ich sie zubinden.

Ich leerte meinen Packbeutel auf dem Boden aus. Er hatte die Form eines Golfcaddys und enthielt eine Luftmatratze, zwei Gummimatten, eine Unterdecke aus Schaffell, einen Biwaksack und einen Schlafsack mit zwei Einlagen. Als ich zwischen den Regalen stehend mein Bett aufpumpte, dachte ich schuldbewußt an das, was Wilfred Thesiger zu Eric Newby und Hugh Carless gesagt hatte, als er sie 1956 in Nuristan bei der gleichen Tätigkeit beobachtete. Es ist als Schlußwort in Newbys *A Short Walk in the Hindu Kush* zu lesen. »Großer Gott, was seid ihr bloß für Weichlinge«, meinte Thesiger.

Die Glockenblumen-Hütte war das einzige Gebäude auf einer Insel, die ungefähr so groß ist wie Wales (oder wie England, wenn man die umliegenden Eisschelfs mitzählt), und sie hatte sich seit 1961 kaum verändert. Das wußte ich, weil ich Photos von Bärten gesehen hatte, die in der Radiobude hockten oder gerade aus dem Kochtopf aßen. Auf »Drune«, dem Berg direkt hinter der Hütte, und der »Pyramide«, dem Stufenturm daneben, lag normalerweise etwas Schnee. Wenn es schneite, sah es um die Hütte herum gleich viel schöner aus; eine dünne Decke über dem Geröll und der Moräne lockerte das Braun auf. Auf der anderen Seite des King George VI.-Sunds wechselten die Batterbee-Berge und der Ryder-Gletscher im schwindenden Licht die Farbe und leuchteten wie alte Buntglasfenster in großen Kathedralen zur Zeit des Abendgebets.

In Bluff brachte Ian mir bei, Windgeschwindigkeit und -richtung zu registrieren, den Wolkentyp und das Ausmaß der Bewölkung, die Höhe der Wolken und den Luftdruck auf Meeresspiegelhöhe. Er war ein guter Lehrer und freute sich offenbar, sich so beschäftigen zu können. Seine einjährige Dienstzeit als Arzt neigte sich dem Ende zu, und sein Nachfolger war bereits in Rothera eingetroffen. Die Bewohner der Glockenblumen-Hütte hatten ihre jeweiligen Arbeiten in der Antarktis abgeschlossen. Sie warteten nur noch darauf, abgeholt zu werden, und diese Zeit konnte man in Bluff weit angenehmer verbringen als in Rothera – nicht zuletzt deswegen, weil es dort keinen Stationsleiter gab.

Aufgrund meiner neuerworbenen Fähigkeiten durfte ich bei der Wetterbeobachtung helfen und die Daten per Funk nach Rothera melden. Wenn Flugzeuge uns anfliegen wollten, mußten wir oft stündlich berichten. Meist brachten sie Nachschub von dem Flugbenzin, das von der BAS benutzt wurde, denn Bluff diente als Auftankstation für Flugzeuge, die Wissenschaftler noch weiter in den Süden transportieren sollten. Alles drehte sich um den Treibstoff, weil die Maschinen, die Benzinfässer brachten, auch selber noch nachtanken mußten, bevor sie nach Rothera zurückfliegen konnten.

Ian brachte mir bei, wie man die 200-Liter-Fässer voll Treibstoff auf Wasserverunreinigung untersuchte und wie man die Tanks auffüllte, wenn ein Flugzeug landete. Außerdem betätigten wir uns täglich ein paar Stunden im Tonnenlager, einer Grube, in die man in einer weniger umweltbewußten Zeit den Müll gekippt hatte. So gruben wir etwa Abfall aus dem Eis und füllten ihn in leere Treibstofftonnen. Wenn diese Tonnen voll waren, brachten die Flugzeuge sie zurück nach Rothera.

Eines Tages, als ich mit Graham, dem großgewachsenen Glaziologen aus Belfast, in der Grube arbeitete, sagte er ärgerlich: »Kein Wunder, daß sie von der guten alten Zeit sprechen. Sie ließen den ganzen verdammten Müll einfach da fallen, wo sie gerade standen.«

Graham hatte einen starken nordirischen Akzent, deswegen hänselten ihn die anderen andauernd, aber er ließ sich durch rein gar nichts provozieren. Beim Arbeiten in der Grube hatte er eines Tages die Idee, die bislang unbeanspruchten Teile der Antarktis für Ulster zu reklamieren.

»Großartig«, meinte er, während er sich das weiter

ausmalte. Er war umgänglich, lebhaft und spontan und hatte immer eine kleine Pfeife in der Tasche. Duncan, der Feldassistent aus Südlondon, der mit Graham und seiner Pfeife 72 Tage auf dem Uran verbracht hatte, gab sich zurückhaltender und ruhiger. Mir fiel auf, daß er jedesmal, wenn Grahams Hand sich der Tasche mit der Pfeife näherte, schnell aus der Glockenblumen-Hütte verschwand.

Ich blieb zwei Wochen in Bluff und wanderte jeden Tag auf einem schmalen Pfad über das Geröll am Fuße des Drune zum Eros-Gletscher. Er lag am Rande einer vereisten Bucht und reichte auf der anderen Seite über eine Felsbank hinab, unter der sich eine blauschimmernde Höhle befand. Auf dem Rückweg pflegte ich mich auf die Steine zu legen, den Eros zu betrachten und der rosaglühenden Dämmerung dabei zuzusehen, wie sie hinter den Batterbee-Bergen auf der anderen Seite des riffeligen Sundes erlosch.

Einen weiteren Hinweis darauf, daß Ian Schotte war, lieferte der Dudelsack, den er sich von einer Otter hatte nachbringen lassen. Er war ständig mit irgend etwas beschäftigt und hatte keine der albernen Gewohnheiten, die sich bei anderen BAS-Männern zeigten. Ich gewann den Eindruck, daß er deswegen den Winter auch nicht sonderlich genossen hatte. Er stand auf der Veranda und spielte »Amazing Grace«. Das Ergebnis war nicht sehr gut, denn die Pfeifen waren zu kalt.

»Ich möchte es auch einmal versuchen«, bat Graham, der für jeden Spaß zu haben war. Ian reichte ihm den Dudelsack, und Graham mühte sich redlich, brachte aber keinen einzigen Ton heraus.

»Laß mich lieber blasen«, meinte Ben, der als Marathonläufer über gute Lungen verfügte, »dann kannst du den Sack halten und die Knöpfe drücken.«

Nach einigem Hin und Her entrang sich den Pfeifen ein einzelner quäkender Ton, der jedoch bald erstarb.

»Wo geht die ganze Luft bloß *hin?*« fragte Ben.

Graham gab auf und holte seine Blechpfeife. Wahrscheinlich war es das erste Mal, daß ein Dudelsack und eine Pfeife gemeinsam in der Antarktis erklangen.

»Und hoffentlich auch das letzte Mal«, meinte Duncan, als ich mit ihm darüber redete.

Die Lebensmittelkisten, aus denen Graham und Duncan sich im Feld verpflegt hatten, waren 1986 gepackt worden. Alles in der Antarktis war Jahre über das Mindestverfalldatum hinaus. Als alles vorbei war und ich mich wieder in der Heimat befand, brachten mich Verfallsdaten, die sich auf die Zukunft bezogen, ganz durcheinander, weil ich immer meinte, ich dürfe die Waren noch gar nicht verzehren. Aber es machte offenbar nichts aus – wir waren nie krank. Einiges war allerdings unappetitlicher als nötig. Sobald etwa die Dosenspaghetti mit Hitze in Berührung kamen, lösten sie sich einfach auf, denn sie waren zu oft aufgetaut und wieder eingefroren. In einem Feldlager sah ich eine Dose Parmesankäse mit dem Aufdruck *Zehn Monate gereift.* Darunter hatte jemand geschrieben ZEHN JAHRE GEFROREN.

Allerdings schickte Al, der preisgekrönte Koch aus Rothera, uns gelegentlich Care-Pakete, und eines Tages brachte eins der Tankflugzeuge sogar einen Rinderbraten. Ian servierte ihn mit Yorkshire-Pudding und allem, was dazugehört. Er war ein exzellenter Koch. Er buk nicht nur zwei Brote pro Tag, sondern auch Pasteten und Kuchen, und eines Tages produzierte er sogar dänisches Gebäck. Nachdem wir den Braten vertilgt hatten, langweilte er sich, deshalb schnitt er dem willfährigen Graham die Haare.

»Wir könnten doch nachher ›Trivial Pursuit‹ spielen«, schlug Graham fröhlich vor.

Keiner ging darauf ein. Wir hatten genug von »Trivial Pursuit«. Wie alles andere in Bluff war das Spiel eine ältere Version und dazu noch eine amerikanische, daher standen auf den orangefarbenen Kärtchen Fragen wie: »Wer kam 1983 in die nationale Hockey-Liga?« Auf solch raffinierte Fragen machte Ian gern die wüstesten Vorschläge, was wiederum Rasputin irritierte, wenn er überhaupt aus seiner Radiobude herausgelockt werden konnte. Er wäre das Spiel lieber etwas intellektueller angegangen.

Rasputin war ein hochqualifizierter Vermessungstechniker, der vom Landesvermessungsamt kam. Er war seit fünf Wochen im Süden und hatte Photos gemacht, mit deren Hilfe er dann in Cambridge detaillierte Karten kleinerer Gebiete der Antarktis erstellen würde. In der Hütte predigte er mit missionarischem Eifer über die Bedeutung von Karten und sprach ausgiebig über den allgemeinen Mangel an, wie er es nannte, »Kartenbewußtsein«. Nach etwa einer Woche in Bluff fiel mir auf, daß ich ihn noch nie mit einer Kamera in der Hand gesehen hatte.

»Wo ist denn eigentlich dein Photoapparat?« fragte ich ihn. Ich dachte, er würde ihn prompt aus der Tasche ziehen.

»Der ist hinten an einer Twin Otter befestigt«, antwortete er gereizt. »Er wiegt mehr als neunzig Kilo, weißt du – das ist keine stinknormale Kamera.«

Drei Tage später flog Rasputin mit einer Otter zurück nach Rothera, da er den nächsten Flug zu den Falkland-Inseln nehmen sollte. Wir saßen auf der Veranda und warteten auf das Flugzeug, da blickte er nach Süden und seufzte.

»Schau mal«, sagte er trübsinnig, »fast zweitausend Kilometer nacktes Eis zwischen uns und dem Pol. So vieles zu vermessen – und so wenig Zeit.«

Ich zog in den alten Generatorraum, in dem er geschlafen hatte. Das war ein Anbau an der Hütte mit einer kleinen Holztür. Wenn ich hindurchgehen wollte, mußte ich mich bücken wie Alice im Wunderland. Die hölzerne Vorrichtung, die darin stand und als Bett diente, hatte eine Schiebeluke neben sich, also gewöhnte ich mir an, bei offener Luke auf dem Bett zu liegen und über den Sund und die Klippen zu schauen, während um mich herum die Eisberge kalbten und das Eis knirschte. Es war, als sei die Landschaft lebendig – genau wie Coleridge es beschrieb –, obwohl er niemals etwas Ähnliches gesehen hatte:

> Das Eis war hier, das Eis war dort
> Und Eis rings um den Rumpf –
> Es stöhnt und sirrt und dröhnt und klirrt –
> Doch wie geknebelt dumpf.*

Coleridge komponierte *Die Ballade vom alten Seemann* zwischen 1797 und 1798 bei abendlichen Spaziergängen über die grünen Hügel an der Südwestküste Englands. Er war niemals außer Landes gewesen; er erblickte das Eis vor seinem inneren Auge. Viele Autoren haben versucht, die Reise in die Antarktis in eine spirituelle Reise umzudeuten, doch nur bei Coleridge hat mich die Analogie überzeugt. Der Seemann reist über die Grenzen des Bekannten hinaus auf dem unendlichen Meer des Geistes in die klirrende Kälte, die absolute Einsamkeit.

---

* Übers. v. W. Breitwieser. *William Wordsworth und Samuel Taylor Coleridge.* Heidelberg, 1959. – A. d. Ü.

»Und keiner der Heiligen erbarmete/Sich meiner Seelenpein.« Meine eigene antarktische Reise eröffnete mir einen Blick auf das Schöne, das jenseits des Bekannten liegt, nicht auf das Schlechte; den Weg in die kalte, dunkle Verzweiflung war ich schon vorher gegangen. Jene schrecklichen Zeiten voller Trauer und Trübsal gehörten nicht zu meiner antarktischen Reise, obwohl die Erinnerung daran mir immer gewärtig war, deshalb empfand ich auch die Momente des Friedens auf dem Eis um so intensiver.

Wenn es schneite, war das Wiederauftanken eine so unangenehme Arbeit, daß ein strikt demokratischer Plan aufgestellt wurde. Die braunen Abhänge der Moräne wirkten dann wie verfärbte Blätter, und der leichte Puderschneeüberzug ließ die unterschiedlichen Bodenstrukturen noch deutlicher hervortreten. An einem verschneiten Tag brachte das Flugzeug Post. Einer meiner Freunde, ein Witzbold, schickte mir eine alte Blechpfeife, und da die Männer von mir immer den Spruch hörten, »Das liegt am Testosteron«, nannten sie das Geschenk sofort die Testosteron-Pfeife und rieten mir, sie zu benutzten, wenn es gar zu arg würde.

Obwohl die Temperatur selten unter minus drei Grad fiel, brachte uns die Wetterlage Sturm und dauernden Schneefall, so daß wir die Hütte nicht verlassen konnten. Ben unterhielt uns mit Geschichten aus den alten Zeiten, meist ging es dabei um Hunde.

»Alle Hunde verschwanden einfach vor meinen Augen – zack, zack, zack!« sagte er gegen Ende einer unterhaltsamen Erzählung über eine 1600 Kilometer lange Schlittenreise. »Ich kroch zum Rand der Gletscherspalte und starrte ins Dunkle, und da hingen sie in ihrem Geschirr, Dot, der Leithund, schwang in zwölf Meter Tiefe am Ende des Zugriemens!«

»Und was passierte dann?« fragten wir alle auf einmal.

»Mein Partner ließ mich in die Gletscherspalte hinunter, und ich löste die Hunde einen nach dem anderen aus dem Geschirr und brachte sie wieder hinauf. Ich war vorangelaufen, also war es eigentlich meine Schuld – aber die Hunde haben es mir nie nachgetragen.«

Nach zwei Tagen mit totaler Bewölkung, einschließlich Regen und Schnee, konnten wir das Eingesperrtsein kaum noch ertragen. Wir beschlossen, eine Kultbewegung zu gründen und Churchill-Reden durch den Äther zu schicken. In einem Anfall von Putzwut fragte ich die anderen, ob sie etwas dagegen hätten, wenn ich die Regale ein bißchen abwischte, und Steve meinte: »Die Hütte gehört dir genauso wie uns.« Die Männer in Bluff hatten mir das Gefühl gegeben, zum Team zu gehören, in Rothera hatte das niemand auch nur versucht.

Nach vier Tagen klarte das Wetter auf, und wir wanderten zu den »Reuigen Sündern«, einem Schneefeld, das wegen seiner an betende Mönche erinnernden Eisgebilde so genannt worden war. Ihre glatten, von der Natur geformten Umrisse und die Einfachheit ihrer Linien und Wölbungen und Windungen erinnerten mich an die Skulpturen von Barbara Hepworth. Sie vermittelten auch dasselbe Gefühl von Ewigkeit, oder zumindest von Klarheit. Hepworth bezog ihre Inspiration aus einer Landschaft in Cornwall. Ich schaute über den Sund und suchte vergeblich nach Ähnlichkeiten mit dem Cornwall meiner Kindheit.

So angenehm das Leben in Bluff auch war, nach zwei Wochen wünschte ich mir doch, einen anderen Teil der Halbinsel kennenzulernen. Ich hatte den ganzen weiten Weg nicht gemacht, um dann zwei Monate am selben Ort zu verbringen. Deshalb fragt ich den Stationsleiter von Rothera über Funk, ob ich mit einem der Flugzeuge, die in Bluff auftankten, zu einem weiter südlich gelegenen Feldlager fliegen könnte. Drei Tage später, als ich wie üblich aus meinen kleinem Zimmer in die Hütte stolperte, waren die Männer gerade dabei, abwechselnd eine Stimmgabel gegen einen Bettpfosten zu schlagen und sie dann an die Zähne zu halten.

»Bevor ich es vergesse«, sagte Ian, nachdem ich Kaffee gemacht hatte, »heute morgen kam eine Nachricht für dich. Du fliegst am Nachmittag nach Ski Hi.«

Die Ski Hi Nunataks lagen 350 Kilometer von Bluff entfernt, nordöstlich der Merrick-Berge auf der westantarktischen Eisdecke. Das war zu weit südlich, um noch zur Halbinsel zu gehören – also befand ich mich wieder in dem Teil des Kontinents, der für mich die eigentliche Antarktis war. Die Nunataks, schneefreie Felsnadeln, waren nicht mehr zu sehen, sobald sich eine niedrige Wolke auf die Eisdecke senkte. Zuerst wurden sie in den frühen 60er Jahren von den Amerikanern vermessen, die sie nach einer Station tauften, die ihren Namen später in Eights-Station änderte. Mittlerweile untersuchte eine kleine BAS-Mannschaft, bestehend aus Wissenschaftlern und Technikern, diesen Eisabschnitt per Luftradar, und deshalb war in der Nähe der Nunataks auch ein behelfsmäßiges Lager errichtet worden. Es bestand lediglich aus ein paar Ölleitungen, sechs Pyramidenzelten und einem Wetterschutzzelt.

Als wir landeten, fegte ein stürmischer Wind über die Eisdecke, und es war bitter kalt. Die Spitzen der Zelte waren schneebedeckt – wie Berggipfel. Vasco war da, ein kleiner, auffallend gutaussehender Feldassistent mit einem großen Herzen und feurigem Blick. Seinen Spitznamen – von Vasco da Gama abgeleitet – hatte er auf der

Reise nach Süden bekommen, weil er ab Grimsby die ganze Zeit auf der Brücke verbracht hatte, um vom Ersten Offizier zu lernen, wie man einen Sextanten benutzt.

»Willkommen in der Hölle auf Erden«, begrüßte er mich. Neil, der schlanke Erdkundelehrer aus Liverpool, war auch da, er nahm mich mit zum Wetterschutz und machte mir eine Tasse Tee. Der Wetterschutz war ein Tunnelzelt von ungefähr vier Meter Länge und zwei Meter Breite mit einem Holzboden und einer ständig brennenden Paraffinlampe an der Decke, von der auch eine Sammlung tropfender Handschuhe und Mützen herabbaumelte.

»Es wird ein bißchen eng hier drin«, sagte Neil. »Abends muß man sich seinen Platz erkämpfen.«

»Wie viele Menschen leben denn hier?« fragte ich, während ich meine Hände an einem der Primuskocher wärmte.

»Mit dir sind es zehn«, antwortete er, indem er an den Fingern abzählte. »Zwei Wissenschaftler, die gerade aus einem noch weiter vorgelagerten Camp gekommen sind und auf ihren Rückflug nach Rothera warten, die fünf Jungs vom Radarvermessungsteam, und Vasco und ich. Wir wissen eigentlich gar nicht so recht, was wir hier tun.«

»Ich denke, wir sollen das Lager abbrechen«, sagte Vasco, der uns ins Zelt gefolgt war. Er schaufelte gerade Schnee in den kleinen Teich mitten auf dem Boden. Als der Schnee das ganze Wasser aufgesogen hatte, schaufelte er ihn wieder nach draußen.

Das Funkgerät stand auf einem Benzinkanister, und an einer Seite des Zeltes häuften sich halbleere Dosen und Büchsen mit steinhartem Inhalt, tröpfelnde Suppenpakete, Plastikbecher und ein roter Plastiksack, in dem sie abwechselnd Eis sammelten.

»Stellt ihr diese Kocher nie ab?« fragte ich, denn es standen keine Töpfe darauf.

»Wir lassen sie an, damit sie die Luft erwärmen«, erklärte Neil. »Meistens haben wir siebzehn oder achtzehn Grad minus – manchmal ist es noch viel kälter. Der Unterschied zu Bluff wird dir schon noch aufgehen. Du befindest dich weiter südlich, und die Eisdecke ist viel exponierter als die Halbinsel.«

Ich teilte mir das äußerste Pyramidenzelt mit Keith, einem Elektronikingenieur, der zum Radarteam gehörte. Obwohl ein amerikanisches Scott-Zelt und ein britisches Pyramidenzelt in Form und Funktion gleich sind, befindet sich der Eingang zum Pyramidenzelt einen halben Meter über dem Boden, was das Hinein- und Herauskommen erschwert und auf die höheren Schneeanhäufungen im »britischen Sektor« der Halbinsel hindeutet.

Als ich später meine Photos betrachtete, wurde mir klar, daß die von den Amerikanern benutzten Scott-Zelte aus dem gleichen Grunde weniger steil ausgelegt waren. Am erstaunlichsten aber war, daß ich anfing, mich für diese Details zu interessieren.

Ich legte meine Übernachtungsausrüstung an einer Seite des Zeltes ab. Unsere Bereiche wurden durch Kisten mit Kochgeschirr, Verpflegung und geophysikalischen Gerätschaften getrennt, auf diesen wiederum befanden sich ein Primuskocher, eine Lampe, ein Radio, ein CD-Walkman, ein Roman von James Clavell und ein Röhrchen extra starke Pfefferminzbonbons. Eine offene Büchse Pfirsiche mit Federn auf dem Deckel klemmte zwischen Keiths Luftmatratze und dem Primuskocher, außerdem eine halbvolle Büchse dänischer Camping-Butter (1988) und zahlreiche leere Hüllen von Cadbury's Milchschokolade. Es war klar, daß Keith über den Neuzugang in seinem Zelt nicht allzu erfreut sein würde. In der ersten Nacht blieb er im Wetterschutz, bis alle anderen sich in die Zelte zurückgezogen hatten, um das Zusammentreffen mit mir so lange wie möglich hinauszuzögern.

»Hallo«, sagte ich, als ich hörte, daß er sich durch den Zelteingang arbeitete.

»Hallo«, erwiderte er offensichtlich enttäuscht, so als habe er gehofft, ich hätte mich in Luft aufgelöst. Aber ich hatte einen schlauen Plan ausgeheckt. An der Zelteinrichtung konnte ich erkennen, daß Keith technikverrückt war. Er hatte – zum Beispiel – ein digitales Thermometer angebracht, das gleichzeitig die Innen- und Außentemperatur anzeigte. Der einzige Weg, mit einem Technikfreak umzugehen, ist, Interesse an seinen Apparaten zu heucheln.

»Das ist sehr nützlich«, log ich, indem ich auf die Doppelanzeige des Thermometers deutete. »Wie funktioniert das eigentlich genau?«

Keith räusperte sich. Ich hatte gewonnen.

Der Grund, warum Keith vor meiner Ankunft ein ganzes Zelt für sich allein gehabt hatte, wurde mir bald klar. Er hätte jeden Schnarchwettbewerb für England gewinnen können. Mir machte das nichts aus. Die Fähigkeit, jederzeit, an jedem Ort, gleich unter welchen Bedingungen schlafen zu können, gehörte in meinem Fall einfach zum Beruf. Wenn Keith wach war, zeigte er sich, nachdem er ein wenig aufgetaut war, als angenehmer Zeitgenosse. Und er machte mir morgens Tee.

»Hier ist das Frühstück«, pflegte er zu sagen, wenn er mir einen halben Riegel Schokolade reichte. War es draußen windig, mußten wir schreien, um uns zu verständigen. Am zweiten Tag erlaubte er mir, seinen CD-Walkman zu benutzen, und ich hörte immer wieder gern in Keiths umfangreiche und umfassende Sammlung hinein. Das Anziehen war allerdings furchtbar, und das unübersehbare Thermometer, das uns ständig daran gemahnte, daß draußen 25 Grad minus herrschten, machte es noch schlimmer. Ich schmiedete Pläne zu seiner Zerstörung. An ganz schlechten Tagen, wenn das Radarflugzeug nicht starten konnte, verließen manche ihr Zelt nur, um zur Toilette zu gehen, und sogar das war eine Qual, denn dazu mußte man eine Eisrinne hinunterrutschen, die zu einem unterirdischen Eiszimmer führte, und auf ein leeres Benzinfaß klettern.

Nachdem wir tagelang in den Zelten gefangen gewesen waren, hatten wir nichts mehr zu lesen und fingen an, die Rückseiten der Lebensmittelschachteln zu studieren. Einige erzählten, daß sie im Feld gelernt hätten, das Rezept für Haferbrei in Holländisch und Suaheli herunterzuleiern. Das hatte eine lange Tradition. Gunnar Anderssen, der 1902 in der Hope-Bucht festsaß, berichtete, daß seine Abteilung keine Bücher hatte, daher nahmen sie, um das Auge mit gedruckten Buchstaben zu erfreuen, ihre Kondensmilchdosen und lasen die Etiketten. Alles in allem konnten wir in Ski Hi nichts so richtig genießen, ja nicht einmal ernsthaft nachdenken. Das Überleben in dieser Kälte schien all unsere Energien aufzubrauchen.

Nur selten zogen wir unsere Windanzüge aus, jene fluoreszierenden orangefarbenen Anoraks und riesigen Hosen, die von Scott und all seinen britischen Nachfolgern in der Antarktis getragen wurden. Sie paßten zu dem, was im Wetterschutz oft als »antarktische Erfahrung« bezeichnet wurde. Die Männer benutzten ständig das Adjektiv »knochenhart«: damit meinten sie das, was sie für die »authentische« Art hielten, in der Antarktis zu leben – ohne die Annehmlichkeiten eines Stützpunktes, verwegen wie in den alten Tagen. Fast alle Männer wurden im Feld rauher und mackerhafter, so als wären sie nicht nur auf physischer, sondern auch auf mentaler Ebene auf eine tiefere Stufe gesunken. Sich für einen Polarhelden zu halten ist ja eigentlich harmlos, doch es hing eine Menge kultureller Ballast daran. So entwickelten sie eine grimmige Art von Schuljungenhumor. Als ein Feldassistent sich aus Versehen in die Hosen machte und das über Funk erzählte, wurde im Lager den ganzen Tag von nichts anderem mehr gesprochen; alle fanden es furchtbar lustig. Wenn eine Kamera herumlag, konnte man sicher sein, daß sie dazu benutzt wurde, ein paar Schnappschüsse von jemandem zu machen, der eine Zigarre im Hintern stecken hatte, damit die Mutter des Kamerabesitzers etwas zu lachen hatte, wenn der Film zum Entwickeln nach Hause geschickt wurde. Als die Lufteinheit für die Saison Schluß machte, kritzelte sie eine letzte Botschaft auf die Nachrichtentafel: »Zum Bumsen nach Großbritannien.« Ein Mann, der kürzlich nach zweieinhalb Jahren die Antarktis verlassen hatte, schickte ein Photo von sich, das ihn in flagranti zeigte. Bevor das Schiff kam, das uns mitnehmen sollte, ging eine Liste herum, auf der man angeben sollte, ob jemand während der Fahrt vegetarisches Essen wünschte: einer schrieb »Verpißt euch« neben seinen Namen. Ich könnte endlos so weitermachen. Wie Jennie Darlington schon in den Fünfzigern berichtete: »Ich kam mir vor, als würde ich in einer Männerumkleidekabine leben.«

Warum diese spröde Maske? fragte ich mich. Nun, britische Verhaltensweisen waren aus einer Kultur hervorgegangen, in der niemand erwachsen wurde. Gefühlsmäßig lebten die Offiziere der Scott-Ära und nachfolgende Generation in einer Schuljungenwelt, in der Jungen in heldenhafter Umarmung starben, während die ganze Schule schluchzend danebenstand. Hatte ich nicht schon oft genug gehört, wie die alten Kämpen der Antarktis darüber klagten, daß die Zeiten vorbei waren, in denen Jungen noch Jungen sein durften und Mädchen nicht vorkamen? Alastair Fothergill, der Mann, der beim Dreh seiner preisgekrönten Fernsehserie *Leben im ewigen Eis* viel Zeit im Süden verbracht hatte, hatte zu diesem Thema einiges sagen. »Die Antarktis bringt tatsächlich auch nationale Eigenheiten zum Vorschein. Die britische Einstellung – obwohl sie sich verändert – orientiert sich immer noch an einem total veralteten Bild vom Forscher.« Während ich ihm in seinem überheizten Büro in der naturgeschichtlichen Abteilung der BBC in Bristol gegenübersaß, fuhr Fothergill fort: »Daß die Antarktis eine Domäne der Männer ist, scheint unvermeidlich, schließlich haben sie sich jahrzehntelang dort getummelt. Es geht darum, Menschen auszugrenzen, und das ist eine männliche Angelegenheit. Mir wird ganz schlecht, wenn ich sie über die Touristen stöhnen höre.«

Die Ironie war, daß trotz des kollektiven Traums von der männerdominierten Antarktisforschung sowohl Neil als auch Vasco – die zu den wenigen gehörten, die sich eine objektive Sichtweise bewahrt hatten – behaupteten, daß Zelten in Schottland schwieriger sei als in der Antarktis. In Schottland würde es viel häufiger regnen, die Zelte wären kleiner, das Gras feuchter, es gebe Mücken, Wasser wäre viel schwerer zu finden, und, Teufel auch – Vorräte und Öl gab es in der Antarktis mehr als genug. Was Scott selbst anbetraf, so war ich sicher, daß er auf meiner Seite gewesen wäre. Das war eine weitere Ironie, da die Mehrheit meiner Gefährten sich mit ihm identifizierte. Wie ein früher Biograph schrieb: »In manchen Dingen hatte Scott eher die Sensibilität einer Frau als die eines Mannes.«

Ich gewöhnte mir an, »das Wetter zu machen«. Dazu mußte ich hinaus auf die Eisdecke gehen und mich gut umschauen. Wenn die Piloten stündliche Berichte haben wollten, kam man in Versuchung, einfach für zehn Sekunden den Kopf aus dem Zelt zu stecken und ein paar Vermutungen anzustellen, weil sich ja seit dem letzten Mal eigentlich nicht viel geändert haben konnte. Zunächst schreckte mich allein die Vorstellung, das zu tun, bis ich merkte, daß alle es so machten. Es gab sogar einen Ausdruck dafür: »Das Zeltwetter ansagen.«

Was die innere Wetterlage anbetraf, kämpfte ich wieder einmal mit den Schwierigkeiten, eine Außenseiterin zu sein. Trotz des ermutigenden Zwischenspiels in Bluff machte die hintergründige Feindseligkeit, der ich auf der Halbinsel ausgeliefert war, mir zu schaffen, und was noch schlimmer war, sie beeinflußte meine Reaktion auf den Kontinent. Für die Seele war es in Ski Hi zwar nicht dunkle Nacht – aber es war verdammt dämmrig.

Man suchte verzweifelt nach Co-Piloten für das Radarprojekt. Alle anderen hatten die Aufgabe schon mehrmals übernommen und meinten, das sei langweilig. Jetzt war ich wohl dran. Ich stellte meinen Wecker auf 5 Uhr 30, mittlerweile war es dann noch düster, und stolperte zum Flugzeug, in dem der Bordmechaniker gerade die Diskette seines Laptops mit einem Fön anwärmte.

»Alles, was Sie tun müssen«, sagte der Pilot, während er sich in der Kanzel die Zähne putzte, »ist, auf diese Skala zu schauen« – er deutete darauf – »und mir zu sagen, wann die Nadel über diese Zahl hinausgeht.« Er legte den Finger dorthin. »Und ansonsten halten Sie den Mund, denn ich muß mich konzentrieren.« Jetzt verstand ich, warum dieser Job nicht sehr beliebt war.

Es war ein sonniger Morgen, und wenn ich es wagte,

vom Zifferblatt aufzuschauen, bemerkte ich, daß die Muster im Schnee um die Nunataks so regelmäßig waren wie die in einem Teppich. Das blaue Gletschereis weiter südlich war gläsern und höckerig. Der Pilot warf mir einen bösen Blick zu, weil ich aus dem Fenster schaute, also ließ ich mich wieder in meinen Sitz zurücksinken und konzentrierte mich auf die Anzeige. Wenigstens war man nach dem Start im Warmen. Ich flog dann doch noch ein paarmal mit – es gemütlich zu haben, war ja schon etwas, und außerdem gab es nichts anderes zu tun. In Ski Hi war es die ganze Zeit kalt. Manchmal träumte ich mich im Zelt oder im Wetterschutz an einen warmen Ort, nur um der Kälte für einige Augenblicke zu entfliehen. Ich stellte mir gern vor, wie ich im Ägäischen Meer schwamm und durch klare grüne Wellen zum geriffelten, sandigen Grund tauchte. Heute fällt es mir schwer, mich daran zu erinnern, warum ich das immer wieder tat, denn geklappt hat es nie.

In Ski Hi verbrachte ich eine Woche, und in dieser Zeit verkam das Wetterschutzzelt immer mehr. Jeder glaubte, in ein paar Tagen fort zu sein, deshalb machte es keinen großen Sinn, noch aufzuräumen. Abends trafen wir uns alle dort und kochten abwechselnd. Eines Tages stand Vasco da und rührte in einem Topf mit Tomatensuppe. »Ein Feldassistent ist während eines Blizzards mit seinem Beaker im Zelt gefangen«, sagte er ins Blaue hinein. »Der Beaker geht regelmäßig zum Pinkeln nach draußen, aber der Feldassistent nie. Schließlich fragt der Beaker: ›Sag mal, wie machst du das eigentlich? Das ist ja unglaublich‹, und der Feldassistent antwortet: ›Ist doch ganz einfach. Jedesmal wenn du nach draußen gehst, pinkel ich unter deine Luftmatratze.‹«

Abgesehen von solchen gelegentlichen Geistesblitzen drehte sich die Unterhaltung um immer die gleichen altbekannten Themen (die Ankunft des Schiffes, den Zustand der Dash-7, die geistige Gesundheit des BAS-Managementst, und wo jeder einzelne hinfahren würde, wenn er das Eis verließ). War schließlich alles durchgehechelt, ging es von vorn wieder los. Zu ungefähr dieser Zeit erfuhren wir über Funk, daß ein Eisberg von der Größe einer kleineren englischen Grafschaft vom Larsen-Eisschelf abgebrochen war und sich zielstrebig auf die Falkland-Inseln zubewegte. Dieser neu entstandene Eisberg verleitete die Zeitungen wie üblich zu wüsten Spekulationen über Katastrophen, bei denen London und New York in einer aus der Antarktis kommenden Schmelzwasserflut versanken. Doch das Entstehen eines Eisbergs – selbst das eines besonders großen – ist Teil des natürlichen Erneuerungszyklus, und deshalb nicht unbedingt ein Zeichen für eine bevorstehende globale Katastrophe. Das seit Jahren beobachtete langsame Abschmelzen der Eisschelfs ist allerdings ein neues Phänomen, das die Glaziologen viel mehr interessiert. Beispielsweise bricht seit 1990 das Eis auseinander, das früher den Prinz-Gustav-Kanal bedeckte und die James Ross-Insel mit der Antarktischen Halbinsel verband, und kurz davor zersplitterte das Wordie-Eisschelf an der Westküste. Das regionale Klima der Halbinsel, die immer der wärmste Teil der Antarktis war, hat sich seit den vierziger Jahren um 2,5 Grad Celsius erwärmt, und das läßt die Eisschelfs schwinden. Innerhalb von fünfzig Jahren sind sie um 4800 Quadratkilometer geschrumpft.

Doch selbst die langsame Auflösung der Eisschelfs wird den Meeresspiegel nicht unbedingt ansteigen lassen. Nach dem Archimedischen Prinzip verliert Treibeis soviel an Gewicht wie die von ihm verdrängte Wassermenge wiegt. Falls jedoch das Zerbrechen der Eisschelfs dazu führt, daß die Eisdecke über der Antarktis mehr Eis abgibt, wird der Meeresspiegel tatsächlich ansteigen. Aber selbst dann müßten an großen Teilen der Küste, nicht nur an der Halbinsel, zusätzliche Mengen abbrechen, bevor der Rest des Planeten spürbar betroffen würde.

Obwohl der neue Eisberg enorm war, konnte man ihn einen Zwerg im Vergleich mit seinem 4800 Quadratkilometer großen Vorgänger namens Trolltunga nennen, der 1967 – bei ungefähr 12 Uhr auf der Karte – von der Antarktis losbrach. Der Rekordhalter maß sogar über 19 200 Quadratkilometer, was natürlich zu Vergleichen mit Belgien führte, einem Land, das hauptsächlich als Maßstab für Naturkatastrophen zu dienen scheint.

Eines Abends stürzte Neil in den Wetterschutz, warf sich auf eine Kiste und strich sich erregt die Haare aus der Stirn. Er hatte Anna Karenina gelesen.

»Ich kann es nicht ausstehen, daß Tolstoi immer und überall absolut recht hat! Er ist unglaublich! Er weiß einfach alles! Jedes Detail stimmt! Bei jedem Kommentar denke ich: ›Ja, genauso ist es!‹«

Wir dachten alle eine Weile darüber nach.

»Tja, mag sein, Neil, aber war er glücklich?« fragte ein Mann, der gerade das Eis in dem Topf auf dem Primus umrührte.

»Nein«, antwortete Neil, »er war vollkommen durcheinander.«

»Aber er hatte einen großartigen Bart«, meinte ein anderer, »und das ist es, was zählt.«

In Rothera hockten die Feldassistenten in gedrückter Stimmung an den Plastiktischen der Schlittenkammer und der Labors; sie mußten in drei Wochen, wenn das

Schiff ankam, die gefürchteten Abschlußberichte fertig haben. Mindestens einmal pro Stunde kam einer unter dem zweifelhaften Vorwand zu mir, die richtige Schreibweise eines Wortes wissen zu wollen – ihnen war nahezu jedes Mittel recht, sich der ungeliebten Aufgabe zu entziehen. Ich beschäftigte mich recht gut, und es war wunderbar, wieder im Warmen zu sein. Am Fastnachtsdienstag, eine Woche nach meiner Rückkehr aus Ski Hi, buk ich 75 Pfannkuchen. Außerdem hatte ich es übernommen, die Skuas zu schätzen. In Cambridge wurden Angaben über die Skuavorkommen gesammelt, um ein Mittel gegen ihre Luftangriffe zu finden, und ich mußte gelegentlich durch die Gegend wandern und die Vögel zählen.

Der März war eine seltsame Zeit. Der Sommer war vorbei, doch der Winter hatte noch nicht eingesetzt. Eines Tages teilte uns der Stationsleiter mit, wer von den fünfzehn Überwinterern seine Aufgabe übernehmen würde. Zettel mit Raumwünschen wurden an die Türen der sich leerenden Laboratorien geklebt. Etwa zwanzig Personen sollten mit der Dash fliegen, weitere achtzehn mußten drei Wochen auf das Schiff warten. Männer, die zweieinhalb Jahre auf dem Eis gewesen waren, fingen an zu bereden, was sie als erstes tun würden, in Stanley und in Großbritannien. Sie sprachen über Bäume und Obst und Kneipen und davon, mit Geld zu bezahlen und Wechselgeld herauszubekommen.

Das Wetter hielt abwechselnd wilde Schneestürme und Sonnenschein, kalte Luft und klaren Himmel bereit. Bei schlechtem Wetter schlich die Zeit nur langsam dahin, und die Feldassistenten tigerten herum wie gefangene Tiere. Ich arbeitete mich im winzigen fensterlosen Archiv durch einen Stapel antarktischer Filme in zerbeulten Dosen. Das Leben nahm einen angenehm gleichmäßigen Rhythmus an, ohne Höhen und Tiefen. Die Tage wurden kürzer.

Eines Tages wurde die schöne Ruhe durch die Ankunft von Post gestört. Ich saß gerade in der Bücherei – aus den Augenwinkeln beobachtete ich ein Pärchen Adéliepinguine vor dem Fenster –, als jemand einen mit Gummiband zusammengehaltenen Stapel Briefe auf den Tisch vor mir warf. Ich vergaß die Pinguine und begann, die Umschläge zu öffnen. Der erste, der mir von zu Hause nachgeschickt worden war, stimmte mich traurig. Er enthielt eine steife, gedruckte Einladung zur Weihnachtsfeier meines Verlags vor zwei Monaten. Die Jonathan Cape-Feier galt als die beste im literarischen Zirkus – es gab reichlich und lange zu trinken, es war höllisch voll und überheizt, und der Klatsch blühte. Im letzten Jahr hatten sich dort peinliche Szenen abgespielt, was nicht zuletzt dem Schirmherr meiner Expedition und mir zuzuschreiben war. Gut und schön, ich genoß den Mangel an Aufregung und die geistigen Möglichkeiten, die die antarktische Wüste zu bieten hatte, und doch vermißte ich das städtische Nachtleben. Die Einladung brachte mich aus dem Gleichgewicht, und so verbrachte ich den Rest des Tages damit, draußen mürrisch nach dem Schnee zu treten und den Robben mörderische Blicke zuzuwerfen.

In der zweiten Märzwoche unternahmen Ben, Vasco und Steve Rumble einen dreitägigen Ausflug zur Laguneninsel. Das war ihre Belohnung zum Abschluß der Saison.

»Warum kommst du nicht einfach mit?« schlug Ben vor.

»Nehme ich dann nicht jemand anderem den Platz weg?« fragte ich. Die allgemeine Ablehnung hatte mich mittlerweile übertrieben empfindlich gemacht.

»Natürlich nicht. Sonst will doch gar keiner mit. Die anderen beiden habe ich schon gefragt; sie würden sich freuen, wenn du mitkämst. Na los.«

Wir suchten uns passende Steigeisen, stahlen Brot aus der Küche und füllten eine Menschennahrungskiste mit Vorräten. Dann zwängten wir uns in unsere roten Taucheranzüge, brachten zwei Schlauchboote zu Wasser und drängten uns durch das Pfannkucheneis. Es war ein wunderbarer Tag ohne eine einzige Wolke am Himmel.

Die Laguneninsel war die nördlichste der Léonie-Inseln in der Ryder-Bucht. Sie wurde 1936 kartographiert und bildete mit der Insel an ihrer Westseite eine Lagune. Als wir ankamen, hatten wir fünf Grad über Null, und die Sonne schien. Vasco, der dunkle Feldassistent mit dem feurigen Blick, der seinen Spitznamen von Vasco da Gama hatte, zog sich kurze Hosen an und das T-Shirt aus. Für mich war es ein besonderer Tag – 10. März, der Geburtstag eines Freundes. Im letzten Jahr waren wir übers Wochenende zum Peak Distrikt gefahren, um in einem kleinen, versteckten Hotel zu feiern. Samstagnacht hatte es ganz unerwartet starken Frost gegeben, und als wir am Sonntag erwachten, lag die Temperatur draußen bei minus fünf Grad Celsius – die beste Ausrede, um den ganzen Morgen im Bett zu bleiben. Ich nahm mir vor, meinem Freund zu schreiben, daß es ein Jahr später am gleichen Tag in der Antarktis zehn Grad wärmer gewesen war als in Nordengland.

Steve machte sich daran, die Flagge vor der Hütte hissen. Er war der ehemalige Winterstationsleiter und Elektriker, den ich in Bluff kennengelernt hatte. Ben ging fort, um hinter einem Felsen zu dösen, und ich leistete Vasco beim Nichtstun auf der Veranda Gesellschaft. Bald begann der Wind in der Lagune kleine schaumgekrönte Wellen vor sich herzutreiben, und Vasco machte die Paraffinheizer in der Hütte an und ging zum Schlafen hinein. Mir wurde so kalt, daß ich meinen Taucheranzug wieder anzog und zu einem großen Kiesfeld oberhalb der Flutlinie wanderte. Die Insel hatte viele hochliegende Strände, sie stammten vom Rückzug der Gletscher nach der letzten Eiszeit.

Auf der Laguneninsel wurden wir täglich ein Dutzendmal von Skuas angegriffen. Sie stießen mit offenen Schnäbeln und ausgestreckten Krallen auf uns herab. Das Gästebuch der Hütte war voller Ratschläge, wie man sich der Skuas am besten erwehrte und welche Kleidung bei diesem Kampf angebracht war, aber eigentlich half nur eins – einen Besen hochzuhalten und ihn beim Gehen wild herumzuwirbeln. Die Hütte war vor einigen Jahren als reine Ferienhütte gebaut worden. Sie hatte sechs Quadratmeter, stand auf Stelzen, und Wände und Decke waren kanariengelb gestrichen. Außer einem nirgends angeschlossenen Spülstein verfügte sie über zwei Primusöfen, vier hölzerne Wandbetten, drei Fenster und einen Plastiktisch in der Mitte. In den Regalen rund um den Spülstein drängten sich rostige Pfirsichdosen und Krüge mit alter Mayonnaise. Zwei Paraffinlampen hingen an der Decke, außerdem gab es eine Rolle Draht und eine Sammlung abgenutzter kleiner Tischdecken. Ein einzelnes Regalbrett war mit einem Dutzend Romanen und einem Schachspiel bestückt.

Die Nächte wurden länger, und um acht Uhr mußten wir die Paraffinlampen anmachen. Am ersten Abend tranken wir danach Rum und aßen dazu Teekuchen aus einer Plastiktüte, die Al uns bei der Abreise in die Arme gedrückt hatte, der Koch, der die Care-Pakete für Feldabteilungen nie vergaß. Keiner hatte etwas Besonderes zu tun. Steve war am Ende seiner zweieinhalbjährigen Dienstzeit angelangt und geistig schon seit Monaten nicht mehr richtig anwesend. In Bluff hatte er die meiste Zeit mit dem Walkman auf den Ohren im Bett gelegen, aber auf der Insel, in der kleineren Gruppe, wurde er zugänglicher. Er war weit weniger daran interessiert »knochenhart« zu sein als die meisten Männer in Rothera und aus diesem Grund nicht sehr beliebt. Das allein hätte ihn mir schon sympathisch gemacht, doch gab er sich obendrein noch Mühe, freundlich zu sein. Als er den Inhalt seiner Tasche auf seinem Bett ausbreitete, hielt er mir ein zusammengefaltetes T-Shirt hin.

»Ich dachte, das könnte dir gefallen«, sagte er. »Ich habe zwei gekauft, als letztes Jahr die Lieferung aus Cambridge kam ... und, na ja, du wirst es mögen.« Ich faltete das T-Shirt auseinander. Es war zur Erinnerung an die Abschaffung der Hunde produziert worden.

Nachdem die Sonne sich an unserem ersten Tag auf der Laguneninsel endlich über den Horizont gequält hatte, saßen wir beim Frühstück auf der Veranda, ein Ereignis, das uns unvergeßlich blieb, weil ich Eipulver mit Milchpulver verwechselt und jedem etwas davon in den Tee geschüttet hatte. Wir hatten oft darüber gesprochen, einen Berg zu besteigen, und deshalb Kletterstiefel und eine Vielzahl von Ausrüstungsgegenständen mitgebracht. Wie alle Feldassistenten war Vasco ein leidenschaftlicher Bergsteiger und Kletterer, der im Handumdrehen einen Gipfel erklimmen konnte. Mir war es nicht möglich, ein Seil vom anderen zu unterscheiden, und ich hatte noch nie Kletterstiefel getragen. Trotzdem hatte ich mich nicht getraut, Einwände zu erheben. Glücklicherweise war Gott an jenem Tag mitleidig gestimmt, denn er schickte eine dicke Wolke, die den Berg einhüllte.

»Wir werden statt dessen wohl spazierengehen müssen«, meinte Vasco beim Frühstück, während er forschend den Horizont betrachtete.

»Wie schade«, sagte ich.

Wir fuhren mit den Booten zur Anchorage-Insel, die ebenfalls zu den Léonie-Inseln gehört. Teilnehmer einer französischen Antarktisexpedition, die sich von 1908 bis 1910 in der Antarktis aufhielt, meinten, sie sei als Ankerplatz für kleinere Schiffe geeignet, kartographiert wurde sie 1936 von der britischen Grahamland-Expedition. Je höher wir kletterten, desto dicker wurden die Flechten auf dem Kiesstrand. Im Fels über uns erspähten wir eine messinggelbe Pyritader – Narrengold.

»Schau dir das an«, sagte Ben, als wir oben ankamen. »Ich habe einen Splitter von einem Walknochen gefunden.« Er ging vorneweg, stets auf der Suche nach Schätzen. Außerhalb der Basis war er in seinem Element. In den 60er Jahren, als er noch mit seinen Hunden gearbeitet hatte, war er fast ständig im Feld gewesen. Er akzeptierte, daß die BAS ihn jetzt wegen seines fortgeschrittenen Alters in der Basis behalten wollte – aber das war nicht dasselbe.

Am nächsten Morgen wurde ich von einem Geräusch geweckt, das sich anhörte, als würde jemand Schinken auslassen – so klingt es, wenn in einem Topf auf dem Herd Eis geschmolzen wird. In den Monaten nach meiner Rückkehr aus der Antarktis kam mir das in den unwirklichen Momenten zwischen Traum und Tag oft wieder in den Sinn; dann schmerzten mich die Erinnerungen wie alte Wunden. Die Sonne schien durchs Fenster. Steve brachte uns Tee ans Bett, aber das Eis muß etwas brackig gewesen sein, denn er schmeckte salzig. Ich rührte eine Kanne Milch für unser Frühstücksmüsli an, das ebenfalls zu salzig war. Mit Frühstück hatte ich nicht viel Glück. Aber das machte nichts. Nichts war mehr wichtig. Wir sonnten uns auf der Veranda, und eine Schwarm Antarktischer Seeschwalben flog vorbei;

nach dem rauhen Krächzen der Skuas klang ihr helles Zwitschern eigentümlich exotisch. Später ließen wir die Boote zu Wasser und folgten einem Zwergwal durch die Eisberge; dabei fuhren wir durch surrealistische Eisformationen und steckten die Nasen der Boote in kalte blaue Grotten. Die Sonne stand schon tief, und die milde Luft war so ruhig, daß die Eishaufen und -hügel im Wasser sich kaum bewegten. Es war ein außergewöhnlicher Abend. Ein Tag wie dieser entschädigte für alles.

Als wir wieder in Rothera ankamen, parkten die Flugzeuge auf dem Vorfeld, für den langen Fährdienst nach Cambridge hatte man sie herausgeputzt wie die Autos auf den Parkplätzen von Autohändlern. Die vier Otter-Maschinen, die sich hinter die Dash duckten, sahen ohne ihre Kufen ganz hilflos aus.

Am nächsten Tag liefen die sieben Piloten, mit ihren fünf Bordmechanikern laut über Routen diskutierend, durch die Station. Abends tischte Al ein viergängiges Menü auf, die Lufteinheit steuerte Champagner bei, einige Leute hielten Reden, Brotklümpchen flogen durch die Luft, und alle betranken sich.

Am nächsten Morgen hatte ich Putzdienst, und als ich in den Speiseraum kam, sah es dort aus, als hätte ein mittlerer Bürgerkrieg getobt, in dem keine der Parteien siegreich gewesen war. Ein Paar Trainingsschuhe waren im Kühlschrank verstaut, und am Toaster pappten verklebte Bohnenreste fest. Um acht versammelten wir uns, um die Flugzeuge zu verabschieden. Der Wind blies mit 40 Knoten, und es war sehr kalt. Große Schneeschwaden wurden wie Rauch über die Rampe gefegt, stürzten über die Eisklippen und lösten sich im metallgrauen Meer auf. Die Sonne linste über die Eisberge in der Bucht, als die Piloten einer nach dem anderen ihre Overalls zuzogen und Kurs auf Stanley nahmen, den ersten Zwischenstopp auf der langen Reise heimwärts.

In dem Augenblick war das Gefühl, daß alles vorbei war, besonders stark. Es kam uns vor, als wären die Zugvögel abgeflogen. Nach dem Abendessen blieben die Menschen länger an den Tischen sitzen, und die Bar war nachts manchmal leer bis auf zwei oder drei Männer, die Scrabble spielten. Die Menschen sprachen viel eher mit mir und fanden es offenbar auch weniger abschreckend als in den ersten Wochen meines Aufenthaltes. Unser Lieblingsthema war die Ablösung. So nannten sie die Woche, in der das Schiff am Pier ankern und die Vorräte für das kommende Jahr löschen würde.

»Ich hoffe, daß einer hierbleibt«, sagte einer der Überwinterer, als wir eines Morgens nebeneinander die Stirn ans Fenster drückten und einen besonders schönen Eisberg in der Bucht betrachteten. Sie warteten darauf, daß die Landschaft sich für den Winter einrichtete und wollten, daß ihre Lieblingsberge mit ihnen festsaßen. Was den Rest von uns anbetraf, so sagten Menschen, die seit Monaten nur noch von der Heimreise sprachen, in besonders schönen Momenten, wenn das Abendlicht in einem bestimmten Winkel auf das Packeis fiel, daß sie das Eis vermissen würden.

Am Sonntag, dem 19. März, um acht Uhr morgens, lungerten wir mit unseren Kaffeebechern im Speiseraum herum, da hörten wir das tiefe Tuten einer Schiffssirene. Hinter dem entferntesten Eisberg war die RRS *Bransfield* aufgetaucht. Natürlich gingen wir alle hinunter zum Pier. Einige von uns durften den Tag an Bord verbringen, denn das Schiff brachte vor der Ablösung einen Aufräumtrupp zur Horseshoe-Insel. Die dortige Station war seit den 50er Jahren kaum benutzt worden, und vorerst hatte man beschlossen, den Müll wegzubringen und die Hütten soweit wieder instandzusetzen, daß sie der Zeit und dem Wetter trotzen konnten.

Der Kapitän schickte ein Boot mit einer Schute, und wir füllten Netze mit Dachpapierrollen und warfen sie in die Schute. Dann kletterten wir vom Pier in das Boot und fuhren zu der Strickleiter, die von einer Seite des Schiffes herabbaumelte.

Bald glitten wir durch das ruhige, stahlgraue Wasser, vorbei an Schneesturmvögeln, die in den Lichtstreifen am Horizont kreisten, und an einsamen Pinguinen auf Tafeleisbergen. Einer der Bauarbeiter stand neben mir. Er war klein, hatte kräftige Schultern, eine ganze Galerie von Tätowierungen und einen rauhen Glasgower Akzent; wenn er getrunken hatte, bekam er immer mit jemandem Streit (allerdings nicht mit mir). Ein Regenbogen leuchtete über der Horseshoe-Insel. Der Bauarbeiter meinte, es sei erstaunlich, wie sehr Sonnenschein alles verändere.

»Ich bin eigentlich Agnostiker«, sagte er, »ein ungläubiger Thomas. Aber das da läßt einen glauben, daß es einen Gott gibt.«

Die Horseshoe-Insel lag eingezwängt zwischen dem Bourgeois-Fjord und der Square-Bucht vor der Fallières-Küste. 1955 wurde dort eine Station errichtet, die bis zu ihrer Räumung am 21. August 1960 ständig bewohnt war; seither wurde sie gelegentlich von Feldabteilungen genutzt. Sie trug den schönen Namen Basis Y. In seinem Buch *Of Ice and Men* beschreibt Sir Vivien Fuchs einen Radiospaß, den man sich 1955 in Horseshoe geleistet hatte. Damals spielte man sich ständig über Funk Streiche, aber dieser war besonders gelungen. Zwei Männer manipulierten den Schlafzimmerempfänger so, daß ihre Kollegen glaubten, den Radiosender der Falkland-Inseln zu hören, während sie in Wirklichkeit dem Programm aus dem Raum nebenan lauschten. Selbstverständlich stammten alle Musikeinspielungen aus der mageren Auswahl in der Basis, deshalb spielte einer der Übeltäter, damit kein Verdacht aufkam, zusätzlich Dudelsack und Mundharmonika (es war schön zu erfahren, daß wir in Bluff unwissentlich einer alten Tradition gefolgt waren). Selbst nachdem sie die Geschichte in die Welt gesetzt hatten, daß Marilyn Monroe eine Expedition auf den Everest anführen würde, gab es einen Mann, der immer noch nichts gemerkt hatte. »Die letzte Sendung«, schrieb Fuchs, »lief am Tag, bevor alle außer diesem Mann zu einer Schlittenreise aufbrachen, er sollte als Aufsicht zurückbleiben. Die »Nachrichten«, die man an jenem Abend sandte, berichteten von einer Revolution in Argentinien, wo es zu Kämpfen zwischen Armee und Marine gekommen sei. Gewarnt wurde davor, daß ähnliche Konflikte in argentinischen Antarktisstationen dazu führen könnten, daß die Unterlegenen in der nächstgelegenen britischen Station um politisches Asyl bitten würden; dann solle man ruhigbleiben und einen kühlen Kopf bewahren.«

Vor meiner Abreise aus England hatte Fuchs mich in sein Haus in Cambridge eingladen, um mir von seinen antarktischen Abenteuern zu erzählen. Zwei Porzellanpinguine bewachten den Kamin, und Sir Vivien trug ein blaukariertes Flanellhemd, das den BAS-Hemden ähnelte. Er war Mitte Achtzig und immer noch gutaussehend, hatte klare, leuchtend blaue Augen und dichte nußbraune Augenbrauen, und wenn er lächelte, war er unwiderstehlich.

Während seines Studiums in Cambridge war James Wordie, Scotts wissenschaftlicher Leiter, sein Tutor gewesen. Fuchs verbrachte viel Zeit in der Antarktis und wurde 1950 zum Direktor der neugegründeten Wissenschaftlichen Abteilung der Vermessungstelle für die zu den Falkland-Inseln gehörigen Territorien berufen. Im Laufe der Trans-Antarktis-Expedition des Commonwealth von 1955–58, die unter seiner Gesamtleitung stand – während Sir Edmund Hillary das Kommando über die neuseeländische Hilfsabteilung hatte –, durchquerte Fuchs mit Hilfe von Hunden und Raupenfahrzeugen als erster Mensch den Kontinent. Die beiden Expeditionsleiter verfaßten ein gemeinsames Buch, das trotz der Schneekatzen und der Funktelefone und der elektrischen Nähmaschine einen Schlußpunkt unter eine ungebrochene Tradition setzte, die begonnen hatte, als Scott mit der *Discovery* die Themse hinuntergesegelt war.

In dürren Worten schildert der Fuchs-Hillary Bericht, wie die Autoren auf ein vorbeikommendes Schiff geladen werden und der Kapitän ihnen ein kleineres Boot zum Abholen schickt. Angesichts der sechs Meter langen Leiter, die auf das Deck des Gastschiffs führt, wird Hillary von einem Matrosen gefragt, ob er sich das zutraut.

Fuchs dachte gern an die Hunde zurück. »Ich erinnere mich noch gut daran«, erzählte er, »daß sich in Stonington in den vierziger Jahren einmal jemand geärgert und gesagt hatte: ›Ich gehe wohl besser nach draußen, um mit den Hunden zu reden.‹ Als er wieder hereinkam, war seine schlechte Laune verflogen. Ich habe jahrelang mit Hunden gearbeitet und bin dann gezwungenermaßen auf Raupenfahrzeuge umgestiegen; obwohl ich nicht glaube, daß ein Hundeführer jemals ein guter Fahrzeugführer wird.«

Als ich wieder zu Hause war, veranstaltete eine Zeitschrift einen Wettbewerb, bei dem die Leser die Zeitungsschlagzeilen einsenden sollten, die sie im Laufe der Jahre am meisten beeindruckt hatten. Ein paar Leute mit besonders langem Gedächtnis schickten: »DR. FUCHS FÄHRT INS SÜDEIS«, aber nur einer hatte einen Ausschnitt aus derselben Zeitung aufgehoben, in dem von einem späteren Besuch Sir Viviens berichtet wurde. Der Redakteur, der sich an das alte Prinzip hielt »Was einmal klappt, klappt immer« hatte als Überschrift »DR. FUCHS FÄHRT WIEDER« gewählt.

Die Ablösung begann am Montagmorgen. Wir waren in vier Gruppen aufgeteilt worden, und meine verbrachte den Morgen in Marineoveralls und mit Schutzhelmen auf dem Kopf beim Abladen von Kisten auf dem Zwischendeck. Am Nachmittag verteilten wir die Fracht in der Basis. Alle bekamen glänzende Augen, als sie die Kisten mit Apfelsinen sahen. Zwischendurch, beim Warten auf Nachschub, setzten wir uns auf die sonnenbeschienenen Stufen und holten abwechselnd Tee und Pfannkuchen.

Die Essenszeiten wurden denen des Schiffes angepaßt, damit wir uns schneller einlebten. Um fünf Uhr gab es Tee, dann gingen wir noch einmal für zwei Stunden zurück an die Arbeit. Am zweiten Tag der Ablösung hatte ich Geburtstag, und als ich nach der letzten Schicht beim Tee im Speiseraum saß, kam Al mit einer weißrosa Torte aus der Küche. Sie hatte die Form eines Buches und war mit dem Schriftzug *Ins Unbekannte: Happy Birthday, Sara* verziert; auf dem Buchrücken prangte mein Name, und oben ragte sogar ein Lesezeichen heraus.

In den letzten beiden Tagen luden wir Benzinfässer ab, während die Überwinterer einer nach dem anderen den Schiffszahnarzt aufsuchten. Meist kehrten sie mit schmerzverzerrtem Gesicht zurück und baten Al um eine Suppe. Der Eisschlamm* um den Pier wurde mit jedem Tag dicker: in der Antarktis ersetzte das Zufrieren und Abtauen des Meeres das Steigen und Fallen der Säfte. Wenn die Sonne hervorkam, leuchtete das stumpfe mattgraue Wasser auf wie ein Gesicht, das zu lächeln beginnt.

Für die letzten drei Tagen wurde ich zur Nachtwache von Rothera ernannt. Diese Aufgabe wurde abwechselnd von allen Hilfskräften übernommen, um die Basis, unter anderem, vor Feuer zu bewahren. In der ersten Nacht litt ich unter furchtbaren Menstruationsbeschwerden, schon beim Abendessen hatte mir jemand gesagt, ich sei bleich wie die Wand.

»Das liegt daran, daß ich starke Menstruationskrämpfe habe«, sagte ich laut.

Es wurde totenstill, und ich fühlte mich schlagartig besser. Nein, ich wollte wirklich nicht so tun, als wäre ich ein Mann, außerdem hatte ich es satt, in meiner Jackentasche gebrauchte Tampons in Plastikbeuteln herumzutragen, bis ich irgendeinen Platz fand, an dem ich sie loswerden konnte. Manchmal kam ich in die Versuchung, die Herren der Schöpfung mit ihren eigenen Waffen zu schlagen und ihnen diese Beutel einfach unter die Kissen zu stecken.

Die Nachtwache begann mit einem Rundgang um Mitternacht. Ich war überzeugt, daß ich für die völlige Zerstörung der Basis verantwortlich zeichnen würde und daß dann alle triumphierend verkünden könnten, sowohl Schriftsteller als auch Frauen seien in der Antarktis völlig überflüssig und die Kombination von beidem wirke geradezu tödlich. Um halb eins stand ich eingezwängt zwischen zwei kleinen Hütten und leuch-

* Ein Film, der sich bildet, bevor das Meereis zufriert.

tete mit meiner Taschenlampe auf die Anzeige des Kühlschrankes, in dem die Eiskerne aufbewahrt wurden. Meine größte Angst war, daß die Eiskerne schmolzen. Ich hatte schon oft davon gehörte, denn so bekam man, was sie »die teuersten Eiswürfel in der Geschichte der Welt« nannten. Zehn Grad minus wurden angezeigt. »Sollten es nicht zwanzig sein?« dachte ich. »Oder werde ich paranoid?« Eine falsche Entscheidung bedeutete entweder, daß mir der unnötig geweckte Elektriker den Kopf abriß, oder daß Eiskerne im Wert von mehreren Hunderttausend Mark schmolzen. Also ging ich los, um den armen Elektriker zu wecken. Im nachhinein war ich sehr froh, daß ich das getan hatte, denn der Kühlschrank war tatsächlich ausgefallen, aber ich bekam Angst, was als nächstes passieren würde.

Im Hangar redete ich mir ein, daß die Antarktis der sicherste Platz der Welt wäre, aber die Gefahren, die im Dämmerlicht des hohen, leeren, unbeleuchteten Betonbaus hätten lauern können, waren zu sehr Teil meiner Gedankenwelt. Alle zwei Stunden kontrollierte ich den Generator und die Filteranlage, und um drei Uhr kletterte ich auf den Hügel hinter der Basis, um Wetterbeobachtungen zu machen. Um halb vier stellte ich die Kaffeemaschine und die Backöfen an und begann mit dem Weckgang. Dazu mußte ich in die Schlafzimmer schleichen und schlafende männliche Körper an den muskulösen Schultern rütteln. Eigentlich hätte das ja ein Glanzlicht sein können, aber da hatte ich wohl zuviel erwartet.

In diesen ruhigen, dunklen Nächten lernte ich die Basis besser kennen. Rothera war voller Ecken und Winkel. Ich entdeckte Stellen, an denen ich noch nie zuvor gewesen war, und schließlich warf ich sogar einen Blick in die Sauna, in die ich mich tagsüber nie gewagt hätte.

Ihr Zentrum war aus einem alten Kühlschrank konstruiert worden, der von einer Heizspirale in einem gußeisernen Eimer beheizt wurde. Die zerfledderte Ausgabe einer Motorradzeitschrift lag auf dem Boden.

In meiner letzten Nacht, am Vorabend der Abfahrt, feierten drei Männer die ganze Nacht durch, so daß ich bei der Wache Gesellschaft hatte. Um sechs Uhr morgens fuhren wir in einem riesigen Lastwagen mit blitzenden Lichtern hinunter zum Schiff und purzelten aus dem hohen Führerhaus auf den Pier. Wir hielten das für einen guten Abschluß.

Ich fand meine Kabine und verschlief die ganze Fahrt zur Horseshoe-Insel, wo wir den Aufräumtrupp abholten. Innerhalb von drei Tagen war der Eisschlamm zu Pfannkucheneis gefroren. Als wir wieder nach Rothera kamen, gab die Schiffscrew an Bord eine Party für die Überwinterer. Um fünf Uhr befahl der Kapitän den Aufbruch, das Horn tutete, und nach hastigen, ungeschickten Umarmungen gingen die Überwinterer, die sieben Monate lang keine andere Menschenseele zu Gesicht bekommen würden, den Landungssteg hinunter. Während wir uns von ihnen entfernten, liefen sie auf dem Pier hin und her und schossen rosafarbene Leuchtkugeln und gelbe Raketen ab. Wir winkten, bis wir sie aus den Augen verloren.

Winter. Es schien mir, eine Tür wäre zugefallen.

4. KAPITEL

Im Südpolarmeer

Weh! jetzt gleitet der schreckliche Unhold, mit Fetzen
Von Haut auf gewaltigen Knochen,
  über die knirschenden Felsen:
Lautlos zernichtet er alles, in seiner Hand
Entkleidet die Erde sich, und das matte Leben erfriert.

WILLIAM BLAKE, »An den Winter«*

Einmal traf ich einen ehemaligen Kapitän des in antarktischen Gewässern fahrenden Versorgungsschiffes HMS *Endurance*. Er liebte den Süden sehr.

»Ich brachte das Schiff an Orte, an denen noch nie eines gewesen war«, sagte er, »das war sehr spannend. Mitte der achtziger Jahre schien es mir, als würden wir die Grenzen des menschlichen Wissens erweitern. Da unten ließ es sich gut segeln.« Wie Scott verpflichteten auch ihn die Marinevorschriften, jeden Sonntag an Bord einen Gottesdienst abzuhalten, und er beschrieb mir, wie er im Wintersonnenschein an Deck aus der Bibel vorlas, während Antarktische Seeschwalben um den Bug kreisten.

Das Forschungsschiff *Bransfield* war alt und verkommen, aber auch auf ihm ließ sich »gut segeln«. Die Fahrt

* Übers. v. G. von der Vring, aus: Blake, William. *Gedichte*. Wiesbaden, 1958. – A.d.Ü

zu den Falkland-Inseln dauerte eine Woche. Es gab drei Decks: eins für die Offiziere und das leitende Personal der BAS, eins für die BAS-Angestellten und eins für die Crew. Jedes Deck hatte seine eigene Messe. Unsere – die mittlere – war ausgestattet mit zerkratzten blauen Plastiktischen für zwölf Personen, auf denen in Vertiefungen griffbereit eine Anzahl von Würzsaucen bereitstanden.

Ich teilte meine Kabine mit einer netten Proviantmeisterin aus dem BAS-Hauptquartier. Sie war zum Essen nach oben in die Offiziersmesse gebeten worden, ich aber nicht, was ihr sehr peinlich war, mir allerdings gar nichts ausmachte. Unter dem Bullauge unserer Kabine stand eine lange Kunstledercouch. Die Wände waren pfefferminzgrün, der Teppich und die Kojenvorhänge dagegen orange; eine Farbzusammenstellung, die zum Brechen war, selbst wenn das Meer ruhig blieb.

Die Bauarbeiter fuhren auch mit dem Schiff, dadurch wurde die Überfahrt kurzweilig und die Lounge freundlicher. Einmal machten zwei von ihnen den anderen weis, sie müßten sich an der »Eisbergwache« beteiligen, dann verteilten sie Schutzhelme mit dem Aufdruck »Eisbergpolizei« und Besenstiele zum Wegschieben vorbeigleitender Eisinseln. Zwei Bauarbeiter fielen darauf herein und stellten sich brav mit ihren Eispolizei-Helmen auf das Unterdeck, wo sie Zigaretten rauchten und gelegentlich Ausschau hielten, ob vielleicht gerade ein gigantischer Eisberg auf das Schiff zutriebe. Als sie bemerkten, daß die anderen sie heimlich photographierten, war das Spiel natürlich vorbei.

Die BAS-Leute, die Rothera nach zweieinhalb Jahren verlassen hatten, kicherten in ihr Bier, wenn sie an die Überwinterer auf der Station dachten. Es gehörte zur Tradition, den Überwinterern zum Abschied Streiche zu spielen, und diesmal hatten sie eine Forelle ins Ventilationssystem gelegt, ein Faß grüne Lebensmittelfarbe in die Wassertanks geschüttet und kleine Stücke Stiltonkäse hinter der Holzdecke der Bar versteckt. Die Überwinterer, die auf solche Gemeinheiten gefaßt waren, hatten sich vorsorglich zu rächen versucht, indem sie in einer Koje eine halbe Makrele verbargen, die kurz nach unserer Abfahrt gefunden wurde und zu allerlei Spekulationen über den Verbleib der restlichen Hälfte führte, die aber nie gefunden wurde. Ich entdeckte ein Häufchen Pudding in meinem linken Stiefel.

Während wir an der Halbinsel entlangfuhren, war das Südpolarmeer sehr ruhig. Wenn ein Pinguin die Wasseroberfläche durchbrach, verbreiterten sich die dadurch entstandenen Kringel zu riesigen konzentrischen Kreisen, die schließlich in weiter Ferne mit dem blausilbernen Wasser verschmolzen. An einer Seite des Schiffes ragten schroffe Bergketten aus dem Meer, mit steilen, schneefreien Abhängen, die dunkle Schatten auf die von einem zarten weißen Gitter überzogene Landschaft warfen. Die Wolken türmten sich zu dunkelroten Haufen, die über den trübgelben Himmel jagten, manchmal blieben sie aber auch tagelang unbeweglich über dem schmalen Lichtstreifen an einer Seite des Horizonts liegen. Eisberge erschienen uns mittlerweile so selbstverständlich wie Bäume am Straßenrand.

Wir mußten noch zehn Männer aus Faraday abholen, einer kleinen BAS-Station auf der Galindez-Insel. Sie hatten ihre Zeit abgedient und fuhren nach Hause. Als wir an einem Samstagnachmittag dort anlegten, gingen die meisten von uns an Land.

Die Bar in Faraday, ein wunderschöner Raum aus poliertem Holz, war in der Antarktis berühmt. Zwei Bauarbeiter waren beauftragt worden, aus Hartholz eine

Verlängerung des Piers zu bauen, hatten aber statt dessen den ganzen Winter mit der Arbeit an dieser schönen Bar zugebracht. Die Verlängerung wurde niemals fertig, und die Männer wurden entlassen, obwohl man sich täglich voller Stolz und Dankbarkeit an sie erinnerte. Die gegenwärtigen Bewohner waren auf die Idee verfallen, in Feuerlöschern Bier zu brauen, und bei unserer Ankunft eifrig damit beschäftigt, aus den Syphons einzuschenken.

Wir blieben 24 Stunden in Faraday, so konnte ich mir die Station und die wenigen Außenposten in Ruhe ansehen. In einer kleinen Bücherei, die versteckt neben der berühmten Bar lag, fand ich einen Schuhkarton mit Antwortbriefen auf eine Gemeinschaftsanzeige, die der Stationsleiter in einer englischen Zeitschrift für Bekanntschaftsvermittlungen geschaltet hatte (»Hallo, Jungs, ich hoffe, Euch ist es nicht zu kalt da unten ...«). Photos, die zwischen den Büchern steckten, zeugten von der letzten »Buddhistischen Nacht« in Faraday, für die sich die Bewohner die Schädel rasiert, die Windanzüge angezogen und sich barfuß in den Schneidersitz gehockt hatten. Ein verwackeltes Photo der »Wikingernacht« zeigte, wie sie mit gehörnten Helmen und Fackeln in der Hand durch den Schnee gerannt waren.

Der Stützpunkt war 1954 als geophysikalischer Beobachtungsposten errichtet und Station F genannt worden; 1977 wurde er umgetauft in Michael Faraday, nach dem englischen Chemiker und Physiker aus dem 19. Jahrhundert, der die elektromagnetische Induktion entdeckte und die Grundprinzipien beschrieb, nach denen Elektromotor und Dynamo funktionieren. Er hatte in seinem Leben wahrscheinlich mehr falsche Theorien aufgestellt, als je ein Mann vor oder nach ihm, ein schöner Beweis dafür, was der menschliche Geist leisten kann, wenn er sich nicht entmutigen läßt. Die Geophysik war immer noch das Hauptforschungsgebiet in Faraday, obwohl die Basis auch für die Meteorologie wichtig war und Wetterdaten aus britischen, amerikanischen und deutschen Stationen sammelte. Diese Informationen gelangten schließlich in die Datenbanken des Internationalen Wetterdienstes, und wer weiß, was dann noch mit ihnen geschah. Eine Landebahn gab es in Faraday nicht. Es war eine sehr gemütliche Station mit weit weniger Regeln als in Rothera, aber sie stand kurz davor, von den Briten geschlossen und an die Ukrainer übergeben zu werden, die ganz versessen auf einen eigenen Stützpunkt waren. Sie gaben ihm dann den neuen Namen »Vernadsky«. Das war wie das Ende einer Ära.

Der Zimmermann von Faraday, der mir einen selbstgemachten Sarg gezeigt hatte, beschloß kurzerhand, ich müsse die Winterinsel sehen und zog mich zum Pier in ein kleines, gefährlich schwankendes Boot mit einem 4-PS-Motor. Die Helling von Faraday befand sich direkt unter dem Abflußrohr, was bedeutete, daß man sich beim Einsteigen ins Boot vor herumfliegenden Häufchen hüten mußte. Wir tuckerten an einem hölzernen Wegweiser mit der Aufschrift »Crown Land« vorbei, an dem sich gerade eine Krabbenfresserrobbe erleichterte. Die Hütte auf der Winterinsel war 1947 als Überwinterungslager für drei Meteorologen und ihren Assistenten gebaut worden. Unter dem Namen Wordie-Haus wurde sie sieben Jahre betrieben, bis das Coronation-Haus, später Faraday, aufmachte; seither war sie außer Gebrauch, bis auf ein Jahr, in dem eine Forschergruppe auf dem Weg zur Adelaide-Insel durch schlechte Eisverhältnisse dort aufgehalten wurde und im Wordie-Haus kampieren mußte.

Das Innere wirkte wie eine Kulisse für einen Film aus den 50er Jahren; hier ein paar Würfel Hefe, da kleine Dosen mit Grammophonnadeln »für jeweils acht Platten«. Auf dem Bücherregal fanden sich Romane von John Buchan, ein Lehrbuch für Dudelsackspieler, Männerzeitschriften mit Frauen in Badeanzügen, die aussahen, als seien sie für Kampfschwimmerinnen entworfen worden – und, das erinnerte an die alten Zeiten, Tennyson. In einem Raum prangte eine riesige Schreibmaschine von der Art, hinter der in alten Filmen immer untadelige Sekretärinnen mit Hornbrille und falscher Perlenkette sitzen. Die dicken Baumwollhosen, die gefaltet über einem Stuhl hingen, waren genau die gleichen, die der dritte Ingenieur der *Bransfield* trug, ein Mann aus Northumberland, der uns begleitet hatte.

»Wenn deine Buxen im Museum hängen«, sagte er, während er aus einem Blechbecher mit blauem Rand Tee schlürfte, »weißt du, daß du alt wirst.«

In jener Nacht, der Wind jagte mit 80 Knoten den Regen horizontal vor sich her, drängten zwei Eisberge an die *Bransfield* heran. Als die goldenen Strahlen unserer Suchscheinwerfer die Dunkelheit durchbrachen und sie erfaßten, sahen wir, daß das Eis mit roter Schiffsfarbe beschmiert war. Die *Bransfield* ließ sich vor Anker treiben, und einmal – schwarzer Rauch stieg aus dem Schornstein, und in den Lichthöfen auf dem Vordeck kämpften die durchnäßten Matrosen mit den Tauen – waren wir nur 20 Meter von den Eiszacken entfernt.

Während der Fahrt durch den Lemaire-Kanal schien die Sonne, und fast alle verbrachten den Tag auf dem Peildeck. Unberührte Berggipfel spiegelten sich auf der glänzenden Wasseroberfläche, und Walfamilien tummelten sich zwischen den Eisbergen. Wir passierten die verlassenen roten Gebäude einer argentinischen Basis und die chilenische Nachbarstation, die eine besonders große Flagge gehißt hatte. Ich dachte an meinen ersten Besuch in der Antarktis, bei dem ich den Kontinent vom südamerikanischen Blickwinkel aus betrachtet hatte. Das lag an den Chilenen in Marsh, die wundervolle Gastgeber waren. Sofort nach meiner Ankunft auf diesem chilenischen Antarktisstützpunkt wurde ich von allen geduzt, in Chile selbst wurde damit gewartet, bis das Eis gebrochen war. Die Antarktis schien für die Chilenen kein Problem zu sein. Nicht nur weil sie sich in ihrem kleinen Teil der King George-Insel ein Zuhause geschaffen hatten, sondern weil sie sie als ihre Heimat betrachteten. »Das Wasser in der Bucht«, pflegten sie zu sagen, »kommt doch von unseren Küsten.« In ihrem Stützpunkt gab es eine Schule, ein Krankenhaus und eine Bank; ihre Frauen und Kinder hatten sie meist bei sich, und in der Wetterstation machten sie ihr eigenes Radioprogramm. Freitagabends wurde ein Ratespiel ausgestrahlt. Die Fragen drehten sich um die Antarktis, und alle Stationen der Insel nahmen daran teil, obwohl zunächst einmal jemand gefunden werden mußte, der Spanisch sprach. Während meines Aufenthalts dort kam eine chinesische Abordnung, um einen Preis abzuholen, der sich – wie ich annahm, zu ihrem Leidwesen – als speziell zu diesem Anlaß gebackener Kuchen entpuppte.

Von der äußersten Spitze Südamerikas nur drei Flugstunden entfernt und teilweise eisfrei, war die King George-Insel, gelegen in dem Archipel, den schottische Robbenschläger einst Südshetland-Inseln getauft hatten, ein bevorzugter Standort für Stationen. Die Russen waren da, ebenso die Polen, die Uruguayer, die Brasilianer und die Argentinier, und eben die Chilenen und Chinesen. Ich hatte in der »Großen Mauer« klebrige, weiche Teigbällchen gegessen, in »Bellingshausen« Wodka getrunken und war von einem brasilianischen Korvettenkapitän Huckepack durch einen tiefen Fluß getragen worden. Jedes Land trägt seine Kultur bis ans Ende der Welt, wenn es sich in der Antarktis einrichtet – das Gute und das Schlechte. In »Bellingshausen« z. B. waren es die Abfallhaufen, die gefrorenen Schlammfelder, die rundgesichtigen Männer mit Silberzähnen, die geisterhaften Umrisse der metallenen CCCP-Buchstaben, die umständlich von den Türen entfernt worden waren, die aufgegebenen Maschinen aus fehlgeschlagenen wissenschaftlichen Projekten und der einzige unzureichende Lada – sie waren eben echte Russen.

Chile und Argentinien gründen ihre Ansprüche in der Antarktis auf mittelalterliche, von den Spaniern ererbte Bullen und Dekrete, und sie klammern sich an diese Ansprüche wie Kinder an ihre Schmusetücher. Eins der wenigen Dinge, auf die diese beiden Nationen sich je einigen konnten, war, gegenüber Großbritannien einen gemeinsamen Standpunkt zu beziehen – zweimal in den 40er Jahren –, indem sie das Konzept einer südamerikanischen Antarktis befürworteten (obwohl sie sich später sogar deswegen zankten). 1977 flog General Pinochet zur King George-Insel und behauptete, sie sei nichts weiter als ein Anhängsel chilenischen Territoriums. Sechs Familien wurden 1984 dorthin entsandt, um eine »ständige« Niederlassung zu gründen. Auf der anderen Seite der Anden machte sich das gesamte Kabinett von Buenos Aires aus auf den Weg und landete auf dem Eis, um zu beweisen, wie argentinisch dieser Teil der Antarktis war.

Andere südamerikanische Länder schielen ebenfalls

nach Süden. Die Peruaner nannten ihren Stützpunkt »Machu Picchu«. Viele der wissenschaftlichen Daten, die von kleineren Nationen gesammelt werden, sind wertvoll, einige Forschungen wurden aber insgeheim von den größeren, reicheren Nationen in Frage gestellt. Alle Unternehmungen müssen einem internationalen Antarktis-Wissenschaftsrat Beschreibungen ihrer Forschungsprojekte vorlegen, angeblich zum Austausch der Ergebnisse. Die Uruguayer schickten einmal alle Einzelheiten eines Experiments, bei dem Pinguinen laute Musik vorgespielt wurde, um ihre Reaktion zu testen.

Landstreitigkeiten spielten sich im Norden ab; auf dem Eis gab es nur einen Feind – die Kälte. Ich erinnere mich noch, wie ich mit meinem chilenischen Aufpasser und einem russischen Biologen neben einem Eisstrom zwischen »Marsh« und »Bellingshausen« stand.

»Wir sind sehr stolz auf diesen Fluß zwischen uns«, sagte der Russe in Spanisch.

»Wie heißt er?« fragte ich.

»Wolga«, antwortete der Russe wie aus der Pistole geschossen.

»Mapocho«, sagte der Aufpasser gleichzeitig, und dann brüllten die beiden vor Lachen.

»En Antártida«, sagte der Aufpasser später. *»No hay fronteras«* – es gibt keine Grenzen. Auf dem Kontinent ging es immer noch zu wie in den 40er Jahren, als chilenische und argentinische Kriegsschiffe am britischen Stützpunkt auf der Stonington-Insel anlegten und die Kapitäne offizielle Protestnoten gegen die britische Anwesenheit in ihren Hoheitsgewässern abgaben, nur um anschließend zum Abendessen und zu Diavorträgen einzuladen. »Jenseits des Polarkreises«, sagte der große französische Antarktisforscher Jean Charcot, »gibt es

keine Franzosen, Deutsche, Engländer, Dänen – nur Polbewohner, echte Männer.«

Die Vögel waren besonders zahlreich, wenn die Wale Krill aufwühlten, und wir wetteiferten darin, sie zu identifizieren. Allein an Sturmvögeln sahen wir Antarktis- und Riesensturmvögel, Kaptauben (die Zebras des Südmeeres), Schneesturmvögel und Buntfüßige Sturmschwalben. Ben kannte sich am besten aus.

»Da!« rief er eines Tages, indem er auf einen Vogel deutete, der das Schiff umkreiste. »Ein Weißkinnsturmvogel.«

»Wo ist denn da ein weißes Kinn?« meckerte einer. »Ich sehe nur Braun.«

»Man müßte den Vogel in der Hand halten, um das weiße Kinn zu erkennen«, sagte Ben. »Aber er hat eins.«

Solange es hell war, blieb Ben ständig an Deck.

»Tja«, sagte er, als ich ihn darauf ansprach, »ich werde das alles nie wieder sehen.« Es war, als wolle er die Landschaft in sich aufsaugen und die Eindrücke speichern, wie es ein Kamel mit Wasser tut, um davon in den kommenden Pensionsjahren in Sheffield zehren zu können.

Am aufregendsten waren allerdings nicht die Vögel, sondern die Wale. Wir entdeckten Buckelwale und Zwergwale und Große Tümmler, und eines Morgens zog eine große Killerwalfamilie an unserem Schiff vorbei.

Walfänger spielten bei der Entdeckung der Antarktis eine maßgebliche Rolle, besonders nachdem sie die Arktis ausgeblutet hatten. 1892 machte sich eine Mannschaft aus Dundee auf den Weg, um sich die Reichtümer zu holen, die im Südpolarmeer warteten. Prinzipiell war es eine gute Idee, sich den südlichen Gewässern zuzuwenden: das Gebiet um die Falkland-Inseln ist der beste Walfanggrund der Welt. Nur waren die norwegischen Rivalen den Schotten technisch weit überlegen. Deren Ausrüstung war veraltet, und sie jagten den falschen Wal: Sie wollten Knochen für Schirme und Korsetts, doch der Markt verlangte nach Tran, nicht zuletzt für die Munitionsprodution.

Um W. G. Burn-Murdochs Gemälde von dieser Expedition zu sehen, war ich vor meiner Abreise auf einer meerumspülten Landzunge in Dundee zum Schloß Broughty hinausgewandert, einem schlecht besuchten Museum mit einer Wendeltreppe zwischen den moderigen Geschossen. Im zweiten Stock war ein Progamm der *Discovery*-Theatergruppe ausgelegt, das die »Kellner-Künstlertruppe« ankündigte. Der Walfang in Dundee wurde vor dem Ersten Weltkrieg unrentabel, und die *Terra Nova* war das letzte Walfangschiff, das man dort gebaut hatte. In der Antarktis allerdings blühte die Walfangindustrie in den ersten beiden Jahrzehnten des 20. Jahrhunderts, nachdem der Norweger Carl Larsen auf Südgeorgien Grytviken errichtet hatte und die Fabrikschiffe erfunden waren. Das Geschäft in den südlichen Gewässern erreichte seinen Höhepunkt in den dreißiger Jahren. Trotz des Mythos – einer der ersten Walfänger sprach von »der spannendsten Jagd, die die Natur bereithält« –, dem eine Reihe von Schriftstellern erlagen, war der Walfang ein hartes Geschäft, und die daran Beteiligten waren harte Trinker. Es kam vor, daß die Männer auf der Suche nach Alkohol den Schiffskompaß zerstörten. In den zwanziger Jahren schrieb ein Matrose: »Es gab zwei Arten von Tagen, die schlechten und die noch schlechteren, und alle dauerten sie 24 Stunden.« Im Zweiten Weltkrieg erlitt das Geschäft dramatische Einbrüche, denn künstlich hergestelltes

Glycerin kam auf den Markt, und ein Großteil der Fangflotte war von deutschen Kriegsschiffen versenkt worden. Nach einigen vergeblichen Wiederbelebungsversuchen schloß die letzte Walverarbeitungsstation auf Südgeorgien im Jahre 1965.

Im späten 19. Jahrhundert löste im Norden Großbritanniens das Tiefseefischen den Walfang ab. Mein Großvater kannte einen Fischer aus Grimsby, dessen acht Söhne alle auf Trawlern fuhren. Ich weiß noch, wie dieser Mann von der »wunderbaren Freiheit des Schleppnetzfischens« erzählte. Damals war ich noch ein Kind, und so schien mir das die wunderbarste Beschäftigung der Welt – in mein Schulheft schrieb ich, daß ich Schleppnetzfischer werden wollte, wenn ich groß war. Jetzt erinnerte es mich an das, was die Antarktis-Pioniere in ihre Tagebücher geschrieben hatten. Keiner von ihnen hätte es mit geregelten Arbeitszeiten ausgehalten.

Während wir an der Halbinsel entlangpflügten, lag ich in meiner Koje und las das letzte der Bücher, die ich mit in den Süden gebracht hatte. Aus lauter Angst, daß ich es durchgelesen haben könnte, bevor die Reise vorbei war, ging ich ganz langsam vor. Es handelte sich um einen Band von Edgar Wilsons Tagebüchern, durch den ich erfuhr, daß es zwischen Schottland und der Antarktis noch eine andere Verbindung gab. Scott und Wilson hatten ihre letzte Reise in den Süden auf der rosenberankten Veranda eines Bungalows geplant, der am Eingang eines lieblichen Tales im Osten Schottlands lag. Die ehemalige Schafhirtenhütte war 1902 von dem Londoner Verleger Reginald Smith gekauft worden, der das Steinhäuschen zu einer kleinen Jagdhütte umbauen ließ. Wilson und Scott suchten Smith 1905 in London auf, um ihn zu bitten, Scotts Buch über die *Discovery*-Expedition zu veröffentlichen, was er auch tat. Sie wurden Freunde, und als Wilson vom Landwirtschaftsministerium den Auftrag bekam, eine Abhandlung über Moorhuhn-Krankheiten zu schreiben, stellte Smith ihm den Bungalow zur Verfügung. Wilson verbrachte einige Monate dort und schrieb in seinen Tagebüchern von langen Spaziergängen, bei denen er Sumpfschnepfen und Wiesenknarren sah, Brachvögel und Kiebitze, Waldkauze, Goldregenpfeifer und Grünfinken, die Löwenzahnsamen pickten. Scott kam öfter vorbei, und einmal, als sie auf der Pirsch waren, verschonte er einen Hirsch, »weil er so schön war«.

Das Tal hieß Glen Prosen, und 1917 gab Smiths Witwe ein Denkmal für Scott und Wilson und deren tote Gefährten in Auftrag. Bis ich zu dem Bungalow kam, war eine Pension daraus geworden, also schlief ich im Hinterzimmer, wie sie, und betrachtete die funkelnden Lichter von Kirriemuir auf einem Felsvorsprung oberhalb der Birkenreihe und der beiden Platanenbäume, an denen der Schafhirte seine Kuh angebunden hatte. Das Denkmal bestand aus rotem Sandstein, und die Inschrift lautete: »Denn die Reise ist zu Ende und der Gipfel erreicht und die Grenzen sind gefallen.«

Im Frachtraum konnten wir Laufen trainieren. Der Trainer schrie: »Los, Jungs!« und danach: »Auf, Sara!« Allerdings störte mich der Dieselgestank, außerdem war es sehr laut, und die Umgebung wirkte wie ein Heath Robinson-Entwurf für eine Dosenfabrik aus dem viktorianischen Zeitalter. Langeweile kam auf. Die Bar, in der wir immer dieselben sechs Monate alten Zeitschriften lasen, war meist spärlich besetzt mit Männern, die Kirchgängern bei einer schlecht besuchten Morgenandacht ähnelten. Die Mahlzeiten in der Messe waren innerhalb einer halben Stunde vorüber, obwohl die Speisekarte durchaus einfallsreich war. Sie wurde jeden Tag neu geschrieben, wie in einem altmodischen Küstenhotel, und führte unter anderem »Kalte Fleischschnittchen«, was eine vornehme Umschreibung von Dosenfleisch war. Käse und Brot folgten dem Dessert auf der Speisekarte so unweigerlich wie Sturmvögel den Walen, obwohl keines von beidem je auf den Tisch kam. Eines Tages wurde frischer Grillhering angekündigt, ein herausragendes Ereignis in der Geschichte der Seefahrt; wahrscheinlich hatte der Koch seine Angel über die Reling gehalten.

Nachts, wenn es über dem Wasser dunkelte, wurde die Lage besonders ernst. Ende März sind die Nächte im Südpolarmeer lang. Die Videos, die gezeigt wurden, waren so schlecht, daß »Schneewittchen und die sieben Zwerge« noch am besten besucht war. Al, der preisgekrönte Koch aus Nordengland, veranstaltete in seiner Kabine eine Cocktail-Party. Diese großzügige Geste war typisch für ihn. Gin war knapp an Bord der *Bransfield.*

»Damals in Stonington«, erzählte Ben, der auf Als Bettkante hockte und seinen Becher mit Gin umklammerte, während das Schiff sich zur Seite neigte, »hatten wir soviel Gin, daß wir damit die Fenster putzten.« Anschließend gab es noch ein paar Kabinenpartys, nach denen man morgens immer Wodka und Tonic im Zahnputzbecher fand. Später kam jemand auf die Idee, bei Sonnenuntergang einen Schluck an Deck zu nehmen, also versammelten wir uns in Parkas und Kapuzen um halb gefrorene Weinkisten. Manchmal hatten wir die Sonne den ganzen Tag lang nicht zu Gesicht bekommen, obwohl sie, wenn wir Glück hatten, kurz vor dem Untergang ein kleines Loch in den Wolken fand und die steilen Flanken der Eisberge in feurigem Lachsrosa aufleuchten ließ.

Dann plötzlich, als ich eines Morgen aufwachte und die Vorhänge zur Seite zog, war alles fort. Ich rannte aufs Peildeck und schaute mich um. Es war ein klarer und sonniger Tag, das Wasser grau, aber glitzernd, weit und breit nichts mehr zu sehen, rund um uns herum nur noch der leere Horizont. Es war vorbei. Ich beobachtete einen schwarzbraunen Albatros, der das Heck umflatterte. Es war genauso, wie die Forscher zu Hause es mir prophezeit hatten – als wäre ich von einem anderen Planeten zurückgekehrt. Ungeheure Trauer überkam mich, als wäre eine geliebter Mensch gestorben.

Am 1. April legten wir in der East-Bucht auf den Falkland-Inseln an, und als wir aufwachten erblickten wir sanft geschwungene Hügel, Sonnenstrahlen, die – ähnlich wie auf einem Gemälde von Blake – die Wolken durchdrangen, und überall bräunliches Gras. Die *Bransfield* machte zum Auftanken an einem Ponton fest, und in der Messe erreichte uns die Nachricht, daß Landgang nicht gestattet sei; wir sollten lieber an Bord bleiben, wenn wir nicht erschossen werden wollten. Ein Kormoran hockte auf einem Container an Deck. Die Sonne schien, als wir schließlich in den Hafen einliefen. Stanley sah immer noch wie eine Spielzeugstadt aus – saubere kleine Farbschachteln mit leuchtenden Dächern unter einem dunkelgrünen Blätterdach, und am Rande lag der Friedhof. Shackleton schrieb 1916 über Stanley: »Die Straße in diesem Hafen ist etwa zweieinhalb Kilometer lang. An einem Ende befindet sich das Schlachthaus und am anderen der Friedhof. Will man sich zerstreuen, kann man also vom Schlachthaus zum Friedhof gehen, oder zur Abwechslung vom Friedhof zum Schlachthaus.« Darüber hinaus erstreckte sich das ebene Camp* gen Süden. Wir lungerten auf dem Peildeck

* Die Landschaft um Stanley wird von den Bewohnern der Falkland-Inseln als »das Camp« bezeichnet.

herum, und diejenigen, die dreißig Monate im Eis verbracht hatten, wirkten gehetzt.

Dann sahen wir, daß ein kleines Boot am Schiff anlegte und wieder abfuhr. Unsere Post kam an Bord, und wir stürzten uns in der Bar wie Wilde darauf, während die Bauarbeiter sich Fußballergebnisse zuriefen. Jeremy, der Schirmherr meiner Expedition, wollte mehr über die Incinolet-Toiletten erfahren, von denen ich in meinem letzten Brief Näheres berichtet hatte. Er wunderte sich über die Unterscheidung in fest und flüssig und wollte unbedingt wissen, was man bei Durchfall machte. Insgeheim schwor ich mir, mein Kind nie auf eine Privatschule zu schicken.

Am Abend gingen wir an Land, und Steve, der Mann, der mir das Hunde-T-Shirt geschenkt hatte und seit zweieinhalb Jahren nicht mehr bar hatte zahlen müssen, vergaß, Geld mitzunehmen. Wir gingen in jedes Lokal. Das »Globe« hatte weißgetünchte Wände und ein ziegelrotes Wellblechdach. Früher hatte es einmal einem Seemann gehört, der froh war, wieder an Land zu sein, so wie wir, und ein Hotel aus dem Haus gemacht hatte, heute ist es eine urige Kneipe mit einem Billardtisch und einer Jukebox, in der gerade eine Platte von »Nazareth« lief. Zum Abschluß des Abends gingen alle zu »Deano's«, aber ich konnte nicht mehr. Ich wollte lieber zurück aufs Schiff.

Am nächsten Morgen begann das Beladen, und ich verbrachte den Tag in Stanley. Die Fetzen vom Radioprogramm der Streitkräfte, das aus offenen Fenstern zu mir drang, brachten mich der Heimat näher. In ging zum Museum an der westlichen Ross-Straße, vorbei am Denkmal für den Falkland-Krieg 1914, in dem Sturdee Vizeadmiral von Spee vertrieb, und an Schiffswracks, die wie Eisberge aus dem grauen Wasser ragten. Die

Falkland-Inseln zogen Schiffsunglücke an wie die Sirenen, und die Gegenwart der Wracks gemahnte die Inseln ständig an ihre Vergangenheit. Der Besanmast der HMS *Great Britain* lag am Strand. Das Schiff rettete sich 1886 aus einem Sturm vor Kap Hoorn zu den Falkland-Inseln und ankerte dort fünfzig Jahre, bis es in der Sperlingsbucht auf Grund gesetzt wurde. 1970 wurde es gehoben und wieder nach Bristol gebracht, wo Brunel es einmal entworfen hatte. Ich kann mich noch daran erinnern, wie wir in Zweierreihen von der Schule zum Hafen trabten, um Zeugen seiner triumphalen Heimkehr auf dem Avon zu sein.

Auf den stillen Weiden am Rande der Stadt grasten vereinzelt Pferde und Schafe, und die Wäsche, kleine Farbkleckse vor dem riesigen südlichen Himmel, flatterte wild auf den durchhängenden Wäscheleinen. Das Museum befand sich im Britannia-Haus, einem Holzchalet mit herzförmigen Schnitzereien in den Fensterläden und einem Haufen rostiger Kanonen im Garten. Es besaß ein Symphonium aus dem Jahre 1895, eine alte Jukebox aus dem ehemaligen »Globe Hotel«, die in einem großen polierten Holzkasten steckte, einer breiten Standuhr ähnlich, und bei Geldeinwurf auf einer vertikalen Silberplatte das Duett »When we were married« aus *Die Schönste von New York* spielte. Ich stand gerade vor diesem Objekt, als der Kurator der Museums sich vorstellte.

»Betrachten Sie das Museum als das Ihre!« sagte er freundlich, indem er mit ausladender Bewegung auf sein Reich deutete. An der nächsten Ecke erwartete mich ein verblichenes Photo von einem Mann, der in einem Schaukelstuhl neben einem lodernden Kaminfeuer saß. Die Unterschrift lautete: »Vor achtzig Jahren hatte man auf den Falkland-Inseln noch Muße.«

Später ging ich schwimmen. Ich konnte es gar nicht abwarten, so sehr hatte ich das Schwimmen vermißt. Außer einer Handvoll BAS-Leute vom Schiff, die sich wie Robben gebärdeten, war niemand im Wasser. Wir waren alle begeistert, herumplanschen zu können. Auf dem Rückweg versuchte ich, im größten Geschäft des Ortes etwas Obst zu kaufen, aber es gab nicht eine einzige Frucht.

Wir warteten auf die TriStar und lebten auf der *Bransfield,* so vergingen mehrere Tage auf den Falkland-Inseln. Ich wanderte durch das niedrige Gebüsch und über das Tussockgras, und wenn ich Hochlandgänse aus dem Dickicht aufscheuchte und Dampfschiffenten mit wild flatternden Flügeln über die Felsen flohen, fielen mir wieder die einsamen Tage in Tierra del Fuego ein, die jetzt schon ewig zurückzuliegen schienen. Manchmal ging ich zur Yorke-Bucht; am Zaun, der die Dünen absperrte, hingen Schilder mit der Aufschrift: »GEFAHR! MINEN!«, doch der wenige Sand ließ mich an tropische Länder denken. Immerhin gab es noch Pinguine. Richtung Zigeunerbucht hockten streifige Magellan-Pinguine in Erdfalten und kreischten. Als ich stehenblieb, um sie näher zu betrachten, wurden sie unruhig und drehten den Kopf von einer Seite zur anderen. Voller Bedauern dachte ich an die Furchtlosigkeit der Adélie- und Kaiserpinguine. Und hatte Angst, daß mir alles entgleiten würde. Ich folgte einer Falkland-Drossel zum Ende der Bucht, schaute hinunter und sah noch mehr Pinguine im klaren grünen Wasser weit unter mir. Dann ging ich langsam zurück zu meinem Schiff. Ein leichter weißer Nebel senkte sich herab, und die anderen Schiffe riefen einander zu wie Rebhühner am Abend, wenn der Dunst über den winterlichen Feldern liegt.

An einem düsteren Morgen um fünf Uhr früh schrillten die Alarmglocken durch das Schiff, und wir schnappten unsere Seesäcke und drängten uns nach hastigen Verabschiedungen von denen, die mit dem Schiff weiter nach Montevideo reisen würden, in einen Bus, der auf dem dunkelglänzenden Betonkai wartete. Einer von den Zurückbleibenden, ein Mann, der mich während meines gesamten Aufenthalts in Rothera ignoriert hatte, trat aus der Gruppe hervor, gab mir die Hand und flüsterte mir ins Ohr: »Das stammt von der Ewigkeits-Bergkette.« Er verschwand im Dunkeln, und ich öffnete meine Hand. Eine Muschel lag darin.

Die Fahrt zum Mount Pleasant-Flughafen dauerte lang, und der kleine Bauarbeiter aus Glasgow schlief an meiner Schulter ein. Die Sonne schien in den Bus, und die Insel draußen strahlte.

Abends landeten wir in Ascension, wo es 27 Grad Celsius warm war. Nach einem längeren Aufenthalt brachte uns die nächste Etappe auf die englischen Wiesen von Brize Norton. Auf dem Bordmagazin prangte immer noch das Photo des fröhlichen Passagiers am Fallschirm.

Ich fragte mich, was aus der kleinen, feinen Stimme in meinem Innern wohl werden würde, wenn ich wieder in die Kakophonie der Zivilisation eintauchte. Zwar hatte ich keine Angst davor, die Gewißheit und die Ruhe, die ich gefunden hatte, gänzlich zu verlieren – aber sie würden große Konkurrenz bekommen, sobald ich mich wieder im Getriebe des Stadtlebens zurechtfinden mußte.

Der Flug sollte eigentlich den Abschluß bilden, das Ende einer langen körperlichen Reise und den Anfang einer mentalen. Aber nichts ist je zu Ende. Das Leben ist eine fortwährende unendliche Reise. Ich dachte an einen

Satz aus Darwins *Beagle*-Tagebuch: »Erst noch vor wenig Tagen sah ich dieser luftigen Markscheide als einem bestimmten erkennbaren Punkte auf unserem Wege heimwärts entgegen; jetzt sehe ich aber, daß sie wie alle derartigen Ruhepunkte unserer Phantasie wie Schatten sind, welche man, wenn man sich vorwärts bewegt, nicht fassen kann.«*

Die geographischen Fragen mögen letztlich alle beantwortet sein, aber die metaphysischen bleiben, und das fremdeste Land wird immer in uns selbst liegen.

* Übers. v. J. V. Carus, aus: Darwin, Charles. *Reise eines Naturforschers um die Welt*. Frankfurt, 1962. – A. d. Ü.

TEIL DREI

[Wir] werden… nicht nachlassen in unseren
  Kundschaften,
Und das Ende unseres Kundschaftens
Wird es sein, am Ausgangspunkt anzukommen
Und den Ort zum erstenmal zu erkennen.

T. S. ELIOT, »Little Gidding«*

---

* Übers. v. N. Wydenbruck, aus: Eliot, T. S. *Gesammelte Gedichte 1909*–1962. Frankfurt, 1988. – A. d. Ü.

DIE ROSS-INSEL UND DER MCMURDO-SUND

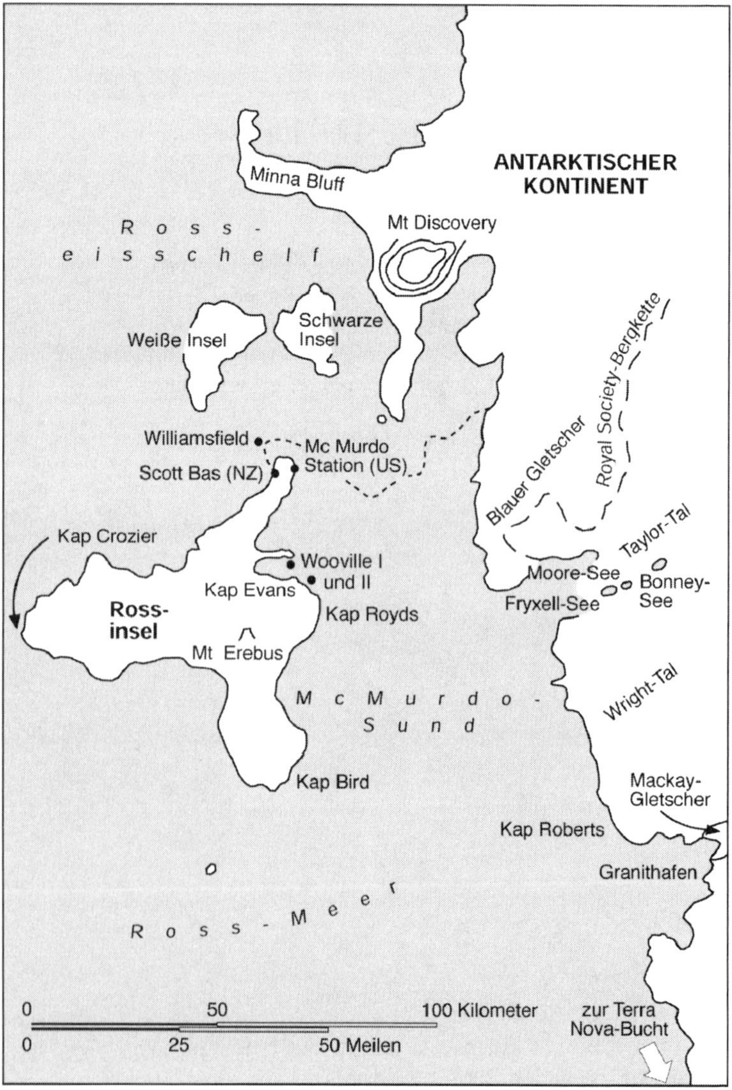

1. KAPITEL

Wooville I: Die Erebus-Gletscherzunge

> Es gibt so wenige Versuchungen dort. Geistig ist der Mensch dort unverletzlich. Er ist so weit weg vom alltäglichen Existenzkampf, von wirtschaftlichen Unwägbarkeiten, Politik und Kriegen; er erkennt, daß das alles vollkommen unwichtig ist.
>
> LOUIS BERNACCHI, Antarktis-Pionier

Anfang April war ich wieder in London. Alle Pflanzen auf meiner Dachterasse waren eingegangen, aber die Frühlingssonne schien zaghaft durch die harmlosen nördlichen Wolken. Während ich versuchte, mich wieder in meinem Leben zurechtzufinden, kreisten meine Gedanken um das Zitat von Frank Hurley, das ich an die Küchenwand gehängt hatte. Es lautete: »Nach dem Leben in der Weite eines unbewohnten Kontinents wirkte die Zivilisation enttäuschend eng, überfüllt, oberflächlich und leer.«

Die Reise war kein reines Zuckerschlecken gewesen, aber die schlechten Erinnerungen verflüchtigten sich schon, bevor ich noch meine Wohnungstür aufgeschlossen hatte, und ich kam mir vor, als sei ich aus dem Paradies verjagt worden. Ich fühlte mich auf ewig verstoßen. Darüber hinaus hatte ich das Gefühl, daß die Reise noch nicht zu Ende war.

Etwas blieb ungetan.

Mein Schirmherr schleppte mich in schäbige griechische Cafés in Nordlondon, in denen wir unsere Ansichten zum Scott-Mythos austauschten. Jeremy schrieb an der offiziellen Biographie von Cyril Connolly. Das Buch war auch eine versteckte Autobiographie, obwohl Jeremy das selten zugab; ich konnte sowieso nicht ganz einsehen, wozu das nötig war, denn Conolly hatte schon zwei Bücher über sich selbst veröffentlicht. Als Jeremy erfuhr, daß er in meinem Buch vorkommen würde, fühlte er sich so geschmeichelt, daß er mir anbot, mich in Connollys Leben einzuschmuggeln. Das gab Jeremy endlich das Gefühl, seiner Gönnerrolle gerecht zu werden, deshalb kippte er noch ein Glas Retsina und stürzte sich in einen langatmigen Vortrag über Connollys Ansichten zum Scott-Mythos.

»Weißt du, Connolly schreibt, daß er im Alter von sieben Jahren Scott in Simonstown, Südafrika, die Hand geschüttelt hat«, endete er schließlich.

Die *Terra Nova* hatte Großbritannien ohne ihren Kapitän verlassen. Scott war zurückgeblieben, um weitere Geldquellen aufzutun, und eilte dann nach Südafrika, um dort an Bord des Schiffs zu gehen. Wir dachten beide über die Verbindungen zwischen diesen beiden außergewöhnlichen Männern nach, die so unterschiedlich waren wie wir – ein Gönner und sein Schützling. Jeremy war fünfzig, glücklich verheiratet, typisch englisch und ein unverbesserlicher Anarchist. Londons literarische Zirkel rissen sich um ihn, er hatte Hände wie Schaufeln und war Richtung Süden nie über Seaford hinausgekommen.

Er schaute aus dem regenüberströmten Fenster, schob sich eine Olive in den Mund und schien kurz davor, eine kurze, aber bedeutsam Aussage zu machen, die mir die Scott-Legende erklären würde. Ich wartete ab und fragte mich, was er mit dem Olivenkern gemacht hatte.

»Ich bin fast sicher«, sagte er schließlich mit zusammengezogenen Brauen, während er dem Kellner mit der leeren Retsina-Flasche winkte, »daß Connolly sich das ausgedacht hat.«

Per E-mail sprach ich mit meinen Freunden am Pol. So erlebte ich aus zweiter Hand, welch emotionales Auf und Ab von einer C-141 ausgelöst wurde, die in Christchurch gestartet war und zweimal in der Luft aufgetankt hatte, um vor den 28 Menschen, die in der Dunkelheit auf dem Polplateau bei einer Umgebungstemperatur von minus siebzig Grad Celsius warteten, klaviergroße Kisten abzuwerfen. (Ein schöner Beweis für das technisch Machbare.) Die Polbewohner hatten seit Wochen von nichts anderem geredet. Als es vorbei war, die Pakete aufgerissen und die gequetschten Früchte verzehrt waren, fiel ihnen ein, daß sie erst die Hälfte der langen Winternacht hinter sich hatten. Einer von ihnen berichtete von »einer schrecklichen Leere«.

Die Antarktis entglitt mir langsam. Nansen hatte gesagt, daß ihm nach seiner Rückkehr aus der Arktis die Monate auf dem Eis wie »ein entrückter Traum aus einer anderen Welt« erschienen wären. Oftmals, wenn ich in langen Sommernächten bei offenem Fenster am Schreibtisch saß, lauschte ich in mich hinein, um hinter den Hupsignalen, den Rufen Betrunkener und dem Musikdröhnen vorbeifahrender Wagen die kleine, feine Stimme zu vernehmen. Manchmal ging ich die Treppe hinunter, schaltete den Diaprojektor ein, der stets einsatzbereit auf meinem nie gebrauchten Eßtisch steht, machte das Licht aus und ließ den Erebus auf meiner weißverputzten Wand erscheinen. Dann verschwanden bald alle Sorgen über Steuern, kaputte Waschmaschinen, den widerspenstigen Freund oder die drückende Zahl von Zeitungsartikeln, die noch geschrieben werden mußten. Wenn ich einen meiner schlechten Tage hatte, an denen ich schwerwiegendere Probleme wälzte und mich die altbekannten Ängste quälten, konnte ich mich auf diese Weise fast immer davon befreien, obwohl ich dann meist länger vor den Dias auf dem Rauhputz hocken und in Gedanken über das Transantarktische Gebirge bis auf das schimmernde Plateau reisen mußte.

In den frühen Tagen der Antarktisforschung heirateten viele Männer, sobald sie wieder heimischen Boden unter den Füßen hatten. Sowohl Scott als auch Byrd berichteten von einem Sturm auf den Altar. Bei Scotts Männern zeigte sich noch ein anderes Phänomen – sie heirateten die gegenseitige Verwandtschaft, so blieb sozusagen alles in der Familie. Wright und Griffith Taylor, nach denen heute zwei nebeneinanderliegende Täler benannt sind, vermählten sich mit Priestleys Schwestern, und Priestley revanchierte sich, indem er eine Verwandte von Debenham ehelichte. In meiner Verzweiflung erwog auch ich diese Möglichkeit, aber der Mangel an passenden Kandidaten zwang mich bald, den Gedanken fallenzulassen.

Eines Nachts, als ich nicht schlafen konnte, ging ich nach draußen und legte mich in die Hängematte. Es war einfacher, sich in den Süden zu träumen, wenn es dunkel war, denn mittlerweile war es dort ständig Nacht. Als ich die Augen wieder aufschlug, wußte ich plötzlich, was ich zu tun hatte. Die Tür zur Antarktis hatte sich vor mir geschlossen, als die Dunkelheit sich über die Halbinsel breitete. Ich mußte sie wieder aufstoßen. Sollte ich noch einmal dorthin zurückkehren, brauchte ich nicht mehr herumzureisen. Ich wollte stillsitzen und alles in mich aufnehmen.

Gott allein weiß, was mich glauben ließ, daß ich es schaffen könnte. Nur das amerikanische Programm schickt bereits im August Menschen in die Antarktis, also fragte ich dort an, ob man mich mitnehmen würde. Sie dachten eine Weile darüber nach und riefen mich einige Male an. Der Sommer in England war heiß. Dann, es war eine Freitagnacht im Juni, ich saß gerade bei offenem Fenster am Schreibtisch und versuchte, den Unterwasserruf der Weddell-Robbe zu beschreiben, meldete sich Guy Guthridge von der NSF-Abteilung für Polarprogramme.

»Pack deine Sachen«, sagte er.

Im Flugzeug nach Christchurch fing ich das Buch eines Psychologen namens Glin Bennet an. Der Titel lautete *Beyond Endurance,* und ein Kapitel handelte von »der intellektuellen Trägheit«, die das Überwintern in der Antarktis mit sich bringt. Als Beispiel dafür, wie Gruppen auseinanderbrechen können, erzählte Bennet die Geschichte eines Meteorologen, der in den 50er Jahren, kurz vor Ende des Winters, eine Antarktisstation erreichte. Niemand kam aus der Hütte, um ihn und seine Mannschaft willkommen zu heißen, und ihnen wurde bald klar, daß die Gruppe in den langen Monaten der Dunkelheit zusammengebrochen war. »In den Räumen entdeckten wir kleine animalische Höhlen«, schrieb der Meteorologe. »Da das Gemeinschaftsleben nicht funktioniert hatte und sie nicht mehr miteinander sprachen, hatte sich jeder mit dem Rest seiner Persönlichkeit in seinen eigenen Winkel zurückgezogen.«

Der antarktische Winter lieferte den Psychologen ein weites Betätigungsfeld. Da gab es zum Beispiel Berichte von einer Konferenz über »Erfahrungen in der Antarktis: Anwendungsmöglichkeiten auf das Leben im Weltraum«, und ein Forscher, der das Verhalten von Überwinterern studiert hatte, sagte: »Die Erfahrungen, die wir in der Antarktis und anderen extremen Umgebungen gesammelt haben, könnten uns bei interplanetarischen Forschungen und bei der Einrichtung ständiger Niederlassungen im Weltraum helfen.« Die amerikanische Marine hatte bei einer Studie ein »Überwinterer-Syndrom« diagnostiziert, denn 72 Prozent der Befragten gaben an, unter schweren Depressionen zu leiden, und 65 Prozent hatten mit Streitsucht und Unzufriedenheit zu kämpfen. Auch ein Krankheitsbild namens »Big Eye« war bekannt, dabei handelte es sich um eine Schlaflosigkeit, die durch totale Finsternis hervorgerufen wurde. Immer wieder bezog man sich auf einen Vorfall aus dem Jahre 1955, als ein Mitglied der Mannschaft, die das Internationale Geophysikalische Jahr vorbereiten sollte, eine so akute Schizophrenie entwickelte, daß neben dem Krankenzimmer eine Gummizelle eingerichtet werden mußte.

Die Eskimos hätten ihnen die mühsame Forschung ersparen können – sie wußten alles über die Traurigkeit der langen Polarnacht. Das Wort *perlerorneq* wurde dafür von ihnen geprägt; das heißt »das Gewicht des Lebens spüren«.

So wie »die lange, dunkle Nacht der Seele« eine gängige literarische Metapher für geistigen Verfall ist, ist der Polarwinter das perfekte Spiegelbild für die innere Dunkelheit, die sich offenbar recht häufig herabgesenkt hat. Frederick Cook, einer der ersten Überwinterer auf dem Packeis, schrieb 1898 in sein Tagebuch: »Der schwarze Vorhang, der zwischen der eisigen Einsamkeit und der äußeren Welt niedergegangen ist, hat sich auch über die Innenwelt unserer Seelen gelegt ... Die Nacht saugt stündlich etwas mehr Farbe aus unserem Blut.«

Ein Wägelchen wurde an meinem Sitz vorbei durch den engen Gang geschoben, und dann kam die freundliche Stewardeß und legte die Essentabletts auf die Klapptische. Die Sonne schien durch die Flugzeugfenster, während ich mich wieder in Cook vertiefte. »Die Düsternis der ersten Nachttage«, schrieb er, »hat einer zermürbenden Dunkelheit Platz gemacht, die nur gegen Mittag durch einen schwachen gelben Schein am nördlichen Horizont unterbrochen wird. Ich kann mir nichts Entmutigenderes, Zerstörerischeres für den menschlichen Tatendrang vorstellen als die dichte, ununterbrochene Finsternis der langen Polarnacht.«

Ich fragte mich, was in aller Welt ich wohl finden würde.

Meine alte Freundin Camilla kam aus Wellington, um mich in Christchurch zu treffen, und ich schmuggelte sie in den Kleiderausgabebereich. In genau demselben Raum hatte ich vor neun Monaten schon einmal meine Ausrüstung bekommen, nur waren diesmal die Kleiderstapel höher. Wintertemperaturen erforderten eben noch mehr Schichten. Ich verließ Christchurch um drei Uhr morgens mit derselben Turbo-Prop, die mich schon einmal nach McMurdo gebracht hatte. Während wir über das Südpolarmeer flogen, stieg und fiel die Temperatur wie damals, und die Passagiere klemmten ihre Ellbogen in die roten Netzsitze. Ich knabberte an einem Erdnußbutter-Marmelade-Sandwich.

Der Himmel war düsterorange gestreift, als wir landeten, und das Eis glühte dunkelrot. Nebel verdeckte die Ausläufer des Transantarktischen Gebirges, so daß die Gipfel wirkten, als hingen sie zwischen Himmel und Eis. Wieder einmal fühlte ich mich, als wäre ich heimgekehrt. Das schien nicht einmal mehr eigentümlich – eher anheimelnd. Als ich mich einmal in der Gletscherbrille eines Gegenübers zu Gesicht bekam, stellte ich fest, daß ich lächelte.

Drei Tage vor meiner Ankunft, am 20. August, war die Sonne zum erstenmal seit dem 24. April wieder über der Ross-Insel aufgegangen. Die Bewohner von McMurdo kamen täglich schon ein paar Stunden in den Genuß trüben Tageslichts, obwohl sie die Sonne noch nicht zu Gesicht bekommen hatten, weil sie hinter dem Erebus verborgen blieb. Meine innere Uhr hatte auf den Polartag reagiert, indem sie mich veranlaßte, nicht ins Bett zu gehen; ich fragte mich, ob die Nacht wohl einen gegenteiligen Effekt haben würde.

Mein Flug war einer von acht Flügen, die bei der jährlichen »Operation Winfly« in der dritten Augustwoche zwischen Christchurch und McMurdo hin und her gingen. Dieses schwierige Unternehmen, das alljährlich während der kurzen Übergangszeiten zwischen Tag und Nacht in Angriff genommen wurde, diente der Versorgung der Station und dem Einflug von Hilfskräften für die bevorstehende wissenschaftliche Saison, die im Oktober beginnt. Außerdem ergibt sich so eine sechswöchige Übergabezeit, in der die Überwinterer sich auf ihren Abschied vom Eis vorbereiten können. Von den 244 Überwinterern des Jahres 1995 wurden 30 mit »Operation Winfly« ausgeflogen (eine Frau war schwanger), und 200 frische Kräfte kamen in der Station an.

Der erste Überwinterer, den ich erblickte, hatte sich einen Knoten in den Bart gemacht, aber ansonsten wirkten nach dem »trägen Bann der Dunkelheit« alle recht gesund. Sie hatten natürlich schneeweiße Haut und steckten sich bei uns und den anderen mit Erkältung und Durchfall an. Die meisten von ihnen wußten nicht so recht, wie sie uns begegnen sollten. Als ich mich am ersten Tag an den Frühstückstisch setzte, rief die Frau mir gegenüber spontan: »Es tut ja so gut, neue Gesichter zu sehen!«, doch tauchten in den Schlafzimmern auch Poster auf, die ein Munch-ähnliches schreiendes Gesicht neben einem amüsierten Neuankömmling mit einem Koffer in der Hand zeigten und die Unterschrift trugen: »Ich ziehe bald in das Zimmer nebenan: der Zimmergenosse aus der Hölle, Winfly 1995.« Ich brauchte kein Poster, um zu begreifen, daß ich ein Sperrgebiet betrat – das war nur zu offensichtlich. Ein halbes Jahr lang waren sie durch die Flure und die windigen Korridore gelaufen, ohne je ein neues Gesicht zu sehen.

»Mir wurde die Sinnlosigkeit meiner Existenz bewußt«, sagte die Frau am Frühstückstisch, als ich sie fragte, wie sie die Wintereinsamkeit erlebt hatte. »Nichts war mehr wichtig. Übrig blieb nur die allgemeine Hoffnungslosigkeit. Ein bißchen ist es noch immer so.«

Es war, als würde man einer ganzen Gemeinschaft dabei zusehen, wie sie aus dem Winterschlaf erwachte. Ich war sehr vorsichtig. Das Ganze erinnerte mich an einen uralten Onkel aus dem Westen, der als Vierzehnjähriger eine Buchdruckerlehre begann. An seinem ersten Tag war er um sechs Uhr morgens mit einer Tüte Corned beef-Brote in der Hand in den Bus gestiegen, um zur Fabrik zu fahren. Alles lief gut, bis zwei oder drei Kilometer weiter eine Gruppe weißhaariger alter Drucker zustieg. Einer von ihnen stellte sich neben meinen Onkel und brüllte ihn an: »Du sitzt auf meinem Platz, Junge!«

Mir wurde ein Bett in einem Zimmer zugeteilt, das an demselben dunklen Flur lag wie die »Corner Bar«, die jetzt nicht mehr unter der Aufsicht des Zimmermanns Mike stand, da er während des Südwinters im Norden seinem Beruf nachging. Die Leitung der Bar lag solange in den Händen seines Kollegen John, der regelmäßig nur zu einer Zusammenkunft öffnete, dem Kaffeetrinken um zehn Uhr morgens am Sonntag.

»Komm mit«, sagte John, als er mir im düsteren Flur begegnete.

Draußen vor dem Fenster dämmerte es verheißungsvoll. Sechs Gäste saßen um den niedrigen, dunkel getönten Plexiglastisch, der mit Kaffeebechern, Plätzchentellern und Schnapsflaschen übersät war. Die Budweiser-Uhr und den Zielscheiben-Pinguin gab es immer noch. Als die sechs Männer mich erblickten, hörten sie auf zu reden und starrten mich an, als trüge ich weder Parka noch Jeans, keine Schichten von Unterwäsche und keine Schuhe und Strümpfe. Sie taten, als wäre ich vollkommen nackt hereingekommen.

»Ich schätze, so fühlt man sich, wenn man neben einer Fremden erwacht«, sagte einer von ihnen später.

Die Überwinterer bildeten eine eigene Gruppe, so wie immer. Ich beneidete sie. Charles Laseron, Mawsons Biologie-Assistent, drückte das folgendermaßen aus: »Was die erste Umrundung des Kap Hoorn für den Seemann, ist der Winter im Eis für den Polarforscher. Er ist die Krönung seines Lebens. Nachdem er das Embryonalstadium erfolgreich hinter sich gelassen hat, kann er nun als vollwertiges Mitglied seinen Platz in einer ausgesuchten Bruderschaft einnehmen.«

Tiefkühlwürstchen-Bill kam zurück; seine Augen waren immer noch kornblumenblau. Er hatte vor, demnächst beim Überlebenstraining rohes Schweinefleisch aus den Stiefeln zu ziehen. So wie in Geschichtsbüchern immer wieder dieselben Namen auftauchen, sah ich bei meiner Rückkehr auf das Eis lauter bekannte Gesichter.

J. M. Barrie, der ja nur in Gedanken nach Süden gereist war, beschrieb von seinem Ledersessel aus, wie jeder, der in die Antarktis ging, bei der Rückkehr geschworen hatte, daß keine Macht des Himmels oder der Erde ihn je dazu bringen würde, noch einmal in Polarregionen zu fahren – aber nach sechs Monaten lagen alle bettelnd vor jedem auf den Knieen, der sie eventuell dorthin zurückbringen konnte.

Sicher war es kalt; meist um dreißig Grad minus, und in den ersten paar Tagen ging die Sonne erst kurz vor Mittag auf und knapp zwei Stunden später schon wieder unter. Wenn ein Sturm wütete, wurden zwischen den Schlafräumen und der Kantine Leinen gespannt, damit wir uns an etwas festhalten konnten. Aber wenn der Tag klar war, schien der Himmel durchsichtig zu sein, das Transantarktische Gebirge war in rosafarbenen und blauen Pastelltönen erstarrt und die Abhänge jedes einzelnen Gipfels so deutlich ausgeprägt wie die Facetten eines Diamanten. Jeden Morgen wurde es ein wenig heller. Man hatte den Eindruck, daß der Sommer sich mit Riesenschritten näherte, wie in einem Zeitraffer, mit dem in naturgeschichtlichen Filmen so gern gezeigt wird, wie eine Blüte sich öffnet.

Ich bezog wieder mein altes Büro im Crary. Schemenhaft konnte ich noch die Worte lesen, die ich im letzten Sommer an die Tafel geschrieben hatte. Diesmal hatte ich die Nummer W-006 erhalten; W-002 war bereits vergeben. Im Labor arbeiteten derzeit nur drei Gruppen von Atmosphärenwissenschaftlern, die die Zeit nutzen wollten, um den Ozonschwund zu untersuchen, und einige hartgesottene Kerle, die vorhatten, in die Trockentäler zu gehen. Zu ihnen gehörte John Priscu mit seiner S-025 Mannschaft; sie waren unterwegs zu ihrem Lager am Bonney-See, und das Zubehör ihrer reichhaltigen Laborausrüstung ergoß sich bis auf die ansonsten jungfräulichen Korridore. Cristina mit den fliegenden Kondomen war wieder da, und auch Ed, der Physiker und Bergsteiger, der mich im letzten Sommer zum Bonney-See mitgenommen hatte.

»Noch eine Pilgerreise!« rief er mir entgegen, als er mich entdeckte. Wir hockten lange in dem Labor, in dem früher mit radioaktivem Material gearbeitet wurde, und Ed trank Bourbon aus einem 250-Milliliter-Becherglas, während zwei der Studenten dem Geigerzähler Lieder vorsangen.

Ich unterhielt mich weiter per E-mail mit den Polbewohnern. Ihre Saison war noch nicht vorbei – der Winter am Pol dauerte achteinhalb Monate, und Flugzeuge konnten bis Ende Oktober nicht dorthin gelangen. Auf diesem Weg erhielt ich begeisterte Berichte über den Dreihundert-Club. In diese exklusive Gemeinschaft wurde aufgenommen, wer bei 210 Grad Fahrenheit einen Saunagang machte und dann, nur mit Tennisschuhen bekleidet, aus dem Dom in die Kälte von minus 101 Grad lief. Trotz solcher Zerstreuungen sehnten die Polbewohner ihre Ablösung herbei. Einer von ihnen war immer noch mit der Flugzeug-Versorgungsaktion beschäftigt. Seine Aufgabe war es gewesen, mit einer Schneekatze zur Abwurfstelle zu fahren, nachdem der Pilot das »Okay« gegeben hatte. »Stell dir vor«, schrieb er, »auf einigen der Kisten, die ich auflud, stand: Nicht einfrieren! Es herrschen minus 70 Grad Celsius, du suchst im Dunkeln herum, und sie erwarten, daß das verdammte Zeug nicht gefriert.«

Eines Tages tauchte noch eine Woo auf. Sie war Künstlerin, hauptsächlich Aquarellmalerin. Ihr Name war Lucia deLeiris, und sie kam aus Rhode Island. Sie war sehr schön, hatte schulterlanges, mahagonifarbenes Haar, eine grazile Figur und ein schüchternes Wesen.

Vor neun Jahren war sie schon einmal im Süden gewesen, um die Tiere der Halbinsel zu malen. Man hatte den Plan gefaßt, uns beide in einer eigenen Hütte auf dem Meereis unterzubringen (wir konnten uns den Platz aussuchen, an den sie gezogen werden sollte), wo wir, weit weg von Mactown, unserer Kreativität freien Lauf lassen sollten. Wir beide hielten das für eine glänzende Idee.

Für die Fahrt zu unserem Lager auf dem Meereis bekamen wir ein eigenes Raupenfahrzeug, einen Spryte, in dessen Geheimnisse uns der »Unglaubliche Marvin« aus der Technischen Abteilung einweihen sollte. Unser tomatenroter Spryte, den wir auf der Stelle liebgewannen, trug die Nummer 666 und die Aufschrift ANTI-SPRYTE. Lucia und ich wollten uns kaputtlachen. Später fanden wir das alles nicht mehr so lustig.

Wir besuchten einen Tageskurs über »Meereis« bei Buck, einem interessanten Lehrer mit einem Knebelbart, der, wenn es uns zu kalt und zu anstrengend wurde, gottergeben und fröhlich zu sagen pflegte: »Nun, das wird wohl nicht mehr besser werden.« Er lehrte uns, einen frischen Riß von einem alten zu unterscheiden, und brachte uns die Handhabung eines Eisbohrers bei, die uns noch sehr vertraut werden sollte.

Einen Tag verbrachten wir damit, bei vierzig Grad minus nach einer geeigneten Stelle für unsere Hütten zu suchen (wir bekamen zwei, falls eine abbrennen würde). An der Tankstelle vereiste der Gashebelzug des Antispryte, so daß wir ihn nicht mehr abstellen konnten. Es war so kalt, daß eine Fata Morgana* über dem fernen Meereis schimmerte. Diese Luftspiegelungen schufen

* Wie alle Luftspiegelungen das Resultat einer Temperaturinversion.

eine ganz eigene Landschaft – ein Eisberg glitt über den Himmel, einige Berggipfel erschienen wie Kegel angeordnet, und eine dunkle, pilzförmige Wolke zog elegant über den Horizont.

Nachdem wir mehrere Stunden über den vereisten Sund gefahren waren, die Eisdicke mit unserem neuen Bohrer getestet hatten und auf dem Po die Schneehügel hinuntergesaust waren, einigten wir uns auf eine Stelle im Schutze der Erebus-Gletscherzunge. Sie lag gegenüber der vier Dellbridge-Inseln, die den Rand eines überfluteten Kraters markieren, der einstmals zwischen den vulkanischen Vorhügeln – den Inseln Big und Little Razorback, Inaccessible und Tent – gelegen hatte. Der Platz lag etwa 20 Kilometer von McMurdo entfernt. Das Eis dort war ungefähr zwei Meter dick und seine Oberfläche so gleichförmig, als wäre es mit einem dieser langstieligen schmalen Pflüge der italienischen Hügelbauern bearbeitet worden.

In McMurdo erhielten wir weitere Nachhilfe im Funken (einige der Angefunkten waren noch gar nicht wach), und in der Wartung von Tropfölöfen, mit denen unsere beiden Hütten ausgestattet waren. Wie man sie auftankte, lernten wir, nachdem wir den Schlitten mit Dieselöl zu unserem Lager gezogen hatten. Wir füllten Isopropylalkohol in Benzinkanister, damit unser Fahrzeugtreibstoff nicht gefror, besuchten die Proviant-Abteilung (das war wie in einem Supermarkt, in dem man nichts bezahlen muß – »Der Preis stimmt« hieß sie deshalb bei der Besatzung) und verbrachten Stunden im Ausrüstungszentrum, um uns vom Universalschraubenschlüssel bis hin zum Dosenöffner mit den unterschiedlichsten Dingen einzudecken.

Der Antispryte brachte uns sicher bis zur Tankstelle, bevor er den Geist aufgab. Als erste Feldabteilung seit dem letzten Sommer hatten wir Glück, Buck dabei zu haben, der eine Nacht bei uns bleiben sollte, um sich zu vergewissern, daß alles richtig funktionierte. Natürlich klappte gar nichts. Als wir den Antispryte wieder in Gang bekommen hatten, fuhr er so langsam, daß wir für die 20 Kilometer bis zu den Hütten zwei Stunden brauchten. Das Fahrzeug hatte keinen Funk, keine Scheinwerfer und keinen Türgriff an der Beifahrerseite (ein Türgriff ist recht nützlich, wenn man am Rand einer Eisspalte hängt) und heulte erbarmungswürdig auf, wenn man den Rückwärtsgang einlegte. Aber er brachte uns ans Ziel, und Lucia und ich brachen in Freudenrufe aus, als die beiden roten Hütten in Sicht kamen. Wir hatten sie längst Wooville getauft.

Die Ölleitung zu einer Hütte war kaputtgegangen, daher konnten wir den Ofen nicht in Betrieb nehmen und mußten uns mit der zweiten, kleineren Hütte zufriedengeben. Die Temperatur sank darauf hin prompt auf minus 42 Grad Celsius. Das Licht der Taschenlampen erstarb, kaum daß wir sie angeknipst hatten. Nachdem wir dem zweiten Ofen Leben eingehaucht hatten, setzte Buck, dessen Aufgabe es war, zu prüfen, ob Lucia und ich in der Lage sein würden, in einem eigenen Lager zurechtzukommen, sich davor und beobachtete unseren Kampf mit dem Benzinkocher.

»Verdammtes Ding«, sagte ich gereizt. Ich hatte schon Hunderte von Camping-Kochern aufgestellt, aber dieser hier schaffte mich.

»Das Metall ist kalt«, flötete Buck von seinem Platz vor dem Heizofen. »Ihr müßt erst die Brennstoffleitung vorwärmen.«

Nachdem wir diese Aufgabe bewältigt und uns mit warmem Kakao gestärkt hatten, gingen Lucia und ich nach draußen, um die Antenne auszurichten. Dazu mußten wir acht Bambuspfähle oben spalten, die Drähte einlegen und die Pfähle dann in Eislöchern aufstellen. Wenigstens kam Buck nicht heraus, um uns zuzuschauen. Als die Antenne stand, funktionierte das Funkgerät zur allgemeinen Erleichterung fehlerfrei. Danach schlossen wir die Läden und machten Suppe.

Als ich am nächsten Morgen wach wurde, entdeckte ich größere Schneeverwehungen in der Hütte. McMurdo verbreitete die Neuigkeit, daß die Temperatur, inklusive Windkühlfaktor, bei frischen minus 81 Grad Celsius lag.

»Mist!« sagte Lucia, als diese Information durchgegeben wurde. Das war ihr Lieblingswort.

Der Generator, den wir mit in die Hütte hatten nehmen müssen, wenn wir den Antispryte überhaupt noch einmal in Gang bekommen wollten, war vereist, obwohl er in der Nacht zwischen uns auf dem Boden der Hütte gestanden hatte. Buck versengte seine neue Mütze am Ofen. Wir tauten den Generator auf und kreischten vor Freude, als der Antispryte ansprang. Ich manövrierte ihn aus einer Schneewehe, merkte dann aber, daß ich nicht geradeaus fahren konnte. Die beiden anderen waren herausgekommen und schauten mir traurig zu. Buck trat näher an das Fahrzeug heran und suchte nach Worten.

»Die Hydraulik muß kaputt sein«, sagte er, als er die Tür öffnete. »Du bewegst dich im Kreis.«

Die Sicht betrug nur noch zehn Meter. An Rückkehr war nicht zu denken, also klappten wir die Läden wieder zu.

»Besser wird es wohl nicht werden«, meinte Buck.

Am nächsten Morgen holte uns ein Raupenfahrzeug ab. Wir fuhren nach McMurdo zurück und ließen den Antispryte im Schnee stehen.

Das Fiasko der Probefahrt konnte uns nicht abhalten; innerhalb von 24 Stunden hatten Lucia und ich die Ausrüstung beieinander, die wir beim ersten Mal vergessen hatten, und bearbeiteten Ron, den finsteren Kerl, der wie eine böswillige Gottheit über den Maschinenpark herrschte, damit er uns einen anderen Spryte gab. Warum er uns, obwohl es in der Station nur wenige Wissenschaftler gab, dafür aber genügend Sprytes für eine kleinere Invasion, das einzige Gefährt zugedacht hatte, das für seine Unzuverlässigkeit berüchtigt war, blieb sein Geheimnis.

Die beiden Hütten in Wooville standen nur drei Meter auseinander, aber wir verbanden sie mit einem Seil. »In Whiteouts haben sich Menschen schon auf kürzeren Strecken verirrt«, hatte Buck gewarnt. Die kleinere »Solarhütte« befand sich auf dem neuesten Stand der Technik und bot sogar den Luxus einer kleinen solarbetriebenen Lampe, die andere Unterkunft war eine der üblichen 6 x 3,5 Meter großen roten Holzhütten mit ein paar eingebauten Betten. Eine winzige tote Küchenschabe steckte zwischen den Plexiglasdoppelscheiben in einem der Solarhütten-Fenster. Lucia beschäftigte sich nebenher mit Akupunktur, und da sie ihre Nadeln auf dem langen Klapptisch ausbreitete, wurde die rote Hütte schnell als »Klinik« bekannt. In der »Solarhütte« wollten wir kochen, deshalb bekam sie den Namen »Speiseflügel«.

Die Toilette bestand aus einer kleinen Blechtonne mit einem Deckel, die draußen an der fensterlosen Wand der »Klinik« stand. Daneben lagen Plastik- und Leinwandsäckchen, die wir, wenn sie voll waren, fortnahmen und zurück nach McMurdo brachten. Wenigstens war der Inhalt gefroren. Wir stellten auch eine Pinkelfahne auf, indem wir etwa 50 Meter von den Hütten entfernt einen Bambusstock ins Eis bohrten. Auf dem Meereis war Pinkeln erlaubt, allerdings war es ratsam, immer zur selben Stelle zu gehen, damit das Eis um unser Quartier nicht anfing, einem Jackson Pollock-Gemälde zu ähneln.

Jetzt waren wir zum erstenmal in unserem eigenen Lager allein. Vor unserer Abreise hatte Joe in der Kommunikationszentrale von McMurdo ausführliche Anweisungen hinsichtlich des Funkbetriebs gegeben und uns darauf hingewiesen, daß wir uns täglich zu einer festgesetzten Zeit mit der Basis in Verbindung zu setzen hatten. Gerufen wurde die Kommunikationszentrale mit »Mac Ops«.

»Mac Ops, Mac Ops, hier ist Whiskey Zero Zero, wie ist der Empfang?« sagte ich laut und deutlich, so wie ich es gelernt hatte. Joes Stimme war zu hören.

»Leider ist ›Mac Ops‹ augenblicklich nicht besetzt. Bitte hinterlassen sie nach dem Piepton Name und Rufnummer, wir werden uns so bald wie möglich mit Ihnen in Verbindung setzen.«

Nichts passierte. »Ich habe den Piepton nicht gehört«, schimpfte ich.

»Piep«, sagte Joe.

Zunächst war das Wetter gut. Wir hatten einen schönen Blick auf das Transantarktische Gebirge, das jenseits des Sundes in den Himmel ragte. Beherrscht wurde die Gegend vom Mount Erebus, dem Vulkan, den James Clark Ross taufte, als er am 28. Januar 1841 den Ort betrat, der am 2. September 1995 Wooville getauft werden sollte. Der Berg reichte bis zu uns herab, denn eine Zunge, die aus einem seiner Gletscher ragte, erstreckte sich bis nach Wooville. Dort war ringsherum das Meereis gefroren. Eines Tages, als ich am Boden der Zunge herumstocherte, erregte ein Sonnenstrahl auf einem Eisblockhaufen meine Aufmerksamkeit. Zu Hause hätte der Strahl aufgewirbelte Staubpartikelchen sichtbar gemacht, in den Bergen Wolken von Mücken. Die Blöcke schimmerten in diesem Licht wie Felsen am Strand, die von der Gischt der herannahenden Flut durchnäßt worden waren. Letztlich waren sie ja auch nichts anderes.

Die Temperatur schwankte unvorhersehbar. Einmal schüttete ich einen Becher kochendes Wasser aus, und es gefror, bevor es noch den Boden berührt hatte. Wenn das Quecksilber minus vierzig anzeigte, froren unsere Augenlider zusammen, wenn wir zu lange blinzelten. Nach langen Aufenthalten im Freien schmiegten wir uns nach der Heimkehr wie Katzen an den Ofen. Ließ der Wind nach und wurde uns beim Graben oder bei anderen Arbeiten draußen zu warm, dann leckten wir an einer Stelle über die Kleider, die wir auszogen, und preßten diese Stelle auf die vereisten Wände der »Klinik«, wo die Sachen dann sofort hängenblieben. Obwohl es häufig total bewölkt war und die Sonne nur selten durchkam, arbeitete das Funkgerät weiter mit Solarenergie aus den Zellen, die wir an ein Fenster des »Speiseflügels« geklebt hatten.

Wir machten jeden Fehler nur einmal. So hatten wir zum Beispiel Tiefkühlkost in einem Karton unter der Eingangsstufe zum »Speiseflügel« verstaut. Vom ersten Sturm wurde der Karton weit unter die Hütte gedrückt, so daß wir bäuchlings auf dem Eis liegend mit einem Eisbohrer nach unserem Proviant angeln mußten. Wenn wir vergaßen, den Toilettendeckel mit einem Eisblock zu beschweren, mußten wir ihm bis halbwegs McMurdo hinterherrennen. Die Hütten standen so weit auseinander, daß ein Feuer nicht von einer auf die andere übergreifen konnte – vielleicht parkten wir deshalb den Treibstoffschlitten dazwischen. Außerdem bereitete die Bettenverteilung Schwierigkeiten. In der ersten Nacht schlief Lucia im oberen Bett. Als ich frühmorgens wach wurde, sah ich, wie sie im Dunkeln die Leiter herunterkletterte und ihren Schlafsack hinter sich herzog.

»Was ist los?« fragte ich.

»Da oben ist es wie in den Tropen«, sagte sie. »Ich schlafe auf dem Boden.« Daß es in unserer Hütte zu heiß sein sollte, überstieg mitten in der Nacht meine Vorstellungskraft, deshalb schlief ich wieder ein.

Als ich wenig später aufstand, malte Lucia bereits.

»Jetzt habe ich es verstanden«, sagte sie. »Der Temperaturunterschied zwischen innen und außen ist so groß, daß unter dem Dach ein Wüstenklima herrscht.«

»Wie war es denn auf dem Boden?« fragte ich.

»Eisig«, antwortete sie. »Ich bin nach einer Stunde auf den langen Tisch umgezogen.« So blieb ich im unteren Bett, wo die Luft immer eine angenehme Temperatur hatte, und Lucia schlief auf dem Tisch.

Wenn es im Lager keine Arbeiten zu erledigen gab und wir eine Pause vom Malen und Schreiben brauchten, stiegen wir in unser Woomobil – ein weitaus willigeres Gefährt als sein teuflischer Vorgänger – und bohrten noch ein paar Löcher ins Eis, um unsere Route zu markieren. Zunächst aber mußten wir jedesmal den kleinen Generator in Gang bringen, denn das Fahrzeug war so kalt, daß es eine Stunde warmlaufen mußte, bevor es starten konnte. Diese Maschine aus der Hütte auf das Eis zu wuchten, war eine schwierige Angelegenheit, die zwei Frauen erforderte.

»Ich wette, wir haben nicht genug Kraft, um das hier anzuwerfen«, sagte ich, bevor wir am Griff zogen.

»Beim Üben in McMurdo haben wir es doch geschafft, oder?« sagte Lucia.

»Ja, aber damals ist er auch sofort angesprungen. Wenn das diesmal nicht klappt und wir noch mal probieren müssen, haben wir sicher nicht mehr genug Kraft in den Armen.«

»Mensch«, sagte sie, »du traust uns aber auch gar nichts zu.«

Damit hatte sie nicht ganz unrecht, und ich errötete vor Scham. Lucia, kleiner als ich, war immer die ruhigere von uns beiden. Obwohl sie allein lebte und weit gereist war, hatte sie nicht – wie ich – monatelang in der Wildnis vegetiert. Trotzdem war ich diejenige, die bei jeder praktischen Aufgabe von vornherein bezweifelte, ob wir sie bewältigen könnten.

Als der Generator ansprang, veranstalteten wir beide ein Tänzchen auf dem Eis.

Der ein Meter lange Bohrer ähnelte einem überdimensionalen Korkenzieher, und nach stundenlangen Bemühungen, ihn richtig zu handhaben, entwickelten wir unsere eigene Methode. Dazu stellte sich eine von uns auf die Raupenkette unseres Sprytes und drückte den Bohrer von oben auf die vorgesehene Stelle, während die andere die Kurbel wie einen Quirl handhabte und den Flaschenöffner ins Eis drehte. Wurde der Schmerz im Quirlarm unerträglich, nahm die Bohrerin den anderen Arm, und wenn dieser Arm ebenfalls schmerzte, tauschten wir die Plätze. Dieses System kam natürlich nur zum Einsatz, wenn niemand zuschaute.

Das Drillen zur Feststellung der Eisdicke war weitaus anstrengender als das zum Aufstellen von Flaggen, denn es mußte tiefer gebohrt werden. Selbst mit der neuen Methode brauchten wir über zehn Minuten, um einen Meter Eis zu durchdringen, aber wenigstens schafften wir es. Jedesmal wenn Meerwasser aus dem Bohrloch gurgelte, kehrten wir zu unserem Woomobil zurück, drehten und machten uns in entgegengesetzter Richtung davon.

Viele Sprünge durchzogen die Gletscherzunge des Erebus, und wir beobachteten interessiert jede Veränderung. Ein Sprung ist ein Riß oder Bruch des Meereises, der durch Einwirkung von Wind, Wellen und Gezeiten entsteht. Meereissprünge sehen normalerweise wie schmale Furchen aus – ein Mitglied der japanischen *Kainan-Maru*-Expedition beschrieb sie 1911 als »ähnlich der Unterteilung zwischen Reisfeldern«. Um Wooville herum war nicht mit plötzlichen Rissen zu rechnen, die sich auftaten wie das berühmte Sesam-öffne-dich-Tor, deshalb hatten wir auch keine Angst vor einem ungewollten mitternächtlichen Bad. Trotzdem waren uns zu diesem Thema viele Ratschläge gegeben worden. Das »Profil« eines Sprunges zu erstellen, was hieß, mit dem Bohrer Tiefe und Breite zu ermitteln und herauszufinden, ob er gefahrlos überquert werden konnte, war für uns ein kompliziertes Unterfangen.

»Also«, sagte ich eines Tages zu Lucia, als wir aus dem Woomobil kletterten, um uns einen Eissprung näher anzusehen, »die tatsächliche Rißbreite wird bestimmt durch die für das jeweilige Fahrzeug benötigte Eisdicke.«

»Mist!« meinte sie. »Was soll denn das heißen?«

»Ich habe keine Ahnung. Buck hat das gesagt.« An diesem Punkt pflegte eine von uns gewöhnlich »Das Buch« zu holen. Dabei handelte es sich um ein Handbuch zur Außenarbeit, das vom Personal des Berg-Feldzentrums zusammengestellt worden war, um Wissenschaftlern bei ihrer Arbeit im Feld als Ratgeber zu dienen. In Wooville hatte es bereits biblischen Status erreicht.

Abgesehen davon, daß wir sicherstellten, daß weder wir noch die Hütten durch einen Riß ins Meer fallen konnten, arbeiteten wir beide. Außerdem setzte Lucia sich selbst Akupunkturnadeln, und manchmal auch mir. Daß keine von uns krank oder verletzt war, machte nichts – Lucia meinte, die Nadeln wirkten »belebend«. Also legte ich mich auf den langen Tisch der »Klinik« und betrachtete die bereifte Unterwäsche, den Mond über der Gletscherzunge oder das rosablaue Farbspiel über der Royal Society-Bergkette. Wenn wir uns zu lange in unsere Arbeit vertieft hatten, wurden wir ein bißchen sonderbar, deshalb hängten wir ein »Stimmungsbarometer« an die Wand der »Klinik«, auf dem jede bei Bedarf einstellen konnte, ob die Laune sich verbessert oder verschlechtert hatte.

Etwa zwei Wochen nach unserer Ankunft in Wooville landete ein Hubschrauber vor der »Klinik«, und der Co-Pilot kam auf uns zugerannt.

»Wollt ihr mitfliegen?« rief er.

Im September war es für Helikopter noch ein bißchen kalt. Außerhalb McMurdos stellten die Piloten deshalb den Motor nie ab, und die Kondensstreifen, die sie am klaren blauen Himmel über dem Sund hinterließen, sahen wie Zahnpastastreifen aus. Lucia und ich saßen auf den Rücksitzen und grinsten uns an, während wir durch die Täler flogen, um die Lager am Hoare- und Bonney-See zu beliefern und Ingenieure zu windigen Gipfeln zu bringen.

»Toll«, sagte Lucia über Kopfhörer, indem sie nach vorn deutete und ihren Skizzenblock hervorzog. »Schau dir das an.« Wir flogen auf einen mehrere hundert Meter hohen Eisfall (ein gefrorener Wasserfall) zu. Er drängte über eine Felskante und ergoß sich in Wellenlinien bis auf den Talgrund. Hier und da ragten Eisfransen aus der Oberfläche des cremeweißen Vorhangs, gleich darauf wirkte er wieder wie ein brachliegendes Feld. Jetzt hatte der Pilot die beste Gelegenheit zu zeigen, was für ein toller Kerl er war, also flog er den Hubschrauber so, als gäbe er eine Zirkusvorstellung. Wir sausten im Tiefflug durch die Gesteinsformationen des »Labyrinths« und über die Dolerit-Schwellen zum Bull-Pass, einem natürlichen Korridor voller glattgeschliffener Kunstwerke, die vom Wind geschaffen waren, aber wie die Überreste einer ausgestorbenen Zivilisation wirkten.

»Wie heißt der Eisfall?« fragte Lucia.

»Das ist der VXE-6«, kam die abgehackte Antwort des Piloten. »Wir haben ihn nach dem Geschwader benannt.«

Der Name erschien mir zwar besser als »Ich habe den Größten«, allerdings nur unwesentlich.

Während wir in niedriger Höhe zurück nach Wooville flogen, konnten wir beobachten, wie Schneeschlangen* über den vereisten Sund getrieben wurden. Die gefangenen Eisberge warfen lange Schatten, und eine offene Wasserrinne von drei Metern Breite durchschnitt das Eis. Bevor er uns absetzte, wollte der Pilot uns noch den Gipfel des Erebus zeigen, und die Landschaft unter uns flog nur so dahin. Die Crew inhalierte Sauerstoff, aber Lucia und ich starrten mit offenem Mund auf die Fumarolen, aus denen der Dampf stieg. Als wir den Krater überflogen, sagte der Pilot: »Das sind die Eingeweide der Erde.«

---

* Zarte Schneefahnen, die über das Eis geweht und von Piloten dazu benutzt werden, die Windgeschwindigkeit zu schätzen.

Wieder in Wooville, kletterten wir manchmal in dem Gewirr von Eishöhlen unter der Gletscherzunge herum. Das Eis hatte Arabesken gebildet, die an Schnitzereien in den schlanken Fenstern einer alten Moschee erinnerten, und durch sie hindurch schien diffuses Licht in die blauschimmernden Höhlen. Die glitzernden Wände, übersät mit zarten Kristallen, öffneten sich zu sanft geschwungenen Gängen, die in glänzende Hallen mündeten, die von Stalaktiten-Säulen gestützt wurden. Wäre alles aus Stein gewesen, hätte es eine von Leonardo gemalte Landschaft sein können, in der die Berggipfel gelegentlich den Blick auf traumhafte Eislandschaften freigaben.

Wenn unsere Naturlandschaften Gemälde wären, könnten sie nur von einem Schöpfer stammen, der über kleinliche menschliche Sorgen erhaben ist.

Der Himmel leuchtete noch lange nachdem die Sonne untergegangen war. Anfänglich war es gegen vier Uhr vollkommen dunkel, später blieb es jeden Tag ein bißchen länger hell. Als der Mond schließlich den Kampf aufgab, glitt er an der Gletscherzunge entlang, so daß sich die Rauchfahnen des Erebus deutlicher vom Nachthimmel abhoben; sie sahen aus wie Federn an einem Tirolerhut. Wir aßen bei Kerzenschein zu Abend, und der Schatten des Vulkans huschte über unseren wackeligen Klapptisch. In einer anderen Hütte auf derselben Eisdecke, kaum drei Kilometer entfernt von Wooville, hatte einst Scott ein paar Zeilen aus einem Shelley-Gedicht in sein Tagebuch geschrieben:

> Von Schlaf und kaltem Geweh
> War Eis und Himmel bewohnt,
> Und rings überall
> Mit frostdunklem Schall

Aus Höhlen von Eis und Feld voll Schnee
Floß Nachthauch wie aus Todes Näh
Unterm sinkenden Mond.*

Shelley schrieb von »Erd und Himmel« nicht von »Eis und Himmel«. Scott änderte die Zeile einfach; wer hätte das nicht getan? Ein Tagebucheintrag von Scotts Physiker Louis Bernacchi ist noch treffender. Er schrieb: »Etwas ausgesprochen Mystisches und Unheimliches schwingt in der grauen Atmosphäre der Polarnacht, hinter deren Schleiern die kalte, weiße Landschaft dräut, so unfaßbar wie eine Grenze zu einer dämonischen Welt.«

Am 9. September standen wir vor so einem unwirklichen Anblick, da entdeckten wir im Schein der Mondsichel unsere ersten Robben. Vier lagen auf dem Eis zwischen dem Erebus und der Gletscherzunge, von Wooville sah das aus wie Mäuseküttel auf einem Teller. Wir vernahmen ihr wolfsähnliches Heulen, das von den kalten blauen Wänden der Gletscherzunge widerhallte.

Bis zu diesem Augenblick hatte es in unserer Gegend kein Leben gegeben. Unsere Isolation war nicht nur metaphysischer, sondern auch geophysikalischer Natur. Die Welt um uns herum schien den Atem angehalten zu haben. In Briefe an Olga vergleicht Vaclav Havel die zermürbende Einsamkeit des Inhaftierten mit dem Abgeschnittensein in der Antarktis. Für mich war die Stille der Nacht wie eine Ruhepause. Ich vernahm wieder die kleine, feine Stimme. Jetzt drang sie schon leichter zu mir durch.

Morgens krachte es im Meereis wie Donnerhall. Wenn

---

* Übers. v. W. Schmiele, aus: Shelley, Percy Bysshe. *Gedichte.* Heidelberg, 1958. – A. d. Ü.

das Wetter gut war, fuhr Lucia mit dem Woomobil zum Malen, nicht um von mir wegzukommen, sondern um einen anderen Blickwinkel zu finden, außerdem hatte sie es in der Fahrzeugkabine wenigstens einigermaßen warm. Ihre Paletten und die lange Bastrolle mit den Pinseln legte sie dabei auf dem Stoßfänger ab, wo alles umgehend festfror. Manchmal begleitete ich sie und schaute zu, wie auf dem Papier kleine Abbilder unserer Umgebung entstanden, so naturgetreu wie Polaroid-Photographien. Die leuchtenden Farbpasten in den kleinen Blechtuben wurden schnell dickflüssig, dann griff sie zu ihren Pastellstiften. In meinen Notizen tauchten die exotischen Namen der Tuben wieder auf: ein tiefblauer Himmel wurde am späten Nachmittag ultramarinblau, und das Transantarktische Gebirge erhielt in der Dämmerung einen Hauch gebrannte Umbra oder einen Schimmer Rosa.

Einer unserer Lieblingsplätze war das Preßeisrückenfeld am nordwestlichen Ende der Big Razorback-Insel. Von dort aus wirkte die Insel wie ein Croissant mit einem zusammengefalteten Dreieck an der Spitze. Diese Stelle wurde auch von den Robben bevorzugt, die Lucia immer zuletzt malte.

»Warum malst du denn drei, wenn nur zwei da sind?« fragte ich.

»Tja«, antwortete sie, »das ist eine Frage der Komposition. Drei wirken besser. Ich meine, das paßt zur Form der Preßeisrücken im Hintergrund. Und dazu bilden sie ein Gegengewicht zu dieser Insel hier …« Genauso hätte ich geantwortet, wenn ich gefragt worden wäre, warum ich denn dieses Adjektiv gegen ein anderes getauscht hatte. Tatsache war, daß wir oft beide nicht ganz genau wußten, warum wir etwas so und nicht anders machten. Wir wußten einfach, daß es so sein mußte.

Dann verschlechterten sich plötzlich die Wetterverhältnisse, und die Antarktis machte dicht. Die Big Razorback-Insel verschwand hinter einem hellgrauen Nebel, und Stürme rasten über den Sund, hämmerten an die Wände der Gletscherzunge und wirbelten undurchdringlichen Treibschnee durch die Luft. Oft schon war mir das Janusköpfige des Kontinents aufgefallen, der abrupt zwischen Verführung und Zerstörung wechselte, aber dort, im Schatten der Erebus-Gletscherzunge, empfand ich es am intensivsten. Innerhalb von 24 Stunden erlebten wir Himmel und Hölle, so wie der Mensch bei Milton. Manchmal waren wir tagelang in den Hütten gefangen, die unter einem stummen weißen Laken lagen, und lauschten dem unaufhörlichen Wind. Frank Hurley schrieb, daß das Eis unter solchen Umständen all seine Schönheit und Reize verlor und gleichförmig, feindselig und böse wurden. Allein dort zu leben, ohne jeglichen Kontakt zur Außenwelt, bis auf das tägliche kurze Funkgespräch mit der Basis, machte uns für die Eigenheiten des Kontinents sehr empfänglich. Bald wußten wir, welche Temperatur herrschte, ohne überhaupt auf das Thermometer an der Antenne zu schauen, und spürten jede noch so kleine Veränderung. Das hätte ich nie für möglich gehalten. Vor meiner Antarktis-Reise hatte ich mich einmal über Temperaturen unterhalten und dabei glaubhaft versichert, daß Zahlen mich langweilten und ich lediglich zwischen kalt und saukalt unterscheiden könne. Jetzt las ich amüsiert die Eintragungen in meinem ersten antarktischen Notizbuch, in dem ich von einer »Gewöhnung an Temperaturen um zehn Grad minus« schrieb; das erschien mir mittlerweile warm. Wir versuchten auch, die Windgeschwindigkeit zu schätzen, aber dabei tappten wir im dunkeln.

»Wenn wir doch statt eines ›Stimmungsmessers‹

einen ›Windmesser‹ hätten«, meinte Lucia eines Tages. In der Antarktis sind Windstärken von bis zu 320 Stundenkilometern registriert worden, aber wenn der Wind richtig rast, ist bisher noch jeder Anemometer beim Messen kaputtgegangen. In der Wetterabteilung von McMurdo hängen reihenweise zerbrochene Windflügel an der Wand. Darunter war zu lesen *»Vom Wind zerstört«*, und darauf folgten die Einzelheiten wie zum Beispiel *»95 Knoten, 25. Oktober 1987«*. Unter dem allerletzten stand: *»Von Bill Sutcliffe fallengelassen, 23. März 1990. Ruhiger Wind.3«*

Einmal waren wir mehr als fünf Tage eingesperrt, unterbrochen nur von einer dreistündigen Sturmpause, in der wir wie kleine Kinder über das Eis tollten. Schließlich fingen wir an, die Rückseiten der Müslischachteln zu studieren und über die drei unterschiedlichen Rezepte für Kleieplätzchen zu diskutieren, die darauf abgedruckt waren. Der Kaffee ging uns aus. Ich hatte keine Lust mehr, über Eis und Wind zu schreiben, deshalb versuchte ich mich zur Abwechslung an schwülstigen Liebesgedichten (dieses Experiment schlug fehl). Als ich mich umdrehte, um zu herauszufinden, was Lucia gerade tat, sah ich, daß sie angefangen hatte, grüne Gletscher zu malen.

»Ich bin die blauen leid«, sagte sie trotzig, als sie meinen Gesichtsausdruck bemerkte.

Am nächsten Tag buk sie über dem Camping-Kocher einen Schwung Plätzchen, dabei schien es sie nicht im geringsten zu stören, daß eigentlich für alle drei Rezepte ein Ofen nötig gewesen wäre. Die Plätzchen waren trotzdem ausgezeichnet, nur sehr flach. In jener Nacht blies der Wind so stark, daß er uns beide wachhielt. Kaum waren wir eingenickt, zerrte eine besonders heftige Böe mit lautem Geheul an der »Klinik«, so daß wir uns mit klopfendem Herzen kerzengerade im Bett aufsetzten. Dann konnte es plötzlich ganz still werden, so als wäre der Orkan einfach abgestellt worden. »Endlich!« murmelten wir dann und kuschelten uns wieder in unsere Schlafsäcke. Dabei sammelte der Sturm nur Kräfte für einen neuen Angriff. Zu Hause hätte ich bei so einem Unwetter damit gerechnet, Garagendächer durch die Luft fliegen zu sehen. Man meinte, die Hütte würde aus den Angeln gerissen und über den Sund bis zu den windgeschaffenen Felsskulpturen im Wright-Tal geweht.

Das blieb uns erspart, allerdings mußten wir nach solchen Nächten morgens immer erst die festgefrorene Tür aufbrechen, indem wir ihr mit einem S-förmigen Metallhaken, den wir in einer unserer Werkzeugkisten gefunden hatten, zu Leibe rückten. Was seine eigentliche Funktion war, fanden wir nie heraus. Wir hängten eine Decke über den Türrahmen, aber der Schnee drängte trotzdem herein, wenn wir schliefen. Erstaunlicherweise hatte das keinen großen Einfluß auf die Innentemperatur von Wooville – sie war durchweg angenehm. Manchmal bildeten sich Eiskristalle an der Außenseite der Fenster, und wenn es sehr stark stürmte, bewegten sie sich sogar. Das war dann, als blicke man durch ein Kaleidoskop. Wir beobachteten, wie der Schnee sich auf den Antennenmasten häufte, und im Mondlicht ähnelten das Woomobil und der kaputte Antispryte den Fahrzeugen, die Fuchs und Hillary in den 50er Jahren bei ihrer Antarktistransversale zurückgelassen hatten.

Als der Sturm aufhörte, erschien die Welt wie neu, und die Hütten erhoben sich aus dem Eis wie die Arche Noah aus dem Wasser. Von den Ausläufern des Erebus war der Schnee fortgeweht worden, so daß das blanke blaue Eis zu sehen war, das die Felsen bedeckte, die hier und da wie Ellbogen aus den unheimlich verführerischen Spaltenfeldern ragten. Ein dünnes aprikot- und petrolfarbenes Band schwebte über dem Transantarktischen Gebirge, und die fahle Sonne tauchte die ungeheure Eiskappe in verschwommenes Licht. Der vereiste Sund hätte jener abgeschiedene Teil der afrikanischen Savanne sein können, in dem die Menschen den aufrechten Gang erlernten.

Der Sturm schien auch unsere inneren Landschaften leergefegt zu haben. Wenn die Nacht sich ruhig herabsenkte, setzten wir uns nach draußen. Dann entdeckten wir oft Perlmuttwolken*, die hoch oben über den endlosen Himmel zogen – das heißt, in ungefähr 16 Kilometer Höhe, also viel weiter entfernt als die heimischen Wattewölkchen, die den Regen bringen. Manchmal waren es 25 Wolken in ebensovielen Farbvariationen aus schimmerndem Zitronengelb, sattem Rot und Schilfgrün. Am lebhaftesten irisierten die Farben direkt nach Sonnenuntergang, wenn der Sonnenball bereits hinter dem Horizont verschwunden war, sein Licht aber noch die hohen Wolken erreichte. Die Perlmuttwolken waren schmal und oval und glitten nacheinander vorbei wie dicke schimmernde Perlen an einem unsichtbaren Faden. Mit Gertrude Stein gesagt: »Das Paradies – wenn du es aushalten kannst.«

Die Erhabenheit der Landschaft brachte in uns etwas zum Schwingen; in jenen Tagen vernahm ich eine unwirkliche Musik.

---

* Gebilde niedriger Temperatur in großen Höhen. Perlmuttvolken sind das interessanteste Beispiel für polare Stratosphärenwolken, allerdings kommen sie in der Arktis nur selten vor. Perlmuttwolken sind normalerweise im September zu beobachten. Übrigens kommt es zu Ozonschwund nur da, wo es auch polare Stratosphärenwolken gibt, was teilweise erklärt, warum die Ausdünnung der Ozonschicht im Norden geringer ist.

Wir lernten einander sehr gut kennen. Lucia war die beste Gefährtin, die man sich nur wünschen kann. Anfangs sah sie oft ein wenig besorgt aus, besonders wenn sie an die Gefahren dachte, die eine Fahrt über das Meereis barg, oder daran, wie sie ihre Farben und Finger vor dem Frost schützen sollte. Aber wenn etwas wirklich Lustiges passierte, warf sie den Kopf in den Nacken und lachte laut heraus. Ihr ganzes Gesicht veränderte sich dabei. Es war, als würde man nach einem Sturm die Sonne durch die Wolken brechen sehen. Sie war mir durch und durch sympathisch, aber so gefiel sie mir am besten, und manchmal dachte ich mir eine lustige Geschichte aus, nur um zu sehen, wie sie den Kopf zurückwerfen und lachen würde. Sie war gutmütig, freundlich und ausgeglichen, und wenn sie sich in eine Aufgabe vertieft hatte, redete sie leise mit sich selbst wie ein kleines Kind. Mit mir war nicht so leicht zu leben wie mit ihr. Cherry schrieb, daß man sich in Scotts Hütte seinen Tischnachbarn beim Essen danach aussuchen mußte, ob man lieber reden, zuhören oder einfach nur still dasitzen wollte. Wir hatten keine Wahl. Ohne es zu wissen, gab Lucia mir in jenen Wochen sehr viel. Ich hatte immer das Gefühl, daß ich ihr etwas schuldig bliebe.

2. KAPITEL

Wooville II: Kap Evans

Jenseits desselben liegt ein eisig Land,
In Finsternis, von Stürmen stets gepeitscht
Und grimmem Hagel, der hier niemals schmilzt,
Vielmehr sich häuft wie alter Mauern Schutt:
Das Ganze nur ein einz'ger tiefer Pfuhl
Voll Eis und Schnee ...

JOHN MILTON, aus: *Das verlorene Paradies**

Ein Raupenfahrzeug mit sechs Überwinterern kam in Wooville vorbei. Sie waren unterwegs, um das Eis im Norden zu überprüfen. An jenem Morgen hatte sich ein Regenbogen Hunderte von Kilometern breit über das Transantarktische Gebirge gespannt.

»Springt rein!« sagte der Fahrer.

Die ungeheizte hintere Hälfte des Fahrzeugs war wie ein Zugabteil am Vorderteil angehängt, und ich hockte mich auf den Haufen mit Überlebensausrüstung und das Bündel Fahnen darin. Es herrschten 35 Grad minus. Eis überzog die Muttern, die Leitungen und die undichten Benzinkanister. Da auch die winzigen Fenster vereist waren, kroch ich unter einen Schlafsack und wickelte mich ein wie eine Mumie. Beim Anhalten verletzte ich

---

* Übers. v. B. Schuhmann, aus: Milton, John. *Das verlorene Paradies. Das wiedergewonnene Paradies.* München, 1966. – A. d. Ü.

meine Nase an der Antenne des Funkgerätes für den Sprechkontakt mit der Fahrerkabine, das ich eng am Körper trug, um die Batterien zu schützen.

Die Hintertür ging auf, und ein Bart schaute herein. Er fing an, in dem Durcheinander herumzuwühlen, auf dem ich lag.

»Wir haben einen Riß erreicht«, sagte er, »und müssen das Eis darin sondieren, um die Tiefe zu ermitteln.« Mit diesen Worten zog er einen Bohrer heraus.

Ich krabbelte unter dem Schlafsack hervor und rutschte aus dem Fahrzeug. Der Schnee quietschte wie Styropor.

Der Bart und ein anderer Mann standen über den Bohrer gebeugt. Sie hatten es nicht nötig, sich beim Bohren auf Raupen eines Fahrzeugs zu stellen. Der Riß war zehn Meter breit, und die Männer drillten den Bohrer innerhalb von zwei Minuten einen Meter tief in das Eis. Lucia und ich wechselten beschämte Blicke.

Nachdem sie festgestellt hatten, daß der Riß sicher zu überqueren war, zogen die Männer den Bohrer heraus und schlenderten zu einem anderen Riß, den sie entdeckt hatten, dann ließen sie ihre Eispickel mit der Spitze voran hineingleiten, um die sicheren Kanten zu lokalisieren. Lucia und ich hatten vergessen, daß man das machen sollte.

»Mist!« sagte sie zu mir.

Ein dritter Bart stieg mit einem Klemmbrett in der Hand aus der Fahrerkabine.

»Erstellen Sie eine Karte?« fragte ich.

»Genau. Die Jungs im Berg-Ausrüstungszentrum haben uns eine grobe Skizze des diesjährigen Meereises gegeben – soweit es bislang erkundet wurde, aber so früh in der Saison ist ja kaum jemand draußen gewesen. Wir tragen alle neuen Risse ein.«

»He, schau dir das an!« sagte Lucia, die dem Bart über die Schulter guckte. »Wooville ist auf der Karte eingezeichnet!« Ich warf auch einen Blick auf das Klemmbrett. Irgend jemand hatte Wooville neben ein winziges schwarzes Dreieck geschrieben, das auf der Karte den Standort unserer Hütte markierte, und in Klammern stand unser Funkruf dahinter: »Kunstkenner«.*

Während dieser Jahreszeit war das Eis überall, so wie Sand in der Wüste, doch ungemütlich wurde es nie. Ich hätte an keinem anderen Ort der Welt sein mögen. Shackleton schrieb einmal ein Gedicht mit dem Titel »Zwei Wege«, an das ich mich zu erinnern versuchte, damit ich es an die Wand der »Klinik« hängen konnte.

> Vielleicht liebst du die ruhigen und friedvollen Tage,
> Und die herrlichen tropischen Nächte …
> Aber all die Schönheit der warmen Meere
> Und das Gold der untergehenden Sonne
> Bedeuten mir nichts, denn ich kenne ein Meer
> Von ungeahnter Pracht und Wonne …

Natürlich wuschen wir uns nicht, solange wir im Lager waren. Wir hatten allerdings recht viele Sachen zum Wechseln dabei. Damals las ich gerade Nansens *In Nacht und Eis.*

»Hör dir das an!« sagte ich zu Lucia, die auf dem Tisch lag und sich Nadeln in die Arme setzte. »Auf Franz-Josef-Land krempelten Nansen und Johansen einfach einmal im Monat ihre Hemden um, anstatt sie zu waschen. Das könnten wir ja mal ausprobieren.«

»Andauernd möchtest du nachmachen, was die Pio-

---

* Später in der Saison tauchte Wooville noch als »Künstlerkolonie« auf einer anderen Karte auf.

niere taten«, versetzte sie, »dabei haben sie schreckliche Zeiten durchgemacht. Wir könnten doch einfach nach McMurdo zurückfahren und die Waschmaschinen benutzen.«

»Was hältst du denn vom ›Trockenwaschen‹?« versuchte ich es noch einmal. »Viele Polarforscher machten das.«

»Und wie geht das?« fragte Lucia geduldig, während sie an einer Nadel drehte.

»Es ist ganz einfach«, antwortete ich. »Du packst die dreckigen Kleider weg, bis die, die du anhast, noch dreckiger sind, dann wirken die alten fast sauber, und du kannst sie wieder anziehen.«

Sie lachte mich aus, also beschloß ich, alles weitere zu diesem faszinierenden Thema für mich zu behalten. Der Einfallsreichtum anderer Menschen interessierte mich einfach. Admiral Byrd pflegte jeden Abend jeweils ein Drittel seines Körpers zu waschen, und letzten Monat hatte ich einen Ingenieur in der Station dabei belauscht, wie er von seinem Umgang mit Unterhosen berichtete. (Er zog sie nach einer Woche verkehrt herum an, nach einer weiteren Woche krempelte er sie wieder um und verfuhr dann weiter so.)

Um Wooville herum war eine eigene Landschaft aus Mulden und Verwehungen entstanden, und in den Hütten wurde es immer heimeliger, überall lagen zerknitterte Manuskriptseiten herum, mit blauer Wasserfarbe verschmierte Lappen und Stapel mit Photokopien von Tagebüchern. Wir stellten einen Funkverkehr zwischen den Hütten her.

»Das Essen ist gleich fertig«, krächzte Lucias Stimme fortan aus dem Empfänger. »Alle Bewohner von Wooville bitte in den ›Speiseflügel‹.« Nach drei Wochen löste ich die schwierige Frage, wie man es in einem Feldlager fertigbringt, im Bett zu lesen, indem ich unseren einzigen Stuhl neben die Betten rückte und die Propangas-Laterne daraufstellte. Jeder Abend endete damit, daß ihre Glühstrümpfe seufzend erloschen.

Ich hatte schon viele antarktische Lager gesehen, aber ein eigenes war mit nichts zu vergleichen. Durch mein Leben in Wooville bekam ich eine engere Beziehung zum Kontinent. Den Erebus betrachtete ich bereits als Freund. Wir hatten die Antarktis den Klauen der Wissenschaft entrissen. Wooville war das einzige nicht-wissenschaftliche Lager auf dem ganzen Kontinent, und unsere Existenz erschien mir ebenso berechtigt wie die der Beaker.

Ich habe nichts gegen die Wissenschaft oder die Forscher, aber die Antarktis gehört ihnen nicht allein. Obwohl es einem manchmal so vorkommt. Die Besiedlung der Antarktis stützt sich auf die Theorie, daß die Wissenschaft ein unerschöpflicher Quell des Fortschritts ist. Was man auch über den Wert des Wissens an sich sagen mag, die einzige Berechtigung für Forschung auf jedwedem Gebiet ist, daß sie als Werkzeug für Verbesserungen dient – und als solches liefert sie einen ausgesprochen nützlichen Vorwand, um die Wahrheit über die Antarktis zu kaschieren. Die Menschen haben an die Notwendigkeit der Forschung im Eis zu glauben, sonst müßten sie zugeben, daß der Grund für die Präsenz der Nationen in der Arktis ein politischer ist, kein wissenschaftlicher. Das ist wie bei des Kaisers neuen Kleidern – jeder weiß es, aber keiner spricht darüber.

Ungefähr einmal pro Woche fegten wir den Schnee aus unserem Woomobil, stellten den Generator an, um den Motor vorzuwärmen, und fuhren nach McMurdo, wo wir stets Rons Gesicht aus seinem winzigen Fenster hoch oben in der Wartungshalle lugen sehen konnten. Er schaute nach uns aus, denn er hegte geradezu väterliche Gefühle für seine Sprytes. In der Basis wuschen wir uns und unsere Kleidung, luden alle Batterien wieder auf, überfielen die Proviantabteilung, stahlen Weizenbrot aus der Küche, packten aus und wieder ein und füllten unsere Treibstoff- und Wasserbehälter. Meist blieben wir eine Nacht, manchmal auch zwei. Ich bekam E-Mail-Post von den Überwinterern in Rothera. Sie berichteten, wie ihre Schneemobile weit draußen in der Dunkelheit der Adelaide-Insel zusammengebrochen waren. Rothera schien gleich um die Ecke liegen, dabei war die Station über 3000 Kilometer entfernt.

Bei diesen Aufenthalten suchten wir die Gesellschaft anderer. Manchmal ging ich zum Abendessen zu den Neuseeländern in der Scott-Basis, wo ich mich mittlerweile wie zu Hause fühlte. Ihre Wintersaison war offensichtlich reibungslos verlaufen. »Nur die von der Nordinsel sind krank geworden«, sagte einer.

Eigentlich hatte ich erwartet, daß Lucia und ich in McMurdo unzertrennlich sein würden, weil wir uns so aneinander gewöhnt hatten, statt dessen sahen wir uns kaum. Außerdem gab es eine Art ungeschriebenes Gesetz, daß keine bei der Abfahrt die andere fragte, was sie in der Station gemacht hatte. So hatten wir unbewußt ein Überdruckventil gefunden.

Anläßlich der jährlichen »Fahnenstangenparty« in der Wartungshalle blieben wir ausnahmsweise eine Nacht länger in McMurdo. Zu diesem Ereignis kam die gesamte Besatzung bei Bier und Pizza zusammen, um zur Vorbereitung für die bevorstehende wissenschaftliche Saison Fähnchen an die Markierungsstangen zu heften. Die Werkstatt war ein höhlenartiges Gebäude, in dem riesige Maschinenteile in unterschiedlichen Reparaturstadien herumstanden, und die Party dort endete damit, daß alle zwischen den Ölpfützen tanzten.

Die größte Maschine in der Halle war ein D-8 Schneeräumfahrzeug mit fast eineinhalb Meter breiten Raupen. Der Name »Colleen« war sorgfältig in Schönschrift daraufgemalt worden, und ein Mann in einem blauen Overall lehnte an einer Raupe. Als er mein Interesse bemerkte, schrie er mir über den heiseren Gesang von Joe Cocker hinweg zu: »Wollen Sie meine antarktische Freundin mal sehen?«

Wir kletterten über die Raupen, um den gepolsterten Sitz in der Fahrerkabine zu tätscheln und die monströse Pflugschaufel zu bestaunen.

Es gibt auf der ganzen Welt keine sechs D-8, drei davon aber allein in Willy Field, dem Außenposten von McMurdo etwa anderthalb Kilometer von der Basis entfernt. Am nächsten Tag fuhr mich ein Antarktisveteran namens Gerald, ebenfalls ein Bewunderer von Colleen, dorthin, damit ich sie kennenlernen konnte.

Die riesigen kanariengelben Maschinen, die in den 50er Jahren von der Firma Caterpillar gebaut worden waren, taten bereits seit 40 Jahren Dienst in der Antarktis und lagen allen, die mit ihnen gearbeitet hatten, sehr am Herzen. Sie waren aus eigener Kraft zum Pol gelangt, aber auch zerlegt dorthin geflogen worden (dazu brauchte es jeweils vier Flüge). Eine von ihnen war im Byrd-Oberflächencamp auf der westantarktischen Eisdecke wieder in Gebrauch genommen worden, nachdem sie siebzehn Jahre unter dem Schnee begraben gelegen hatte. Die Laufplanken, die einst über den Raupen montiert gewesen waren, hatte leider irgendein alter Philister entfernt. Veteranen konnten sich noch daran erinnern, wie die Fahrer auf den Planken Sonnenbäder nahmen, während die Maschine arbeitete.

Bei unserer Ankunft in Willy Field sprang Gerald mit einem Satz von unserem Fahrzeug auf die Raupen einer D-8.

»Ein Benzinaggregat startet den Dieselmotor!« rief er, als er den Traktor anwarf. »Deswegen läuft sie sogar bei diesen Temperaturen.« Er sprang herunter und stapfte durch den Schnee. »Das ist übrigens Betty.«

Wir betrachteten das fauchende Ungeheuer.

»Sie wirkt fast lebendig«, sagte ich.

Gerald starrte mich verständnislos an. Dann stieß er hervor: »Aber sie ist doch lebendig.«

Er holte einen Stuhl aus einer nahegelegenen Hütte und stellte ihn neben den Fahrersitz in die Kabine. Wir kletterten hinein, ich setzte mich auf den Stuhl, und Gerald begann, einen gigantischen Schneehaufen herumzuschieben.

»Selbst mit einer Binde über den Augen würde ich wissen, welche Maschine ich gerade fahre!« rief Gerald über den Fahrlärm hinweg, während wir sanft im Rhythmus der gewaltigen Raupen schaukelten. Plötzlich rief er: »Jetzt versuchst du es mal!« und bremste so stark, daß es quietschte wie bei einem Güterzug. Wir tauschten die Plätze, und ich dirigierte Betty über die Piste. Auf der Rückfahrt hielten wir im trüben Licht von Windless Byte.

»Weißt du, Sara«, sagte Gerald, während er seine Brille abnahm, »ich kann nicht malen oder schreiben, nicht einmal den Takt halten. Ich verwirkliche mich, indem ich eine vollkommen glatte Eisoberfläche schaffe.« Er stammte von deutschen Mennoniten ab und war in einer Amish-Gemeinde aufgewachsen, hatte sie aber verlassen und war mit seiner Frau nach Wyoming gezogen.

»Wie war der Abschied?« fragte ich. Da ich selber einmal bei den Mennoniten gelebt hatte, wußte ich, wie sie reagierten, wenn ein Schäfchen aus der Herde ausscherte. Ich bewunderte die Amish sehr – deswegen hatte ich mich ja bei ihnen einquartiert –, aber die Art und Weise, wie sie Männer und Frauen behandelten, die nicht so sein konnten wie sie, war ein Aspekt ihrer Glaubens, den ich schwer zu akzeptieren fand.*

Gerald dachte eine Weile darüber nach. Dann sagte er: »Es war, als würde man in die Antarktis geschickt.«

Eines Morgens um neun landete ein Hubschrauber in Wooville, um Lucia und mich zum Hoare-See im Taylor-Tal zu bringen. Wir waren von der Besatzung eines der wenigen Feldlager eingeladen worden, die so früh in der Saison bereits in Betrieb genommen worden waren.** Wir hatten uns über Funk oft mit ihnen unterhalten, Temperaturen verglichen und nachbarschaftliche Freundlichkeiten ausgetauscht.

Der Sund war von Rissen durchzogen, und die offene Wasserrinne, die ich in der letzten Woche entdeckt hatte, war verschwunden unter einem Preßeisrücken, der sich durch die Landschaft schlängelte wie die Chinesische Mauer.

Am Hoare-See lebten drei Beaker und ein Techniker. Kondomen-Cristina gehörte eigentlich auch dazu, aber sie war gerade in McMurdo. Jeder Hubschrauber brachte ihr Kondom-Werbematerial von den Kollegen

---

* Ein weiterer solcher Aspekt war die Ablehnung höherer Bildung – manchmal hatte man den Eindruck, daß sie die Schulbildung überhaupt ablehnten.

** Es ist ziemlich wahrscheinlich, daß Lucia und ich in einem Gebiet, das etwa anderthalb mal so groß ist wie die Vereinigten Staaten, einige Wochen lang die einzigen Menschen in einem Feldlager (im Unterschied zu einer Basis) gewesen sind.

am Bonney-See; ihre Geschichte war in die Annalen des Tales eingegangen. Noch hatte niemand Zelte aufgeschlagen – es war zu kalt –, und ich schlief in einem kleinen Labor auf dem Boden.

Ich wanderte entlang der Route, auf der ich im letzten Sommer mit Ed, dem bergsteigenden Physiker, zum Bonney-See gelangt war, zum Chad-See. Das Eis krachte mit peitschendem Knall. Manchmal entdeckte ich aus den Augenwinkeln einen weißen Blitzstrahl, der über den tiefblauen Himmel schoß. Ich kannte diese Landschaft zwar, aber die rosige Morgendämmerung über dem Kanada-Gletscher hatte ich noch nie erlebt, auch nicht den funkelnden Sonnenuntergang über dem Suess-Gletscher oder die dazwischenliegende Wanderung der Sonne von einem Gipfel zum anderen. Nie kam sie herunter zu uns an den See; in jenen Tagen lebten wir in einer ständig beschatteten Mulde. Eines Morgens erschien die Sonne für zehn Minuten in der Spalte zwischen dem Kanada-Gletscher und dem Berg nebenan, und alle hielten bei der Arbeit inne, um sich das anzusehen. Der See trug einen Teppich aus kompaktem Schnee, und in der Mitte, wo der Kanada-Gletscher in großen Falten herunterfloß, lag der Suess-Gletscher wie Milch in einer von Bergen geformten Schale.

In unserer letzten Nacht ging Lucia nach dem Abendessen nach draußen, um das Abwaschwasser in die dafür vorgesehenen Tonnen zu schütten. Plötzlich erschien sie wild gestikulierend am Hüttenfenster. Ich rannte nach draußen, vielleicht war ja wieder die Gastoilette explodiert. Aber das war es nicht. Sie betrachtete das Schauspiel des Südlichts. Am Himmel waberten blaßgrüne Schleier, die ringsherum bis zum Horizont reichten, pulsierten und wuchsen und schließlich mit der Dunkelheit verschmolzen. Funkelnde kupferfarbene

Strahlen glitten wie Suchlichter von Stern zu Stern, und warmrote Flammen flackerten still über dem Gletscher; nur gelegentlich züngelte eine hoch in den dunklen Himmel empor. Im Osten wallte ein hell leuchtender topasfarbener Nebel wie im Gezeitenstrom sanft hin und her. Für einen Augenblick verwandelte sich der ganze Himmel in einen Regenbogen, in dem grelle Nebensonnen leuchteten.

»Ach du heiliger Bimbam«, murmelte ich.

In der folgenden Woche lud John Priscu mich ein, eine Nacht am Fryxell-See zu verbringen. Als der Hubschrauber mich absetzte, waren die fünf Männer aus Johns Mannschaft gerade vom Bonney-See zurückgekehrt, ihrem Lager weiter oben im Tal. Ed lief mir entgegen, um mich zu begrüßen. Sie hatten ihre Schlafausrüstung einfach auf den Boden des Jamesways geworfen, in das ein dieselgetriebenes Heizgerät warme Luft pustete, und waren gerade dabei, für die morgige Rückkehr zum Bonney die Ausrüstung zusammenzustellen, die sie zum Herausbefördern der Eiskerne brauchten. Alle miteinander erinnerten mich an einen marodierenden Hunnenhaufen, der aus den Hügeln hervorbrach, um über ein Lager von Westgoten herzufallen.

Jeder Abschnitt des Bohrrohrs war einen Meter lang, und wenn der fünfte aufgeschraubt wurde, trafen sie meist auf Wasser. Am Bonney wurde seit einem Monat bei Temperaturen um minus 50 Grad im Eis gebohrt.

»Wenn es derart kalt ist, bricht alles«, sagte Ed, als ich mich später auf dem See zu ihm gesellte. »Du willst mit dem Schraubenzieher eine Blechdose aufmachen, und schon bricht der Griff ab.«

Sie suchten nicht nach Westgoten, sondern nach

Cyanobakterien – einzelligen, Stickstoff verarbeitenden Organismen, die gemeinhin als Algen gelten. Diese Bakterien kommen in Eisablagerungen vor, und wenn der Bohrkern eine hauchdünne dunkle Schicht enthielt, wußten die Wissenschaftler, daß sie fündig geworden waren.

»In bestimmten Teilen des Sees sieht es aus wie in einem Regenwald«, sagte Ed.

Wenn sie in die Hütten kamen, dauerte es eine halbe Stunde, bis ihre steifgefrorenen Bärte von den Mützen lostauten.

Am Tag, als ich nach Wooville zurückkam, am 22. September, ging die Sonne kurz vor sieben auf und genau zwölf Stunden später wieder unter. Die Hälfte lag hinter uns.

Man schlug uns vor, Wooville in eine andere Gegend zu verlegen, und wir beschlossen, das Angebot anzunehmen. Nach einigem Hin und Her entschieden wir uns für Kap Evans.

Bevor die beiden Männer aus McMurdo kamen, die unsere Hütten mit einer Schneekatze zum neuen Standort ziehen sollten, sicherten Lucia und ich alles so, daß bei der holperigen Fahrt über das Eis nichts passieren konnte. Wir sollten mit dem Woomobil hinterherfahren. Unsere Pinkelfahne steckte so fest, daß wir sie in Bodenhöhe absägen mußten. Trotz aller Anstrengungen sprang der Antispryte nicht an und mußte in Wooville zurückbleiben, wo er mit jedem Tag tiefer im Schnee versank und so fehl am Platze wirkte, wie er ja tatsächlich auch war.

Vor der Abfahrt machten wir den Männern Tee im »Speiseflügel«.

»Was gibt es Neues in der Station?« fragte ich.

»Die hat sich in einen Zirkus verwandelt«, antwortete der mit einem Bart wie Urvater Noah.

»Bald kommen die Flugzeuge mit der Sommerbesatzung, und die Hölle wird losbrechen. Alle bereiten sich schon darauf vor.«

»Sie haben sicher überwintert«, sagte ich, »und sind an Ruhe und Frieden gewöhnt.«

»Genau«, murmelte er, während er Tee und flache Plätzchen in seinem Bartgewirr verschwinden ließ. »Das ist mein fünfter Winter. Sagen Sie mal, ist das da eine Küchenschabe?«

Nicht nur die Station veränderte sich. Auch außerhalb der Station wurde alles anders. Um diese Zeit sahen wir eines Morgens unsere ersten Kaiserpinguine. Ihr samtener Nacken war grau gesprenkelt, und sie blinzelten in die fahle Sonne, die sich durch die Wolken im buntschillernden Lichtstreifen hinter der Big Razorback-Insel kämpfte.

Wir liebten das neue Wooville ebenso sehr wie das alte. Auf der einen Seite erhob sich der streifige Barne-Gletscher, sein geriffelter, senkrecht aufragender Rand zeichnete sich deutlich vor dem klaren Himmel ab, und auf der anderen Seite lagen Scotts Hütte und der Windfahnenhügel. Am Mittag des ersten Tages bat ich Lucia, mit mir zu einem Eisberg nicht weit vom Barne-Gletscher zu wandern. Gerade hatte ich den folgenden Abschnitt aus Scotts Tagebuch wieder gelesen:

> Kurz vor dem zweiten Frühstück vergoldete der Sonnenschein das Eisfeld, und ich ging mit Ponting zu den Eisbergen hinaus. Der uns zunächstliegende war umgestürzt und ließ sich leicht erklettern. Von seinem Gipfel aus konnten wir die Sonne klar über der zackigen Kontur des Kap Barne sehen. Es war herrlich, wieder einmal im glänzenden Sonnenschein zu ste-

hen. Wir fühlten uns wie verjüngt, sangen und riefen Hurra – alles erinnerte an einen hellen Frostmorgen daheim in England.

Über die Rückkehr der Sonne in Polargegenden läßt sich wenig Neues sagen, und doch ist sie das einzige und wichtigste Ereignis hier, das man nicht mit Stillschweigen übergehen darf. Jetzt schaut jeder das Leben wieder mit andern Augen an, das schlechte Wetter verliert seine Schrecken; denn morgen oder übermorgen wird es ja wieder schön sein.

Nach unserem kurzen Ausflug in die wissenschaftlichen Lager in den Trockentälern waren wir froh, wieder auf dem Meereis zu sein. So faszinierend sie auch war, die Berglandschaft schien nicht zur echten Antarktis zu gehören.

»Es ist schön, wieder zu Hause zu sein«, sagte ich zu Lucia, als wir uns zur ersten Mahlzeit am Kap Evans an den wackligen Klapptisch setzten.

»Du hast ›zu Hause‹ gesagt!« Sie strahlte, und dann fuhr sie fort: »Ich fürchte, ich habe die Bohnen zu lange kochen lassen.«

An klaren Tagen, wenn ich um das neue Wooville schlenderte oder durch das breite Fenster über meinem Schreibtisch schaute, fühlte ich mich von der Landschaft so direkt angesprochen, daß sie mir nicht mehr nur aus Eis zu bestehen schien. Sie war so etwas wie ein kosmisches Symbol für Harmonie geworden, für ein friedvolles und freies Leben ohne Armut, Gasrechnungen und unerwiderte Liebe. »Für Shackleton«, schrieb der Physiker Louis Bernacchi während der Discovery-Expedition in sein Tagebuch, »existierte die Antarktis gar nicht. Ihn interessierten die inneren Landschaften.« Endlich verstand ich, was er meinte.

Wir erlebten viele Stürme, und wenn sie uns überfielen, mußten Lucia und ich das Beste daraus machen. Der Wind wütete derart, daß er uns auf den wenigen Metern zur Pinkelfahne umwehte, und an einigen Stellen fegten die unbarmherzigen Böen das Meereis blank von Schnee. Wenn Scotts Hütte der Sicht entschwand, wußten wir, daß wir eine lange Wartezeit vor uns hatten. Für die drei Meter zwischen den beiden Hütten mußten wir die Parkas überziehen. Zur Abwechslung ahmten wir beim täglichen Funkgespräch den Akzent der anderen nach. Ich bin nicht sicher, welcher schlimmer war – mein vorgetäuschter amerikanischer Akzent oder ihr britischer, aber nie ist uns jemand auf den Leim gegangen. Wenn wir sehr lange isoliert waren, versuchte ich Anzeichen für beginnende Umnachtung zu entdecken. Sollten wir vielleicht Lucias Farben benutzen, um unsere Körper, wie Byrd, in Drittel zu unterteilen? Tatsächlich aber hatten wir uns nie besser gefühlt.

Am 3. Oktober kam Joe aus der Funkzentrale von McMurdo zu Besuch. Zwei Ozonforscher in einem Spryte setzten ihn bei uns ab. Wir gingen nach draußen, um ihn zu begrüßen.

»Komm nur herein«, sagte Lucia, während sie Joe auf die Schulter klopfte. Da wir schon so oft mit ihm gesprochen hatten, kam er uns wie ein Freund vor.

»Danke«, entgegnete Joe. Es war komisch, seine Stimme aus einem Mund statt aus einem Blechkasten zu hören.

»Eure Solarzellen hängen verkehrt herum«, sagte er in dem Moment, in dem er den Speiseflügel betrat. »Die äußere Seite zeigt in die Hütte.«

Ich hatte unseren Erfolg mit den Solarzellen überall herumerzählt, besonders nachdem ich entdeckt hatte, daß in den Tälern niemand damit arbeitete. Wie das Funkgerät es geschafft hat, mit verkehrtherum montierten Stromzellen weiter zu funktionieren, blieb mir ein Rätsel.

Später fuhren wir über das Meereis zum Kap Royds, wobei wir es sorgfältig vermieden, den Rissen zu nahe zu kommen, die mittlerweile von den Eisbergen und der Küste ausgingen. Joe kam mit.

»Da!« sagte er plötzlich, indem er gen Himmel deutete. Lucia und ich blinzelten ins Sonnenlicht.

»Ich sehe nichts«, sagte ich.

»Der schwarze Punkt dort«, meinte Joe. »Das ist das erste Flugzeug der Saison, es fliegt von Christchurch nach McMurdo.« Schweigend fuhren wir weiter. Für Lucia und mich war der Beginn der Saison der Anfang vom Ende. Die Robbenweibchen waren fetter geworden, und wir hatten Eis am Himmel blitzen sehen – das war das Resultat einer Wasserspiegelung in der unteren Wolkenschicht, die wie eine schwere schwarzrote Decke über dem hellen Lichtstreifen am Horizont lag –, daher wußten wir, was uns in Kap Royds erwartete. Als wir auf den Hügel hinter Shackletons Hütte kamen, lag es vor uns. Offenes Wasser.

Als wir in der zweiten Oktoberwoche wieder nach McMurdo kamen, war uns, als würden wir Zeugen einer Völkerwanderung: In den ersten sechs Tagen des Sommersaison hatten 300 Menschen die Plätze gewechselt. Die Parties waren lustig, aber nach der Abgeschiedenheit von Wooville fiel es uns etwas schwer, mitzumachen. Außerdem trank ich seit meinem letzten Besuch im Süden und zum allgemeinem Erstaunen keinen Alkohol mehr. In den letzten Jahren hatte ich mich hart am Rande bewegt, deshalb war ich zu dem Entschluß gekommen, eine Reise in das unbekannte Gebiet meines Innern zu unternehmen. Ich glaube nicht, daß es Zufall war, daß dieser Entschluß nach meiner langen Antarktis-Reise reifte.

Große Mengen Wein zu trinken hatte irgendwie immer zum Gesamtbild gehört – als wesentlicher Bestandteil des kreativen Prozesses und als harmlose Methode, das Leben fröhlicher zu machen, die Dämonen in Schach zu halten und den gefährlich kreisenden Gedanken für eine Weile zu entfliehen. *Menschen wie ich taten so etwas.* Doch die meisten Menschen tranken weniger exzessiv als die Gruppe, die ich »Menschen wie ich« nannte. Etwas Seltsames passierte, nachdem ich aus der Antarktis zurückgekehrt war. *Ich brauchte es nicht mehr.* Ich wußte, daß der Friede, den ich im Süden gefunden hatte, mir immer erhalten bleiben würde, selbst wenn ich wieder schwere Zeiten durchmachen mußte, und das bedeutete, daß ich mich nicht mehr davor fürchten mußte, was meine kreisenden Gedanken zutage fördern würden. Die Dämonen waren zwar nicht verschwunden, aber sie waren geschrumpft. Viele Dinge veränderten sich. Ohne ein Glas Wein in der Hand zu leben, war eine weitere Entdeckungsreise. Wie bei allen schönen Reisen gab es auch hier schmerzliche Augenblicke. Aber jetzt konnte ich nicht mehr zurück. Es war zu aufregend.

Ein Psychologe war gekommen, um die Überwinterer vor der Abreise zu befragen.

»Es geht die Legende, daß die Antarktis die Menschen in den Wahnsinn treibt«, sagte er, »aber die Fakten stützen diese Theorie nicht. Tatsächlich erweist sich das Gegenteil. Anders gesagt, unter widrigen Umständen zeigt sich, wie mutig und furchtlos der Mensch sein kann.«

Eine Flut von Neuankömmlingen überschwemmte

die Station, so daß wir in der Kantine Schlange stehen mußten. Diejenigen, die wie ich mit »Operation Winfly« hergekommen waren, verstanden jetzt, wie die Überwinterer sich bei unserem Auftauchen gefühlt haben mußten. Die Erfahrungen, die wir bei dieser Operation gesammelt hatten, schweißten uns zusammen – selbst Ron, der Herrscher über die Sprytes, kam uns jetzt wie ein alter Freund vor.

Gleichzeitig war es schön, einige alte Freunde in McMurdo wiederzutreffen. David kam, der kettenrauchende russische Kryogeologe mit dem tintenschwarzen Haar, das ihm zu tief in die Augen hing. Er schenkte mir ein Paar Ohrringe, die zu meinem Mammutzahn-Ring paßten. Die neuseeländischen Piloten, die mich zur Terra Nova-Bucht geflogen hatten, waren ebenfalls wieder da, und es gab ein großes Hallo. Ein Fischbiologe brachte die Neuigkeit, daß Britta ihren Hans gebeten hatte, sie zu heiraten. Die »Corner Bar« erwachte zu neuem Leben. Die Verwaltung hatte versucht, sie zu schließen, aber das war selbstverständlich nicht gelungen.

Eines Tages hörte ich eine vertraute Stimme durch die Flure des Crary dröhnen. Es war Nann, die Raumkosmetikerin vom Pol, und ihr Haar sah immer noch so aus, als hätte sie es mit der Lötlampe frisiert.

»Da bist du also wieder!« sagte ich bei der Umarmung.

»Konnte es keine Sekunde länger mit dem Schlappschwanz aushalten«, sagte sie, und ich wußte, daß sie damit ihren Mann meinte.

Trotzdem atmete ich auf, als ich wieder in Wooville war. Mehrere Forscherteams waren auf dem Weg ins Feld, was bedeutete, daß der Funkverkehr reger wurde, und daher war mein Akzent als Quelle scheinbar grenzenloser Heiterkeit nicht länger gefragt. Kurz nach unserer Rückkehr zum Kap Evans erfuhren wir, daß die Ruhe in Wooville durch die Ankunft einer Tauchmannschaft gestört würde. Ich malte ein »Tauchen verboten«-Schild und klebte es an den »Willkommen in Wooville«-Pfosten, den wir aufgestellt hatten. Außerdem hatte ich den Plastikpinguin mit der Zielscheibe auf der Brust aus der »Corner Bar« gestohlen und ihn mit dem Rücken zum Sund in der Nähe von Wooville aufgestellt. So konnten wir zuschauen, wenn Gäste aus ihren Fahrzeugen kletterten, sich warm einpackten, ihre Kamera zückten und den Vogel ablichteten.

Ich beobachtete, wie ein riesiger Bohrer auf einem Raupenfahrzeug an der beflaggten Route entlang näher kam. Bald darauf wimmelte es in Wooville von Menschen, und überall taten sich Tauchlöcher auf. Die Taucher studierten die Larvenentwicklung der *Sterechinus neumayeri*-Seeigel und wollten unbedingt noch vor der Algenblüte ins Wasser kommen. Eine Hütte, die über dem Hauptloch stehen sollte, wurde nach Wooville gezogen. Sie war beheizt, deshalb drängten sich, wenn die zwei Taucher durch die offene Bodenluke im Wasser verschwunden waren, alle hinein. Das Loch erinnerte an ein gigantisches Glas Alka-Seltzer. Als wir die dicken weißen Flohkrebse sahen, die zusammengerollt wie Taue am Meeresgrund lagen, staunten Lucia und ich darüber, was sich die ganze Zeit unter unseren Füßen befunden hatte.

»Welche Temperatur hat das Wasser?« fragte ich einen der Taucher, als er sich nach einer halben Stunde unter dem Eis aus seinem Thermoanzug schälte.

»Minus 1,8 Grad Celsius«, antwortete er. Die Haut um seinen Mund herum war taub vor Kälte, und er sprach, als käme er gerade vom Zahnarzt.

»Seht mal«, fuhr er fort, indem er uns ein Stück altes Leder zeigte, »ich habe einen Schuh von Scotts Expedition gefunden.«

»Wenn die Wassertemperatur unter dem Gefrierpunkt liegt«, fragte ich – ich kam mir dumm vor und hörte mich auch so an –, »warum friert es dann nicht?«

»Das Salz setzt den Gefrierpunkt herab«, erklärte der Taucher, der jetzt sein Haar trockenrubbelte. »Je salziger das Wasser, desto tiefer die Temperatur, bei der es gefriert. Deshalb streut man Salz auf die Autobahnen, wenn es schneit – löst das Salz sich auf, setzt es die Temperatur herab, bei dem das Wasser auf der Straßenoberfläche vereist.«

Ein Hubschrauber kam, um die Seeigel ins Aquarium von McMurdo zu befördern. Den Schuh steckte sich jemand in die Tasche.

Tag für Tag erschien der Erebus jetzt ohne seine flatternden Gewänder. Nach allem, was wir erlebt hatten, schien diese Windstille wie ein Wunder. Wir gewöhnten uns an, den Klapptisch nach draußen zu tragen und auf dem Eis zu Mittag zu essen. Gelegentlich wurde die Stille durch das Schnaufen einer Robbe unterbrochen, die durch den Eisschlamm lugte, der sich über den Tauchlöchern gebildet hatte. Dieses Geräusch lag irgendwo zwischen einem Gurgeln und einem Schrei, und die Weibchen, die sich aus dem Wasser wanden, waren so fett, daß sie sich auf dem Eis kaum bewegen konnten. Bis Mitte Oktober hatten sich viele Robben eingefunden, besonders um die Big Razorback-Insel und die Hutton-Klippen herum. Die Temperatur konnte in dieser Zeit innerhalb von zwölf Stunden zwischen zehn Grad unter und zehn Grad über Null schwanken, und von Wooville sahen wir allmählich Nebel aus dem offenen Wasser im Norden steigen. Das Preßeis ließ über Nacht Hügel aus dem Meereis wachsen. Wir spürten, daß unserer Umwelt etwas Außergewöhnliches widerfuhr. Ein zufällig vorbeikommender Klimatologe, der sich mit einem Klappstuhl zu uns an den Tisch gesellt hatte und das Aufblitzen des Eises am Horizont betrachtete, beschrieb das folgendermaßen: »Augenblicklich erlebt ihr, was Masse und Energie anbelangt, den bedeutendsten Jahreszeitenwechsel der Welt – die Zunahme und das Abschmelzen des antarktischen Meereises.« So gesehen war es ein apokalyptisches Ereignis.

Wenn die Sonne auf seine geriffelten Klippen scheint, ist der Barne-Gletscher eines der Naturwunder dieser Welt, und wir wurden es nie müde, ihn anzuschauen. Eines Tages betrachtete Lucia ihn durch das Fenster neben dem langen Tisch, da schreckte sie plötzlich zusammen.

»Ich brauche etwas Windex«, sagte sie mit zusammengekniffenen Augen, so als ob sie Schmerzen litte. Sofort suchte ich in der Erste Hilfe-Tasche nach einem Mittel gegen Blähungen. Doch ich hatte wieder einmal einen amerikanischen Ausdruck mißverstanden. Sie wollte nur die Fenster putzen.

Vor unseren Hütten entstand ein Iglu, das von zwei Atmosphärenforschern gebaut wurde, die eine Woche bleiben wollten. Sie machten Ferien, oder wenigstens eine Pause von der Beobachtung der Ozonschichten in der Stratosphäre und der Messung der Stratosphärenpartikel, die den Ozonschwund beeinflussen. Zu diesem Zweck schickten sie normalerweise heliumgefüllte Ballons 30 Kilometer hoch in die Luft. Kurz nach ihrer Ankunft machten sie sich daran, einen großen Kreis ins Eis zu zeichnen. An dieser Stelle erhob sich, vier Tage und drei Nächte später, ein Iglu-Astrodom. Da wir nur eine

Eissäge hatten, mußte auch das Tranchiermesser herhalten. Der Eingang sollte eigentlich Scotts Hütte gegenüberliegen, aufgrund eines architektonischen Fehlers aber zeigte er am Ende in Richtung Pinkelfahne. Das Iglu hatte eine aus Eis geschnitzte Galionsfigur über der Tür und ein Fenster, das aus einer Eisscheibe bestand, die in einem Topfdeckel hergestellt worden war. Als das Iglu fertig war, veranstalteten wir darin ein Festmahl und schliefen dann alle dort.

In der zweiten Oktoberhälfte wurden die kleinen Robben geboren. Der Schnee auf dem Meereis war blutverschmiert, und immer häufiger sahen wir neben den langen grauen Würsten kleine braune. Die Jungen wogen bei der Geburt etwa 20 Kilo. Im Alter von zwei Tagen entdeckten sie, daß sie sich selbst in den Schwanz beißen konnten. Kein Wirbeltier hat mehr Fett in seiner Milch als die Robbe (annähernd siebzig Prozent), und die Jungen nahmen pro Tag mehr als zwei Kilo zu. Sie gingen auf wie Hefeklöße.

In der Nacht vom 22. Oktober schlief ich draußen. Es war windstill, und die Temperatur bewegte sich um den Gefrierpunkt. Die Sonne ging kurz nach elf unter, und die ganze Nacht hörte ich die Robben rufen. Die östlichen Hänge des Erebus schimmerten anfänglich violett, dann badeten sie in rosarotem Alpenglühen, um schließlich zwischen zwei und drei, als die Sonne hinter dem Windfahnenhügel aufging, sonnenblumengelb zu werden.

Direkt vor dem Aufwachen hatte ich einen lebhaften Traum. Ich träumte, daß ich sterben müßte. Ich war zu Hause, und alle meine Freunde waren anwesend. Es gab weder Panik noch Angst oder Traurigkeit, und als ich die Augen aufschlug, fühlte ich mich froh und glücklich. Alles hatte so echt gewirkt, deshalb blieb ich noch eine Weile in meinem Schlafsack liegen, eingemummelt in Polypropylen, und fragte mich, was ich davon halten sollte. Nach einiger Zeit kam Lucia aus der Hütte, um mir einen Thermosbecher Kaffee zu bringen. Als sie mich dort ohne ein Buch oder ein im Schlafsack eingeklemmtes zerknittertes Manuskript (ein leidiges Problem, das ich nie in den Griff bekam) liegen sah, war sie sehr überrascht.

»An was denkst du gerade?« fragte sie, zweifellos in dem Glauben, daß ich den unsinnigen Plan schmiedete, bis zur Eiskante zu fahren oder wenigsten ein Stückchen den Erebus hinaufzuklettern.

»An den Tod«, antwortete ich freundlich. »Danke für den Kaffee.« Sie zog sich schnell in die Hütte zurück.

Ich hatte mir schon oft über Leben und Tod Gedanken gemacht. Einer meiner Freunde in England war kürzlich zum buddhistischen Glauben übergetreten, und seit ich in Wooville war, mußte ich immer wieder an die Gespräche denken, die wir beide in dem japanischen Restaurant auf halbem Wege zwischen seiner und meiner Wohnung geführt hatten. Ich erkannte jetzt, daß die Angst, meinen Glauben zu verlieren, aus einer anderen, tiefersitzenden Angst herrührte. Was mich umtrieb, war natürlich die Angst vor dem Tod. Der Glaube gestattete mir, meine Sterblichkeit zu akzeptieren, aber wenn ich den Glauben verlor, wie sollte ich dann mit der furchtbaren Gewißheit leben, daß ich eines Tages sterben würde? Wenn mich jemand danach fragte, hatte ich immer behauptet, keine Angst vor dem Sterben zu haben – aber da war ich wohl nicht ganz ehrlich gewesen. Ich hatte mich dem Problem nicht gestellt. Mein Freund und ich hatten über die buddhistische Lehre des Anerkennens und Akzeptierens der Sterblichkeit diskutiert. Das war ein langer Kampf, aber ungleich wichtiger als alles andere. Doch die westliche Kultur ist bemüht, uns von diesem Problem und der Sterblichkeit an sich abzulenken, so daß wir uns damit nicht auseinandersetzen müssen. Ich glaube, daß das Problem, wenn wir ihm aus dem Weg gehen, uns im Unterbewußtsein weiter beschäftigt und schließlich an anderer Stelle, in anderer Form wieder zum Vorschein kommt und auf Lösung drängt. Als Alkoholsucht, zum Beispiel. Ganz sicher war ich mir da allerdings nicht.

Ich wußte aber, daß die Marginalisierung des Spirituellen in der westlichen Kultur für die Gesellschaft, in der ich lebte, ganz und gar nicht gut war. In Griechenland dagegen – einem Land, daß mich immer sehr stark angezogen hatte – war das Spirituelle immer noch ein untrennbarer und natürlicher Bestandteil der Landschaft, so wie die grünen Wasser der Ägäis und der wilde Thymian in den Bergen. Ich hatte aus meinen Wanderungen in Griechenland eine Menge gelernt, doch die Antarktis hatte mich noch weitergebracht. Als ich von meinem Schlafsack aus die schimmernden Eisfelder betrachtete und die Rauchfahnen, die träge aus dem Krater des Erebus stiegen, lösten sich Fragen nach der Rechtgläubigkeit oder der tibetanischen Variante des Buddhismus und lästige Gedanken an die eigene Sterblichkeit wie federleichte Eiskristalle einfach in nichts auf.

Die Antarktis war eine kulturelle Wüste, ein Freiraum der Phantasie, wie die leeren Blätter in Lucias Skizzenbuch. Dieses Umfeld zwang mich dazu, mich einer Angst zu stellen, die ich gerade erst erkannt hatte. Trotz allem, was ich auf mich genommen hatte, um dahin zu kommen, wo ich war – Jahre der Vorbereitung und der Angst –, schien mir die äußere Reise damals völlig unbedeutend zu sein.

Wir hatten unsere tägliche Suche nach Vorboten des Sommers schon fast aufgegeben, und unser Tagesrhythmus geriet wieder durcheinander. Eines Morgens allerdings fiel mir in der Ferne etwas auf, und ich erkannte, daß es sich um eine Skua-Raubmöwe handelte. Das war, als keimte ein Baum aus dem Eis. Aber es wurde auch Zeit für die Skuas – sie ernähren sich von den Plazentas der Robben.

Ich saß auf einem Klappstuhl zwischen Wooville und Scotts Hütte und betrachtete den Barne-Gletscher. Der Wind hatte sich gelegt. Plötzlich bemerkte ich auf dem Eis neben dem Gletscher einen schmalen schwarzen Streifen. Er bewegte sich. Mit der Zeit wurde der Streifen immer breiter und nahm schließlich die Gestalt junger Kaiserpinguine an, von denen 24 bald auf schwieligen Füßen um unsere Hütten watschelten. Dabei scheuerten sie viel Eis blank, so daß ihre Brüste sich dottergelb in der blauen Oberfläche spiegelten.

Als die Robbenjungen etwa zehn Tage alt waren, schien es Zeit für den ersten Schwimmunterricht zu sein. Die Mütter versuchten den Nachwuchs zu locken, indem sie sich mit lautem Gebrüll begeistert in die Wasserlöcher stürzten. Da die zögerlichen Jungtiere aber unbeeindruckt auf dem Eis liegen blieben, wurden die Mütter immer ärgerlicher – um am Ende natürlich doch zu gewinnen. Zu ungefähr dieser Zeit hatten wir einen Kälteeinbruch. Die Umgebungstemperatur erreichte minus 30 Grad, was einschließlich Windkühlfaktor minus 60 Grad ergab. Die Antenne brach an acht Stellen, und ich verbrannte meine Hand am Metall einer Winde. Es war wie in alten Zeiten.

Viel zu früh nahte der schreckliche Tag, an dem eine Schneeraupe ankam, um die »Klinik« fortzuziehen. Ein Team von Robbenphysiologen war zurückgekehrt, um noch eine Saison zu forschen, und sie brauchten ihre Hütte. Wir brachten all unsere Sachen in den »Speiseflügel« und richteten uns trotz drangvoller Enge dort ein. Nach einer Woche fanden wir den Mut, die »Robbenköpfe« zu besuchen. Es waren vier, nur Männer, und die »Klinik« sah aus wie ein Flüchtlingslager an der Grenze eines krisengeschüttelten afrikanischen Landes.

»Kommt es euch anders vor?« fragten sie. In dem Moment stürzte ein Turm von Bierdosen um und riß ein weiteres Tier aus dem Woo-Zoo, den wir seinerzeit Stück für Stück an die Wand gepinnt hatten.

»Ja!« anworteten wir wie aus einem Mund.

»Inwiefern?« fragte einer.

»Nun«, sagte ich, »ihr wohnt jetzt hier.«

Die Sonnenuntergänge im Oktober hatten meist aus einem stundenlangen Spiel wechselnder Farben bestanden. Jeden Abend tauchten sie das Transantarktische Gebirge ein bißchen länger ins Licht, und aus dem Fenster neben dem langen Tisch konnten wir die ganze Nacht über im Westen einen leuchtenden Lichtstreifen sehen. Am 25. Oktober blieb die Sonne zum erstenmal bei uns. Jetzt brauchte ich unsere Laterne nicht mehr, um bei Nacht lesen zu können, und unsere Abendessen bei Kerzenschein gehörten einer fernen Vergangenheit an. Ich sah, wie die Robbenweibchen abnahmen, bis ihre Hüftknochen hervortraten. Die schmerzliche Schönheit der letzten Wochen war fast unerträglich. Mir war bewußt, daß ich in meinem ganzen Leben nie wieder in solcher Pracht leben würde – und sollte ich hundert Jahre alt werden. Aber es wurde Zeit, nach Hause zu fahren. In der Solarhütte war wenig Platz zum Leben und Arbeiten. Eines Nachts fand ich eine Napalmtablette zum Anzünden des Kochers neben meiner Zahnbürste. Ich war es auch leid, mich über Eingriffschlitz ein meinen langen Unterhosen zu ärgern, Pinkelflaschen in der Tasche zu tragen und die Antenne meines Funkgeräts vor der Nase zu haben. Ich wollte Cox-Äpfel, die Hängematte auf meiner Dachterrasse und ein Badezimmer ohne Robben. Ich wollte in der Wettervorhersage vor dem Schlafengehen wieder die gewohnten Worte hören: Cromarty, Forth, Tyne, Dogger, Windstärke neun. Schauer. Gut.

3. KAPITEL

Restauration

Statt Ex-Soldaten gebt mir Ex-Antarktiker, die nicht verbittert sind und noch Ideale haben. Sie könnten die Welt erobern.

APSLEY CHERRY-GARRARD,
aus: *The Worst Journey of the World*

Wir liefen über den weichen Schnee zu Scotts Hütte, und Lucia öffnete die Tür mit einem schweren Schlüssel aus Metall. Es war unser letzter Tag in Wooville.

»Weißt du noch ...«, sagte sie mit schadenfrohem Grinsen.

»Ich denke, darüber haben wir schon oft genug gesprochen«, versetzte ich. Ich wußte, daß sie von unserem ersten Besuch in der Hütte reden wollte, bei dem ich versucht hatte, den Holzriegel an der Tür zu entfernen, ohne vorher aufzuschließen. Um die Hände frei zu haben, hatte ich dummerweise den Schlüssel in den Mund gesteckt, wo er augenblicklich an den Lippen festfror. Lucia mußte mein Gesicht kräftig behauchen, um den Schlüssel loszubekommen, ohne allzuviel von meiner Haut mit abzureißen. Ich trug keine bleibenden Schäden davon, aber die Vorstellung, ich liefe mit dem Schlüssel zu Scotts Hütte im Mund in Wooville herum, hatte Lucia während unseres ganzen Aufenthalts in Kap Evans stets erheitert.

Als Sonnenlicht durch die Tür fiel, funkelten Schneekrusten auf den Schaufeln im kleinen Flur. Ohne ersichtlichen Grund gingen wir durch bis zu den Ställen an der hinteren Seite der Hütte. Sie befanden sich unter demselben Dach wie die Quartiere der Menschen, waren aber durch hölzerne Innenwände abgetrennt. Die erste von zwei Öffnungen auf der linken Seite des kleinen schneeverkrusteten Flurs führte zunächst zum Vorratslager und dann weiter zu den Ställen. In der zweiten Öffnung hing eine robuste Holztür, der Zugang zu den Quartieren.

In den Ställen waren acht Pferdeboxen herkömmlicher Bauart nebeneinander aufgereiht. An den Rückwänden der Boxen standen die Namen der Pferde.

»Abdul«, las Lucia. »Heißen englische Pferde oft so?«

Sie hatte die liebenswerte Angewohnheit, alles, was Scott getan hatte, und selbst das, was sie mich im Lager hatte tun sehen, für typisch englisch zu halten.

»Nein«, ich enttäuschte sie, »den Namen Abdul habe ich bei einem Pferd noch nie gehört.«

Sie stand neben einem Fenster im hinteren Teil des Stalls und konzentrierte sich auf eine schnelle Skizze der Boxen. Neben ihr bemerkte ich den Speckofen, auf dem Oates das Kleiefutter für die Pferde zuzubereiten pflegte. Ich kniff die Augen zusammen und stellte mir Oates vor – an genau der Stelle, an der sie jetzt stand, hatte ich ihn auf einem von Pontings Photos stehen sehen. Wenn die Ponies krank waren, schlief er manchmal im Stall, um ihnen nachts nahe sein zu können. Er war viel größer als Lucia, aber in der scharfgeschnittenen Nase und den hohen Wangenknochen entdeckte ich einige Ähnlichkeit.

Ich wartete, bis sie ihr Skizzenbuch wieder in die Tasche steckte. Auf dem Weg zum Hauptteil der Hütte blieb ich im Vorratslager vor einem großen Stapel glänzenden Robbenspecks stehen. Er war in Ballen zugeschnitten, wie Torf, und wurde von Scotts Männern als Brennstoff für den Winter gelagert. Ich bückte mich, um ihn zu berühren.

»Kaum zu glauben, daß er immer noch fettig ist«, sagte ich, »selbst nach der Eiseskälte des antarktischen Winters.«

»Es muß schrecklich gestunken haben, wenn die Hütte beheizt war«, meinte Lucia. »Ich weiß nicht, wie sie das aushalten konnten. Schau dir die Hockeyschläger da an der Wand an. Die habe ich schon letztes Mal bemerkt. Wäre das nicht eine Idee? Wir könnten ein bißchen Hockey spielen.«

»Glaubst du, zwei reichen für ein Spiel?« fragte ich, während ich die Speichen eines alten Fahrrads belastete, das an der Wand des Verbindungsganges zwischen Stall und Quartieren hing.

»Aber sicher!« meinte sie. »Und in Wooville sowieso.«

»Mist«, sagte ich.

Als ich im Hauptteil der Hütte in der Küche stand, wurde mir bewußt, daß ich mich mittlerweile dort zu Hause fühlte. Mit geschlossenen Augen hätten wir herunterrasseln können, was auf den Regalen stand, angefangen bei den rostigen Dosen mit rotem holländischen Käse, der an Kanonenkugeln erinnerte, bis zu den winzigen Backförmchen aus geriffeltem Blech.

»Weißt du«, sagte Lucia, indem sie auf ein Regalbrett über den Offiziersbetten deutete, »ich habe mich immer gefragt, warum sie diesen Schlapphut mit hierher gebracht haben.«

»Vielleicht zum Verkleiden«, schlug ich vor, »für Theaterstücke oder kleine Kabarettsketche, meine ich. Sie haben sich oft kostümiert.«

»Ziehen sich englische Männer denn oft Kostüme an?« fragte sie erstaunt.

»Ich glaube, das ist eher eine Frage der Klassenzugehörigkeit – in der männlichen Oberschicht war es eine Art Ritual.« Ich bedauerte meine Worte augenblicklich, denn Lucia war fasziniert vom Klassensystem und hatte mich oft danach gefragt. Ich hatte versucht, ihr alles verständlich zu machen, und dabei verärgert festgestellt, daß es mir nicht gelang. Sicher erinnerte sie sich jetzt daran, daß noch einige Fragen offen waren.

»Also, letzte Nacht«, sagte sie denn auch, »habe ich darüber nachgedacht, was du mir über ›Tee‹ erzählt hast. Daß man damit zwei unterschiedliche Dinge meint, je nachdem, aus welcher Klasse man stammt. Du hast gesagt, daß mit ›Tee‹ in der Arbeiterschicht das Abendessen gemeint ist, in der Oberschicht dagegen eine Tasse Tee am Nachmittag, mit einem Gurkensandwich ohne Kruste oder dem, was ihr sonst noch so toastet ...«

»Sauerteigbrötchen«, unterbrach ich.

»Ja, genau, eine Tasse Tee am Nachmittag, delikate Sandwiches und Sauerteigbrötchen. Wenn ich dich nun in England besuchen komme« – wir unterhielten uns jetzt häufig darüber, uns gegenseitig zu Hause zu besuchen – »und jemand mich unversehens zum Tee einlädt, weiß ich ja gar nicht, wann ich kommen soll und was es geben wird. Muß ich dann fragen: ›Entschuldigen Sie, gehören sie zur Arbeiter- oder zur Oberklasse?‹, um das herauszubekommen?«

»Nun, eigentlich nicht, das merkt man am Akzent ...«, die Erklärung fiel mir so schwer, daß ich wünschte, ich hätte dieses Beispiel nie gewählt.

»Den kann ich ja wohl nicht unterscheiden, oder? Wie ist denn dein Akzent?«

»So mittel«, sagte ich kläglich.

Sie warf mir einen ärgerlichen Blick zu, aber da sie merkte, daß ich von dem Thema nichts mehr hören wollte, begann sie, ihre Pastellfarben auszupacken. Mir wurde klar, wie sehr ich sie vermissen würde.

In der Hütte war es zu dunkel zum Malen, deshalb ging Lucia, nachdem sie ihr Handwerkszeug auf Scotts Tisch ausgebreitet hatte, nach draußen und schaufelte den Schnee von den Fenstern. Nach und nach traten die Farben der Hütte aus dem Dunkeln hervor. Scotts Raum befand sich in der linken Ecke der Wand, die der Tür gegenüberlag, und war durch eine zwei Meter hohe Holzwand von den Offiziersquartieren abgeschirmt. Die Mannschaft schlief in dem Teil der Hütte, der der Tür am nächsten war. Eine halbhohe Wand aus Vorratskisten trennte die Bereiche der Offiziere und der Gemeinen; ursprünglich ging diese Wand durch die ganze Hütte und ließ nur einen schmalen Durchgang frei, sie war aber von den Mitgliedern der Ross-Meer-Abteilung, die in der Hütte kampierten, zerstört worden. Wahrscheinlich hatten sie in den Kisten verzweifelt nach etwas Brauchbarem gesucht. Abgesehen von Pontings Dunkelkammer, die neben Scotts Winkel lag und damit direkt gegenüber der Tür an der anderen Seite, war der Rest des Wohnraums offen. Die Hütte maß ungefähr 15 x 7,5 Meter, ringsherum an den Wänden standen schmale Betten, in der Mitte ein langer Tisch, und an Scotts Ende befand sich ein schwarzer Kohleofen. Die rechte hintere Ecke, gegenüber der Scotts, diente den Wissenschaftlern der Expedition als Labor; dort waren mehrere Tische und Bänke vollgepackt mit Stapeln von Phiolen und Teströhrchen. Die Küche, die immer noch reichlich Vorräte beherbergte, lag am anderen Ende, rechts neben der Tür, und dort war noch ein anderer Herd aufgestellt.

Scotts Quartier war ungefähr 2,5 mal 2 Meter groß und enthielt außer dem Bett und einigen Buchregalen an der Scheidewand nur seinen Schreibtisch. Auf der anderen Seite dieses Tisches, an der Wand mit den Regalen für die Medizin, standen noch zwei Betten. Sie gehörten Bill Wilson, dem Chef des wissenschaftlichen Stabes, und Leutnant Teddy Evans, der mit Skorbut nach Hause geschickt wurde und als Kapitän der *Terra Nova* zurückkehrte. Also war Scott nie ganz allein – zumindest nach außen hin.

Am Fußende von Scotts Bett entdeckten wir eine Wärmflasche, die uns früher im Dämmerlicht nie aufgefallen war. Wir kamen uns vor, als erweckten wir die Hütte zu neuem Leben. Es wurde allerdings nie richtig warm. Drinnen war es sogar kälter als draußen – als sei der Treibhauseffekt umgekehrt.

Sie waren in der Hütte sehr glücklich gewesen, so wie wir in unserer. Wem wäre das an diesem Ort nicht so ergangen? Als Cherry die Lage der Hütte beschrieb, schickte er voraus, daß er schon viele Vulkane gesehen hatte:

> Aber den Erebus hätte ich gern zum Freund. Wer auch immer den Erebus erschuf, wußte um den Zauber horizontaler Linien, und die meisten Konturen des Erebus sind eher horizontal als vertikal. Deshalb ist er der Berg der Erde, der die größte Ruhe verströmt, und ich freute mich sehr, als ich erfuhr, daß unsere Hütte ihm zu Füßen liegen sollte. Stetig stieg aus seinem Krater das träge Banner seiner Rauchwolke.

Lucia hatte beschlossen, das der Dunkelheit entrissene Bett zu malen und rückte ihren Stuhl so, daß sie der Wärmflasche gegenübersaß. Als ich mit meiner Taschenlampe in die Ecke hinter ihr leuchtete, fiel der Strahl auf eine kleine braune Glasflasche, die auf dem Medizinregal stand. Das Etikett war schlicht mit »Gift« beschriftet, und auf einem anderen Etikett weiter unten konnte ich »Harrods« lesen.

»Sie hatten aber auch jeden Luxus«, sagte Lucia, die dem Strahl der Taschenlampe gefolgt war. O Gott, dachte ich, jetzt geht das wieder los. Schnell verdrückte ich mich in Pontings Dunkelkammer.

»Schau dir das an!« rief ich. Lucia kam herein. »Hier ist ein Glasnegativ – von einem Mann, dem in dieser Hütte die Haare geschnitten werden!« Das Bild war verschwommen, aber es zeigte zweifellos einen knochenharten Veteranen, der mit der Pfeife im Mundwinkel auf einem Stuhl neben Scotts Tisch saß, während ein anderer Mann sich mit der Schere an seinem bereits halb geschorenen Kopf zu schaffen machte. Beide trugen ausgebeulte Hosen. Ich hatte eine Idee.

»Ich könnte dir doch die Haare schneiden«, schlug ich vor, »und dann machen wir mit Selbstauslöser ein Photo, auf dem wir genauso aussehen wie die hier.«

Dieser Vorschlag fand keine Gnade.

»Womit willst du meine Haare denn schneiden?« fragte sie. »Etwa mit dem Schweizer Armeemesser, das du immer mit dir herumträgst? Damit kriegst du ja nicht einmal die Brötchen durch.« Das war nicht fair, nachdem ich mich lammfromm mit Akupunkturnadeln hatte traktieren lassen, hätte sie ruhig entgegenkommender sein können. Während ich noch darüber nachdachte, wie ich sie überreden könnte, verließ sie die Dunkelkammer.

»Glaubst du, sie haben Kap Evans vermißt, als sie wieder daheim waren?« rief sie aus der Messe. »Die, die überhaupt nach Hause zurückkehrten, meine ich.«

»Jedenfalls haben alle das behauptet.«

»Meinst du, uns wird es genauso gehen?«

Als ich sie so dastehen sah, mit einem Stück Kreide in der halb erhobenen Hand, wurde mir bewußt, wie reich unser Leben in Wooville gewesen war. Um mit Frank Hurley zu sprechen: »Wir hatten gelernt, Erfüllung und Zufriedenheit in einem Leben zu finden, das uns von allen Unterschieden, dem Tand und den Fallen der Zivilisation befreit hatte.«

»Ich bin sicher, daß ich nie aufhören werde, es zu vermissen«, sagte ich. »Tag für Tag, wenn ich in meiner Wohnung sitze und auf den Verkehr hinunterschaue, werde ich daran denken. Ich weiß, daß ich so etwas nie wieder erleben darf. Ich werde nie wieder so angstfrei sein. Es ist, als hätte Gott mir ein Geschenk gemacht: einmal in meinem Leben für zwei Monate außerhalb des Planeten zu stehen und einer anderen Musik zu lauschen.«

»Macht es dich nicht unsagbar traurig – daß es zu Ende ist, meine ich?«

Darüber mußte ich nachdenken.

»Eigenartigerweise nicht. Irgendwie kommt es mir so vor, als würde ich es im Herzen immer bei mir tragen – so schwülstig sich das auch anhört.«

Stumm malte sie weiter, deshalb wanderte ich ziellos herum und stellte mir die Männer, gemütlich versammelt in ihrer Hütte, an den verschiedensten Plätzen vor.

Ich fragte mich, warum in aller Welt die Betten so schrecklich schmal waren und was sie dazu bewogen hatte, eine blauweiße Schmuckschale aus chinesischem Porzellan mitzunehmen. Ich erinnerte mich auch daran, von einem Klavier gelesen zu haben – es wurde vom Schiff geholt, obwohl niemand darauf spielen konnte –, aber das war verschwunden.

Nach einiger Zeit – vielleicht waren es zehn Minuten – sagte Lucia. »Tut es aber gar nicht.« Ich wußte sofort, daß sie damit meinte, ich höre mich nicht schwülstig an. In unseren Unterhaltungen gab es oft lange Pausen. Jede von uns hatte den Denkrhythmus der anderen kennengelernt.

Ich wußte, daß der Gedanke an den Abschied sie ebenfalls beschäftigte. Sie rief: »Wie war das noch, was du mir gestern abend über die Rückkehr in den Naturzustand vorgelesen hast – es war von einem dieser Kerle, die du Bärte nennst?«

Unsere anfänglich unterschiedlichen Sprechweisen hatten sich einander angeglichen, aber ich hatte versäumt, ihr zu erklären, daß ich den Begriff »Bärte« ganz generell und wertfrei benutzte.

»Es war von Reinhold Messner«, antwortete ich, »dem besten lebenden Bergsteiger der Welt.« Als er über das Pclplateau stapfte, schrieb er: »Es kam mir vor, als wäre ich in jene Zeit und jenen Zustand zurückversetzt, als allein die Natur ›Gott‹ war.«

Ich ging in Scotts Raum, um einen Blick auf ihre Pastellzeichnung zu werfen.

»Ist es gut?« fragte sie.

»Das Megaphon ist schön«, antwortete ich. Sicher hatten sie es mitgebracht, um vom Meereis aus mit dem Schiff sprechen zu können. Jetzt hing es an einem Haken über Scotts Tisch. Ich hatte überlegt, ob wir es vielleicht in Wooville gebrauchen könnten, aber mein Funkgerät war mir doch lieber.

»Hier stimmt etwas nicht mit dem Lichteinfall«, sagte ich, indem ich auf eine Ecke der Zeichnung deutete. Wir hatten uns mittlerweile angewöhnt, die Arbeit der anderen ehrlich zu beurteilen – falsche Höflichkeit war in Wooville so fehl am Platz wie Designer-Parkas.

»Wie wär's mit einem Hauch Neapelgelb?« meinte ich, indem ich wieder auf die Stelle zeigte. Sie schaute die Zeichnung an und dann mit großen Augen mich.

»Ich habe dir zuviel beigebracht«, sagte sie.

Bevor ich nach Hause fahren konnte, mußte ich noch eines erledigen.

Ein einzelner Strahl der Mitternachtssonne fiel über den Schneehaufen vor dem Fenster hinweg auf den langen Holztisch in der Hütte und warf verzerrte Schatten auf die gegenüberliegende Wand. Es war derselbe Tisch, den Ponting vollbeladen mit Flaschen während eines Zechgelages photographiert hatte. Lucia schlief friedlich in unserer stillen Hütte hundert Meter entfernt. Der Wind fing sich in dem kleinen Eingangsraum, so daß es sich anhörte, als führe ein Zug durch einen Tunnel, aber im Hauptteil der Hütte war es fast still.

Ich lag viele Stunden wach, mit dem Kopf auf seinem Kissen – so wie er, gedrückt von seiner schweren Verantwortung, auch oft gelegen haben muß. Wie anders doch das Ende für ihn gewesen war. »Heute abend nun«, schrieb er in sein Tagebuch, »sind wir am Ende unserer Kraft.«

Große Schatten glitten über die alten Holzwände, während die Sonne am Himmel kreiste. Ich dachte an meinen ersten Tag in der Antarktis und den Blick vom Gipfel eines Schneehügels, als der Vulkanologe Schnee in seinen Probenbehälter kratzte. Ich erinnerte mich noch, als wäre es gestern gewesen. Seither war sehr viel geschehen. Ich hatte Tausende von Kilometern zurückgelegt, mich verausgabt, Hunderte von Bärten vereisen sehen, erkannt, wie wenig ich wirklich wußte. Und auch jetzt – die *terra incognita* war mir unbekannter als je zuvor. Byrd benutzte den Vergleich mit Strand und Gezeiten, um den Wechsel der Jahreszeiten in der Antarktis zu beschreiben: der Polartag war der Strand und die Nacht die Gezeiten. Ich hatte sie kommen und gehen sehen. Es ging alles so schnell. Aber meine Gefühle für die Antarktis waren immer noch dieselben. Sie war das große Abenteuer meines Lebens – ob oben auf dem Schneehügel, auf Scotts Bett oder in meinem zukünftigen Leben. Sie hatte mir den Glauben an das Paradies ermöglicht, und das ist zweifellos ein unbezahlbares Geschenk.

Dann legte ich meinen Kopf auf sein Kissen und schlief ein.

EPILOG

Ulysses

ALFRED LORD TENNYSON

Nur wenig frommt es, daß, ein müßiger Fürst,
Am stillen Herd, auf diesen öden Klippen,
Bei der bejahrten Frau, ungleich Gesetz
Ich spend' und wäge für ein roh Geschlecht,
Das scharrt, und schläft, und ißt, und mich nicht kennt.
Ich kann nicht ruhn vom Wandern; bis zur Neige
Will ich das Leben trinken! Allezeit
Hab' ich genossen Viel, und Viel gelitten,
Mit liebenden Gefährten, und allein;
Sowohl am Strand, als wenn das dunkle Meer
Die regnichten Hyaden zornig peitschten.
Mein Name ward berühmt; denn, stets umher
Mit hungerndem Herzen schweifend, hab' ich Viel
Erfahren und gesehn: der Menschen Städte,
Erdstriche, Sitten, Rath und Regiment;
Ich selber ward von Allen hochgeehrt,
Und trank des Kampfes Lust mit meines Gleichen
Auf Troja's fernem, haltendem Gefild.
Ich bin ein Theil von Allem, was ich sah;
Doch die Erfahrung ist ein Bogen mir,
Durch dessen Thor die unbereiste Welt
Herglänzt, und, wenn ich nahe, stets erbleicht.
Wie traurig ist es, ruhend nun zu enden,
Glanzlos zu rosten, stumpf und unbenutzt!

Als wäre Athmen Leben! Häuft' ich gleich
Leben auf Leben, wär's zu wenig doch,
Und von dem einen bleibt nicht Viel zurück.
Doch jede Stunde, die dem ew'gen Schweigen
Entrissen wird, ist Etwas noch für mich,
Die Botin neuer Kunde; schmählich wär's,
Für ein paar Sonnen träg mich aufzuspeichern,
Sammt diesem grauen Geist, der mit Begier,
Ein untergehnder Stern, dem Wissen folgt
Jenseits des Menschendenkens Grenzbezirk ...

Dort liegt der Hafen; seine Segel bläht
Das Schiff; dort graut das finstre Meer. Genossen,
Die Sorgen, Müh' und Noth mit mir getheilt;
Die Sonnenschein und Donner stets begrüßt
Mit heiterm Sinn, und frei das Herz, und frei
Die Stirn getragen – ihr seid alt, gleich mir!
Das Alter auch hat seine Ehr' und Arbeit;
Der Tod schließt Alles; Etwas aber kann,
Ein edles, großes Werk, zuvor geschehn,
Wie's Männern ansteht, die mit Göttern kämpften.
Die Lichter glitzern von den Felsen schon,
Der Tag erblaßt, der Mond steigt langsam auf,
Die Tiefe ächzt und stöhnt. Auf, Freunde, kommt,
Noch ist es Zeit, die neue Welt zu suchen!
Stoßt ab, und, euch in Ordnung setzend, schlagt
Die tönenden Furchen; denn ich bin gewillt,
Der Sonne Bad und aller Westgestirne
Zu übersegeln, bis der Tod mich ruft.
Vielleicht, daß uns die Fluth hinunterschlingt;
Vielleicht, daß wir die sel'gen Inseln sehn,
Und unser Freund Achilles dort uns grüßt.
Viel ward genommen, Viel bleibt übrig. Sind
Wir auch die Kraft nicht mehr, die Erd' und Himmel

Vormals bewegt – doch sind wir, was wir sind:
Ein Häuflein gleichgestimmter Heldenherzen,
Geschwächt durch Zeit und Schicksal, aber stark
Im Streben, Suchen, Finden, Nimmerweichen.*

* Übers. v. A. Strodtmann, aus: Tennyson, Lord Alfred. *Ausgewählte Dichtungen*. Leipzig, o. J. – A. d. Ü.

ANHANG

Brotpudding

(Antarktische Version)

Notwendige Zutaten

Brot (viel)

Zum Süßen – am besten Zucker, falls nicht vorhanden, mit Wasser vermischter Honig oder Sirup. Im Notfall Marmelade. In extremis Kakao oder Trinkschokolade. Bitte kein Orangensaftpulver.

Flüssigkeit – vorzugsweise irgendeine Art von Milch

Wünschenswerte Zutaten

Fett – Butter, Margarine oder, wenn es nicht anders geht, Öl.

Trockenobst – gleich welche Sorte. Wenn es keines gibt, Dosenfrüchte.

Alkohol. In Dauerstationen läßt sich normalerweise irgendeine Flasche auftreiben – meistens Baileys.

Zimt

Eier – entweder flüssig (das Zeug aus den Tüten) oder in Pulverform. Sollten ausnahmsweise doch frische Eier vorhanden sein, keinesfalls für den Brotpudding verwenden. Sie sind viel zu kostbar.

Zubehör

Du brauchst einen hitzebeständigen Behälter. Ständige Lager haben immer irgendeine Blechform oder einen Topf beim Küchengeschirr; wenn nicht, durchsuch die wissenschaftliche Ausrüstung. Auf alle Fälle brauchst du einen Ofen. Solltest du dich in einem Zeltlager befinden, nichts tun die Bärte lieber, als stundenlang mit Folien und anderen Dingen zu experimentieren, um auf dem Kocher eine Backröhre zu konstruieren.

Zubereitung
Das Brot kleinschneiden – auf die Sorte kommt es nicht an. (Mit »Kabinenbrot« solltest du es allerdings nicht versuchen. Das ist eine vornehme Umschreibung für große, trockene Cräcker, die wie Sägemehl schmecken.) Das Fett muß irgendwie auf das Brot; ich weiß, wie schwierig es ist, bei minus 20 Grad Butter zu schmieren oder Öl auf Brot zu streichen. Versuch es einfach. Die Form einfetten. Schichtenweise Brot mit »Butter« einlegen. Auf jede Schicht kommt eine Handvoll Obst, ein Löffel vom vorhandenen Süßstoff, ein Hauch Zimt, ein Quentchen Flüssigei und Milch, sowie ein Schuß von dem Alkohol, der gerade zur Hand ist. Mit Bier solltest du es aber besser nicht probieren.

Trockenobst muß in der Antarktis normalerweise sehr lange eingeweicht werden – falls es aus BAS-Beständen stammt, sollte es zusätzlich noch mindestens zehn Minuten eifrig mit dem Geologenhammer bearbeitet werden. Wenn es nicht genug Obst gibt, kannst du auch Nüsse nehmen, so vorhanden, aber keine gesalzenen. Hast du weder Obst noch Nüsse, nimmst du einfach alles, was du in die Finger kriegst, nur darf es nicht zu pikant sein. Frühstückmüslis eignen sich gut. Anstelle von Zucker und Obst kannst du auch Plätzchen verwenden, aber zerbrösele sie so, daß sie wenigstens nicht mehr wie Plätzchen aussehen. Wenn du nichts anderes hast als grünverpackten britischen »Zwieback, braun«, solltest du überlegen, ob es sich lohnt, weiterzumachen. Reispudding aus Dosen macht sich zwar nicht besonders gut in einem Brotpudding, aber gegessen wird er trotzdem. Die Neuseeländer haben gute Schokoladenchips, die dazu schmecken.

Das Ganze sollte am Ende die Konsistenz eines dicken Brotbreis haben. Decke mit einer letzten Schicht Brot und Butter ab und streu etwas Süßes darüber. Stell die Form eine Zeitlang in den Ofen. Wenn es einen Grill gibt, ziehst du den Pudding gegen Ende der Garzeit aus dem Ofen, streust etwas Zucker darauf und übergrillst ihn noch einmal.

Geh ans Funkgerät und ruf alle herein.

AUSWAHLBIBLIOGRAPHIE

Es existieren ausgezeichnete Bibliographien zur Antarktis. In den Vereinigten Staaten von Amerika gibt die Library of Congress für die National Science Foundation die *Antarctic Bibliography* heraus. Außerdem veröffentlicht sie monatlich die Zeitschrift *Current Antarctic Literature.* In Großbritannien gibt das Scott-Polarforschungsinstitut (SPRI) die *Polar and Glaciological Abstracts* heraus. Die wichtigsten Bücher und Zeitschriften über die Antarktis werden von James Meadows, William Mills und Harry King zusammengefaßt und in *The Antarctic* (Clio Press, Oxford, 1994) aufgelistet.

Amundsen, Roald, *The South Pole,* John Murray, London 1912 [Amundsen, Roald. *Die Eroberung des Südpols. Die norwegische Südpolarfahrt mit dem Fram 1910–1912.* München, 1912.]

Bainbridge, Beryl, *The Birthday Boys,* Duckworth, London 1991

Baughman, T. S., *Before the Heroes Came,* University of Nebraska Press, Lincoln, Nebraska 1994

Beaglehole, J. C. (Hg.), *The Journals of Captain James Cook,* Cambridge University Press, Cambridge, 1961

Bellow, Saul, *More Die of Heartbreak,* William Morrow, New York, 1987 [Bellow, Saul. *Mehr noch sterben an gebrochnem Herzen.* Köln, 1989.]

Beltramino, Juan Carlos M., *The Structure and Dynamics of Antarctic Population,* Vantage Press, New York, 1993

Bennet, Glin, *Beyond Endurance,* Secker & Warburg, London 1983

Byrd, Richard E., *Discovery,* G. P. Putnam's Sons, New York, 1935 [Byrd, R. E. *Mit Flugzeug, Schlitten und Schlepper. Meine zweite Expedition nach dem Sechsten Erdteil 1933/35.* Leipzig, 1936.]

–, *Alone,* G. P. Putnam's Sons, New York, 1938 [Byrd, R. E. *Aufbruch ins Eis. Das todesmutige Abenteuer des berühmten Polarforschers in der Antarktis.* Bergisch Gladbach, 1998.]

Cahill, Tim, »Antarctic Passages«, in *Pecked to Death by Ducks,* Random House, New York 1993
Campbell, David, *The Crystal Desert,* Houghton Mifflin, New York 1992
Cherry-Garrard, Apsley, *The Worst Journey in the World,* Chatto and Windus, London 1922
Cook, F. A. *Through the First Antarctic Night,* William Heinemann, London 1900 [Cook, F. A. *Die erste Südpolarnacht: 1898–1899. Bericht über die Entdeckungsreise der »Belgica« in der Südpolarregion.* Kempten, 1903.]
Darlington, Jenny, *My Antarctic Honeymoon,* Doubleday, New York 1956
Debenham, Back, June (Hg.), *The Quiet Land. The Diaries of Frank Debenham.* Bluntisham Books, Harlston 1992
Dodge, Ernest S., *The Polar Rosses, Faber* & Faber, London 1973
Eliot, T. S., *The Waste Land,* Faber & Faber, London 1925 [Eliot, T. S. *Das wüste Land.* Frankfurt, 1975.]
–, *Four Quartets,* Faber & Faber, London 1944 [»Vier Quartette« in: *Gesammelte Gedichte.* hg. v. Eva Hesse. Frankfurt, 1988.]
Girouard, Mark, *The Retarn to Camelot,* Yale University Press, London 1991
Hattersley-Smith, G., *The History of Place-Names in the British Antarctic Territory,* British Antarctic Survey, Cambridge 1991
Headland, Robert, *Chronological List of Antarctic Expeditions,* Cambridge University Press, Cambridge 1989
Holt, Kåre, *The Race,* Michael Joseph, London 1974 [Holt, Kåre. *Scott/Amundsen. Wettlauf zum Pol.* Hamburg, 1976.]
Huntford, Roland, *Scott and Amundsen,* Hodder & Stoughton, London 1979 [Huntford, Roland. *Scott und Amundsen. Dramatischer Wettlauf zum Südpol.* Herrsching, 1990.]
–, *Shackleton,* Hodder & Stoughton, London 1985
Hurley, Frank, *Argonauts of the South,* G. P. Putnam's Sons, New York 1925
Jacka, Frank & Eleanor (Hg.), *Mawson's Antarctic Diaries,* Adelaide University Press, Adelaide 1988
Joyce, Ernest, *The South Polar Trail,* Duckworth, London 1929
Keneally, Thomas, *Victim of the Aurora,* William Collins, London & Sydney 1977

King, H. g. R. (Hg.), *The Wicked Mate: the Antarctic Diary of Victor Campbell,* Bluntisham Books, Norfolk 1988

Kushner, Tony, *Angels in America,* Nick Hern Books, London 1992

Lansing, Alfred, *Endurance,* Hodder & Stoughton, London 1959 [Lansing, Alfred. *Antarktische Odyssee. Das unvergeßliche Abenteuer der Shackleton-Expedition.* Zürich, 1964.]

Lashly, William, *Under Scotts Command,* Victor Gollancz, London 1969

Le Guin, Ursula K., »Sur«, in *The New Yorker,* 1. Februar 1982

Lessing, Doris, Nachwort zu *The Making of the Representative for Planet 8,* Jonathan Cape, London 1987 [Lessing, Doris. *Die Entstehung des Repräsentanten von Planet 8.* Frankfurt, 1987.]

Lopez, Barry, *Arctic Dreams,* Macmillan, New York 1986 [Lopez, Barry. *Arktische Träume. Leben in der letzten Wildnis.* München, 1989.]

Marret, Mario, *Antarctic Venture,* William Kimber, London 1955

Mawson, Douglas, *Home of the Blizzard,* William Heinemann, London 1915 [Mawson, Douglas. *Leben und Tod am Südpol.* Leipzig, 1921.]

Mear, Roger und Swan, Robert, *In the Footsteps of Scott,* Jonathan Cape, London 1987

Messner, Reinhold, *Antarctica: Both Heaven and Hell,* Crowood Press, Marlborough 1991 [Messner, Reinhold. *Antarktis. Himmel und Hölle zugleich.* München 1990.]

Mickleburgh, Edwin, *Beyond the Frozen Sea,* Bodley Head, London 1990

Nansen, Fridtjof, *Farthest North,* Macmillan, London 1897 [Nansen, Fridtjof. *In Nacht und Eis. Die norwegische Polarexpedition 1893–1896.* Leipzig, 1897.]

Newman, Stanley (Hg.), *Shackleton's Lieutenant: the »Nimrod« Diary of A. L. A. Mackintosh,* Polar Publications, Auckland NZ 1990

Paltock, Robert, *The Life and Adventures of Peter Wilkins, a Cornishman, Relating Particularly his Shipwreck near the South Pole,* Berwick, London 1784 (zunächst anonym veröffentlicht) [Paltock, *Robert. Die fliegenden Menschen oder Wunderbare Begebenheiten Peter Wilkins.* Fürth, 1964.]

Poe, Edgar Allan, *The Narrative of Arthur Gordon Pym of Nantucket,* Harper and Brothers, New York 1838 [Poe, Edgar Allan. *Umständlicher Bericht des Arthur Gordon Pym von Nantucket.* München, 1984.]

Pynchon, Thomas, *V,* Jonathan Cape, London 1963 [Pynchon, Thomas. *V.* Reinbek, 1988.]

Pyne, Stephen J., *The Ice,* University of Iowa Press, Iowa City 1986

Richards, R. W., *The Ross Sea Shore Party,* Scott Polar Research Institute, Cambridge 1962

Riffenburgh, Beau, *The Myth of the Explorer,* Belhaven Press und Scott Polar Research Institute, London und Cambridge 1993

Rodgers, Eugene, *Beyond the Barrier,* Naval Institute Press, Annapolis 1990

Ross, Sir James Clark, *A Voyage of Discovery and Research in the Southern and Antarctic Regions,* John Murray, London 1847 [Ross, James Clark. *Entdeckungsreise nach dem Süd-Polar-Meere in den Jahren 1839–1843.* Leipzig, 1847.]

Rymill, John, *Southern Lights,* The Travel Book Club, London 1938

Scott, Robert F., *The Voyage of the Discovery,* Macmillan, London 1905

–, *Scotts Last Expedition,* Smith, Elder & Co, London 1913 [*Letzte Fahrt.* Leipzig, 1922.]

Shackleton, Ernest, *The Heart of the Antarctic,* William Heinemann, London 1909 [Shackleton, Ernest H. *21 Meilen vom Südpol. Die Geschichte der britischen Südpol-Expedition 1907/09.* Berlin, ohne Jahr.]

–, *South,* William Heinemann, London 1919

Simpson-Housley, Paul, *Antarctica: Exploration, Perception and Reality,* Routledge, London 1992

Spufford, Francis, *I May be Some Time,* Faber & Faber, London 1996

Stoppard, Tom, *Jumpers,* Faber & Faber, London 1972

Stroud, Mike, *Shadows on the Wasteland,* Jonathan Cape, London 1993

Thomson, David, *Scotts Men,* Allen Lane, London 1977

Verne, Jules, *Le Sphinx des glaces,* Paris 1897 [Verne, Jules. *Die Eissphinx.* Wien, 1923.]
Wilson, Edward, *Diary of the »Discovery« Expedition,* Humanities Press, New York 1967
–, *Diary of the »Terra Nova« Expedition,* Blandford Press, London 1972

Unveröffentlichte Quellen

Ein Großteil des Archivmaterials im Scott-Polarforschungsinstitut ist empfindlich und daher meist nur Wissenschaftlern zugänglich.

Blackborow, Perce, Rede vor der Jungengruppe des YMCA, Newport, Familienarchiv, undatiert
Bowers, H. R., Tagebuch, 1910–12, SPRI
Cherry-Garrard, Apsley, Tagebücher und Notizbücher, 1910–13, SPRI
Grisez, Dave, Tagebuch 1955–57, Privatarchiv
Briefe an Mrs Oates, verschiedene Autoren und Daten, SPRI
Nankyokuki – Berichte aus der Antarktis, Japanische Antarktisexpedition 1911–12, SPRI
Oates, L. E. G., Briefe an seine Mutter, SPRI
Orde-Lees, T. H., Tagebücher, 1915–16, SPRI
Scott, Kapitän Robert F., *Discovery*-Tagebücher, 1901–1902; 1904, SPRI
Shackleton, Ernest, Tagebuch der Südreise, 1902–3, SPRI
Stuster, Jack, »The Modern Explorer's Guide to Long Duration Isolation and Confinement«, vorbereitet für die NASA durch Anacapa Sciences, Santa Barbara 1995
The South Polar Times, verschiedene Ausgaben, SPRI
Spencer-Smith, A., Schlittentagebücher, 1915–16, SPRI
Wild, Frank, Schlittentagebuch, 1908–09, SPRI
Worsley, F. A., Tagebuch/Logbuch, 1916, SPRI